最高人民法院知识产权审判庭 编

第十辑

中国知识产权指导案例评注

中国法制出版社
CHINA LEGAL PUBLISHING HOUSE

出版说明

为促进创新型国家建设，充分展示人民法院知识产权司法保护力度，推动知识产权司法公开，提升社会公众知识产权保护意识，塑造诚信守法的知识产权法治文化，从2008年起，在各高级人民法院推荐的基础上，最高人民法院每年在4·26知识产权宣传周期间向社会公布中国法院知识产权司法保护10大案件和50件典型案例。为了便于知识产权各界人士了解和研究，本书编委会组织承办法官对2017年中国法院知识产权司法保护10大案件和50件典型案例进行了分析和解读，并组织最高人民法院知识产权审判庭法官对相关案例进行了审稿，形成本书。

本书以案例评析方式进行编写，每个案例一般包括如下部分：(1) 阅读提示和裁判要旨。阅读提示同时体现在目录和正文中，有助于读者根据目录迅速判断出案例所涉法律或者其他裁判问题。裁判要旨在于展现法官在裁判具体案件过程中对法律适用、裁判方法、司法理念等案件焦点问题的精要评述。(2) 案情和裁判。该部分全面完整地反映了当事人的诉辩主张、争议焦点以及法院审理查明的事实、裁判理由和裁判结果等内容。(3) 法官评述。包括对本案争议焦点和不同意见、裁判思路和方法的深入分析，以及对本案纠纷发生的社会背景、裁判结果的社会影响和效果的介绍等内容。

本书力求能够展现法官的司法智慧和法律贡献，希望能为法律职业者和有关社会公众提供参考、指导和启迪。当然，法律适用是一个与时俱进的过程，对于本书案例中的有些观点，需要历史地、实事求是地理解和看待。除最高人民法院裁判的案件外，本书案例及评析中的观点也并不必然代表本书编委会的观点。由于时间仓促，水平有限，本书编辑过程中难免存在疏漏和不妥之处，敬请读者批评指正。

编　者

总 目 录

Contents

2017年中国法院10大知识产权案件

一、知识产权民事案件 …… 1

二、知识产权行政案件 …… 71

三、知识产权刑事案件 …… 101

2017年中国法院50件典型知识产权案例

一、知识产权民事案件 …… 111

（一）侵害专利权及专利权权属纠纷案件 …… 113

（二）侵害商标权纠纷案件 …… 172

（三）侵害著作权纠纷案件 …… 289

（四）不正当竞争、合同纠纷案件 …… 337

（五）侵害植物新品种权、垄断及知识产权诉讼损害责任纠纷案件 …… 406

二、知识产权行政案件 …… 431

（一）专利行政案件 …… 433

（二）商标行政案件 …… 456

（三）其他行政案件 …… 489

三、知识产权刑事案件 …… 497

目　录
Contents

2017年中国法院10大知识产权案件

一、知识产权民事案件

广东加多宝饮料食品有限公司与广州医药集团有限公司、广州王老吉大健康产业有限公司擅自使用知名商品特有包装装潢纠纷两案 ………… 3
——阅读提示：确定知名商品特有包装装潢权益归属的考量因素

福州米厂诉五常市金福泰农业股份有限公司等侵害注册商标专用权纠纷案 …………………………………………………………… 23
——阅读提示：约定俗成的通用名称如何认定？存在他人在先商标权的情况下，农作物品种名称如何规范使用？

商务印书馆有限公司诉华语教学出版社有限责任公司侵害商标权及不正当竞争纠纷案 …………………………………………………… 32
——阅读提示：辞书名称是否能够起到商标标识商品来源的作用？未注册驰名商标认定需要哪些条件？侵害未注册驰名商标的行为是否应当承担赔偿责任？

沈韦宁（WEINING SHEN）等诉南京经典拍卖有限公司、张晖著作权权属、侵权纠纷案 ………………………………………………… 38
——阅读提示：同一作品是否能同时具备文字作品和美术作品的两种属性？互联网环境下美术作品拍卖过程中拍卖人应尽到何种著作权保护义务？

捷豹路虎有限公司诉广州市奋力食品有限公司、万明政侵害商标权纠纷案 …………………………………………………………… 45
——阅读提示：被告享有注册商标可否作为商标不侵权抗辩？民事案件

中如何规制当事人恶意囤积和不当使用商标行为？

广西壮族自治区博白县农业科学研究所等诉四川中正科技有限公司侵害植物新品种权纠纷案 …… 53

——阅读提示：植物新品种权在保护期限内是否当然有效？如何认定被诉侵权行为是否侵犯植物新品种权？

鹤壁市反光材料有限公司诉鹤壁睿明特科技有限公司等侵害商业秘密纠纷案 …… 62

——阅读提示：侵害商业秘密中客户名单的认定依据？如何杜绝侵权人的持续侵权？

二、知识产权行政案件

西峡龙成特种材料有限公司诉榆林市知识产权局、第三人陕西煤业化工集团神木天元化工有限公司专利权纠纷行政处理案 …… 73

——阅读提示：专利行政执法程序违法的认定和处理

北京万生药业有限责任公司诉国家知识产权局专利复审委员会、第三人第一三共株式会社发明专利权无效行政纠纷案 …… 82

——阅读提示：什么是马库什权利要求？修改马库什权利要求的限制是什么？如何评价马库什权利要求的创造性？

三、知识产权刑事案件

北京易查无限信息技术有限公司、于某侵犯著作权罪案 …… 103

——阅读提示：判断网页转码技术是否侵害他人著作权应从哪些方面进行认定？对网页转码技术的使用在何种情况下构成侵犯著作权罪？

2017 年中国法院 50 件典型知识产权案例

一、知识产权民事案件

（一）侵害专利权及专利权权属纠纷案件

谭熙宁诉镇江新区恒达硅胶有限公司侵害实用新型专利权和外观设计专利权纠纷案 …… 113

——阅读提示：在实用新型专利侵权案件中，权利要求记载的非形状构造类技术特征，对保护范围的界定有什么影响？

LG伊诺特有限公司诉日本电产（东莞）有限公司、北京中南双绿科技有限公司侵害发明专利权纠纷案 …… 121

——阅读提示：在专利申请公开后至被授权期间，他人擅自实施了该专利申请，虽不构成侵权，但应支付一定的临时保护使用费

碎得机械（北京）有限公司诉天津碎易得环保工程技术有限公司专利权权属纠纷案 …… 130

——阅读提示：审查判断一项发明创造是否属于职务发明应遵循什么规则？如何运用“全面覆盖加接触”原则判断利用原单位已完成发明创造申请专利是否获得非法利益？

南京伟思医疗科技股份有限公司诉南京麦澜德医疗科技有限公司专利权权属纠纷案 …… 138

——阅读提示：专利证书是否具有证明发明人身份的当然效力？法院如何确定某一专利的真实发明人？当专利证书上所记载的发明人与原告单位没有关系时，原告单位是否可以在权属纠纷中要求确认专利的真实发明人，并以真实发明系其员工的职务发明为由，主张专利权属？

杭州永创智能设备股份有限公司诉台州旭田包装机械有限公司等侵害实用新型专利权纠纷案 …… 145

——阅读提示：现有技术抗辩中对可拆卸的零部件技术公开时间应如何认定？在界定专利保护范围时应如何理解专利所要克服的技术缺陷？

日照市立盈机械制造有限公司诉日照市德福机械制造有限公司侵害发明专利权纠纷案 …… 152

——阅读提示：改装方案是否应认定为被诉侵权产品的技术方案？生产者应否对产品改装方案承担侵权责任？

广东必达保安系统有限公司诉广东力维智能锁业有限公司侵害外观设计专利纠纷案 …… 165

——阅读提示：电子产品通电使用状态下的图形用户界面是否应当纳入外观设计近似性比对的考量因素？

（二）侵害商标权纠纷案件

北京汇源食品饮料有限公司诉菏泽汇源罐头食品有限公司侵害商标权及不正当竞争纠纷案 …… 172
——阅读提示：侵害商标权和不正当竞争行为的认定，以及损害赔偿额的确定

山西省药材公司诉太原大宁堂药业有限公司商标侵权、不正当竞争纠纷抗诉案 …… 194
——阅读提示：涉及企业分立等历史因素的商标侵权和不正当竞争纠纷如何审理？

曹晓冬诉云南下关沱茶（集团）股份有限公司侵害商标权纠纷案 …… 209
——阅读提示：注册商标专用权的保护与被诉侵权商品商标知名度的关系

贵阳南明老干妈风味食品有限责任公司诉贵州永红食品有限公司、北京欧尚超市有限公司侵害商标权及不正当竞争纠纷案 …… 221
——阅读提示：将他人驰名商标标注为商品口味名称是否属于商标的正当使用？是否构成对驰名商标的淡化或贬损？

索菲亚家居股份有限公司诉吕小林等侵害商标权及不正当竞争纠纷案 …… 229
——阅读提示：权利人已在同类商品上注册相同或近似商标的，是否有权选择以不类似商品上的注册商标主张驰名商标跨类保护？在认定商标驰名时，《商标法》第十四条规定的各项因素是否缺一不可？

山东省对外贸易泰丰有限公司诉上海瑷馨露贸易有限公司、青岛正颐堂贸易有限公司侵害商标权上诉纠纷案 …… 237
——阅读提示：如何判断商标获得核准注册以前他人的商标使用行为具有恶意？

家有购物集团股份有限公司诉贵州家有在线网络有限公司侵害商标权上诉纠纷案 …… 244
——阅读提示：网络域名侵害商标权纠纷中，如何认定网络域名和注册商标是否构成近似？如何认定是否会造成相关公众混淆？

拉菲罗斯柴尔德酒庄诉上海保醇实业发展有限公司、保正（上海）供应链管理股份有限公司侵害商标权纠纷案 …… 254
——阅读提示：未注册驰名商标受侵害时是否可以获得赔偿？

汕头市德生食品厂诉广州康赢食品有限公司、济南槐荫金福广调味干果商行侵害商标专用权纠纷案 …… 261
——阅读提示：恶意注册并提起商标权侵权诉讼的商标权滥用行为是否应当得到保护？

田任月诉张家界市永定区胖嫂打鼓皮餐馆、胡金英侵害商标权纠纷案 …… 267
——阅读提示：本地知名菜式名称被作为商标注册后，他人使用是否构成侵犯商标权？他人如何使用该菜式名称可视为正当使用？

哥伦比亚运动服装公司诉石河子市联邦阿迪服装店侵害商标权纠纷案 …… 270
——阅读提示：涉诉商品属于侵权商品的举证责任是否应当由原告承担？原告如何举证证实涉诉商品属于侵权商品？如何认定涉诉商品侵犯了注册商标专用权？

法国轩尼诗公司诉蓬莱酒业有限公司侵害商标权纠纷案 …… 275
——阅读提示：如何判断三维标志与平面要素组合的立体商标的显著性？

曾红云诉梦工厂动画影片公司确认不侵害商标权及网络域名权属、侵权纠纷案 …… 281
——阅读提示：域名注册在先是否必然不构成侵权？长期未使用与他人商标近似的域名会导致何种法律后果？

（三）侵害著作权纠纷案件

北京中航智成科技有限公司诉深圳市飞鹏达精品制造有限公司侵害著作权纠纷案 …… 289
——阅读提示：从原物等比例缩小而来的模型，在不具有独创性的情况下，不构成受我国著作权法保护的模型作品

李艳霞诉吉林市永鹏农副产品开发有限公司侵害著作权纠纷案 …… 303
——阅读提示：未经许可将作品作为商标使用侵害著作权的损害赔偿应当如何计算？

北京代代读图书有限公司诉北京方正阿帕比技术有限公司、国家图书馆著作权侵权纠纷案 …… 316
——阅读提示：在合法授权期间内售出的数字图书数据库，在数据库供应商授权合同解除后，公益性买受人（公立图书馆）是否有权继续使用数字图书数据库资源？特定形式的信息网络传播权能否适用“权利用尽原则”？

北京金铠星科技有限公司诉大连市机动车污染管理处、深圳市安车检测股份有限公司侵害计算机软件著作权纠纷案 …… 323

——阅读提示：计算机软件功能相同能否推定程序相同从而认定著作权侵权？法院应否依职权对软件程序比对情况启动鉴定程序？

宝高（南京）教育玩具有限公司、熙华世（南京）科技有限公司诉晋江市东兴电子玩具有限公司、南京金宝莱工贸有限公司著作权侵权纠纷案 …… 331

——阅读提示：积木拼装玩具的整体造型是否属于受著作权保护的作品？积木拼装玩具的拼装颗粒是否申请过外观设计专利以及专利权是否失效对积木拼装玩具整体造型的著作权是否具有影响？被控侵权人生产、销售的是积木拼装玩具的拼装颗粒，是否构成侵犯积木拼装玩具整体造型的著作权？

（四）不正当竞争、合同纠纷案件

河北养元智汇饮品股份有限公司诉河北六仁烤饮品有限公司、金华市金东区叶保森副食店擅自使用知名商品特有包装、装潢纠纷案 …… 337

——阅读提示：在知识产权民事侵权案件中，对于涉及市场统计调查的公证书证据的审查认定需要遵循什么原则？

陕西白水杜康酒业有限责任公司诉洛阳杜康控股有限公司商业诋毁纠纷案 …… 345

——阅读提示：对来源于传统文化的注册商标的保护应当注意哪些因素？片面陈述真实事实是否构成商业诋毁？

黑龙江省克东腐乳有限公司诉哈尔滨市福龙食品酿造厂不正当竞争纠纷案 …… 352

——阅读提示：商标权人使用与他人在先的知名商品特有名称相同或近似的注册商标是否构成反不正当竞争法上的擅自使用？注册商标专用权与在先的知名商品特有名称权冲突时如何判断是否构成不正当竞争？

恩智浦半导体股份公司等诉无锡市晶源微电子有限公司等擅自使用知名商品特有名称纠纷案 …… 360

——阅读提示：集成电路的型号能否构成知名商品“特有名称”？

北京万岩通软件有限公司诉北京恰行者科技有限公司等侵犯商业秘密案 …… 368

——阅读提示：对于存在长期稳定合作关系的特定客户（单一客户），有关该客户的特定信息能否构成商业秘密？员工离职后自营竞争公司，如何判定构成侵犯商业秘密？

阳朔县东院弥香客栈诉阳朔县玉山居客栈、张超擅自使用知名商品特有名称、包装、装潢纠纷案 …… 376

——阅读提示：同业竞争者中，在后装修的旅店使用与在前装修的旅店相近似的装潢是否构成不正当竞争行为？

渝中区晓宇老火锅诉渝北区林峰晓宇餐饮店不正当竞争纠纷案 …… 385

——阅读提示：关联企业间近似标识的知名度及商誉能否共享？如果能够共享，认定共享应考虑哪些因素？

上海珂兰商贸有限公司诉天津那是生活文化传播有限公司知识产权合同案 …… 390

——阅读提示：如何界定衍生品授权开发合同的性质和目的？如何判定衍生品授权开发合同中的根本违约？

重庆市足下软件职业培训学院诉毛志刚合同纠纷案 …… 398

——阅读提示：合法性是否是“商业秘密”受到法律保护的前提？当事人是否可以和解协议确认或约定的内容与真实状态不符为由对和解协议的效力提出异议？

（五）侵害植物新品种权、垄断及知识产权诉讼损害责任纠纷案件

江苏省高科种业科技有限公司诉南通市粮棉原种场追偿植物新品种临时保护期使用费纠纷案 …… 406

——阅读提示：品种权被授予后，在自初步审查合格公告之日起至被授予品种权之日止的期间，品种权人的合法权益如何保护？对未经申请人许可，为商业目的生产或者销售该授权品种的繁殖材料的单位或个人，品种权人如何行使追偿权？追偿临时保护期使用费的数额如何确定？

王丹阳诉北京百度网讯科技有限公司滥用市场支配地位纠纷案 …… 414

——阅读提示：市场份额是否为判定经营者具有支配地位的唯一指标？认定经营者是否具有市场支配地位的考量因素？如何判定经营者的行为是否构成滥用？

华奇（中国）化工有限公司诉圣莱科特化工（上海）有限公司因恶意提起知识产权诉讼损害责任纠纷案 …… 423
——阅读提示：如何认定当事人提起知识产权诉讼具有主观恶意？仅凭当事人在案件审理过程中的诉讼行为，是否足以认定其具有恶意提起知识产权诉讼的主观故意？恶意诉讼应具有那些构成要件？

二、知识产权行政案件

（一）专利行政案件

传感电子有限责任公司诉国家知识产权局专利复审委员会、第三人宁波讯强电子科技有限公司发明专利权无效行政纠纷案 …… 433
——阅读提示：权利要求是否以说明书为依据的认定。如何确定人民法院对无效决定进行合法性审查的审查范围？能否判决部分撤销无效决定？

刘长寿等诉国家知识产权局专利复审委员会实用新型专利申请驳回复审行政纠纷案 …… 443
——阅读提示：实用新型专利保护客体的判断

江阴澄华投资发展有限公司诉无锡市知识产权局、第三人无锡市红光标牌有限公司专利侵权纠纷行政处理决定案 …… 450
——阅读提示：如何判定专利无效宣告决定对行政处理决定的影响

（二）商标行政案件

迈克尔·杰弗里·乔丹诉国家工商行政管理总局商标评审委员会、第三人乔丹体育股份有限公司（图形）商标争议行政纠纷案 …… 456
——阅读提示：涉案商标的注册是否损害了迈克尔·杰弗里·乔丹的肖像权？

四川省宜宾五粮液集团有限公司诉国家工商行政管理总局商标评审委员会、第三人甘肃滨河食品工业（集团）有限责任公司商标异议复审行政纠纷案 …… 464
——阅读提示：如何判断商标是否构成相同或近似？如何判断商标是否容易导致相关公众混淆误认？

达马股份有限公司诉国家工商行政管理总局商标评审委员会、第三人温州市伊久亮光学有限公司商标权无效宣告请求行政纠纷案 ………… 471

——阅读提示：商标授权确权行政纠纷案件中，商标注册证能否证明商标权人构成有权主张在先著作权的适格主体？

祁门县祁门红茶协会诉国家工商行政管理总局商标评审委员会、第三人安徽国润茶业有限公司商标权无效宣告请求行政上诉纠纷案 ……… 480

——阅读提示：使用地理标志证明商标的商品产地应当如何确定？地理标志商标注册申请人负有何种义务？如商标注册申请虽未提供虚假证据，但却未尽到积极的说明义务，消极等待商标注册主管机关核准商标注册，能否据此对已核准的地理标志商标予以无效宣告？

（三）其他行政案件

捷豹路虎（中国）投资有限公司诉上海市浦东新区市场监督管理局行政处罚决定及上海市浦东新区人民政府行政复议决定案 ……………… 489

——阅读提示：经营者使用非通用术语宣传时，如何认定宣传内容构成虚假宣传？若经营者在宣传册上作了免责提示，该宣传册中可能引人误解的其他内容是否仍构成虚假宣传？

三、知识产权刑事案件

合肥市国耀电子有限公司、钟传某销售假冒注册商标的商品罪案 ……… 499

——阅读提示：通过商标国际注册程序在我国获准领土延伸保护的商标，在我国境内受刑事保护

陈某等侵犯商业秘密罪案 ………………………………………………… 504

——阅读提示：权利人实际投入可作为认定损失数额的依据

IP

2017年中国法院10大知识产权案件

一、知识产权民事案件

广东加多宝饮料食品有限公司与广州医药集团有限公司、广州王老吉大健康产业有限公司擅自使用知名商品特有包装装潢纠纷两案

——阅读提示：确定知名商品特有包装装潢权益归属的考量因素

【裁判要旨】

《反不正当竞争法》第五条①第二项规定的“知名商品”和“特有包装装潢”之间具有互为表里、不可割裂的关系，只有使用了特有包装装潢的商品，才能够成为《反不正当竞争法》调整的对象。抽象的商品名称或无确定内涵的商品概念，脱离于包装装潢所依附的具体商品，缺乏可供评价的实际使用行为，不具有依据《反不正当竞争法》第五条第二项规定进行评价的意义。

在确定特有包装装潢的权益归属时，既要在遵循诚实信用原则的前提下鼓励诚实劳动，也应当尊重消费者基于包装装潢本身具有的显著特征而客观形成的对商品来源指向关系的认知。

【案号】

一审：广东省高级人民法院（2013）粤高法民三初字第1、2号

二审：最高人民法院（2015）民三终字第2、3号

申请再审：最高人民法院（2018）最高法民申字第2487号

---

① 对应现行《反不正当竞争法》第六条：“经营者不得实施下列混淆行为，引人误认为是他人商品或者与他人存在特定联系：（一）擅自使用与他人有一定影响的商品名称、包装、装潢等相同或者近似的标识；（二）擅自使用他人有一定影响的企业名称（包括简称、字号等）、社会组织名称（包括简称等）、姓名（包括笔名、艺名、译名等）；（三）擅自使用他人有一定影响的域名主体部分、网站名称、网页等；（四）其他足以引人误认为是他人商品或者与他人存在特定联系的混淆行为。”

【案情与裁判】

2 号案：

原告（上诉人）：广东加多宝饮料食品有限公司（简称加多宝公司）

被告（被上诉人）：广州王老吉大健康产业有限公司（广药集团的全资子公司，广药版红罐王老吉凉茶的制造商，简称大健康公司）

3 号案：

原告（被上诉人）：广州医药集团有限公司（“王老吉”注册商标的权利人，简称广药集团）

被告（上诉人）：广东加多宝饮料食品有限公司

起诉与答辩

2 号案（加多宝公司诉大健康公司）：

原告加多宝公司起诉称：一、1997 年 2 月 13 日，鸿通（集团）有限公司（以下简称鸿道集团）与王老吉商标的原所有人广州羊城药业股份有限公司王老吉食品饮料分公司（以下简称羊城药业）签订《商标许可使用合同》，约定羊城药业许可鸿道集团及其投资企业独家使用王老吉商标生产红色罐装凉茶。2000 年 5 月 2 日，鸿道集团与广药集团签订内容基本相同的《商标许可协议》。二、加多宝公司为鸿道集团在广东东莞独资设立的全资子公司，负责红罐王老吉凉茶的生产和销售。1997 年 6 月 14 日，陈鸿道（鸿道集团董事长）取得红罐王老吉凉茶外观设计专利，并许可加多宝公司实施，用于生产王老吉凉茶。红罐王老吉凉茶的产品配方也属于加多宝公司所有。加多宝公司开始生产红罐王老吉凉茶之初，市场上并无其他红罐王老吉产品。经过加多宝公司十余年的生产经营活动和大规模的宣传推广，红罐王老吉凉茶成为知名品牌的同时，也与加多宝公司产生了特定的指向关系和识别功能。三、2012 年 6 月起，大健康公司开始公开销售其生产的红罐王老吉凉茶，其产品的外包装与加多宝公司生产的红罐王老吉产品非常类似。大健康公司的上述行为，构成对加多宝公司知名商品红罐王老吉凉茶特有包装装潢的仿冒。请求法院判令大健康公司：1. 立即停止使用与加多宝公司特有包装装潢相同或近似的包装装潢，停止销售带有上述包装装潢的产品，并销毁库存；2. 公开赔礼道歉、消除影响；3. 赔偿加多宝公司经济损失 3096 万元人民币；4. 承担本案全部诉讼费用。

被告大健康公司辩称：一、“王老吉”凉茶是本案中的知名商品。陈鸿道不是知名商品红罐王老吉凉茶名称、包装、装潢的所有权人。二、红罐王老吉凉茶特有装潢与“王老吉”商标具有不可分离性。知名商品权利人与经营者之间的法律关系，决定了红罐王老吉凉茶的包装装潢最终归属于王老吉商标持有人。三、鸿道集团曾作为红罐王老吉凉茶的经营者，但在许可合同期满后，他就不再是经营者了，亦不再享有知名商品王老吉的任何权利。四、广药集团为知名商品红罐王老吉凉茶包装装潢权利人，可以将商标许可给大健康公司，同时将知名商品上的特有装潢使用权一并授予合法经营者大健康公司使用。加多宝公司的诉讼请求缺乏法律依据，不应得到法院的支持。

3 号案（广药集团诉加多宝公司）：

原告广药集团起诉称：一、广药集团是核定使用在第 32 类无酒精饮料等商品上的第 626155 号等系列“王老吉”商标注册人，1992 年至 2009 年期间，“王老吉”商标多次获评广州市、广东省著名商标，并被认定为驰名商标。二、2000 年 5 月 2 日，广药集团曾与鸿道集团签订《商标许可协议书》，约定由广药集团许可鸿道集团生产及销售红色罐装及红色瓶装王老吉凉茶，许可使用期限自 2000 年 5 月 2 日到 2010 年 5 月 2 日止。后经中国国际经济贸易委员会裁决，鸿道集团停止使用“王老吉”商标。三、在双方就商标许可协议发生争议期间及仲裁裁决作出后，加多宝公司先后将原使用的两面均为“王老吉”字样的红罐包装装潢改为一边“王老吉”一边“加多宝”，以及两面均为“加多宝”字样的红罐包装装潢形式。四、“王老吉”红色罐装装潢属广药集团的知名商品特有装潢，应受法律保护。鸿道集团、加多宝公司在失去许可使用“王老吉”商标之后，现生产和销售的“加多宝”装潢的红罐饮料，在设计的文字、色彩、图案及排列组合上与广药集团知名商品“王老吉”相似，其装潢近似程度达到了足以引起与“王老吉”商品混淆，损害了广药集团对王老吉凉茶包装装潢享有的合法权益。故请求判令：1. 鸿道集团、加多宝公司立即停止在罐装凉茶上使用与广药集团“王老吉”凉茶特有包装装潢相同或相近似的包装装潢；停止生产被控侵权产品并销毁全部库存等。2. 判令鸿道集团、加多宝公司连带赔偿广药集团自 2011 年 11 月或 12 月始至本案终审判决作出前的经济损失人民币 1.5 亿元及合理维权费用 100 万元。3. 公开发布声明，澄清事实，消除不良影响。4. 承担本案诉讼费用。后广药集团撤回对鸿道集团的起诉。

被告加多宝公司辩称：一、加多宝公司多年来生产销售的红色罐装凉茶商品是知名商品，该知名商品具有特有的包装装潢，上述知名商品特有包装装潢权的权利人为加多宝公司，而非广药集团。二、现有证据证明，本案包装装潢从创意、设计、申请外观设计专利到作为包装装潢使用均由加多宝公司一方完成，广药集团从未参与其中。三、加多宝公司生产的红罐凉茶知名商品是传承王泽邦后人的正宗配方，消费者对于广药集团委托生产的绿盒凉茶和加多宝公司生产的红罐凉茶业已形成明确的区分识别，应当尊重、确认这一事实。四、加多宝公司是涉案知名商品特有包装装潢的权利人已经生效判决明确认定。五、广药集团无权主张涉案知名商品特有包装装潢权。双方在《商标许可协议》中约定，广药集团及其下属企业不能使用红色作为凉茶包装装潢颜色，只能生产绿色纸包装凉茶。在2012年6月前，广药集团及其下属企业从未生产或委托生产过任何一罐红罐凉茶，亦没有对涉案知名商品的生产和宣传作出任何贡献，无权针对涉案知名商品享有任何权利，加多宝公司对涉案包装装潢的使用亦非来源于广药集团的授权。六、商标权与知名商品的特有包装装潢权是相互独立、分别行使的权利，广药集团、大健康公司将商标权扩大保护至知名商品特有装潢，并认为本案包装装潢识别商品来源的作用是依托于商标而实现的观点显然是错误的。七、广药集团所提赔偿经济损失、合理支出以及消除不良影响等诉讼请求均缺乏事实与法律依据。综上，请求法院驳回广药集团的诉讼请求。

法院审理查明

（一）本案所涉相关公司的情况

1996年8月7日，在原广州羊城药业股份有限公司的基础上，广药集团正式成立，王老吉商标等无形资产划归广药集团持有，2012年2月28日，广药集团成立全资子公司大健康公司。

鸿道集团于1995年9月设立东莞鸿道公司，该公司于1998年8月注销。其后，鸿道集团于1998年9月设立东莞加多宝公司。东莞加多宝公司于2000年5月变更企业名称为广东加多宝公司（即本案中的加多宝公司）。目前，鸿道集团在国内共设有广东加多宝公司、加多宝中国公司、浙江加多宝公司、杭州加多宝公司、福建加多宝公司及武汉加多宝公司六家公司。

（二）有关“王老吉”商标的注册情况

广药集团名下现共有核定使用在第37类“凉茶”商品上的第328241号

“ ”、第 32 类“无酒精饮料”等商品上的第 626155 号“ ”、第 3980709 号“ ”及第 9095940 号“ ”注册商标，现上述商标均在有效期内。本案双方商标许可协议仅涉及第 626155 号“ ”注册商标。

（三）广药集团经营王老吉牌凉茶的情况，以及王老吉品牌所获得的荣誉

1991 年 5 月 9 日起，广州羊城药厂开始研究并确定可供工业生产的王老吉牌凉茶饮料配方、工艺技术条件及设备要求。1992 年 3 月 24 日，广东省食品卫生监督检验所审批同意生产、销售“王老吉”牌清凉茶产品。

1992 年起，广州羊城药厂的“王老吉”商标被认定为 1992 年广东省著名商标，此后连续被认定为广东省著名商标。1993 年 3 月 1 日，广州市人民政府授予羊城药业“王老吉牌”商标为“广州市著名商标”称号，此后连续被认定为广州市著名商标。2005 年 8 月起，王老吉凉茶被认定为广东省食品文化遗产——“凉茶的配方及专用术语”之一。2009 年 4 月 24 日，商标局认定广药集团使用在第 32 类无酒精饮料商品上的“王老吉”注册商标为驰名商标。2010 年 11 月 10 日，北京名牌资产评估有限公司评估广药集团的“王老吉”品牌的价值为 1080.15 亿元人民币。

（四）有关王老吉商标许可使用情况

1995 年 3 月 28 日，羊城药业与鸿道集团签订《商标使用许可合同》，约定羊城药业许可鸿道集团独家使用第 626155 号注册商标，限于红色纸包装清凉茶饮料，双方在各自生产的清凉茶商品上的所有包装图案和颜色均不得与另一方相同，产品包装及商标使用样板经羊城药业认可才可生产。鸿道集团使用上述商标有效期自 1995 年 3 月 28 日起至 2003 年 1 月。

1995 年 9 月 14 日，羊城药业与鸿道集团签订了《商标使用许可合同补充协议（一）》和《商标使用许可合同补充协议（二）》，主要是对 1995 年 3 月 28 日《商标使用许可合同》中的许可使用期限及商标许可使用费进行了补充约定。其中，许可使用期限自 1995 年 9 月 14 日至 2003 年 1 月止。

1997 年 2 月 13 日，羊城药业与鸿道集团签订了《商标许可使用合同》，其中约定：确认鸿道集团已于 1995 年从羊城药业处取得独家使用“王老吉”

红色纸包装和铁罐装凉茶饮料的使用权；鸿道集团享有独家使用“王老吉”商标生产销售红色纸包装、铁罐装凉茶饮料的使用权。羊城药业的包装设计图案不得与鸿道集团生产的“被许可商品”相同。许可期限自1997年2月13日至2011年12月31日止。

2000年5月2日，广药集团与鸿道集团签订了《商标许可协议》，鸿道集团在红色罐装、瓶装王老吉凉茶独占使用“王老吉”商标，使用期限自2000年5月2日至2010年5月2日。鸿道集团可以以自身名义采取任何法律手段，制止任何侵权行为。

2002年11月27日，广药集团与鸿道集团签订《“王老吉”商标许可补充协议》（以下称2002年补充协议），将2000年许可协议的许可期限从l0年变更为20年，自2000年5月2日起至2020年5月1日。

2003年3月3日，广药集团出具《授权委托书》，授权鸿道集团在浙江省、广东省内以自身名义对侵犯“王老吉”商标的进行诉讼等活动，授权期限为2003年3月3日至2003年12月31日止。

2003年6月10日，广药集团与鸿道集团签订《关于“王老吉”商标使用许可合同的补充协议》（以下称2003年补充协议，2003年补充协议与2002年补充协议合称两份补充协议），两份补充协议主要对续展注册和商标许可备案问题进行了约定。

（五）本案所涉包装装潢情况

1995年12月18日，陈鸿道向国家知识产权局申请名称为“饮料盒标帖”的外观设计专利，1997年2月12日予以公开，公开号为CN3054638，申请号为95318534.6，请求保护色彩。

1996年6月5日，陈鸿道向国家知识产权局申请名称为“罐贴”的外观设计专利，1997年7月2日予以公开，公开号为CN3059953，申请号为96305519.4，请求保护色彩，该外观设计专利见附图（略）。

2012年8月15日，潘良生（系新灵印刷设计公司独资东主）出具声明称，其为陈鸿道设计了许多罐装、纸盒装、瓶装的项目，红罐王老吉包装从1995年开始设计，1995年为第一阶段设计，1996年2月为第二阶段设计，1998年7月为第三阶段设计。

2012年9月19日，原南方饮料厂董事长梁世和出具个人声明称：1990年7月1日至1999年10月15日，该厂受东莞鸿道公司委托，加工使用红色利乐纸包装盒的清凉茶产品。

2003 年 5 月 15 日，广东国际容器有限公司出具《证明》，证明鸿道集团所属东莞鸿道公司于 1996 年 5 月 1 日开始，一直委托其制造红色“王老吉”空罐至今。

（六）1995 年以来王老吉凉茶的产销量、广告宣传、获得的荣誉等

2002 年 8 月 25 日，温州有线电视台广告部出具证明称：1997 年至 2002 年 9 月，加多宝公司在该台投放红色罐装“王老吉”广告费共计 3095944. 8 元。2003 年，鸿道集团投资数亿元首次竞标拿到中央电视台 3 个黄金时段“标王”广告播放权，启动“怕上火，喝王老吉”的品牌广告语宣传，以后长达近十年时间在中央电视台不间断进行广告投放。此后，还在央视先后推出“怕上火喝王老吉”“正宗凉茶，加多宝出品”等广告词。

根据加多宝公司提供的《加多宝集团历年支出的建厂、广告、促销费用》的数据，1998 年至 2011 年上半年，加多宝集团为生产和销售红罐王老吉产品，共支出建厂、广告、促销费用各 22. 2 亿元、32. 8 亿元、29. 5 亿元，共计 84. 5 亿元。加多宝集团历年参加各种慈善、公益活动所支出的费用合计 3. 09 亿元，其中，2008 年汶川大地震时捐助 1 亿元，2010 年玉树大地震时捐助 1. 1 亿元。

2005 年 8 月 24 日，加多宝公司的凉茶配方被认定为广东省食品文化遗产。此后，加多宝公司及红色罐装王老吉凉茶先后获得多项荣誉。2008 年度至 2012 年度，加多宝集团生产的罐装王老吉饮料连续名列中国行业企业信息发布中心颁给的上年度全国罐装饮料市场销售额第一名。2008 年 4 月，加多宝集团生产的红色罐装王老吉凉茶饮料获得“中华民族凉茶行业第一品牌”称号。

2013 年 3 月 26 日，凉茶创始人王泽邦先生第五代玄孙王健仪女士携家族成员在深圳召开“凉茶创始人王泽邦后人媒体见面会”。王氏家族发表联合声明，表示从未将祖传秘方授予广药集团使用。同时，王健仪对广药集团滥用王泽邦及其他先祖的肖像注册商标及利用其先祖的名字、凉茶创始年份进行广告宣传等行为表示强烈抗议，或将会依法律程序捍卫家族的合法权利。

（七）有关判决及仲裁裁决情况

广东省高级人民法院针对加多宝公司诉三水华力饮料公司擅自使用知名商品特有包装装潢一案，于 2004 年 12 月 13 日作出第 212 号判决，认定：“王老吉”罐装凉茶饮料在广东地区应属知名商品。本案中，“王老吉”罐装

凉茶饮料上的装潢，在文字、色彩、图案及其排列组合上，设计独特，该装潢底色、图案与其名称融为一体，具有显著的区别性特征，并非为相关商品所通用，为该商品所特有，应为知名商品特有的装潢。东莞鸿道公司于1996年起开始在罐装“王老吉”凉茶饮料上使用本案讼争的装潢标识，并投入大量的广告宣传，使该商品成为知名商品，该装潢在“王老吉”罐装凉茶饮料上的使用时间明显早于三水华力公司使用的时间，加多宝公司是“王老吉”罐装凉茶饮料的合法经营者，继受了该知名商品特有的装潢权，故其是本案知名商品特有装潢权的权利主体，可以认定加多宝公司对其使用的“王老吉”罐装凉茶饮料的装潢享有知名商品特有装潢权。

2012年5月9日，根据广药集团的申请，中国国际经济贸易仲裁委员会作出（2012）中国贸仲京裁字第0240号《裁决书》，以《“王老吉”商标许可补充协议》和《关于“王老吉”商标使用许可合同的补充协议》的签订与广药集团原副董事长李益民的受贿行为有关，系损害国家利益的合同为由，宣告上述两份协议无效；鸿道集团停止使用“王老吉”商标。

（八）有关产品目前使用的包装装潢情况

纠纷发生前加多宝公司生产的“王老吉”红罐包装装潢的凉茶产品，见附图（略）。

从2011年12月开始，加多宝公司生产、销售一面标注有“王老吉”、另一面标注有“加多宝”的红罐包装装潢的凉茶产品，见附图（略）。

从2012年5月10日开始，加多宝公司生产、销售两面均标注有“加多宝”红罐包装装潢的凉茶产品，见附图（略）。

广药集团于2012年6月3日在北京八达岭长城举行红色易拉罐装王老吉凉茶的新装上市活动，见附图（略）。该产品由大健康公司生产。

（九）广药集团及加多宝公司请求对方赔偿经济损失的依据

根据广药集团和加多宝公司的申请，广东省高级人民法院分别对加多宝公司及大健康公司生产销售红罐王老吉凉茶产品期间的财务会计账册进行了审计。审计结论为：加多宝公司在2012年5月10日至2013年3月31日期间红罐凉茶产、销量及利润数据如下：1. 生产红罐凉茶1139560331罐；2. 销售红罐凉茶1107818863罐；3. 销售毛利：940967603.38元；4. 利润总额：42719811.54元；5. 净利润（税后利润）：32039858.65元。大健康公司在2012年6月1日至2013年3月31日期间红罐凉茶产、销量及利润数据如下：1. 生产红罐凉茶1455826536罐；2. 销售红罐凉茶1293149988罐；3. 销售毛利：1217946221.09 元；4. 利润总额：174199825.22 元；5. 净利润：130589868.91 元。

一审判理和结果

广东省高级人民法院一审认为："红罐王老吉凉茶"包装装潢的权益享有者应为广药集团，大健康公司经广药集团授权生产销售的红罐凉茶不构成侵权。由于加多宝公司不享有涉案包装装潢权益，故其生产销售的一面"王老吉"、一面"加多宝"和两面"加多宝"的红罐凉茶均构成侵权。一审法院遂判令加多宝公司停止侵权行为，刊登声明消除影响，并赔偿广药集团经济损失 1.5 亿元及合理维权费用 26 万余元。

上诉与答辩

加多宝公司不服一审判决，在法定期限内向最高人民法院提起上诉。其主要上诉理由为：涉案知名商品特有包装装潢从创意、设计到实际用于商品生产和宣传推广，直至成为知名商品的特有包装装潢，均是源于加多宝公司及其关联企业的行为，并与加多宝公司建立了稳定而唯一的联系，且上述事实已经被在先的生效判决予以确认。商标权与知名商品包装装潢权是由不同法律予以保护的两种平等、独立的权利，二者之间不存在从属或包含关系。

二审判理和结果

最高人民法院经审理认为：

本案中的知名商品为"红罐王老吉凉茶"，在红罐王老吉凉茶产品的罐体上包括"黄色王老吉文字、红色底色等色彩、图案及其排列组合等组成部分在内的整体内容"，为知名商品的特有包装装潢。广药集团与加多宝公司均主张对红罐王老吉凉茶的特有包装装潢享有权益，具体而言，作为"王老吉"注册商标的权利人，广药集团认为，因"王老吉"商标是包装装潢不可分割的组成部分，并发挥了指示商品来源的显著识别作用，消费者当然会认为红罐王老吉凉茶来源于"王老吉"商标的权利人，而配方、口味并不会影响消费者对商品的识别和判断。作为红罐王老吉凉茶曾经的实际经营者，加多宝公司认为，包装装潢权益与"王老吉"商标权的归属问题各自独立，互不影响。消费者喜爱的是由加多宝公司生产并选用特定配方的红罐王老吉凉茶，本案包装装潢由加多宝公司使用并与前述商品紧密结合，包装装潢的相关权益应归属于加多宝公司。最高人民法院对此认为，结合红罐王老吉凉茶的历史发展过程、双方的合作背景、消费者的认知及公平原则的考量，因广药集团及其前身、加多宝公司及其关联企业，均对涉案包装装潢权益的形成、发展和商誉建树发挥了积极的作用，将涉案包装装潢权益完全判归一方所有，均会导致显失公平的结果，并可能损及社会公众利益。因此，涉案知名商品特有包装装潢权益，在遵循诚实信用原则和尊重消费者认知并不损害他人合法权益的前提下，可由广药集团与加多宝公司共同享有。在此基础上，广药集团所称加多宝公司生产销售的红罐凉茶商品，以及加多宝公司所称大健康公司根据广药集团授权生产销售的红罐凉茶商品构成擅自使用他人知名商品特有包装装潢权益的主张，均不能成立，对广药集团及加多宝公司的诉讼请求均予以驳回。

申请再审情况

广药集团申请再审称，涉案知名商品应为“王老吉凉茶”，其特有的包装装潢权益归属广药集团，加多宝公司在相同商品上使用与知名商品“王老吉凉茶”特有的包装装潢相近似的包装装潢的行为构成不正当竞争，依法应当承担相应的民事责任。本案二审改判双方共同享有特有包装装潢，不但没有起到定分止争的作用，反而引起不良的示范效应，严重破坏我国商标许可制度。综上，依据《中华人民共和国民事诉讼法》第二百条第二项、第六项之规定申请再审，请求依法撤销本案二审判决，维持本案一审判决。

再审审查判理和结果

最高人民法院再审审查认为，原审判决依据反不正当竞争法司法解释第一条、第二条中关于知名商品、特有包装装潢认定标准的规定，认定加多宝公司生产经营的红罐王老吉凉茶为本案特有包装装潢所依附的知名商品，具有事实和法律依据。在此基础上，原审判决认为在遵循诚实信用原则和尊重消费者认知并不损害他人合法权益的前提下，应由广药集团和加多宝公司共同享有本案特有包装装潢权益的认定，理据确凿充分。据此，最高人民法院根据《中华人民共和国民事诉讼法》第二百零四条第一款、《最高人民法院关于适用〈中华人民共和国民事诉讼法〉的解释》第三百九十五条第二款之规定，裁定驳回广州医药集团有限公司的再审申请。

【法官评述】

本案涉及《反不正当竞争法》第五条第二项规定的知名商品特有包装装潢权益纠纷。判决书对知名商品的认定、特有包装装潢内容的认定以及确定特有包装装潢权益归属的基本原则作出了清晰、全面的论述。明确了以下法律适用条件：知名商品应为与特有包装装潢存在特定指向关系的具体商品；特有包装装潢的内容应当根据当事人的主张、支持其主张的相关证据及包装装潢的实际使用情况予以确定；包装装潢权益归属的确定，既要尊重当事人的诚实劳动，也要充分考虑消费者基于包装装潢的显著特征而对商品来源形成的认知。具体而言：

一、关于涉案知名商品特有包装装潢的内容和指向

根据《反不正当竞争法》第五条[①]第二项的规定，擅自使用知名商品特有的名称、包装、装潢，或者使用与知名商品近似的名称、包装、装潢，造成和他人的知名商品相混淆，使购买者误认为是该知名商品的，构成不正当竞争。知名商品的特有包装、装潢，从本质上而言，是对商业标识性权益的保护。因此，确定本案中是否存在与包装装潢有关的、应受法律保护的合法权益，是首先需要评述的问题。

（一）关于涉案包装装潢的内容及其是否具备特有性的问题

1. 关于涉案包装装潢的内容

首先，根据一审法院查明的事实，广药集团与加多宝公司在一审法院审理期间所提供的，用以证明涉案包装装潢具体形式的产品实物，均为两面标明“王老吉”字样的红罐包装装潢，具体表现方式与一审法院认定相符，即底色为红色，中心部位有三个竖向排列的黄色楷书大字“王老吉”，右侧为两列小号宋体黑色文字“凉茶始祖王老吉创业于清朝道光年已有百余年历史”，左下方为褐色底、白色宋体文字“凉茶”，再左侧为三列小号宋体黑色文字“王老吉凉茶依据祖传秘方采用上等草本配制老少咸宜诸君惠顾请认商标”。罐体上部为深褐色装饰线，装饰线上有黄色英文文字“herbal tea”和“王老吉”楷书小字相间排列，罐体下部有粗细搭配的两条装饰线。此外，罐体之上还包含有“王老吉”商标图样、“王老吉凉茶”

① 对应现行《反不正当竞争法》第六条。

文字、生产厂家的名称、地址、电话等信息。在红罐王老吉凉茶生产、销售过程中，除对罐体之上的部分文字内容稍作更改外，一直沿用了该包装装潢形式，而其中亦始终包含黄色字体的“王老吉”文字。其次，加多宝公司在本案诉讼过程中曾多次使用“红罐王老吉”指称本案其请求保护的知名商品，并援引第212号判决的内容作为其主张权利的依据，该判决亦认定“王老吉罐装凉茶饮料上的装潢，在文字、色彩、图案及其排列组合上，设计独特，并非为相关商品所通用，为该商品所特有，应为知名商品特有的装潢”。由此可见，加多宝公司关于在确定涉案包装装潢内容之时，应忽略文字含义的主张，与其作为权利依据的事实并不相符。最后，商品的包装装潢通常是由文字、图案、色彩等多种构成要素组合而成的整体形象，文字部分一般指向的是使用该包装装潢的商品名称或商标。在对包装装潢进行实际使用的过程中，既可以将商标作为包装装潢的组成要素之一，亦可将其明确排除在外，这完全取决于包装装潢设计或使用者自身的意愿。涉案包装装潢在实际使用过程中，除根据商标许可协议的约定，在包装装潢之上使用了第626155号“王老吉”注册商标图样外，还将以黄色字体书写的“王老吉”三字放置在包装装潢中的显著位置，且加多宝公司在生产、销售红罐王老吉凉茶的过程中，亦从未对包装装潢的上述表现方式作出过实质性变化。因此，加多宝公司既有在实际使用过程中将“王老吉”文字作为包装装潢组成部分的主观意愿，亦通过长期、稳定的使用行为和使用方式，使“王老吉”文字在事实上也成为涉案包装装潢的组成部分，并与包装装潢中的其他内容紧密地结合在了一起。在该包装装潢之中，“王老吉”文字及王老吉注册商标为加多宝公司经广药集团许可使用的内容，包括红色底色、图案及排列组合在内的其他部分，为加多宝公司自行创设完成的部分。

2. 关于涉案包装装潢是否具备特有性

《最高人民法院关于审理不正当竞争民事案件应用法律若干问题的解释》（以下简称《反不正当竞争法司法解释》）第二条规定，具有区别商品来源显著特征的商品的名称、包装、装潢，应当认定为《反不正当竞争法》第五条第二项规定的“特有的名称、包装、装潢”。

涉案包装装潢以红色为主色调，并选择使用色彩鲜艳、与主色调具有强烈对比效果的黄色字体书写包装装潢中心部位的“王老吉”三个大字，并与装潢中包含的被许可使用的“王老吉”商标标识、褐色或黑色文字、图案、线条组合等在内的其他构成要素进行了有机结合。因此，虽然以红色为主色调的表现形式在罐装饮料商品包装装潢的设计中并不鲜见，但考虑到饮料商品的包装装潢形式具有较大的设计空间，而涉案包装装潢通过对色彩、文字、图案等设计要素的选择和组合，呈现出了具有一定独特性并与商品的功能效果无关的视觉效果与显著特征，并通过经营者长时间及较大范围的宣传和实际使用行为，使涉案包装装潢所发挥的商品来源的指示作用得以不断加强。事实上，双方当事人亦未对涉案包装装潢是否具有特有性的问题提出质疑。因此，涉案包装装潢符合反不正当竞争法关于“特有包装装潢”的保护条件。

（二）关于涉案包装装潢依附的商品及其知名度

包装装潢具有显著识别特征，并使用于具有一定知名度的商品之上，是与包装装潢有关的商业标识性权益获得反不正当竞争法保护的条件。在适用《反不正当竞争法》第五条第二项的规定时，应对“特有包装装潢”与“知名商品”之间的关系作出正确理解，即二者具有互为表里、不可割裂的关系。只有使用了特有包装装潢的商品，才能够成为反不正当竞争法评述的对象。相反，抽象的商品名称，或无确定内涵的商品概念，脱离于包装装潢所依附的具体商品，缺乏可供评价的实际使用行为，不具有依据《反不正当竞争法》第五条第二项规定进行评价的意义。

1. 关于涉案包装装潢依附的商品

《反不正当竞争法司法解释》第一条规定，在中国境内具有一定的市场知名度，为相关公众所知悉的商品，应当认定为《反不正当竞争法》第五条第二项规定的“知名商品”。具体到本案知名商品的界定：

首先，基于特有包装装潢与知名商品之间所应具有的指向和依附关系，结合本院前述已经认定的涉案特有包装装潢的内容，即使用在红罐王老吉凉茶产品罐体之上、包括黄色“王老吉”文字、红色底色等色彩、图案及其排列组合等组成部分在内的整体内容，根据一审法院查明的事实，结合当事人主张权利的依据，前述包装装潢形式使用于加多宝公司生产经营的红罐王老吉凉茶商品之上，故加多宝公司生产经营的红罐王老吉凉茶应为本案特有包装装潢所依附的商品。对于加多宝公司主张其自2011年12月开始使用的一边标注“王老吉”、一边标注“加多宝”和两边均标注

“加多宝”的红罐凉茶，以及广药集团主张其自2012年6月开始授权大健康公司使用的红罐王老吉凉茶亦为知名商品的问题，本院认为，加多宝公司与大健康公司分别自2011年12月及2012年6月之后开始生产的凉茶商品，不是双方在一审期间作为确定包装装潢具体内容的事实依据，故对广药集团与加多宝公司的上述主张，本院均不予评述。

其次，关于“王老吉凉茶”是否为本案中的“知名商品”。根据一审法院查明的事实，“王老吉凉茶”作为一种商品名称，在双方纠纷发生之时，至少可以指代由广药集团生产的绿色纸盒或加多宝公司生产的红色罐装等不同包装装潢形式的凉茶商品。而本案界定“知名商品”的目的，是判断附着于其上的、特定的包装装潢形式，是否符合反不正当竞争法对商业标识性权益提供保护的条件。因此，该“知名商品”应当与涉案包装装潢形式具有明确的指向关系。

最后，关于配方或口味是否对知名商品的认定产生影响。加多宝公司认为，本案中的知名商品还应当包括“使用王泽邦后人的正宗独家秘方”的内容。对此，双方自1995年开始建立商标许可使用关系后，各自开展王老吉凉茶的生产经营活动。但是，并无证据显示，加多宝公司在生产、销售红罐王老吉凉茶的过程中，曾通过着力强调配方、口味的差异，而使得消费者能够据此对双方生产的王老吉凉茶形成区分。

2. 关于加多宝公司生产经营的红罐王老吉凉茶是否具备知名度

《反不正当竞争法司法解释》第一条规定，人民法院认定知名商品，应当考虑该商品的销售时间、销售区域、销售额和销售对象，进行任何宣传的持续时间、程度和地域范围，作为知名商品受保护的情况等因素，进行综合判断。据此，对于红罐王老吉凉茶是否为本案中的知名商品的问题，应当综合考虑如下因素：(1)“王老吉”品牌的历史渊源。“王老吉”品牌由王泽邦创始于清朝道光年间，被称之为凉茶始祖。1956年公私合营后，历经广州羊城药厂、羊城药业等企业的经营，自1992年起即多次被认定为广东省和广州市的著名商标。因此，一审法院所作双方建立商标许可使用关系前，“王老吉”品牌在广东地区已为相关公众所知悉、具有了一定的市场知名度的认定，已为广药集团提供的相关证据内容所佐证。(2) 红罐王老吉凉茶的市场销售及广告宣传情况。在羊城药业与鸿道集团签订《商标许可使用合同》后，加多宝公司及其关联企业对红罐王老吉凉茶进行了规模化的生产、销售，并开展了持续性的市场宣传和推广活动，红罐王老吉凉茶的生产、销售数量连年攀升，并连续多年在全国罐装饮料商品的销售中名列前茅，亦获得了包括“中华民族凉茶行业第一品牌”在内的多项荣誉称号，加多宝公司的上述生产经营活动使红罐王老吉凉茶在此期间的知名度获得了极大的提升。(3) 红罐王老吉凉茶作为知名商品受到人民法院生效裁判保护的记录。第212号判决曾认定：涉案王老吉罐装凉茶饮料在广东地区为广大消费者所知悉，在凉茶饮料市场中占有较大份额，享有比较高的知名度，在广东地区应属知名商品。以上事实证明，红罐王老吉凉茶符合知名商品的认定条件。据此，综合考虑“王老吉”品牌的历史渊源、加多宝公司生产经营的红罐王老吉凉茶商品的销售、宣传、受到保护的记录，以及相关公众在此基础上对商品形成的知晓程度，应当认定其为本案中的知名商品。

二、涉案知名商品特有包装装潢权益归属的确定

本案中，广药集团与加多宝公司均对涉案包装装潢主张权益，故确定该包装装潢的权益归属，是判断加多宝公司的行为是否构成侵权的前提。具体而言：

（一）商标许可使用合同是否曾对涉案包装装潢的权益归属作出约定。涉案知名商品特有包装装潢，是一个包含了文字、图案、色彩搭配等多种构成要素的综合表现形式。在“王老吉”系列商标许可使用合同中，虽然曾对鸿道集团有权在红色罐装凉茶饮料上独家使用“王老吉”商标，以及生产、销售红色罐装王老吉凉茶作出约定，但合同中并未明确包装装潢的具体表现形式。许可合同中使用的“红色罐装”的表述方式，并不足以表明由多种要素组合而成的涉案包装装潢已经存在，亦无证据显示。许可合同中虽未明确约定，但广药集团的关联企业已经设计完成或实际使用了涉案包装装潢，并具备了授权鸿道集团使用的事实基础。

（二）厂商信息能否成为确定权益归属的直接依据。首先，商品的生产者在包装装潢之上标注厂商名称等信息，是根据《中华人民共和国产品质量法》等法律规定，履行其作为生产者的产品质量责任和义务的行为。厂商名称等信息对于商品的来源固然具有指示作用，但厂商名称能否作为获得与商品有关的知识产权权益的直接依据，仍需作出具体分析。其次，具体到本案而言，涉案包装装潢作为一个包含多种构成要素的整体形象，

既包括“王老吉”文字及商标标识，也包括线条、色彩的搭配与选择，以及包含厂商名称等在内的其他文字内容。上述构成要素相互结合，使涉案包装装潢在整体上发挥了指示商品来源的作用。因此，加多宝公司虽然通过在红罐王老吉凉茶之上标注厂商信息，以及向消费者昭示其为红罐王老吉凉茶的实际经营者等宣传使用行为，使相关公众将涉案包装装潢与加多宝公司建立了一定的联系，但不可否认的是，在“王老吉”品牌已经具有一定的市场知名度，且许可制度所带来的品牌控制人与实际经营者分离愈加普遍的情况下，消费者很难完全忽略涉案包装装潢中使用的“王老吉”文字及商标，以及该文字与商标权人之间的联系，而仅凭厂商名称的标注，即将涉案包装装潢与加多宝公司形成确定的联系。

（三）已有判决内容对权益归属认定的影响。本案相关判决所涉纠纷的发生时间，是在双方签订的系列商标许可使用合同的存续期间。加多宝公司得以在该案中以自身的名义，就红罐王老吉凉茶所涉知识产权纠纷提起诉讼，是根据广药集团曾经对鸿道集团作出的明确授权。广药集团基于之前双方对诉权处分问题进行的约定，未参与上述诉讼并与加多宝公司共同主张权利的事实，并不当然意味着其放弃了与红罐王老吉凉茶有关的知识产权权益。此外，就前述判决本身的阐述来看，并未对广药集团与加多宝公司之间就涉案包装装潢的权益享有关系作出认定，亦不足以直接得出加多宝公司为涉案包装装潢权益唯一享有者的结论。

（四）涉案知名商品特有包装装潢权益归属的确定。本案所涉知名商品特有包装装潢纠纷的产生，源于双方在签订和履行商标许可使用合同的过程中，并未对可能产生于许可使用期间的衍生利益如何进行分割作出明确的约定。通常情况下，在商标许可使用关系终止后，被许可人应停止使用行为，被许可使用商标之上所积累的商誉，应同时归还于许可人。但本案纠纷发生的特殊之处在于，许可使用期间形成的特有包装装潢，既与被许可商标的使用存在密切联系，又因其具备反不正当竞争法下独立权益的属性，而产生了外溢于商标权之外的商誉特征。广药集团与加多宝公司在本案中均主张对红罐王老吉凉茶的特有包装装潢享有权益，具体而言，作为“王老吉”注册商标的权利人，广药集团认为，因“王老吉”商标是包装装潢不可分割的组成部分，并发挥了指示商品来源的显著识别作用，消费者当然会认为红罐王老吉凉茶来源于“王老吉”商标的权利人，而配方、口味并不会影响消费者对商品的识别和判断。作为红罐王老吉凉茶曾经的实际经营者，加多宝公司认为，包装装潢权益与“王老吉”商标权的归属问题各自独立，互不影响。消费者喜爱的是由加多宝公司生产并选用特定配方的红罐王老吉凉茶，本案包装装潢由加多宝公司使用并与前述商品紧密结合，包装装潢的相关权益应归属于加多宝公司。双方各自提出的权利主张，既涉及与商业标识性权益保护有关的一般性法律适用问题，也体现了本案所特有的包装装潢权益在形成过程中所包含的复杂历史和现实因素。因此，在确定其权益归属时，需要对如下因素作出综合考量：

1. “王老吉”品牌在涉案包装装潢权益形成过程中发挥的作用

从“王老吉”品牌的传承和发展来看，双方于1995年签订第一份许可使用合同之前，“王老吉”品牌即已是具有百年历史的“中华老字号”，作为“王老吉”注册商标曾经和现在的权利人，广药集团及其关联企业通过开发“王老吉牌清凉茶”饮品等生产经营活动，维系了“王老吉”品牌的历史传承和市场价值。对于加多宝公司所称广药集团及其关联企业曾经的生产经营活动与本案无关，进而否定“王老吉”品牌原有市场基础的主张，与客观事实不符。由此可见，在双方签订商标许可使用协议之前，“王老吉”品牌已经形成、积淀了一定的品牌知名度和市场价值。也正是基于“王老吉”品牌在中国已经具有的历史渊源和品牌效应，使得加多宝公司在获得“王老吉”商标的使用权后，即选择以醒目、突出的字体在涉案包装装潢之中进行使用，并使得红罐王老吉凉茶一推出市场，即拥有了较好的消费者认知基础和市场前景。因此，作为“王老吉”商标权利人的广药集团，对于品牌知名度和美誉度的维护，是红罐王老吉凉茶的知名度得以产生、延续和发展的重要基础。

从“王老吉”品牌在涉案包装装潢中发挥的作用来看，涉案包装装潢包含了文字、图案、色彩及其排列组合等多种构成要素，属于文字图案类的装潢形式。其中，包装装潢选用的红色主色调，以及位于罐体中心部位，并与底色形成强烈视觉对比效果的“王老吉”三个大字，应当是包装装潢中最为引人注目的设计要素。对于涉案红罐王老吉凉茶的包装装潢而言，从最初投入市场流通环节至本案纠纷发生之时，黄色字体的“王老吉”文字在包装装潢中的使用方式一致、稳定、持续，这种使用方式除使消费者不断强化了“王老吉”文字已经与包装装潢融为一体的认知外，还在事实上发挥了向消费者昭示商品来源的作用，即相关公众在购买红罐王老吉凉茶时，既会联想到作为实际经营者的加多宝公司，也会联想到“王老吉”商标的权利人广药集团。加多宝公司认为，涉案包装装潢的显著识别特征表现在红色底色、黄色标识文字和黑色辅助文字结合而成的视觉效果，而不在于文字内容本身。然而加多宝公司并未举证证明，其在对涉案包装装潢进行宣传、使用的过程中，虽然突出标注了“王老吉”文字，但曾采取措施，刻意阻断了包装装潢本身与“王老吉”文字之间的联系，以及“王老吉”文字所可能发挥的来源指向作用。因此，通过加多宝公司的实际使用行为，“王老吉”文字事实上已经成为红罐王老吉凉茶包装装潢的重要组成部分，否定其对涉案包装装潢同样发挥了来源识别的功能，缺乏事实与法律依据。

2. 加多宝公司对红罐王老吉凉茶的经营行为在涉案包装装潢权益形成过程中发挥的作用

从加多宝公司对红罐王老吉凉茶的生产经营活动来看，在鸿道集团与羊城药业于1995年签订第一份商标许可使用合同后，鸿道集团即通过委托他人设计红罐王老吉凉茶的包装装潢和申请外观设计专利，并由加多宝公司的前身东莞鸿道公司生产、销售红罐王老吉凉茶的方式，逐步将使用了涉案包装装潢的红罐王老吉凉茶推向市场。在东莞鸿道公司注销后，加多宝公司承接其生产经营业务，并继续生产、销售带有涉案包装装潢的红罐王老吉凉茶。在此期间，加多宝公司不断扩大生产经营规模，不断加强红罐王老吉凉茶的宣传推广力度。如鸿道集团于2003年首次竞标获得中央电视台3个黄金时段的广告播放权后，投入巨资、持续多年在中央电视台等媒体上，对红罐王老吉凉茶进行了大量的广告宣传活动。2006年开始，加多宝公司及红罐王老吉凉茶还先后获得多项荣誉。由此可见，作为红罐王老吉凉茶的实际经营主体，加多宝公司通过多年持续、大规模的宣传和使用行为，不仅清晰地向消费者传递了红罐王老吉凉茶由加多宝公司实际经营这一信息，也显著地提升了加多宝公司及红罐王老吉凉茶的市场知名度，加多宝公司对涉案包装装潢权益的形成作出了重要贡献。

从加多宝公司的经营行为对涉案包装装潢权益形成发挥的作用来看，《反不正当竞争法》第五条第二项规定是为知名商品特有包装装潢提供法律保护的依据，包装装潢具有识别商品来源的显著特征及该包装装潢依附于具有一定知名度的商品之上，是涉案包装装潢获得反不正当竞争法保护的法定要件。显然，特有包装装潢权益的产生，与相关市场经营主体的实际使用行为具有密不可分的关系。本案中，自红罐王老吉凉茶推出市场至本案纠纷发生之前，加多宝公司是红罐王老吉凉茶的实际经营主体，其持续和稳定的使用行为，在显著提升了红罐王老吉凉茶知名度的同时，也使得包含有红色底色、黄色“王老吉”文字等显著识别部分的包装装潢，具备了受到反不正当竞争法保护的条件。同时，消费者在此过程中，亦逐步对加多宝公司是红罐王老吉凉茶在此期间的实际经营者这一事实产生了清晰的认知。因此，否定加多宝公司的经营行为在涉案包装装潢权益形成过程中所发挥的重要作用，亦与事实和法律相悖。

3. 消费者的认知与公平原则的衡量

本案为反不正当竞争法框架下的擅自使用知名商品特有包装装潢纠纷，虽然纠纷本身肇始于双方之间曾经存在的商标许可使用关系，但在解决包装装潢的权益归属这一本案中的核心法律问题时，仍需回归到反不正当竞争法关于特有包装装潢保护制度的法律规定本身。所谓知名商品的特有包装装潢，是指知名商品之上具有区别商品来源的显著特征的包装装潢形式。在确定特有包装装潢的权益归属时，既要在遵循诚实信用原则的前提下鼓励诚实劳动，也应当尊重消费者基于包装装潢本身具有的显著特征，而客观形成的对商品来源指向关系的认知。

注册商标制度与知名商品特有包装装潢权益保护制度虽然均属于对商业标识性权益提供保护的法律制度，但二者的权利来源和保护条件有所不同。注册商标与包装装潢可以各自发挥其独立的识别作用，并分属于不同的权利主体。红罐王老吉凉茶推出市场后，经过加多宝公司及其关联企业有效的营销活动，红罐王老吉凉茶使用的包装装潢因其知名度和独特性，已经形成了独立的商业标识性权益。但本案的特殊之处在于，作为涉案包装装潢实际经营者的加多宝公司，在设计、使用及宣传推广的过程中，始终将作为广药集团注册商标的“王老吉”文字在包装装潢中进行了突出使用，且从未着意阻断和清晰区分包装装潢与其中包含的注册商标之间的关系，客观上使包装装潢同时指向了加多宝公司与广药集团。消费者亦不会刻意区分法律意义上的商标权与知名商品特有包装装潢权益，而会自然地将红罐王老吉凉茶与广药集团、加多宝公司同时建立联系。实际上，涉案包装装潢中确实也同时蕴含了广药集团“王老吉”品牌的影响力，以及加多宝公司通过十余年的生产经营和宣传推广而形成、发展而来的商品知名度和包装装潢的显著识别效果。

综合考虑上述因素，结合红罐王老吉凉茶的历史发展过程、双方的合作背景、消费者的认知及公平原则的考量，因广药集团及其前身、加多宝公司及其关联企业，均对涉案包装装潢权益的形成、发展和商誉建树发挥了积极的作用，将涉案包装装潢权益完全判归一方所有，均会导致显失公平的结果，并可能损及社会公众利益。因此，涉案知名商品特有包装装潢权益，在遵循诚实信用原则和尊重消费者认知并不损害他人合法权益的前提下，可由广药集团与加多宝公司共同享有。

编写人：最高人民法院　佟姝

福州米厂诉五常市金福泰农业股份有限公司等侵害注册商标专用权纠纷案

——阅读提示：约定俗成的通用名称如何认定？存在他人在先商标权的情况下，农作物品种名称如何规范使用？

【裁判要旨】

产品的相关市场并不限于特定区域而是涉及全国范围的，应以全国范围内相关公众的通常认识为标准判断是否属于约定俗成的通用名称。

在存在他人在先注册商标权的情况下，经审定公告的农作物品种名称可以规范使用于该品种的种植收获物加工出来的商品上，但该种使用方式仅限于表明农作物品种来源且不得突出使用。

【案号】

一审：福建省福州市中级人民法院（2014）榕民初字第481号

二审：福建省高级人民法院（2014）闽民终字第1442号

申请再审：最高人民法院（2015）民申字第2472号

再审：最高人民法院（2016）最高法民再374号

【案情与裁判】

原告（被上诉人、再审申请人）：福州米厂

被告（上诉人、被申请人）：五常市金福泰农业股份有限公司（原五常市金福粮油有限公司，简称五常公司）

被告（被上诉人、被申请人）：福建新华都综合百货有限公司福州金山大景城分店（简称大景城分店）

被告（被上诉人、被申请人）：福建新华都综合百货有限公司（简称新华都公司）

起诉与答辩

福州米厂向福建省福州市中级人民法院（一审法院）起诉请求：五常公司立即停止生产侵犯涉案商标权的产品，支付赔偿金300000元；大景城分店、新华都公司立即停止销售侵犯涉案商标权的产品，支付赔偿金30000元；五常公司、大景城分店、新华都公司共同支付其为制止侵权行为所支出的合理开支15998元；五常公司、大景城分店、新华都公司共同承担本案的诉讼费用。

五常公司答辩称：稻花香大米的种植地、发明人和加工生产均在五常，稻花香是种子的通用名称，也是大米约定俗成的通用名称，不能阻止他人正当使用。请求驳回福州米厂的诉讼请求。

大景城分店、新华都公司答辩称：其销售被诉侵权产品具有合法来源，不应承担侵权责任。

法院审理查明

福州米厂为第1298859号“稻花香DAOHUAXIANG”（字母在文字下方，即涉案商标）注册商标专用权人，核定使用商品为第30类大米，有效期自1999年7月28日至2009年7月27日。2014年2月18日，福州米厂的委托代理人陈淑媛向福州市闽江公证处申请对大景城分店涉嫌出售侵权产品的行为进行证据保全。同日，该公证处的两位公证员与陈淑媛一同来到福州市仓山区新华都金山大景城店，由陈淑媛购买了一袋大米。2014年2月28日，福州市闽江公证处出具了（2014）闽证内字第00624号公证书，对上述过程进行了公证。福州米厂为此支付公证费900元。上述公证书附新华都公司出具的发票一张，载明：商品名称为“乔家大院稻花香米”5kg，金额98元。公证的大米实物包装袋正面设计为：左上方标注有“金福”二字，上方居中位置标注有“乔府大院©”（字体呈竖向排列）和以较小字体标注“五常大米”四字，正面中间位置以大字体标注有“稻花香（字体中空，底色黑色）DAOHUAXIANG”，正面下方以较小字体标注有“五常市金福粮油有限公司［净含量：5kg］”字样。2009年3月18日，黑龙江省农作物品种审定委员会出具的《黑龙江省农作物品种审定证书》记载：编号为黑审稻2009005，品种名称为“五优稻4号”，原代号为“稻花香2号”，选育单位为五常市利元种子有限公司，选育者为田永太等7人，推广区域为黑龙江省五常市平原自流灌溉区插秧栽培，该品种经区域试验和生产试验，符合推广优良品种条件，决定从2009年起定为推广品种。2013年4月1日，五常市稻米产业商会出具《关于保护五常大米“稻花香”品牌的报告》。同日，又出具《致全市稻农朋友的呼吁书》，并附有村民的签名和村委会的盖章。2011年12月，项文秀的项目名称为长粒型“五优稻4号（稻花香2号）”的选育与推广，获得黑龙江省人民政府颁发的科学技术奖二等奖。

一审判理和结果

一审法院经审理认为：五常公司在其生产、销售的“乔家大院稻花香米”的包装袋上使用与涉案商标非常近似的标志系作为装潢使用，五常公司这种未经许可的擅自使用行为，以及大景城分店和新华都公司未经授权的销售行为，容易误导消费者，侵害了涉案商标权。对于五常公司关于“稻花香”既是大米又是种子的通用名称的主张不予支持。综合考量，酌定赔偿数额为9万元，合理费用为1万元。大景城分店和新华都公司有合法来源，应承担停止侵权责任，无需承担赔偿责任，但应承担合理费用中的3000元。五常公司作为生产商和销售商，应依法承担停止侵权、赔偿损失的法律责任。

一审法院依照2001年修正的《中华人民共和国商标法》（以下简称商标法）第五十六条第二款，2002年施行的《中华人民共和国商标法实施条例》（以下简称商标法实施条例）第四十九条、第五十条之规定，判决：（一）五常公司停止生产、销售标注有与涉案商标近似标志的“乔家大院稻花香米”；（二）大景城分店和新华都公司停止销售标注有与涉案商标近似标志的“乔家大院稻花香米”；（三）五常公司支付福州米厂经济损失及合理费用共计人民币97000元；（四）大景城分店和新华都公司支付福州米厂合理费用人民币3000元；（五）驳回福州米厂的其他诉讼请求。

上诉与答辩

五常公司不服一审判决，向福建省高级人民法院（二审法院）上诉请求：撤销一审判决，改判驳回福州米厂的诉讼请求。

二审判理和结果

二审法院认为，本案争议焦点在于五常公司在其生产销售的被诉侵权产品大米外包装上所使用的“稻花香”文字是否属于商品的通用名称以及五常公司对“稻花香”文字的使用是否属于正当使用。

（一）关于“稻花香”是否属于商品的通用名称的问题

根据五常公司提供的《黑龙江省农作物品种审定证书》可以证实，黑龙江省农作物品种审定委员会于2009年对品种名称为“五优稻4号”，原代号为“稻花香2号”的水稻品种予以了审定编号，并决定从当年起定为五常市区域内的推广品种。《主要农作物品种审定办法》（简称品种审定办法）第三十二条[①]规定，审定公告公布的品种名称为该品种的通用名称。禁止在生产、经营、推广过程中擅自更改该品种的通用名称。审定委员会作为省一级的地方专业审定机构，对其最终审定并决定推广的水稻品种应当认为具有法定确认的效力。因此，审定委员会所审定的“五优稻4号”，原代号为“稻花香2号”的水稻品种可以认定为法定的通用名称。根据五常市农业局出具的《关于稻花香大米名称的使用证明》、五常市龙凤山镇人民政府出具的《证明》、五常市稻米商业商会提供的《关于五常市稻花香大米品牌维权的综合材料》中五常市部分稻农、村民代表的确认材料、“稻花香2号”主要育种人田永太出具的证明材料以及电视媒体对于“稻花香”大米的相关报道，上述证据材料互相印证，能够证明，“稻花香”的称谓无论在品种审定之前的研发育种、试种植阶段还是品种审定之后的大面积推广阶段，五常这一特定地域范围内的相关种植农户、大米加工企业和消费者均普遍认为其指代的是一类稻米品种。相关公众实际上只知“稻花香”，而不知“五优稻4号”。因此，可以认定，基于五常市这一特定的地理种植环境所产生的“稻花香”大米品种能够反映出一类稻米与其他稻米的根本区别，具有了其他产区的大米商品所不具有的特定品质。“稻花香”大米属于较为固定的，约定俗成的通用名称。

（二）关于五常公司对“稻花香”文字的使用是否正当的问题

对被诉侵权产品的外包装进行观察可见，该外包装正面左上角印有“金福”文字，系五常公司的企业字号，中间部分印有五常公司注册的“乔府大院”图文商标及“五常大米”文字。下半部印有“稻花香 DAOHUAXIANG”文字和拼音及五常公司的企业名称全称。从使用的具体情况来看，五常公司已经在产品包装正面的醒目位置标注了自有商标及企业字号和全称。由于“稻花香”属于五常特定产区的大米品种，而五常公司就是五常当地一家专

---

① 对应2016年《主要农作物品种审定办法》第三十五条。

门的制米企业，其对“稻花香”一词文字及拼音的使用只是为了说明品种来源，并未进行商标性的不当突出使用。

综上，一审法院认定五常公司及大景城分店、新华都公司的行为构成商标侵权，属认定不当。依照《中华人民共和国民事诉讼法》第一百七十条第二项、商标法实施条例第四十九条的规定，二审法院判决：撤销一审判决；驳回福州米厂的全部诉讼请求。

申请再审理由与答辩

福州米厂申请再审称：（一）二审法院将“稻花香”认定为涉案食用大米的法定通用名称，适用法律错误。（二）二审判决将“稻花香”认定为约定俗成的通用名称，没有事实和法律依据。二审判决仅凭五常市农业局、镇政府、村委会、村民代表出具的《证明》就由此认定相关公众普遍认为“稻花香”能够指代一类大米，明显依据不足。约定俗成的通用名称一般以全国范围内相关公众的通常认识为判断标准。二审判决仅以五常市这一特定地区作为认定通用名称的标准，违反法律规定。（三）二审判决认定五常公司对“稻花香”文字及其拼音未进行不当的商标性突出使用，缺乏证据证明。五常公司在涉案商品包装中用特大号字体居中使用“稻花香 DAOHUAXIANG”字样，“稻花香”文字居上、拼音居下，与第1298859号“稻花香 DAOHUAXIANG”注册商标完全一致。（四）二审判决认为五常公司使用“稻花香 DAOHUAXIANG”商标客观上不会造成相关公众混淆误认，明显属于适用法律错误。综上，请求撤销二审判决，依法再审，支持福州米厂一审诉讼请求。

五常公司提交意见称：（一）二审判决认定“稻花香”是法定通用名称正确。（二）二审判决认定“稻花香”为大米约定俗成的通用名称正确。由于五常气候、土壤等原因，“稻花香”品种质量优良，“稻花香”已经成为在五常乃至黑龙江市场上一个固定的约定俗成的通用名称。综上，请求本院驳回福州米厂的再审申请。

再审判理和结果

最高人民法院再审认为：首先，根据品种审定办法第三十二条的规定，审定公告的通用名称在实际的使用过程中不得擅自更改。审定公告的原代号为“稻花香2号”，并非“稻花香”，在有在先涉案商标权的情况下，不能直接证明“稻花香”为法定的通用名称。其次，约定俗成的通用名称一般以全国范围内相关公众的通常认识为判断标准。但是，基于历史传统、风土人情、地理环境等原因，某些商品所对应的相关市场相对固定，如果不加区分地仍以全国范围相关公众的认知为标准，判断与此类商品有关的称谓是否已经通用化，有违公平原则。适用不同评判标准的前提是，当事人应首先举证证明此类商品属于相关市场较为固定的商品。本案中，被诉侵权产品销售范围并不局限于五常地区，而是销往全国各地。在这种情况下，应以全国范围内相关公众的通常认识为标准判断“稻花香”是否属于约定俗成的通用名称。从五常公司提供的证据看，多为五常市当地有关部门、稻农或育种人出具的证明材料，媒体报道数量有限，以全国范围内相关公众的通常认识为标准，现有证据不足以证明“稻花香”属于约定俗成的通用名称。

本案中，应当认定五常公司、大景城分店和新华都公司未经许可的生产、销售行为，侵害了涉案商标专用权。关于赔偿损失的具体数额及合理费用的分担，综合考虑本案案情，最高人民法院认为一审判决结果并无不妥，予以维持。

本案的特殊之处在于，福州米厂申请注册涉案商标主观上并无恶意，注册商标专用权在全国范围内具有效力，应得到有效保护。根据现有证据，“稻花香2号”作为审定公告的品种，对于五常这一特定地域范围内的相关种植农户、大米加工企业和消费者而言，在以“稻花香2号”种植加工出的大米上使用“稻花香”主观上也并无攀附涉案商标的恶意。基于公平原则，考虑到双方的利益平衡，最高人民法院认为，对于五常这一特定地域范围内的相关种植农户、大米加工企业和消费者而言，可以在以“稻花香2号”种植加工出的大米上规范标注“稻花香2号”，以表明品种来源。但需要在此特别强调：该种标注方式仅限于表明品种来源且不得突出使用。

综上所述，二审判决认定“稻花香”属于通用名称，被诉侵权产品的标注方式属于正当使用，不构成侵害涉案商标权错误，予以撤销。一审判决结论正确，予以维持。依照《中华人民共和国民事诉讼法》第二百零七条第一款，第一百七十条第一款第二项，商标法第五十二条第一项、第五十六条，商标法实施条例第四十九条规定，判决如下：撤销二审判决；维持一审判决。

【法官评述】

本案所涉“稻花香2号”是我国大米主要产区黑龙江五常地区的优良稻米品种，在五常地区被广泛种植，案件处理结果直接关系到该品种正常的生产经营活动，同时，在市场上假冒稻花香的大米商品屡见不鲜。因此，本案的处理也需考虑如何更好地平衡商标权人与该品种生产企业的利益，促进“稻花香”大米市场的规范有序。处理好上述问题，本案需要解决好两个法律问题：一是如何认定约定俗成的通用名称；二是在有在先商标权的情况下，农作物品种名称如何规范使用。

一、如何认定约定俗成的通用名称

本案中，为证明“稻花香”属于约定俗成的通用名称，五常公司先后提交了五常市农业局出具的《关于稻花香大米名称的使用证明》、五常市龙凤山镇人民政府出具的《证明》、五常市稻米商业商会提供的《关于五常市稻花香大米品牌维权的综合材料》、“稻花香2号”主要育种人田永太出具的证明材料、媒体的相关报道等证据，并申请证人出庭作证。二审法院据此认为，五常这一特定地域范围内的相关种植农户、大米加工企业和消费者均普遍认为“稻花香”指代的是一类稻米品种。可以认定，基于五常市这一特定的地理种植环境所产生的“稻花香”大米属于约定俗成的通用名称。可见，二审法院实际上认为“稻花香”大米属于由五常市特定地理环境形成的在该相关市场内较为固定的商品，属于在该相关市场内的通用名称，并非以全国范围内相关公众的通常认识为判断标准。

二审法院作出此认定的依据在于，《最高人民法院关于审理商标授权确权行政案件若干问题的意见》中规定：对于由于历史传统、风土人情、地理环境等原因形成的相关市场较为固定的商品，在该相关市场内通用的称谓，可以认定为通用名称。对于如何理解该规定，笔者认为，首先，基于历史传统、风土人情、地理环境等原因，某些商品所对应的相关市场相对固定，此时，在该相关市场内通用的称谓，可以认定为通用名称。相关市场在本案中主要体现为地域范围如何界定，二审法院实际上认为“稻花香”大米属于五常市这一相关市场内约定俗成的通用名称。其次，适用上述规定的前提为被诉侵权人应提供证据证明此类商品属于相关市场较为固定的商品。否则，是否构成约定俗成的通用名称，仍应当以全国范围内相关公众的通常认知作为判断依据。本案中，对于“稻花香”大米的相关市场，直接的证据就是“稻花香”大米的销售地域范围。从本案证据看，“稻花香”大米销售范围并不局限于五常地区，而是销往全国各地。在这种情况下，上述前提条件并不满足。因此，对于“稻花香”是否属于约定俗成的通用名称，应以全国范围内相关公众的通常认识为标准。从被诉侵权人提供的上述证据来看，以全国范围内相关公众的通常认识为标准，现有证据不足以证明“稻花香”属于约定俗成的通用名称。二审判决认为“稻花香”属于五常地域范围内约定俗成的通用名称，未考虑被诉侵权产品已经销往全国，相关市场超出五常地域范围的实际情况，确有错误。

另外，如果支持五常公司的主张，认定“稻花香”在全国范围内属于大米的通用名称，表面上是免除了其侵害注册商标专用权的法律责任，但是对于市场上假冒“稻花香”的大米商品则开了方便之门，使之以商品的通用名称为由合法销售，不仅损害了注册商标专用权人的利益，也不是五常公司及五常地区广大稻农所愿意看到的结果，更是损害了消费者的利益。

二、在有在先商标权的情况下，农作物品种名称如何规范使用

在“稻花香”不构成通用名称的情况下，五常公司未经许可使用“稻花香”文字和拼音的行为，侵害了涉案商标专用权。但本案中也应考虑五常公司在其生产销售的大米产品包装上使用“稻花香”文字及拼音以表明大米品种来源的行为，主观上出于善意，并无攀附涉案商标权的故意。对于五常地区范围内的相关种植农户、大米加工企业和消费者而言，是否可以继续使用“稻花香”品种名称，或者如何规范使用以更好地平衡商标权人和审定公告名称使用人的利益?

首先，涉案商标于1998年3月提出申请，于1999年7月28日获得注册。从时间顺序上，涉案商标的申请日远远早于“稻花香2号”水稻的审定公告日，福州米厂申请注册涉案商标主观上并无抄袭“稻花香”品种名称的恶意。注册商标专用权在全国范围内具有效力，应得到有效保护。其次，2009年3月18日，黑龙江省农作物品种审定委员会出具《黑龙江省农作物品种审定证书》，审定公告了“五优稻4号”、原代号“稻花香2号”的水稻品种。根据2013年《主要农作物品种审定办法》第三十二条的规定，品种名称只能是审定公告公布的名称，禁止擅自更改。因此，对于“五优稻4号”、原代号“稻花香2号”的水稻品种名称，在该品种的

生产、经营和推广过程中可以继续使用。最后，考虑到本案实际情况，为了更好地平衡商标权人和农作物品种名称使用人的利益，对于五常这一特定地域范围内的相关种植农户、大米加工企业和消费者而言，可以在以“稻花香2号”品种种植加工出的大米上规范标注“稻花香2号”，以表明品种来源。但该种标注方式仅限于表明品种来源且不得突出使用，避免进入涉案商标权的禁用权范围，损害商标权人的利益。

编写人：最高人民法院　周翔

商务印书馆有限公司诉华语教学出版社有限责任公司侵害商标权及不正当竞争纠纷案

——阅读提示：辞书名称是否能够起到商标标识商品来源的作用？未注册驰名商标认定需要哪些条件？侵害未注册驰名商标的行为是否应当承担赔偿责任？

【裁判要旨】

显著识别性是商标的基本特征，是一个标志可以作为商标的基本属性。只有具有显著特征的标志才能发挥区别商品来源的作用，进而可以作为商标注册或给予保护。未注册驰名商标的判定亦应首先对商标的显著特征进行判断，此外，是否可以认定为未注册驰名商标还应结合案件中商标的具体使用证据，客观、全面地进行审查。虽然法律没有明确规定侵害未注册驰名商标应当承担赔偿责任，但通过法律体系解释方法以及遵循比例原则，侵权人应当承担赔偿责任。

【案号】

一审：北京知识产权法院（2016）京73民初277号

【案情与裁判】

原告：商务印书馆有限公司（简称商务印书馆）

被告：华语教学出版社有限责任公司（简称华语出版社）

起诉与答辩

原告商务印书馆诉称被告华语出版社生产、销售“新华字典”辞书的行为侵害了原告商务印书馆“新华字典”未注册驰名商标，且被告华语出版社使用原告商务印书馆《新华字典》（第11版）知名商品的特有包装装潢的行为已构成不正当竞争。请求法院判令被告立即停止侵害商标权及不正当竞争行为；在《中国新闻出版广电报》等相关媒体上刊登声明，消除影响；赔偿原告经济损失 300 万元及合理支出 40 万元。

被告华语出版社辩称，“新华字典”由国家项目名称发展为公共领域的辞书通用名称，原告无权就“新华字典”主张商标权益，无权禁止他人正当使用。涉案《新华字典》（第 11 版）的装潢不属于《反不正当竞争法》第五条[①]第二项规定的“特有装潢”，不会使购买者产生混淆或误认。原告提起诉讼旨在通过司法判决的方式独占“新华字典”这一辞书通用名称，具有排除竞争、实现垄断辞书类市场的不正当目的。

一审审理查明

原告商务印书馆与被告华语出版社同为出版机构。原告商务印书馆自 1957 年至今，连续出版《新华字典》通行版本至第 11 版，2010 ~ 2015 年，原告商务印书馆出版的《新华字典》在字典类图书市场的平均占有率超过 50%，截至 2016 年，原告商务印书馆出版的《新华字典》全球发行量超过 5.67 亿册，获得“最受欢迎的字典”吉尼斯世界纪录及“最畅销的书（定期修订）”吉尼斯世界纪录等多项荣誉。被告华语出版社在其出版的多个版本辞书上使用了“新华字典”作为辞书名称，且销售量较大。

一审判理和结果

一审法院认为，“新华字典”具备商标的显著特征，且经过原告商务印书馆的使用已经达到驰名商标的程度，构成未注册驰名商标，被告华语出版社复制、摹仿原告商务印书馆的未注册驰名商标“新华字典”的行为，容易导致混淆，构成商标侵权。原告商务印书馆出版的《新华字典》（第 11 版）构成知名商品的特有包装装潢，被告华语出版社擅自使用《新华字典》（第 11 版）知名商品的特有装潢的行为构成不正当竞争。一审法院判决：被告华语出版社立即停止侵害涉案商标权及不正当竞争行为；在《中国新闻出版广电报》等相关媒体上刊登声明，消除影响；赔偿原告商务印书馆经济损失 300 万元及合理支出 27 万余元。

---

① 对应现行《反不正当竞争法》第六条。

本案一审宣判后，双方当事人达成执行和解，一审判决生效。

【法官评述】

本案是涉及未注册驰名商标保护的典型案例，兼具事实认定、法律适用及利益平衡的多重难题。本案明确对“新华字典”这类兼具产品和品牌混合属性的商品名称是否具备商标显著特征的裁判标准。并从相关公众对“新华字典”的知晓程度、“新华字典”的使用持续时间、销售数量、宣传范围及受保护记录等多方面因素，认定“新华字典”构成未注册驰名商标。同时，在给予“新华字典”未注册驰名商标保护的同时，注重平衡其与出版行业正常的经营管理秩序、促进文化知识的正确传播的关系。此外，本案对于侵害未注册驰名商标的行为作出了损害赔偿的责任承担方式判定，突破了《商标法》对于注册商标给予赔偿的责任认定，在加大知识产权保护的新时代具有重要的法律意义。

一、关于“新华字典”是否具备商标的显著特征问题

显著识别性是商标的基本特征，是一个标志可以作为商标的基本属性。只有具有显著特征的标识才能发挥区别商品来源的作用，进而可以作为商标注册或给予保护。

本案中，“新华字典”具有特定的历史起源、发展过程和长期唯一的提供主体以及客观的市场格局，保持着产品和品牌混合属性的商品名称，已经在相关消费者中形成了稳定的认知联系，具有指示商品来源的意义和作用，具备商标的显著特征。本案遵循在先案例“再审申请人佛山市合记饼业有限公司与再审申请人珠海香记食品有限公司侵犯注册商标专用权纠纷案”［（2011）民提字第 55 号民事判决书］中确定的“在涉案图书已经具有较高知名度的情况下，其名称已经具有了区别商品来源的作用，构成知名商品的特有名称”及“再审申请人华文出版社有限公司与被申请人吉林文史出版社及一审被告长春联合图书城有限公司侵害著作权及不正当竞争纠纷案”［（2013）民申字第 371 号民事裁定书］中确立的“由于特定的历史起源、发展过程和长期唯一的提供主体以及客观的市场格局，保持着产品和品牌混合属性的商品名称，仍具有指示商品来源的意义，不能认定为通用名称”的裁判标准，最终认定“新华字典”具有商标的显著特征，能够发挥商品来源的识别作用。

二、关于“新华字典”是否构成未注册驰名商标的问题

从相关公众对涉案“新华字典”的知晓程度来看，“新华字典”已经在全国范围内被相关公众广为知晓。从商务印书馆使用“新华字典”持续的时间和销售数量来看，“新华字典”近60年间已经在全国范围内销售数亿册，销售量巨大，销售范围非常广泛。从商务印书馆对“新华字典”进行宣传所持续的时间、程度和地理范围来看，“新华字典”已经获得较大的影响力和较高的知名度。从“新华字典”受保护的记录来看，“新华字典”已经多次受到保护。综合以上因素，可以认定“新华字典”构成未注册驰名商标。

三、关于“新华字典”作为商务印书馆的未注册驰名商标给予保护是否会破坏出版行业正常的经营管理秩序，损害知识的传播问题

《商标法》保护的商标权本身即为对商标独占使用的权利，这种独占使用针对的是商标本身，而非商标所附着的商品。故，即便给予商务印书馆“新华字典”未注册驰名商标的保护，给予的仅为独占使用“新华字典”商标的权利而非出版相关辞书的专有权，不会因此直接造成辞书行业所谓的垄断，更不会因此破坏辞书市场正常的经营管理秩序。“新华字典”作为商标，其商誉亦与其内容紧密相连，商务印书馆作为“新华字典”未注册商标持有人不仅享有权利，更承担了《商标法》意义上商标持有人对其提供商品质量的保障义务及与其驰名商标美誉度相称的传播正确汉语言文字知识的社会责任。将“新华字典”作为商务印书馆的未注册驰名商标给予保护，不仅是对于之前商务印书馆在经营“新华字典”辞书商品中所产生的商誉给予保护，更是通过商标授予的方式使其承担法定义务和社会责任。因此，“新华字典”作为未注册驰名商标给予保护不会破坏出版行业正常的经营管理秩序，损害知识的传播。

四、华语出版社复制、摹仿商务印书馆的未注册驰名商标“新华字典”，是否容易导致混淆，构成商标侵权

《商标法》第十三条第二款规定，就相同或者类似商品申请注册的商标是复制、摹仿或者翻译他人未在中国注册的驰名商标，容易导致混淆的，不予注册并禁止使用。《最高人民法院关于审理商标民事纠纷案件适用法律若干问题的解释》（法释〔2002〕32号自2002年10月16日起施行，该司法解释针对的《商标法》为2001年《商标法》）第二条规定，依

照《商标法》第十三条第一款（2001年商标法第十三条第一款对应2013年《商标法》第十三条第二款）的规定，复制、摹仿、翻译他人未在中国注册的驰名商标或者主要部分，在相同或者类似商品上作为商标使用，容易导致混淆的，应当承担停止侵害的民事法律责任。《最高人民法院关于审理涉及驰名商标保护的民事纠纷案件应用法律若干问题的解释》第九条规定，足以使相关公众对使用驰名商标和被诉商标的商品来源产生误认，或者足以使相关公众认为使用驰名商标和被诉商标的经营者之间具有许可使用、关联企业关系等特定联系的，属于《商标法》第十三条第一款规定的“容易导致混淆”。

本案中，商务印书馆和华语出版社使用“新华字典”的商品均为第16类辞书，属于相同商品，且华语出版社在其出版的字典上使用了与商务印书馆未注册驰名商标“新华字典”完全相同的商标，该行为属于以复制的方式使用商务印书馆的未注册驰名商标。关于是否容易导致混淆的问题，根据在案证据（2016）京东方内民证字第03035号公证书中显示，消费者已经在购买和使用字典的过程中将华语出版社出版的《新华字典》误认成商务印书馆出版的《新华字典》。华语出版社的上述行为已经导致相关公众发生混淆和误认。

五、侵害未注册驰名商标是否应该承担赔偿责任的问题

关于赔偿损失的问题，《商标法》第六十三条第一款规定，侵犯商标专用权的赔偿数额，按照权利人因被侵权所受到的实际损失确定；实际损失难以确定的，可以按照侵权人因侵权所获得的利益确定；权利人的损失或者侵权人获得的利益难以确定的，参照该商标许可使用费的倍数合理确定。对恶意侵犯商标专用权，情节严重的，可以在按照上述方法确定数额的一倍以上三倍以下确定赔偿数额。赔偿数额应当包括权利人为制止侵权行为所支付的合理开支。[①] 上述规定是针对侵犯注册商标专用权，能否适

① 此为2013年《商标法》规定，现行2019年《商标法》第六十三条第一款规定：“侵犯商标专用权的赔偿数额，按照权利人因被侵权所受到的实际损失确定；实际损失难以确定的，可以按照侵权人因侵权所获得的利益确定；权利人的损失或者侵权人获得的利益难以确定的，参照该商标许可使用费的倍数合理确定。对恶意侵犯商标专用权，情节严重的，可以在按照上述方法确定数额的一倍以上五倍以下确定赔偿数额。赔偿数额应当包括权利人为制止侵权行为所支付的合理开支。”

用于未注册驰名商标法律没有明确规定。

本案考虑到《商标法》明确规定未注册驰名商标应受到《商标法》的保护，同时，《侵权责任法》规定，侵害他人民事权益的，应当承担侵权责任，加之，未注册驰名商标之所以获得保护是因为其经过长期大量使用而获得较高知名度，他人在与未注册驰名商标使用商品相同或类似商品上进行使用属于搭便车行为，获得了不当利益且损害了未注册驰名商标的利益。因此，认定针对未注册驰名商标的侵害行为亦应承担赔偿的侵权责任。关于侵害未注册驰名商标的赔偿数额可以参照侵犯商标专用权的损害赔偿额的方法进行计算。

编写人：北京市高级人民法院　张玲玲

沈韦宁（WEINING SHEN）等诉南京经典拍卖有限公司、张晖著作权权属、侵权纠纷案

——阅读提示：同一作品是否能同时具备文字作品和美术作品的两种属性？互联网环境下美术作品拍卖过程中拍卖人应尽到何种著作权保护义务？

【裁判要旨】

著作权法并不要求智力成果的表现形式与最终用途一致，也没有排除同一作品被认定为不同作品种类的可能性。智力成果同时符合著作权法在文学领域和艺术领域对于作品的相关规定时，应当被认定为既是文字作品也是美术作品，应受到著作权法相应的保护。

美术作品原件所有者获得物权的同时并不当然享有该作品的著作权。物权与著作权发生冲突时，物权的行使应以不损害著作权人的合法权利为前提。作为接受物权人委托的拍卖人，除负有物权保护注意义务外，还应当负有合理的著作权保护注意义务，规范尽职地进行拍卖活动，审慎地避让著作权人的权益。未经著作权人允许，公开发表美术作品，或将美术作品形成电子照片上传至互联网并公开展示等行为，构成对美术作品的著作权的侵害，应承担著作权侵权的法律责任。

【案号】

一审：南京市六合区人民法院（2016）苏0116民初4666号

二审：南京市中级人民法院（2017）苏01民终8048号

【案情与裁判】

原告（上诉人）：沈韦宁（WEINING SHEN）

原告（上诉人）：沈丹燕

原告（上诉人）：沈迈衡（MAIHENG SHEN DIETRICH）

被告（被上诉人）：南京经典拍卖有限公司（简称经典拍卖公司）

被告（被上诉人）：张晖

起诉与答辩

原告沈韦宁（WEINING SHEN）、沈丹燕、沈迈衡（MAIHENG SHEN DIETRICH）与被告经典拍卖公司、张晖著作权权属、侵权纠纷一案，于2016年7月15日向南京市六合区人民法院提起诉讼，请求判令：1. 两被告停止侵害原告就涉案作品作为美术作品的展览权、发表权、复制权、发行权、信息网络传播权，以及作为文字作品的复制权、发行权、信息网络传播权的行为；2. 两被告在新华网、人民网、中国作家网、《光明日报》、《北京日报》、《扬子晚报》、《南京日报》、《金陵晚报》及被告经典拍卖公司官网上承认错误并向原告赔礼道歉；3. 两被告连带赔偿原告50万元。事实与理由：涉案作品《谈最近的短篇小说》是茅盾先生于1958年用毛笔书写的一篇评论文章手稿，该手稿除了文字内容外，还是一件难得的书法作品。原告系茅盾先生的合法继承人，享有涉案手稿的著作权。经典拍卖公司接受张晖的委托，于2014年公开拍卖涉案手稿原件，其相关拍卖行为侵犯原告的著作权。

被告经典拍卖公司辩称：涉案手稿是茅盾先生所写的评论文章，故应属于文字作品而非美术作品。经典拍卖公司严格按照法定程序、行业规范和有关部门的要求进行拍卖活动，未侵犯原告的著作权。

被告张晖辩称：张晖作为所有人有权委托有资质的公司拍卖涉案手稿，不存在任何过错，也不应当承担侵权责任。涉案手稿并非书法创作，手稿的性质应当认定为作者享有文章著作权的原始凭证，而不应认定为书法作品。

法院审理查明

1958年，茅盾先生用毛笔书写创作的一篇评论文章《谈最近的短篇小说》，全文近一万字，创作完成后，茅盾先生向《人民文学》杂志社投稿，并将手稿交给该杂志社。该篇文章的文字内容发表于《人民文学》1958年第6期。

2013年11月13日，涉案手稿持有人张晖委托经典拍卖公司拍卖该手稿，双方签订了委托拍卖合同。接受委托后，经典拍卖公司拍摄上传了手稿的高清数码照片，在公司网站和微博上对手稿以图文结合的方式进行宣传介绍。该电子图片为28页涉案手稿全部内容的拼合图，上传时间为2013年12月30日，图片格式为PNG，像素尺寸为2836×4116，大小约为15MB。公众在浏览经典拍卖公司网站时，可以看到涉案手稿的全貌，也可以通过网页的放大镜功能观察到每页手稿的局部细节。2014年1月3日至4日，经典拍卖公司对涉案手稿进行了拍卖前的预展。预展过程中，为了宣传展示竞拍品，经典拍卖公司共制作了1000份宣传图册，图册为彩色印制，其中第396号拍品印制了28页涉案手稿全部内容的缩略图。经典拍卖公司在拍卖活动现场发放了400份图册，另邮寄给老客户400份，均未收取任何费用。

2014年1月5日，涉案手稿在经典拍卖公司"2013秋季拍卖会"中国书画专场进行拍卖，经过多轮竞价，案外人岳凯以1050万元的价格竞得涉案手稿，并作为买受人在成交确认书中签字，但此后岳凯并未支付手稿拍卖价款，本案二审结束前涉案手稿原件仍由张晖持有。本次拍卖活动受到了社会公众的广泛关注，新华网、中新网等媒体对拍卖结果进行了报道。拍卖结束后，经典拍卖公司仍在互联网上持续展示涉案手稿，直至2017年6月才将其删除。

一审判理和结果

一审法院认为，涉案手稿具备美术作品的性质。本案所涉手稿是茅盾先生创作的一篇近万字的评论文章，题为《谈最近的短篇小说》，文中对多篇小说做出精准而有力的评论，以层层递进的方式，在评论几篇短篇小说的构思及写作方法的同时，指导短篇小说的创作。该篇文章的文字表达形成了具有独创性的内容，应当作为文字作品予以保护。同时，涉案手稿是茅盾先生用毛笔书写，其文字风格瘦硬清雅、俊逸舒朗，展现了瘦金体楷书书体的魅力，文字外观具有一定的美感与独创性，故涉案手稿也具备美术作品的特征。

原告沈韦宁（WEINING SHEN）、沈丹燕、沈迈衡（MAIHENG SHEN DIETRICH）作为茅盾先生的继承人依法有权对涉案作品主张相关权利。本案中，张晖作为所有人，有权以拍卖的方式出售作品原件，经典拍卖公司作为拍卖人，依法在拍卖过程中展示、宣传作品，不应构成对原告著作权的侵犯。但是，经典拍卖公司于2016年4月11日及2016年6月22日在其公司网站及微博上展示涉案手稿，此时，距拍卖结束已有两年多时间，经典拍卖公司未提交证据证明拍卖结束后其仍然在公司网站、微博上展示涉案作品的合法性，故原告主张该行为侵犯其信息网络传播权，一审法院予以支持。此外，因经典拍卖公司、张晖均未侵犯原告的著作人身权，且原告未举证证明被告对涉案作品的作者或原告的名誉造成损毁，故对于原告要求经典拍卖公司、张晖向其赔礼道歉，于法无据，一审法院不予支持。

据此，一审法院判决：一、被告南京经典拍卖有限公司于本判决发生法律效力之日起停止侵害原告信息网络传播权的行为；二、被告南京经典拍卖有限公司自本判决发生法律效力之日起十日内赔偿原告沈韦宁、沈丹燕、沈迈衡经济损失 100000 元；三、驳回原告沈韦宁、沈丹燕、沈迈衡的其他诉讼请求。

二审判理和结果

沈韦宁、沈丹燕、沈迈衡不服一审判决，向南京市中级人民法院提出上诉，请求撤销一审判决并依法改判，支持其在一审提出的全部诉讼请求。

二审法院认为：一、涉案手稿既是文字作品也是美术作品。涉案手稿《谈最近的短篇小说》系茅盾先生用毛笔书写的一篇近万字的文学评论文章，一审法院认定该手稿既属文字作品亦为美术作品，对于文字作品的认定，双方当事人均无异议，对于美术作品的认定，双方各执一词。二审法院认为，从构成要件来看，美术作品除了需要具备一般作品的独创性、可复制性以外，还需要能够通过“线条、色彩或者其他方式”给人以美感。本案中，茅盾先生用毛笔书写的近万字长文长章大篇、一气贯之、节奏分明、法度严谨，无论是篇幅、结构还是整体布局，在历代文人手札中均属佳作。再从细节着眼，手稿的线条如张弓之弦，舒展雅致，风骨不俗；行笔轻利自如，隽秀飘逸或笔断而意连；笔画细劲多曲，清瘦挺拔，风格俊爽，体现了汉字书写艺术的精妙，能够给人以审美的享受，符合著作权法对于美术作品的相关规定，应受到著作权法的保护。综上，我国著作权法并没有排除同一作品因兼具不同的外在表达，从而被认定为不同作品种类的可能性。涉案手稿是以文字形式表现出来的文学和艺术领域内的智力成果，既是文字作品也是美术（书法）作品。

二、经典拍卖公司侵害了上诉人的美术作品著作权。《中华人民共和国著作权法》第十八条规定，美术等作品原件所有权的转移，不视为作品著作权的转移。可见，美术作品的著作权并不随美术作品原件的转移而发生变化，美术作品原件所有者获得物权的同时并不当然享有该作品的著作权。涉案手稿上同时承载着著作权（表达）和物权（载体），这两种权利分别被不同主体享有，物权人在占有、使用、处分作品的过程中，应以不损害著作权人的合法权益为前提。本案中，经典拍卖公司作为专业的拍卖机构，除负有物权保护注意义务外，还应当负有合理的著作权保护注意义务，其应结合手稿上所承载的著作权性质，或者要求委托人提供与著作权相关的许可或授权材料，或者在整个拍卖过程中审慎地避让著作权人的权益，以避免拍卖行为可能对著作权人利益的侵害。然而，经典拍卖公司并未适当履行合理的注意义务，在接受委托之初未对涉案手稿的著作权状态与归属进行审查；在此后的拍卖活动中，将涉案手稿的高清电子照片上传至公司网站展示，手稿作品的全貌与细节在互联网上毫无保留地向社会公开；拍卖结束后，经典拍卖公司仍在互联网上持续使用涉案作品，导致著作权人利益受损，上述行为不应被认定是适当良善的展示宣传行为，更不应是拍卖行业普遍存在的行业惯例。所以，经典拍卖公司的行为侵害了手稿美术作品的发表权、复制权、展览权和信息网络传播权。其次，涉案手稿的文字内容发表于《人民文学》1958年第6期，公众可以通过公共渠道获取《谈最近的短篇小说》文字内容的相关信息，从而了解茅盾先生的思想、观点和情感。判断文字作品侵权的前提是“以文字形式表现”，本案中，经典拍卖公司无论是制作宣传图册还是上传电子照片，均是以图片的形式呈现。宣传图册缩印后图片尺寸较小，手稿上所记载的文字内容已无法辨识，而上传至网络的图片为PNG格式，公众无法将该图片上的文字内容直接复制或下载。所以，上诉人指控经典拍卖公司侵害了其作为文字作品权利人的复制权、发行权和信息网络传播权的主张，没有事实和法律依据，不应予以支持。最后，张晖作为涉案手稿的所有权人，有权选择以拍卖的方式处分自己的合法财产，其并没有著作权侵权的故意，也没有实施相应的侵权行为，经典拍卖公司的侵权行为亦不是张晖委托拍卖的必然结果。所以，张晖的行为没有侵害涉案手稿的著作权。

三、经典拍卖公司应当承担的侵权责任。经典拍卖公司侵害了涉案手稿的著作权，应当承担停止侵权、赔礼道歉和赔偿损失的侵权责任。鉴于发表权是一次性行使的权利，涉案手稿作为美术作品的发表权已经用尽；且经典拍卖公司已自行将手稿图片从互联网上删除，停止了相关侵权行为，所以，原告要求经典拍卖公司停止侵害其发表权、复制权、展览权和信息网络传播权行为的诉讼请求已无事实基础，并无予以支持的必要。由于著作权具有明显的人身权利属性，与原告的人身利益密切相关，所以原告要求经典拍卖公司赔礼道歉的诉讼请求，应予以支持。关于赔偿数额，考虑到案涉拍卖并未实际成交，经典拍卖公司没有实际获得拍卖报酬这一情形，本院认为一审酌定 10 万元赔偿数额尚属适当，二审法院予以维持。

据此，二审法院判决：一、维持南京市六合区人民法院（2016）苏 0116 民初 4666 号民事判决第二、三项；二、撤销南京市六合区人民法院（2016）苏 0116 民初 4666 号民事判决第一项；三、被上诉人南京经典拍卖有限公司自本判决生效之日起十五日内就其涉案侵权行为在《扬子晚报》及其官方网站首页上刊登向上诉人沈韦宁、沈丹燕、沈迈衡赔礼道歉的声明。

【法官评述】

本案的涉案作品是属于名人书画，这类作品因其特有的增值属性往往采用拍卖的方式进行市场流转。实践中，拍卖人通常更加注重对书画作品物权的审查与保护，对作品上承载的著作权没能给予足够重视，相关的宣传、展示行为易造成对作品著作权的侵害。本案审理的难点在于需要厘清美术作品拍卖活动中著作权法、物权法、拍卖法三部法律交叉调整地带的相关主体权利义务关系，平衡保护物权人和著作权人合法权益，同时还需要考虑到拍卖行业的实际需要和行业惯例，促进行业健康发展。具体而言，涉及以下三个方面问题：

一、同一作品既是文字作品又是美术作品的认定

正确认定作品的性质，是处理本案著作权侵权争议的前提。涉案手稿是已发表的文字作品，这一点没有争议，那么该手稿又能否同时具备美术作品的属性呢？“美术”顾名思义就是“绘美之术”，书法作为美术作品应是作品诸类中最突出审美意义的作品类别，其除了需要具备一般作品的独创性、可复制性以外，还需要能够通过执笔、运笔、点画、结构、布局等技法表现出来汉字书写艺术的美感。我们知道，中国文人一向有使用毛笔抒发心意进行创作的传统，诸多文稿都具有极高的文学和美学价值，本案涉案手稿正是中国现代文坛泰斗级人物茅盾先生的传世之作，手稿的线条美和结构美相得益彰，体现了汉字书写艺术的精妙，给人以审美的享受。我国著作权法并没有排除同一作品因兼具不同的外在表达，从而被认定为不同作品种类的可能性。所以，同一作品既可以被认定为文学作品又可以被认定为书法作品。

二、美术作品著作权和美术作品原件所有权冲突的权利边界

著作权法第十八条规定，美术等作品原件所有权的转移，不视为作品著作权的转移。根据法律规定，美术作品的著作权并不随美术作品原件的转移而发生变化，美术作品原件所有者获得物权的同时并不当然享有该作品的著作权。那么，在美术作品著作权与物权分离的情况下，权利行使的边界在哪里呢？法院认为，作品原件所有人依法行使处分权、收益权、展览权的行为均受到法律保护，著作权人无权干涉，同时，物权人在占有、使用、处分作品的过程中，不应篡改作者身份、破坏作品完整，也不得在未经著作权人许可的情况下，将作品复制、发行、改编或上传至网络，否则构成著作权侵权，应承担相应的法律后果。本案通过层分理析的说理，明确了不同主体权利的边界，体现了对物权人和著作权人合法权益平衡保护的司法精神。

三、互联网环境下尽职拍卖人的著作权保护义务

众所周知，作为美术作品著作权人，除了交易作品原件以外，通过许可他人复制、发行也是其实现作品经济价值的重要渠道。而互联网环境下，技术的进步使得作品复制、传播、保存的成本大幅降低，但技术往往也是一把双刃剑，互联网著作权侵权行为给权利人造成的损失往往是巨大且无法挽回的，我们若不给予足够重视，长久下去将伤害著作权人的感情，降低整个社会的创作动力。具体到本案中，法院对拍卖行业展示、宣传拍卖标的的实际需要予以认可，因此，认定经典拍卖公司将涉案手稿的缩略图印制在宣传图册上，无偿向特定人群少量发放的行为，是向潜在竞买人进行的必要宣传，并不构成著作权侵权。另外，也明确了拍卖人在拍卖活动中的知识产权保护注意义务，规范自身的拍卖行为，在接受委托时，应要求委托人提供与著作权相关的许可或授权材料；在宣传展示拍卖标的时，应当采取必要的技术手段和管理措施（如缩略图、马赛克、局部剪裁、文字说明等），对美术作品的著作权进行合理避让，以免互联网上不适当的展示行为造成美术作品价值的贬损，侵害著作权人的权益。

编写人：江苏省南京市中级人民法院　柯胥宁

捷豹路虎有限公司诉广州市奋力食品有限公司、万明政侵害商标权纠纷案

——阅读提示：被告享有注册商标可否作为商标不侵权抗辩？民事案件中如何规制当事人恶意囤积和不当使用商标行为？

【裁判要旨】

在路虎公司请求保护的“路虎”及“Land Rover”注册商标为驰名商标的情况下，无论奋力公司是否已就“路虎 LANDROVER”商标在某一类商品上申请乃至获准商标注册，路虎公司均有权寻求禁止在后注册商标使用的民事救济，从而制止奋力公司在实际经营活动中摹仿其驰名商标在不相同和不相类似的商品上作为商标使用、误导公众。

奋力公司并非被诉标识的善意使用者，除了本案所涉被诉标识之外，还申请注册了大量与其他名人和知名企业称谓相同的商标，其利用我国商标注册制度囤积和不当使用商标的主观恶意明显。奋力公司不仅无法对其使用被诉标识的行为作出合理解释，反而以其使用的商标曾经获得授权、申请商标注册并不违法为由坚称不侵权，其利用合法形式来掩盖侵权实质行为的主观恶意明显，严重有违诚实信用原则，应予制止。

【案号】

一审：广东省广州市中级人民法院（2014）穗中法知民初字第75号

二审：广东省高级人民法院（2017）粤民终633号

【案情与裁判】

原告（被上诉人）：捷豹路虎有限公司（简称路虎公司）

被告（上诉人）：广州市奋力食品有限公司（简称奋力公司）

被告：万明政

起诉与答辩

2014年1月17日，路虎公司以奋力公司侵害其商标权为由，向广东省广州市中级人民法院提起诉讼。诉讼请求：1. 判令奋力公司立即停止其商标侵权行为，即立即停止在其制造、销售的相关产品上使用“路虎”及“Land Rover”商标，停止在其交易文书上以及网站等广告宣传中使用“路虎”及“Land Rover”商标，销毁带有“路虎”及“Land Rover”商标的成品和半成品，销毁印有“路虎”及“Land Rover”商标的标识、包装物和广告宣传材料，销毁专用于制造侵权产品、侵权标识的模具；2. 判令万明政立即停止其商标侵权行为，即立即停止销售带有“路虎”及“Land Rover”商标的商品，并销毁全部带有“路虎”及“Land Rover”商标的商品、印有“路虎”及“Land Rover”商标的标识、包装物和广告宣传材料；3. 判令奋力公司向路虎公司赔偿侵权损失共计人民币200万元，以及向路虎公司赔偿为制止侵权行为而支付的调查费、公证费、翻译费和律师费等合理费用人民币411494元；4. 判令万明政向路虎公司赔偿侵权损失共计人民币1万元；5. 判令奋力公司、万明政在《上海日报》、《深圳日报》和《人民日报》（海外版）等媒体上公开发布经路虎公司同意、澄清事实的公告，消除因奋力公司、万明政商标侵权行为给路虎公司造成的严重影响；6. 判令奋力公司、万明政共同承担本案全部诉讼费用。

奋力公司答辩称：路虎公司涉案商标不是驰名商标，不能进行跨类保护。涉案商标与被控侵权产品上的商标不会引起公众的混淆及误认，类别完全不同，而且奋力公司使用的是注册的自有商标，不存在侵权问题。路虎公司没有证据证明其遭受损失，不应予以赔偿。

一审审理查明

路虎公司的关联公司先后于1996年、2004年和2005年在中国境内申请注册了第808460号“ ”商标、第3514202号“路虎”商标、第4309460号“LAND ROVER”商标，以上商标均核定使用在第12类“陆地机动车辆”等商品上，后转让到路虎公司名下。路虎公司提交大量获奖证书、媒体报道、市场销售份额情况、广告宣传等证据，证明涉案商标在中国大陆具有较高知名度，为公众所熟知。

奋力公司在网站上、实体店中宣传销售其“路虎维生素饮料”，相关产品、包装盒及网页宣传上使用的被诉标识包括“路虎”、“LAND ROVER”、“Land rover 路虎”及上下排列的“路虎 Land Rover”等。

奋力公司于2010年6月28日向国家商标局申请注册“路虎”和“Land-rover”文字上下排列的商标，注册号/申请号为8429937，国际分类号为30。国家商标局于2012年9月25日作出（2012）商标异字第55190号《“路虎LANDROVER”商标异议裁定书》，裁定奋力公司申请注册的第8429937号“路虎LANDROVER”商标不予核准注册。奋力公司于2010年6月28日向国家商标局申请注册“路虎”和“Land Rover”文字上下排列的商标，注册号/申请号为10561102，国际分类表为32类。路虎公司称奋力公司申请注册的第10561102号商标已经被驳回。奋力公司、万明政称上述“路虎LANDROVER”商标异议案已进入复审程序。

路虎公司主张奋力公司赔偿数额包括损失200万元和为制止侵权行为所支付的合理开支411494元，万明政赔偿数额为损失1万元，并提交了部分合理维权开支单据。

一审判理和结果

一审法院认为：路虎公司涉案三个商标均核准在第12类陆地机动车辆等商品上，使用被诉侵权标识的维生素饮料属第32类不含酒精饮料商品，二者不相同也不相类似，本案确有必要对涉案商标是否驰名作出认定。经审核，路虎公司提供2004年至2013年期间中国各报纸、杂志、网站大量报道，相关销售记录和宣传广告规模等证据，可认定涉案商标在中国汽车行业中享有盛誉，具有较高知名度和广泛影响力，为相关公众所普遍知晓，已经达到驰名商标的程度。奋力公司在其产品上作为商标使用的被诉侵权标识与路虎公司驰名的涉案商标相同或者相近似，构成侵权。综合考虑奋力公司侵权行为的性质、情节、持续时间、后果、使用被诉侵权标识的产品种类、奋力公司的经营规模，路虎公司注册商标的数量、知名度及其核准使用的商品种类、路虎公司的企业声誉及路虎公司为制止侵权行为所支付的合理开支等因素，一审法院酌情确定奋力公司向路虎公司赔偿的数额为人民币120万元。

一审法院判决：一、广州市奋力食品有限公司自判决发生法律效力之日起立即停止在其生产、销售的商品上及在互联网上的广告宣传中使用侵犯捷豹路虎有限公司第808460号“”注册商标、第3514202号“路虎”注册商标、第4309460号“LAND ROVER”注册商标专用权的商标标识的行为，并销毁侵犯该三个注册商标专用权的商标标识、带有侵犯该三个注册商标专用权的商标标识的包装物及制造侵犯该三个注册商标专用权的商标标识的专用模具；二、万明政自判决发生法律效力之日起立即停止销售侵犯捷豹路虎有限公司第808460号“”注册商标、第3514202号“路虎”注册商标、第4309460号“LAND ROVER”注册商标专用权的商品，并销毁侵犯该三个注册商标专用权的商标标识、带有侵犯该三个注册商标专用权的商标标识的包装物；三、广州市奋力食品有限公司自判决发生法律效力之日起十日内赔偿捷豹路虎有限公司人民币120万元；四、驳回捷豹路虎有限公司的其他诉讼请求。

上诉与答辩

奋力公司上诉请求：1. 撤销一审判决第一、三项，改判奋力公司不构成侵权且无需向路虎公司赔偿人民币120万元。2. 一、二审诉讼费用由路虎公司负担。事实与理由：1. 被诉侵权产品使用的是奋力公司自己注册的第8429937号商标，不侵害他人权益。2. 涉案商标在被诉行为发生时并非驰名商标，不能跨类保护。3. 奋力公司主观上并无过错。一审判令奋力公司向路虎公司赔偿120万元缺乏事实与法律依据，应予撤销。

路虎公司辩称，一审法院查明事实清楚，适用法律正确。

二审审理查明

除一审查明事实外，另查明，路虎公司在一审时向一审法院提交的商标查询资料证明，奋力公司在第5、29、30、32类商品上申请注册“张九龄”“夏普SHARP”“甄子丹”“陈道明”“广本”等商标。二审庭审中，奋力公司对于申请注册、使用本案被诉商标及前述商标标识均无法作出合理解释。

二审期间，奋力公司向本院提交商评字〔2014〕第044638号《关于第8429937号“路虎LANDROVER”商标异议复审裁定书》，拟证明其申请注册的第8429937号“路虎LANDROVER”商标经商标评审委员会复审，裁定予以核准注册；路虎公司向本院提交北京市高级人民法院（2016）京行终4412号行政判决书，证明奋力公司前述商评字〔2014〕第044638号商标异议复审裁定书已被生效判决所撤销，奋力公司相关商标并未被核准注册。

二审判理和结果

二审法院认为：本案系侵害商标权纠纷。本案的争议焦点为：1. 被诉行为发生时，路虎公司涉案三个注册商标是否已经处于驰名状态；2. 被诉行为是否构成侵权；3. 一审判赔数额是否合理。

1. 关于被诉行为发生时，涉案商标是否已经驰名的问题。路虎公司涉案第 808460 号“”商标、第 3514202 号“路虎”商标、第 4309460 号“LAND ROVER”商标先后于 1996 年、2004 年和 2007 年在我国获准商标注册。路虎公司提供的 2004 年至 2013 年期间中国大陆相关媒体报道、公益慈善捐款单据、汽车行业评奖情况、审计报告、税收排名、广告合同和发票等大量证据，充分证明路虎汽车在 2013 年以前，已在中国大陆具有较大销售区域和市场份额，涉案商标使用时间长，为公众所熟知；且路虎公司对涉案注册商标及其产品进行了长期、广泛的宣传、使用和维护，涉案注册商标已在中国大陆有较高知名度和广泛影响力。故路虎公司提交的证据已经足以证明，涉案商标在本案被诉侵权行为发生前，即 2013 年 7 月前，已在中国境内成为社会公众广为知晓的商标，达到了驰名的程度。

2. 关于被诉行为是否构成商标侵权的问题。本案中，路虎公司涉案“”“路虎”“LAND ROVER”注册商标均属于臆造词，其本身作为商标具有较强的显著性，经过路虎公司长期的、持续的、广泛的使用、宣传和维护，其显著性得到了进一步的加强，知名度也得到了相关公众的认可，相关公众只要一看到或者听到涉案商标，就会很容易联想到路虎公司。奋力公司使用的被诉商标标识为“路虎”、“LAND ROVER”、“Land rover 路虎”及上下排列的“路虎 Land Rover”等，将之分别与路虎公司涉案三个注册商标相比，构成相同或相近似。相关公众看到被诉产品及被诉标识，容易误以为被诉行为获得了路虎公司的许可，或者误以为奋力公司与路虎公司之间具有控股、投资、合作等相当程度的联系，削弱了路虎公司涉案注册商标作为驰名商标所具有的显著性和良好商誉，损害路虎公司的利益。故一审法院认定被诉行为构成商标侵权，并无不当。奋力公司以其曾在 30 类商品上申请并获准注册第 8429937 号“路虎 LANDROVER”商标为由，上诉主张被诉行为是合法使用自己的注册商标、不构成侵权。但根据《最高人民法院关于审理涉及驰名商标保护的民事纠纷案件应用法律若干问题的解释》第十一条的规定，无论奋力公司是否已就“路虎LANDROVER”商标在某一类商品上申请乃至获准商标注册，路虎公司均有权寻求禁止在后注册商标使用的民事救济。况且，路虎公司在本案二审中提供的证据还表明，奋力公司申请注册的8429937号“路虎LANDROVER”商标已被生效行政判决认定“具有明显的复制、抄袭他人有一定知名度商标的故意……奋力公司恶意注册本案被异议商标的行为应当予以禁止”，从而认定对该商标的注册申请“不应予以核准”，故奋力公司所谓合法使用合法注册商标的抗辩不能成立。

3. 关于一审判赔数额是否合理的问题。二审法院认为：第一，路虎公司为涉案注册商标的使用、宣传与维护付出了长期、持续、大量的努力，涉案注册商标知名度高，享有良好的市场声誉，应受到与其知名度相匹配的司法保护力度。第二，奋力公司使用的被诉标识均为摹仿、复制路虎公司涉案三个驰名商标的全部或主要部分，攀附驰名商标声誉的主观恶意明显，情节恶劣。第三，奋力公司的被诉侵权行为在路虎公司提起本案诉讼后仍在持续，侵权行为持续的时间较长、传播范围较广。第四，奋力公司并非被诉标识的善意使用者，除了本案所涉被诉标识之外，奋力公司还申请注册了大量与其他名人和知名企业称谓相同的商标，其利用我国商标注册制度囤积和不当使用商标的主观恶意明显。第五，奋力公司曾因部分产品质量问题而被广东工商行政管理局公示通告，路虎公司涉案驰名商标的美誉度显然因奋力公司的不当使用而受到贬损，路虎公司因此而遭受的损害较大。第六，路虎公司为制止本案侵权行为，提供了28万多元的前期调查取证费用凭据。综合前述情况，一审法院酌情判定奋力公司赔偿路虎公司经济损失共计120万元，并无不当。

二审法院判决：驳回上诉，维持原判。

【法官评述】

本案系驰名商标跨类保护、加大知识产权保护力度的典型案例。本案的特殊性在于，被告不仅对被诉标识进行了商标注册，还对大量其他名人名企的姓名或标识进行了商标抢注，在诉讼过程中，坚持以商标获得注册为由抗辩声称没有主观过错，其利用法律漏洞、不尊重知识产权的恶意明显。考虑到商标抢注是当前社会比较突出的现象，如果完全依赖在商标确权程序来解决商标抢注问题，不仅不利于对知识产权人提供充分及时的保护，还可能起到放任恶意囤积商标的不良后果。因此，有必要在司法实践中充分发挥司法主动性，及时制止相关侵权行为，并通过充分论理，起到裁判应有的评判和导向功能。在二审中，本案从以下两方面进行了论证：

一是在侵权定性上，依法加强对驰名商标的保护，明确无论被告的被诉标识是否获得注册，均不影响法院对相关侵权行为进行制止。司法实践中，对于普通商标侵权民事纠纷，若原被告的商标均为注册商标，在过往的做法中，法院一般不予受理，而留待双方通过商标确权纠纷程序来解决。但对于驰名商标，则无此限制，这体现出对驰名商标提供更强保护的倾向和态度。《最高人民法院关于审理涉及驰名商标保护的民事纠纷案件应用法律若干问题的解释》第十一条规定："被告使用的注册商标违反商标法第十三条的规定，复制、摹仿或者翻译原告驰名商标，构成侵犯商标权的，人民法院应当根据原告的请求，依法判决禁止被告使用该商标……"该条已明确，对于涉及驰名商标保护的，即使被告的商标已经被注册，亦不影响法院透过现象看本质，判决制止被告使用该商标。因此，虽然奋力公司曾经就"路虎 LANDROVER"商标申请注册并自称获得注册，路虎公司仍有权寻求禁止在后注册商标使用的民事救济，法院不必等待相关商标确权程序结果，而可以根据本案情况和证据作出司法裁判，为路虎公司涉案驰名商标提供充分司法保护，及时制止奋力公司在实际经营活动中摹仿其驰名商标在不相同和不相类似的商品上作为商标使用、误导公众。当然，本案被诉标识的商标确权程序结果与本案民事一审结果相一致，这佐证了侵权认定结论的正确性。

二是在赔偿定量上，将当事人恶意囤积和不当使用商标的行为作为考量主观恶意的重要因素，加大对恶意侵权的惩治力度。本案中，当事人不仅抢注了被诉标识，还抢注了"广本""陈道明"等大量名企、名人的商标，充分显示出其具有抢注和囤积商标的恶意。一审法院认为该事实与本案无关，因此未作评述，但二审法院认为，相关行为充分显示被告违背诚实信用原则，恶意攀附他人商标知名度的主观恶意，而且，被告在二审中还坚持以其获得商标注册作为主观善意的抗辩，有必要对这种利用商标注册制度漏洞对自己违法行为进行掩饰的行为予以有针对性的批判和否定。因此，该案在二审查明事实中，补充了被告抢注其他名人名企商标的事实，在论述赔偿责任一节中，将被告恶意抢注和使用商标作为重要判赔考虑因素，全面、详尽论述了确定120万元赔偿数额的事实与法律依据，彰显了制止恶意囤积商标行为的司法态度。该案对于打击利用商标注册制度恶意抢注名牌商标、加大驰名商标保护力度、引导社会公众尊重知识产权，具有良好的裁判导向和示范效果。

编写人：广东省高级人民法院　肖海棠

广西壮族自治区博白县农业科学研究所等诉四川中正科技有限公司侵害植物新品种权纠纷案

——阅读提示：植物新品种权在保护期限内是否当然有效？如何认定被诉侵权行为是否侵犯植物新品种权？

【裁判要旨】

在植物新品种侵权诉讼中，应注意审查植物新品种权是否始终处于有效状态，或存在间歇终止的情形。不注意审查就会导致认定是否构成侵权以及确定侵权赔偿数额不当。

未经品种权人许可，为商业目的生产或销售授权品种的繁殖材料，或者为商业目的将授权品种的繁殖材料重复使用于生产另一品种的繁殖材料的，人民法院应当认定为侵犯植物新品种权。被控侵权人重复以授权品种的繁殖材料为亲本与其他亲本另行繁殖的，人民法院一般应当认定属于商业目的将授权品种的繁殖材料重复使用于生产另一品种的繁殖材料。

适用《最高人民法院关于审理侵犯植物新品种权纠纷案件具体应用法律问题的若干规定》第六条第三款之规定确定侵权赔偿数额，应以无法适用第二款为前提。在无充分证据支持的情况下，确定的侵权赔偿数额一般不能突破最高赔偿额50万元。

【案号】

一审：广西壮族自治区南宁市中级人民法院（2012）南市民三初字第110号

二审：广西壮族自治区高级人民法院（2017）桂民终95号

【案情与裁判】

原告（被上诉人）：广西壮族自治区博白县农业科学研究所（简称博白农科所）

原告（被上诉人）：王腾金

原告（被上诉人）：刘振卓

原告（被上诉人）：四川中升科技种业有限公司（简称中升公司）

被告（上诉人）：四川中正科技有限公司（简称中正公司）

起诉与答辩

博白农科所、王腾金、刘振卓、中升公司在一审提出如下诉讼请求：1. 中正公司立即停止生产、销售水稻新品种博Ⅲ优9678和博Ⅲ优273种子；2. 中正公司立即停止散布与水稻新品种博Ⅲ优9678和博Ⅲ优273种子相关信息；3. 中正公司立即停止侵权，消除影响，赔礼道歉；4. 中正公司向博白农科所、王腾金、刘振卓、中升公司赔偿经济损失197.16万元；5. 本案诉讼费由中正公司承担。

一审审理情况

一审法院经审理查明：博Ⅲ优273获植物新品种权，品种权号为CNA20040223.4，品种权共有人为博白农科所、王腾金、刘振卓。博ⅢA亦获植物新品种权，品种权号为CNA20040339.7，系博Ⅲ优9678、博Ⅲ优273的亲本，博ⅢA植物新品种的品种权人为博白农科所。2003年11月2日，博白农科所与中升公司签订《品种使用权转让协议书》（即2003年协议），博白农科所将"博Ⅱ优815""博Ⅲ优273"的使用权转让给中升公司独家使用开发。2007年11月16日，中升公司与博白农科所签订《协议》（即2007年协议）约定，博白农科所将博Ⅲ优9678、博Ⅱ优815的品种使用权转让给中升公司独占使用开发（博Ⅱ优815仅限于广东区域），中升公司继续享有博Ⅲ优273的使用开发权，博白农科所不得将博Ⅲ优9678、博Ⅱ优815（只限广东区域）的品种权转让或授权给第三方，否则应赔偿中升公司相关损失。本协议签订生效后，2003年协议终止执行。2008年1月7日，博白农科所授权中升公司生产经营博Ⅲ优9678、博Ⅲ优273。博ⅢA仅用于配组博Ⅲ优9678、博Ⅲ优273，不得作其他商业用途使用。授权起止时间从2008年1月7日起至2012年12月31日止。中正公司根据中升公司的授权和"2007年协议"的约定，经营博Ⅲ优9678、博Ⅱ优815及博Ⅲ优273等品种。2011年11月2日，中升公司分别致函中正公司、博白农科所，决定从2011年11

月 2 日起终止对中正公司生产、经营博Ⅲ优 9678、博Ⅲ优 273 及博Ⅱ优 815（已退出市场）的授权，有关品种的生产、经营权为中升公司独占所有。中升公司享有博Ⅲ优 273 的开发权，博白农科所不得再向中正公司提供博Ⅲ优 9678、博Ⅲ优 273 及博Ⅱ优 815 的不育系、恢复系。博白农科所等主张中正公司在 2011 年 11 月 2 日之后仍委托他人生产博Ⅲ优 9678、博Ⅲ优 273 种子的行为构成侵权，遂向法院提起诉讼。

一审法院于 2016 年 12 月 22 日作出（2012）南市民三初字第 110 号民事判决：一、中正公司立即停止生产、销售博Ⅲ优 9678、博Ⅲ优 273 水稻种子的侵权行为；二、中正公司于本判决生效之日起十日内在《广西日报》上刊登声明，就其侵权行为消除影响，声明的内容须经一审法院审核；如未按本项消除影响，一审法院将采取公告、登报等方式，将判决的主要内容和有关情况公布于众，费用由中正公司承担；三、中正公司赔偿博白农科所、王腾金、刘振卓、中升公司经济损失合计 180 万元；四、驳回博白农科所、王腾金、刘振卓、中升公司的其他诉讼请求。

上诉与答辩

上诉人中正公司上诉请求：1. 撤销（2012）南市民三初字第 110 号民事判决；2. 驳回被上诉人一审提出的诉讼请求；3. 一、二审的诉讼费用由被上诉人承担。其理由主要是一审判决错误地认定中正公司 2011 年 11 月 2 日后即没有生产、销售博Ⅲ优 9678、博Ⅲ优 273 水稻种子的权利，错误地认定中正公司存在侵权事实并确定赔偿数额：一、苏道志与赵正龙、苏素芳于 2010 年 8 月 21 日签订《协议书》，约定将博Ⅲ优 9678、博Ⅲ优 273 的品种使用权划归中正公司，中正公司生产、销售上述品种种子不构成侵权。二、为了履行上述《协议书》，中升公司与中正公司于 2010 年 12 月 9 日签订了《品种转让协议》，约定中升公司将其在 2007 年协议中对博Ⅲ优 9678、博Ⅲ优 273 等品种的使用权转让给中正公司。三、一审判决对中正公司所谓的侵权事实认定和赔偿金额确定存在以下错误：1. 2011 年 8 月，中正公司从权利人博白农科所下属的博有公司合法购买博ⅢA、博Ⅲ优 9678，根据权利用尽原则，其经营上述品种的行为不构成侵权。2. 被上诉人对博Ⅲ优 9678 无植物新品种权，无排他使用权，一审判决在侵权认定上却未将其与博Ⅲ优 273 区分。3. 一审判决认定中正公司销售利润时未考虑包装、运输等成本，判令赔偿 180 万元远远超过中正公司实际的获利金额。庭审时补充上诉称，对一审判决认定博ⅢA、博Ⅲ优273两个植物新品种权仍然有效提出异议，主张上述品种已于2013年11月1日及2015年11月1日终止。

四被上诉人博白农科所等共同答辩称：一、中升公司与中正公司之间没有合法的涉案品种转让，该事实已经被二审法院（2016）桂民终167号民事判决认定。二、2011年11月2日，中升公司已对中正公司终止授权，中正公司生产、销售博Ⅲ优9678和博Ⅲ优273构成侵权。三、中正公司侵权期限为2011年11月至今，仅在2012年种植涉案品种达到1000多亩，涉案金额达到600多万元，侵权时间长、区域广，侵权人的获利远大于一审判决确定的180万元。一审判决认定事实清楚，适用法律正确，请求驳回上诉，维持原判。

二审审理情况

二审法院对一审判决查明的事实予以确认。另查明，博ⅢA、博Ⅲ优273两个植物新品种因未按规定交纳年费于2013年11月1日公告终止，于2014年12月4日恢复权利；于2015年11月1日因未按规定交纳年费又公告终止。

二审生效判决认为：（一）关于一审判决认定博ⅢA、博Ⅲ优273植物新品种权仍然有效是否正确的问题。由于中正公司在二审期间提交的新证据、二审法院依职权调取的证据以及二审庭审时登录农业部植物新品种保护办公室网站查询所见情况互相印证，证明了博ⅢA、博Ⅲ优273这两个植物新品种因品种权人未按规定交纳年费，于2013年11月1日均公告终止，于2014年12月4日恢复权利，于2015年11月1日因未按规定交纳年费又公告终止。一审判决认定博ⅢA、博Ⅲ优273这两个植物新品种权仍然有效与本案查明的事实不相符，应予以纠正。

（二）关于中升公司是否已将博Ⅲ优9678、博Ⅲ优273品种使用权转让给中正公司，中正公司生产经营涉案品种的行为是否构成侵权以及权利用尽抗辩是否成立的问题。根据本案查明的事实，中正公司主张中升公司已将涉案品种使用权转让给中正公司、其行为不构成侵权的上诉理由不能成立。首先，中正公司以其在二审提交的证据1协议书证明中升公司已将涉案品种使用权转让给中正公司。由于四被上诉人对该协议书的真实性不予认可，而且该协议的内容与本案没有关联性，不能证明待证事实，故不予采信。其次，博白农科所系“2007年协议”的合同主体，博白农科所自始至终均未同意中升公司将其在“2007年协议”项下权利义务转让给中正公司，故2010年12

月9日《品种转让协议》不具有法律效力，中正公司并未获得授权生产、经营涉案植物新品种。第三，中升公司提交的证据“关于开发博Ⅲ优9678、博Ⅲ优273、博优815相关问题的函”以及中正公司提交的证据“中升公司解约函”，均证明了中升公司自2011年11月2日起终止对中正公司生产、经营涉案品种的授权，中正公司已收到中升公司上述终止授权函。依照《最高人民法院关于审理侵犯植物新品种权纠纷案件具体应用法律问题的若干规定》第二条第一款、第三款之规定，本案中正公司在中升公司终止授权后，未经品种权人许可，为商业目的生产、销售博Ⅲ优273品种，侵犯了该植物新品种权；博ⅢA系博Ⅲ优9678、博Ⅲ优273的亲本，中正公司为商业目的生产、销售博Ⅲ优9678，属于为商业目的将授权品种的繁殖材料重复使用于生产另一品种的繁殖材料，亦构成侵犯植物新品种权。中正公司不能提供证据证明其权利用尽抗辩上诉理由成立。

（三）关于本案侵权责任承担问题。关于停止侵权。鉴于博ⅢA、博Ⅲ优273自2015年11月1日因品种权人未按规定交纳年费而宣告终止，至今尚未恢复，故原品种权人已无权禁止他人使用涉案植物品种，一审法院判令侵权人承担停止侵权民事责任不妥。基于同样的理由，判令侵权人承担消除影响民事责任亦无必要。故二审法院对一审判决的上述判项均予以撤销。关于赔偿损失。双方当事人均无充分证据证明权利人所受损失或者侵权人因侵权所得利益的具体数额，四被上诉人在一审要求按照其陈述的侵权获利计赔，一审法院以缺乏事实依据为由不予支持，并无不当。综合考虑以下因素：1.《关于生产经营博Ⅲ优9678及博Ⅲ优273水稻种子的说明》显示的亩产量、销售价格以及中正公司认可的生产面积；2. 中正公司在2011年11月2日之前被授权经营涉案品种，中升公司突然中止授权，没有给予中正公司相应准备时间，中正公司不可避免遭受一定损失；3. 本案侵权持续期间从2011年11月2日至2013年11月1日、2014年12月4日至2015年11月1日；4. 涉案植物新品种实施许可费的数额以及实施许可的种类、时间、范围等具体情节，二审法院酌定上诉人中正公司赔偿四被上诉人经济损失人民币40万元。一审法院确定的赔偿数额180万元过高，二审法院酌情予以变更。

综上，广西壮族自治区高级人民法院于2017年6月13日作出（2017）桂民终95号民事判决：一、维持南宁市中级人民法院（2012）南市民三初字第110号民事判决第四项；二、撤销南宁市中级人民法院（2012）南市民三初字第110号民事判决第一项、第二项；三、变更南宁市中级人民法院

（2012）南市民三初字第 110 号民事判决第三项为，四川中正科技有限公司赔偿广西壮族自治区博白县农业科学研究所、王腾金、刘振卓、四川中升科技种业有限公司经济损失合计人民币 40 万元。

【法官评述】

一、植物新品种权在保护期限内是否当然有效

涉案植物新品种博Ⅲ优 273、博ⅢA 授权时间均为 2007 年 11 月 1 日，根据《植物新品种保护条例》第三十四条“品种权的保护期限，自授权之日起，藤本植物、林木、果树和观赏树木为 20 年，其他植物为 15 年”之规定，涉案植物新品种权至本案一审判决作出之日即 2016 年 12 月 22 日并未超过保护期限 15 年，仍处在保护期限内。如无相反证据证明，则可推定上述两个植物新品种权在保护期限内仍然有效。

中正公司上诉主张涉案两个植物新品种权已于 2013 年 11 月 1 日及 2015 年 11 月 1 日公告终止，其行为不构成侵权，并提交了博Ⅲ优 273 及博ⅢA 品种权终止公告复印件予以证明。植物新品种权在保护期限内可以间歇性地处于终止状态？这是令人困惑的问题，也是审理其他类型知识产权侵权案件从未遇到的问题。由于被上诉人质证认为上述证据是复印件，没有原件，不认可其真实性，故二审庭审时组织当事人登录农业部植物新品种保护办公室网站查询，结果均显示涉案品种因品种权人未按规定缴纳年费分别于 2013 年 11 月 1 日、2015 年 11 月 1 日公告终止。被上诉人发表意见认为，登录的网站无法证实确系农业部植物新品种保护办公室网站，并提交了证明涉案品种权人在 2013 年、2014 年、2015 年缴纳年费的凭证。

为了进一步查明涉案植物新品种的权利状态，二审法院决定依职权调查取证，到农业部植物新品种保护办公室调取相关证据。经查，因品种权人未按规定缴纳年费，博Ⅲ优 273、博ⅢA 两个植物新品种权于 2013 年 11 月 1 日公告终止，2014 年 12 月 4 日公告恢复权利，2015 年 11 月 1 日因未按规定缴纳年费再次公告终止。2014 年 12 月恢复权利的理由是品种权人提出的恢复权利请求符合《植物新品种保护条例实施细则（农业部分）》第四十八条第一款“当事人因不可抗力而耽误《条例》或者本细则规定的期限或者品种保护办公室指定的期限，导致其权利丧失的，自障碍消除之日起 2 个月内，最迟自期限届满之日起 2 年内，可以向品种保护办公室说

明理由并附具有关证明文件，请求恢复其权利”之规定。由于涉案植物新品种权两次被公告终止，且第二次公告终止之后再没有恢复权利，故一审判决判令中正公司立即停止侵权、刊登声明消除影响就没有事实和法律依据，二审判决予以撤销，确定的赔偿数额也相应地作出调整。

《植物新品种保护条例实施细则（农业部分）》第四十八条之规定致使植物新品种权在保护期限内有可能间歇性地处于终止状态，这是其他类型的知识产权侵权诉讼所不具备的特殊性。不注意审查就会导致认定是否构成侵权以及确定侵权赔偿数额不当。虽然该规定有其合理性，使品种权人的权利得到较高程度的保护，但却造成社会关系处于不确定状态，损害相关利害关系人的合法权益，建议立法予以修改。

二、如何认定被诉侵权行为是否侵犯植物新品种权

《植物新品种保护条例》第六条规定：“完成育种的单位或者个人对其授权品种，享有排他的独占权。任何单位或者个人未经品种权所有人（以下称品种权人）许可，不得为商业目的生产或者销售该授权品种的繁殖材料，不得为商业目的将该授权品种的繁殖材料重复使用于生产另一品种的繁殖材料……。”《最高人民法院关于审理侵犯植物新品种权纠纷案件具体应用法律问题的若干规定》第二条第一款、第三款分别规定：“未经品种权人许可，为商业目的生产或销售授权品种的繁殖材料，或者为商业目的将授权品种的繁殖材料重复使用于生产另一品种的繁殖材料的，人民法院应当认定为侵犯植物新品种权”“被控侵权人重复以授权品种的繁殖材料为亲本与其他亲本另行繁殖的，人民法院一般应当认定属于商业目的将授权品种的繁殖材料重复使用于生产另一品种的繁殖材料。”根据上述规定，侵害植物新品种权的行为可分为两种类型，一是未经品种权人许可，为商业目的生产或销售授权品种的繁殖材料；二是未经品种权人许可，为商业目的将授权品种的繁殖材料重复使用于生产另一品种的繁殖材料。

本案博Ⅲ优 273、博ⅢA 获授予植物新品种权，中正公司在中升公司于 2011 年 11 月 2 日终止授权后，未经品种权人许可，为商业目的生产、销售博Ⅲ优 273 品种，其行为侵犯了博白农科所等共有的博Ⅲ优 273 植物新品种权，这属于侵害植物新品种权的第一种类型，上诉人对此并无异议。但本案无证据证明博Ⅲ优 9678 获授予植物新品种权，中正公司为商业目的生产、销售博Ⅲ优 9678 是否构成侵权？一、二审判决均认为，虽然博

Ⅲ优9678未获授予植物新品种权，但博ⅢA系博Ⅲ优9678、博Ⅲ优273的亲本，中正公司为商业目的生产、销售博Ⅲ优9678，系“被控侵权人重复以授权品种的繁殖材料为亲本与其他亲本另行繁殖”，属于为商业目的将授权品种的繁殖材料重复使用于生产另一品种的繁殖材料，其行为亦构成侵犯植物新品种权，即侵犯了博白农科所所享有的博ⅢA植物新品种权。这属于侵害植物新品种权的第二种类型，在司法实践中比较少见。本案同时涉及以上两种侵权行为的判定，在法律适用方面具有典型性。

三、关于侵权赔偿数额的确定问题

《最高人民法院关于审理侵犯植物新品种权纠纷案件具体应用法律问题的若干规定》第六条第二款、第三款分别规定“人民法院可以根据被侵权人的请求，按照被侵权人因侵权所受损失或者侵权人因侵权所得利益确定赔偿数额。被侵权人请求按照植物新品种实施许可费确定赔偿数额的，人民法院可以根据植物新品种实施许可的种类、时间、范围等因素，参照该植物新品种实施许可费合理确定赔偿数额”“依照前款规定难以确定赔偿数额的，人民法院可以综合考虑侵权的性质、期间、后果，植物新品种实施许可费的数额，植物新品种实施许可的种类、时间、范围及被侵权人调查、制止侵权所支付的合理费用等因素，在50万元以下确定赔偿数额”。上述司法解释是侵害植物新品种权纠纷案确定侵权赔偿数额的法律依据。

一审判决以当事人无充分证据证明权利人所遭受损失或者侵权人因侵权所得利益的具体数额为由，不支持一审原告关于按照侵权人因侵权所得利益确定赔偿数额的诉讼请求。综合考虑：1.《关于生产经营博Ⅲ优9678及博Ⅲ优273水稻种子的说明》显示的亩产量、销售价格以及中正公司认可的生产面积、成本；2. 中正公司明知授权终止仍实施侵权行为的主观过错；3. 本案的侵权持续期间较长；4. 涉案植物新品种实施许可费的数额以及植物新品种实施许可的种类、时间、范围等具体情节，一审判决酌定赔偿数额为180万元。

从一审判决阐明的理由分析，既不是根据一审原告诉请按照侵权人因侵权所得利益确定赔偿数额；也不是依照《最高人民法院关于审理侵犯植物新品种权纠纷案件具体应用法律问题的若干规定》第六条第三款规定的法定赔偿方式确定赔偿数额。因为，一审判决酌定的赔偿数额为180万元，远高于法定最高赔偿数额50万元。一审判决究竟是根据上述司法解释第六条第二款还是第三款之规定确定赔偿数额，论述前后自相矛盾，法律依据不足。

二审判决认为，本案当事人均无充分证据证明权利人所受损失或者侵权人因侵权所得利益的具体数额，四被上诉人要求按照其陈述的侵权获利计赔，一审法院以缺乏事实依据为由不予支持，并无不当。即不适用上述司法解释第六条第二款之规定确定赔偿数额，而是适用上述司法解释第六条第三款规定的法定赔偿方式确定赔偿数额。二审判决确定赔偿数额综合考虑的因素中，有两点与一审判决差异甚巨：其一，关于侵权持续时间。一审判决认为"本案的侵权持续期间较长"，即自2011年11月2日起至一审判决作出之日2016年12月22日止，侵权期间长达5年多。二审判决则认定，本案侵权持续期间从2011年11月2日至2013年11月1日、2014年12月4日至2015年11月1日，侵权期间不足3年。其二，关于中升公司终止授权中正公司经营涉案植物新品种后对中正公司侵权责任的评判不同。中升公司原授权中正公司自2008年1月7日起至2012年12月31日止生产经营博Ⅲ优9678、博Ⅲ优273。在授权期间，中升公司于2011年11月2日突然终止授权。一审判决确定赔偿数额考虑的因素之一为"中正公司明知授权终止仍实施侵权行为的主观过错"，言下之意，即明知故犯，主观过错严重，应增大其赔偿责任。二审判决则认为"中正公司在2011年11月2日之前被授权经营涉案品种，中升公司突然中止授权，没有给予中正公司相应准备时间，中正公司不可避免遭受一定损失"，即中升公司在授权期间突然中止授权违背诚实信用原则，中正公司基于合理预期为经营涉案植物新品种所作的投入不可避免遭受一定损失，要减轻其赔偿责任。基于上述情形，考虑本案具体情况，二审判决适用《最高人民法院关于审理侵犯植物新品种权纠纷案件具体应用法律问题的若干规定》第六条第三款规定的法定赔偿方式，在法定最高赔偿数额50万元以下酌定上诉人中正公司赔偿四被上诉人经济损失人民币40万元。宣判以后，各方当事人息诉服判，取得较好的社会效果和法律效果。

编写人：广西壮族自治区高级人民法院　周冕

鹤壁市反光材料有限公司诉鹤壁睿明特科技有限公司等侵害商业秘密纠纷案

——阅读提示：侵害商业秘密中客户名单的认定依据？如何杜绝侵权人的持续侵权？

【裁判要旨】

侵害客户名单在侵害商业秘密纠纷中占有较大比重。商业秘密中的客户名单，不是简单的客户名称，还应包含名单以外影响交易的深度信息。权利人与客户之间的增值税发票、发货清单、汇款凭证、要货通知单、包裹票据等重要信息，包含了客户的交易习惯、交易需求、价格承受能力等区别于公知信息的特殊客户信息，具有现实或者潜在的商业价值，构成了经营信息的秘密点，经权利人采取合理保密措施后，构成商业秘密。

在法院认定侵权、判令侵权人停止侵权、赔偿损失后，由于利益驱动，侵权人往往继续使用已经掌握的商业秘密，给权利人造成更大的损失。为此，本案依照《最高人民法院关于审理不正当竞争民事案件应用法律若干问题的解释》第十六条之规定，判处侵权人在一定期限内停止使用该项商业秘密，从而杜绝了侵权人持续侵权的可能。

【案号】

一审：河南省鹤壁市中级人民法院（2015）鹤民初字第96号

二审：河南省高级人民法院（2016）豫民终347号

【案情与裁判】

原告（被上诉人）：鹤壁市反光材料有限公司（简称反光材料公司）

被告（上诉人）：鹤壁睿明特科技有限公司（简称睿明特公司）

被告（上诉人）：宋俊超

被告：李建发

起诉与答辩

反光材料公司于2015年9月14日向河南省鹤壁市中级人民法院（以下称一审法院）起诉称：宋俊超系反光材料公司负责东北三省和其他部分地区的销售经理，掌握该区域客户资料。由于该资料涉及商业秘密，反光材料公司与宋俊超签订的劳动合同中约定了保密条款，并已按月支付给宋俊超保密费用，宋俊超应承担保密义务。然而，宋俊超（宋翔）于2006年借用亲属的名义注册了鹤壁市山城区睿欣反光材料经营部（以下简称睿欣经营部），又于2011年6月注册了鹤壁市睿欣商贸有限公司（以下简称睿欣公司，2015年更名为睿明特公司）。在反光材料公司任职期间，宋俊超购进同类产品冲抵反光材料公司的产品进行销售，致使反光材料公司损失数百万元。请求判令宋俊超、睿明特公司：立即停止侵权，赔偿因调查侵权行为所支出的合理费用及损失50万元。

宋俊超一审辩称：一、反光材料公司所称涉及客户联系方式、成交价格的客户资料不是有效的商业秘密。二、宋俊超从未借用任何人名义成立睿欣经营部，也未注册成立睿欣公司，更未从同行厂家进货冲抵反光材料公司产品销售。请求驳回反光材料公司的诉请。

李建发辩称：睿欣经营部系李建发成立注册，并非宋俊超借李建发名义注册。

睿明特公司辩称：一、睿明特公司历届股东及法定代表人均不是宋俊超，不存在宋俊超实际控制公司的情况。二、睿明特公司未侵害反光材料公司的商业秘密。

一审审理查明

反光材料公司成立于1996年4月4日，经营范围为反光材料及应用反光材料制品、镀膜制品、加工销售等。宋俊超自2006年起在反光材料公司任业务员，主要负责东北地区及内蒙古自治区的销售及客户拓展工作。反光材料公司与宋俊超先后签订两份劳动合同，均包含保密条款、竞业限制条款。反光材料公司对经营信息制定有保密制度，对客户及潜在客户信息采取了必要的保密措施，同时向宋俊超及其他业务员支付了保密费用。之后，反光材料公司发现宋俊超自行购买反光布，向法院申请诉前保全并提起诉讼，请求查封宋俊超存放的收货人为宋翔的14件反光布，判令宋俊超、睿明特公司、李建发停止侵权，赔偿合理费用及损失50万元。

睿欣经营部成立于2006年4月3日，经营者为李建发，联系电话1303389××××。睿欣公司成立于2011年6月22日，经营范围为钢材、建材、五金交电、涂板、反光护栏。法定代表人历经两次变更，联系电话均为1303389××××。2011年11月12日，宋翔办理了该公司经营项目变更，增加反光材料制品、卫生用品等。2013年8月27日，宋翔办理了睿欣公司法定代表人的变更手续，在睿欣公司经营期间，宋翔参与了办理营业执照、公司事项变更、提交年检报告等工商登记手续。2015年1月19日，睿欣公司名称变更为睿明特公司。宋俊超身份证号码为41062119760××××××7，宋翔身份证号码为41061119810××××××0，两个名字系同一人。号码为1303389××××的SIM卡由宋俊超使用。

2014年7月2日至12月1日期间，宋俊超以宋翔名义先后10次通过郑州德邦物流有限公司鹤壁分公司向东北地区发送货物，货品有“反光布、3纤”“反光条、2纤”“布、5纤”等。2014年2月8日，宋俊超通过中铁股份有限公司鹤壁市营业部向东北地区发送货物。在2011年2月13日至2013年8月31日期间，宋俊超先后7次通过上海佳吉快运有限公司鹤壁分公司向东北地区发送货物，货品有“布、3”“布、4”“布、9”等。睿欣公司的银行往来账目显示，在2011年8月1日至2015年7月31日期间，睿欣公司的东北地区客户中，与反光材料公司交易客户相重复的客户10家，供货交易38笔，交易金额830512.50元。宋俊超以个人名义从睿欣公司账户取款27笔，金额为1270603.42元。

一审判理和结果

宋俊超违反劳动合同有关保密约定，擅自向反光材料公司的客户及潜在客户销售反光材料，侵害了反光材料公司的商业秘密，应当承担侵权责任。宋俊超多次参与睿欣公司注册登记工作，而睿欣公司又与反光材料公司的经营范围部分重合，该公司在较短时间内即与反光材料公司的长期客户发生业务，故推定睿欣公司使用了宋俊超掌握的反光材料公司所拥有的商业秘密，宋俊超、睿欣公司构成共同侵权。判决：一、宋俊超、睿明特公司立即停止对反光材料公司商业秘密的侵权行为并在两年内不准使用反光材料公司所拥有的商业秘密；二、宋俊超、睿明特公司赔偿反光材料公司经济损失35万元；三、驳回反光材料公司的其他诉讼请求。

上诉与答辩

宋俊超、睿明特公司上诉请求：撤销一审判决第一、二项，改判宋俊超、睿明特公司不承担侵权及赔偿责任。一、一审法院认定反光材料公司所述的相关客户经营信息构成法律意义上的商业秘密，无证据支持和法律依据。二、一审法院认定宋俊超、睿明特公司对反光材料公司共同侵权错误。

反光材料公司辩称，请求驳回上诉，维持一审判决。一、反光材料公司一审所述的相关客户经营信息属于商业秘密。二、宋俊超与睿明特公司对反光材料公司构成共同侵权。

二审判理和结果

河南省高级人民法院认为：

一、关于反光材料公司主张的客户名单是否构成商业秘密的问题。

《反不正当竞争法》第十条规定“本条所称的商业秘密，是指不为公众所知悉、能为权利人带来经济利益、具有实用性并经权利人采取保密措施的技术信息和经营信息”。[①] 本案中，反光材料公司将向东北地区客户出具的增值税发票、发货清单、与客户资金往来汇款凭证、要货通知单、包裹票、出差工作日程表及出差计划上载明的客户信息汇总、整理，形成了包含详细经营信息的客户名单，并为此耗费了大量的时间、金钱和劳动。其中，“成交日期”能够反映客户的要货规律，“品种”“规格”“数量”能够说明客户的独特需求，“单价”能够说明客户对价格的承受能力、价格成交的底线，“备注”反映了客户的特殊信息，这些内容构成了反光材料公司经营信息的秘密点，体现了反光材料公司特有的客户信息，不能从公开信息中获取。符合“不为公众所知悉”的认定条件。反光材料公司提供的交易记录及客户来往票据，涵盖时间长，包含客户众多，这些经营信息具有现实的或者潜在的商业价值，其中的客户有的已建立长期稳定的业务关系，有的虽未建立业务关系但亦是反光材料公司获得交易机会的重要资源，符合“能为权利人带来经

---

① 对应2019年《反不正当竞争法》第九条：“……本法所称的商业秘密，是指不为公众所知悉、具有商业价值并经权利人采取相应保密措施的技术信息、经营信息等商业信息。”

济利益、具有实用性”的认定条件。反光材料公司为上述经营信息制定了具体的保密制度，对客户及潜在客户信息采取了必要的保密措施，与宋俊超签订的劳动合同书中明确约定了保密条款、竞业限制条款，反光材料公司也向宋俊超及其他业务员支付了相应的保密费用。故反光材料公司为上述经营信息采取了合理的“保密措施”。综上，反光材料公司制作的客户名单构成商业秘密。

二、关于宋俊超、睿明特公司是否侵害了反光材料公司的商业秘密的问题。

宋俊超自2006年起在反光材料公司任业务员，主要负责黑龙江省、吉林省、辽宁省及内蒙古自治区的销售及客户拓展，对在工作中接触到的关于反光材料公司商业秘密的客户资料等经营信息十分熟知。宋俊超以宋翔的名义先后18次向东北地区发送货物，部分货物品名与反光材料公司类似，部分客户名单也与反光材料公司客户名单相同。因此，可以认定宋俊超擅自与反光材料公司的客户进行交易。宋俊超多次参与睿明特公司营业执照办理、公司事项变更、提交年检报告等工商登记的相关工作，睿明特公司法定代表人经两次变更的联系电话均为宋俊超使用的1303389××××，宋俊超也以个人名义从睿明特公司账户上支取27笔款项，共计1270603.42元。综上，可以认定宋俊超与睿欣公司存在紧密联系。宋俊超在反光材料公司工作期间，签署了保密协议，领取了保密费用，负有对反光材料公司的忠实义务，包括对工作中接触到的经营信息进行保密的义务。宋俊超应对公司的相关管理规定及客户名单的非公开性、商业价值清楚明了，但仍私自与反光材料公司的客户进行交易，主观上具有侵权故意。宋俊超违反保密约定，披露、使用、允许他人使用反光材料公司经营信息的行为，侵害了反光材料公司的商业秘密。睿明特公司经宋俊超2011年11月12日办理变更经营项目后与反光材料公司的主要经营项目部分重合，在宋俊超与睿明特公司的紧密联系下，睿明特公司与反光材料公司长期联系的客户在较短时间内即发生了商品交易。据睿明特公司的银行往来账目显示，2011年8月1日至2015年7月31日，睿明特公司与东北地区交易客户中，与反光材料公司交易客户部分相同，且交易数额较大，可以认定睿明特公司使用的客户信息与反光材料公司的经营信息存在相同或实质性相同，进而可以认定睿明特公司通过宋俊超实际接触到了反光材料公司的经营信息。结合睿明特公司未举证证明其业务往来系客户自行要求与其交易的事实，可以推定睿明特公司不正当地获取、使用了宋俊超所掌握的反光材料公司所拥有的客户名单，侵害了反光材料公司对客户名单享有商业秘密的权利，主观上具有共同故意。综上，宋俊超、睿明特公司对反光材料公司的商业秘密构成共同侵权。

三、关于侵权责任如何承担的问题。

由于反光材料公司的损失及宋俊超、睿明特公司的获利均无法计算，根据宋俊超、睿明特公司侵权行为的性质、主观过错、交易时间、交易的数量，反光材料公司以往的同类产品交易价格以及为获取客户经营信息付出的努力等因素，酌情确定宋俊超、睿明特公司赔偿反光材料公司35万元。为了避免反光材料公司遭受侵权损害，防止宋俊超、睿明特公司因侵权而继续获利，依照《最高人民法院关于审理不正当竞争民事案件应用法律若干问题的解释》第十六条规定，判决宋俊超、睿明特公司立即停止对反光材料公司商业秘密的侵权行为并在两年内不准使用反光材料公司所拥有的商业秘密。

综上，二审法院判决：驳回上诉，维持原判。

【法官评述】

市场经济下，客户名单是企业核心竞争力之一。企业通过各种渠道开发的潜在客户以及在长期交易中形成的销售网络，是其独有的竞争优势。据此，企业能够合理制定经营计划，降低交易成本，实现利益最大化。客户名单在经济利益上的突出贡献亦成为侵权人侵害客户名单的主要诱因，个别雇员为了获取非法利益，利用工作期间掌握的客户名单为己所用，不仅损害了企业的合法权益，而且严重干扰了正常的市场竞争秩序，阻碍了我国创新型经济的发展。但是，在侵害客户名单纠纷中由于侵权手段隐蔽，权利人举证难、取证难，法官仅能依据法律规定结合审判经验进行判断。因此，客户名单的商业秘密认定也就成为知识产权审判中不可忽视的难题。

一、客户名单的认定

根据《反不正当竞争法》第九条规定，商业秘密应符合秘密性（不为公众所知悉）、保密性（经权利人采取合理保密措施）、价值性（能为权利人带来经济利益，具有实用性）的特点。客户名单是否具有秘密性是认定商业秘密的基础。权利人耗费大量智力、精力、金钱形成的包含有客户名称、交易价格、交易习惯、商品质量、特殊需求的客户信息，竞争对手无法从公知领域直接获得，具有秘密性。司法实务中，对秘密性的认定要求不宜过高，不是同行业公知的信息，即可认定具有秘密性。价值性是指能够给权利人带来现实或者潜在的商业价值或者竞争优势，是商业秘密最重要的构成要件，也是侵权者侵权的主要动机。“具有商业价值”是《反不正当竞争法》2017年修改加入的表述，新法删去了“实用性”作为商业秘密的评判标准，与《与贸易有关的知识产权协定》（TRIPS）第39条的规定保持一致。商业价值的表述更有利于商业秘密的认定和对权利人的保护，不至于让权利人耗费大量劳动而收集和整理的具有价值性，但暂无实用性的信息排除在商业秘密司法保护之外。保密性是权利人对客户名单管理所做的自我努力，体现为权利人的保密意愿、采取的合理措施，如制定保密制度、签订保密协议、标注信息的保密等级等。侵害商业秘密的行为多数是由存在保密义务的雇员侵权所引起，雇员的从属性，决定他们有更多的机会知悉企业的商业秘密。对此，一些国家的法律规定了以雇员的忠实义务确定其在雇佣期间的法定保密义务，而多数情形采取的是约定保密义务。

二、禁令的适用

法谚云“救济优于权利”。保护商业秘密的主要措施是禁令与损害赔偿。对于商业秘密而言，一旦失去将永远失去。因此，停止侵权避免权利人损失的进一步扩大，是权利人获取赔偿之外最主要的救济措施，也是其诉讼的目的，在商业秘密司法保护中处于核心地位。《与贸易有关的知识产权协定》（TRIPS）第44条规定了禁止侵权人实施相应的侵权行为。《最高人民法院关于审理不正当竞争民事案件应用法律若干问题的解释》第十六条也明确规定了人民法院可以在依法保护权利人该项商业秘密竞争优势的情况下，判决侵权人在一定期限或者范围内停止使用该项商业秘密。同时，禁令时间应在保护权利人竞争优势的领先时间和消除侵权人因侵权得到竞争优势的必要限度内，否则将损害客户的自由选择权。

本案中，反光材料公司将多年来与客户之间交易的发票、发货清单、汇款凭证、要货通知单、包裹票以及出差工作日程表及出差计划上载明的信息汇总整理，形成了特有的客户名单。这些信息包含了客户的联系方式、消费需求、质量、数量、交易规律，能够为公司带来经济利益与竞争优势，不易通过合法手段从公开领域获得，具有一定的秘密性与价值性。为此，反光材料公司也与相关工作人员签订了保密协议，支付了保密费用，采取了保密措施，构成商业秘密。

为了避免反光材料公司遭受侵权损害，防止宋俊超、睿明特公司因侵权而继续获利，依照《最高人民法院关于审理不正当竞争民事案件应用法律若干问题的解释》第十六条规定，判决宋俊超、睿明特公司停止侵权并在两年内禁止使用反光材料公司所拥有的商业秘密。

编写人：河南省高级人民法院　赵筝

IP

2017年中国法院10大知识产权案件

二、知识产权行政案件

西峡龙成特种材料有限公司诉榆林市知识产权局、第三人陕西煤业化工集团神木天元化工有限公司专利权纠纷行政处理案

——阅读提示：专利行政执法程序违法的认定和处理

【裁判要旨】

已经被明确变更的合议组成员又在被诉行政决定书上署名，实质上等于“审理者未裁决、裁决者未审理”，悖离依法行政的宗旨，减损社会公众对行政执法主体的信任。此举已经构成对法定程序的严重违反，不受行政相对人主观认知的影响，也不因行政相对人不持异议而改变，不属于“行政行为程序轻微违法，无需撤销行政行为”之情形。

行政执法人员具备相应的执法资格，是行政主体资格合法的应有之义，也是全面推进依法行政的必然要求。原则上，作出被诉行政决定的合议组应由该行政机关具有专利行政执法资格的工作人员组成。即使异地调配执法人员，也应当履行正式、完备的公文手续。

权利要求的内容是划定专利权保护范围的唯一标准，说明书、附图只是用于解释权利要求的内容。在运用说明书和附图解释权利要求时，不能将说明书对具体实施例的具体描述读入权利要求。

【案号】

一审：陕西省西安市中级人民法院（2015）西中行初字第00267号

二审：陕西省高级人民法院（2016）陕行终94号

申请再审：最高人民法院（2017）最高法行再84号

【案情与裁判】

原告（二审上诉人、再审申请人）：西峡龙成特种材料有限公司（简

称西峡公司）

被告（二审被上诉人、被申请人）：榆林市知识产权局（简称榆林局）

第三人（二审第三人、被申请人）：陕西煤业化工集团神木天元公司有限公司（简称天元公司）

起诉与答辩

西峡公司以天元公司制造、使用的设备侵犯其ZL201020586802.2号“内煤外热式煤物质分解设备”实用新型专利权（以下简称涉案专利）为由，请求榆林局行政处理，榆林局经审查认定被控侵权设备中的相应技术特征与涉案专利的“密封窑体”和“煤物质推进分解管道”不构成等同特征，前者未落入后者的保护范围，故天元公司不构成对涉案专利的侵权。被诉行政决定合议组成员包括宝鸡市知识产权局工作人员苟红东，但无正式公文决定调其参与涉案纠纷的行政处理，且榆林局的口头审理笔录没有记载将苟红东的正式身份及其参与合议组的理由告知西峡公司、天元公司。此外，榆林局对涉案专利侵权纠纷进行了两次口头审理，在第二次口头审理时告知当事人的合议组成员与被诉行政决定书上署名的合议组成员不同。

西峡公司不服被诉行政决定，向法院提起行政诉讼。

一审审理查明

2010年10月26日，西峡公司向国家知识产权局申请了名称为“内煤外热式煤物质分解设备”实用新型专利。2011年5月11日，国家知识产权局授予西峡公司“内煤外热式煤物质分解设备”专利权，专利号为ZL201020586802.2。该权利要求书记载内容为：1. 一种内煤外热式煤物质分解设备，包括一个密封窑体，其特征在于：所述窑体内设置煤物质推进分解管道，所述煤物质推进分解管道设置进煤口、出煤口和分解气收集管，所述煤物质推进分解管道与窑体内壁之间设置热交换仓，所述热交换仓与高温气体加热机构连通，所述热交换仓设置加热气导出管；权利要求书中2~8项记载了其余技术特征。2014年12月24日，西峡公司请求国家知识产权局对专利号为ZL201020586802.2实用新型专利进行检索。2014年1月4日，国家知识产权局出具的实用新型专利权评价报告初步结论为全部权利要求1~8未发现存在不符合授予专利权条件的缺陷。

关于实体问题，经对涉案专利权利要求记载的特征与被诉侵权设备技术特征比对后，西峡公司对榆林局认定的二者均具有加热机构、进煤口、出煤口和加热气导出管、回转窑体和夹套之间有热交换仓无异议，但对榆林局认定涉案专利的“密封窑体”和被诉侵权设备的“夹套”以及涉案专利的“煤物质推进分解管道”与被诉侵权设备的“回转窑体”技术特征提出异议。

关于程序问题，国家知识产权局制定的《专利行政执法能力提升工程方案》明确要求建立全系统和若干区域专利行政执法协作调度中心，提高执法办案协作水平与效率。选择若干地区开展试点，建立若干区域专利行政执法协作调度中心；推进建立全系统专利行政执法指挥调度中心，加快实现跨地区执法协作的系统化、规范化。陕西省知识产权局按照《专利行政执法能力提升工程方案》的要求，开展了专利行政执法协作调度工作，调度专利行政执法实务经验丰富、执行专利法律法规水平较高的专利行政执法人员，跨市区参与专利行政案件审理。涉案合议组人员苟红东、白龙系宝鸡市知识产权局执法人员，其由陕西省知识产权局调度参加榆林局受理的专利侵权案件合议组。

天元公司称，因为本次行政行为是省市联合行动，榆林局在口头审理之前给其和西峡公司都发出了通知，双方对口头审理组成人员的身份都没有提出异议。

一审判理和结果

1. 关于榆林局的行政处理决定是否违反法定程序的问题

西峡公司认为榆林局违反法定程序的行为有：作出的行政决定合议人员有苟红东，苟红东作为宝鸡市知识产权局副局长，不能参与本案纠纷的处理。考虑到榆林局在作出行政处理决定前，因本案案情重大，现有工作人员力量欠缺，经请示上级主管部门，上级主管部门最终决定由宝鸡市知识产权局派员参加，并与榆林局工作人员共同组成裁决合议组参加口审合议；同时，榆林局口审时已将合议组成员告知当事人，西峡公司没有提出异议；榆林局已通过陕西省知识产权局向国家知识产权局提出请示，国家知识产权局复函称，根据全国知识产权系统执法人员数量、能力不均衡的现状，国家知识产权局在全系统推进执法协作调度机制，包括人员、案件调度等内容，属于行政机关内部行为，按照现行人事机关内部规定开展执法人员调度工作，并不违反内部交流制度。由此事实可以证明，榆林局作出的行政处理决定并未违反法定程序。西峡公司关于榆林局行政处理程序违法的理由，事实和法律依据不足，依法不予支持。

2. 关于榆林局的行政处理决定认定证据是否确凿的问题

西峡公司明确表示请求保护权利要求1，被诉侵权设备体积庞大且正在使用中，无法拆解观察内部结构，榆林局经西峡公司认可使用了被诉侵权设备的照片以及设备结构简图确定了被诉侵权设备的技术特征，被诉侵权设备技术特征与比对图纸一致；西峡公司、天元公司对权利要求书记载的技术特征、被诉侵权设备的技术特征均无异议；榆林局对争讼之权利要求书记载的技术特征、被诉侵权设备的技术特征进行了比对，除涉案专利的“密封窑体”和被诉侵权设备的“夹套”、涉案专利的“煤物质推进分解管道”与被诉侵权设备的“回转窑体”技术特征是否构成等同，西峡公司、天元公司存在争议外，其余双方均无异议。由此事实证明，榆林局作出的行政处理决定认定证据确凿。

3. 关于榆林局的行政处理决定适用法律、法规是否正确的问题

榆林局根据西峡公司的请求对争讼之专利权利要求1的保护范围进行了确定。被诉侵权设备和涉案专利的主题相同，都属于煤物质分解利用设备，其技术特征为回转窑体；三个夹套分别位于回转窑体外壁上，回转窑体相对于夹套可转动；加热机构；进煤口、出煤口和加热气导出管；回转窑体和夹套之间有热交换空间；热交换空间对回转窑体内煤物质加热使其分解。以上认定并无不当。将涉案专利权利要求书中记载的技术特征与被诉侵权设备的相应技术特征逐一进行对比，经适用全面覆盖原则判定被诉侵权物不构成侵害专利权的情况下，应适用等同原则进行侵权判定。首先，涉案专利的“密封窑体”和被诉侵权设备的“夹套”技术特征是否等同的问题。涉案专利“密封窑体”与被诉侵权设备的“夹套”是否属于基本相同的手段？涉案专利的“窑体”是指具有可包容其他物体的一个完整的空间结构，被诉侵权设备“夹套”是指具有套筒结构的设备，因此二者技术手段不同。其次，涉案专利的“密封窑体”和被诉侵权设备的“夹套”是否属于基本相同的功能？由于涉案专利“密封窑体”是一个可以转动的密封容器，不具有夹套的技术特征，而被诉侵权设备具有“夹套”，三个夹套分别固定在回转窑体外壁上，回转窑体相对于“夹套”转动，两者功能显然不同。最后，涉案专利的“密封窑体”和被诉侵权设备的“夹套”是否属于基本相同的效果？被诉侵权设备采用“夹套”的换热效率要远低于涉案专利的“密封窑体”的换热效率，两者效果明显不同。由此可见，涉案专利的“密封窑体”和被诉侵权设备的“夹套”技术手段、功能和效果均不相同，不适用于等同原则。西峡公司认为权利要求1中没有限定窑体的具体结构、数量，只要被诉侵权设备构成密

封容器，则与权利要求 1 中的“密封窑体”构成等同技术特征，与事实不符，依法不予采信。涉案专利的“煤物质推进分解管道”与被诉侵权设备的“回转窑体”技术特征是否构成等同？从字面上看，二者是不相同的，是否具有等同的技术特征？涉案专利的“管道”是指“圆而细长中空的东西”，被诉侵权设备“回转窑体”不具有圆而细长的结构，二者的技术手段完全不同；涉案专利“煤物质推进分解管道”处于其密封窑体内部，依靠密封窑体内大量高温气体包围“煤物质推进分解管道”进行热解。被诉侵权设备的“回转窑体”有三个夹套，“回转窑体”是相对于夹套进行转动，其不具有在密封窑体内设置“煤物质推进分解管道”的特征，因此“煤物质推进分解管道”与被诉侵权设备的“回转窑体”的功能不同；涉案专利的“煤物质推进分解管道”具有防止热量散失，提高热传递效率的效果，“回转窑体”是以牺牲换热效率来简化设备结构、降低爆炸风险，两者也不属于基本相同的效果。专利中的“煤物质推进分解管道”与被诉侵权设备的“回转窑体”在技术手段、技术功能、技术效果上，都不具有等同替换的特征，不适用于等同原则。

2015 年 11 月 30 日，一审法院作出判决，认为榆林局的行政处理决定适用法律、法规正确，西峡公司认为涉案专利的“密封窑体”和被诉侵权设备的“夹套”技术特征等同；涉案专利的“煤物质推进分解管道”与被诉侵权设备的“回转窑体”技术特征等同，事实和法律依据不足，依法不予支持。

上诉与答辩

西峡公司不服一审判决，上诉至陕西省高级人民法院。

二审审理查明

二审查明的事实与一审一致。

二审判理和结果

2016 年 6 月 6 日，二审法院作出判决，认为榆林局根据其所查明的案件事实，在作出处理决定书时，是将被诉侵权设备的技术特征与专利权利要求记载的技术特征进行一一对比得出的结论，处理决定事实清楚，证据确凿，适用法律、法规正确，符合法定程序，一审判决予以维持正确。西峡公司的上诉请求，无事实和法律依据，依法不予支持。依照《中华人民共和国行政诉讼法》第八十九条第一款之规定，判决驳回上诉，维持原判。

申请再审理由与答辩

西峡公司不服二审判决，向本院申请再审称：1. 被诉决定的作出违反法定程序。榆林市知识产权局辖区内的专利行政处理事务理应由榆林市知识产权局的工作人员处理。苟红东在其担任宝鸡市知识产权局副局长职务期间，不当地作为本案被诉行政决定的主审员，以榆林市知识产权局的名义处理榆林市知识产权局辖区内的行政事务。尽管在行政诉讼阶段，榆林市知识产权局说明该事项得到陕西省知识产权局的口头批准并获得了国家知识产权局专利管理司的答复函，但这些并不能证明苟红东的行为具有合法性。2. 被控侵权设备落入专利权保护范围。（1）涉案专利的“煤物质推进分解通道”和被控侵权设备的“回转窑体”是相同技术特征。二审认为涉案专利的“密封窑体”是指具有可包容其他物体的一个完整的空间结构，“煤物质推进分解管道”是指“圆而细长中空的东西”，但权利要求 1 并未限定上述具体形状，二审认定被诉侵权设备的“回转窑体”不具有圆而细长的结构也与事实不符。不管是涉案专利的“煤物质推进分解管道”，还是被诉侵权设备的“回转窑体”，其实质都是提供一个煤物质移动和分解的通道，二审认定涉案专利的“煤物质推进分解管道”具有防止热量散失，提高热传递效率的效果没有依据，二审认定“回转窑体”是以牺牲换热效率来简化设备结构、降低爆炸风险的效果也没有任何依据。因此，二审认定“煤物质推进分解管道”和“回转窑体”不相同和不等同，存在错误。（2）涉案专利的“密封窑体”与被控侵权设备的“夹套”是等同技术特征。从技术手段上，二者都是为高温加热气体提供一个聚集的空腔，唯一不同的是被控侵权设备将该空腔分成依次相邻的三个空腔，然而无论是作为一个整体空腔出现，还是作为三个依次相邻的三个空腔出现，它们在实现对被加热物体的加热功能方面没有实质性差异。从效果上，虽然相对于整体式的加热空腔，三段式加热空腔因为存在加热空档，故在加热均匀度上会存在某些稍许差异，但这种差异是本领域技术人员容易想到的。而且，涉案专利说明书记载内容未涉及对加热源的换热效率的改进，被诉侵权设备与涉案专利在热效率上的差异与本案无关，且换热效率的比较缺乏评判标准和事实依据。故涉案专利的“密封窑体”与被诉侵权设备的“夹套”是等同技术特征。被诉侵权设备的“夹套”相对于窑体是否能够转动以及如何转动是实现技术方案相关的内容，不应当将此作为评价“密封窑体”和“夹套”是否相同的依据。又因各方对权利要求1的其他技术特征与被控侵权设备的相应技术特征的相同无争议，故被诉侵权设备落入了本专利的保护范围之内。

综上，一、二审判决及行政决定适用法律错误、主要事实认定缺乏证据支持、程序违法，根据《中华人民共和国行政诉讼法》第九十一条第三、四、五项规定，请求本院再审本案。

榆林局提交意见称：1. 被诉行政决定的作出符合法律规定。涉案专利侵权纠纷系经陕西省知识产权局决定调配人员参与涉案合议组，且得到国家知识产权局函件批复，合议组所有成员都持有执法证，都具有执法资格。榆林局在第一次口头审理时告知了合议组成员并进行了说明，西峡公司对此并无异议，该调整未对西峡公司的权利产生实质影响。第二次口头审理时，艾龙因临时有事变更为冯学良，但其参加了第一次口头审理，在被诉行政决定书上署名，并无不当。2. 被诉行政决定认定天元公司不构成专利侵权，并无错误。如说明书及附图所述，涉案专利的发明点就是，采用多根平行密排管道组成的煤物质推进分解管道，而被诉侵权设备的煤料分解管道只有一个回转窑体。专利结构有两个筒体且为封闭结构，与被诉侵权设备的三段式非封闭结构不同。被诉侵权设备的夹套与涉案专利的密封窑体、被诉侵权设备的回转窑体与涉案专利的煤物质推进分解管道在位置关系、安装结构、工作原理、技术效果和目的上均不同，不构成相同或等同特征。

天元公司提交意见称：1. 对于苟红东担任主审员，天元公司虽有疑虑，但在公开录像的口头审理中，双方对行政处理机构告知及合理解释明确表示予以接受，并未提出异议。行政处理程序并不违法。2. 被诉侵权设备中的“夹套”不等同于涉案专利中的“密封窑体”，且完全没有涉案专利中在密封窑体内设置煤物质推进管道的特征，在天元公司的设备中，外夹套只是一个回转窑部分外壁上的加热套筒，外夹套不具有密封结构，其中的回转窑整体结构远大于外夹套而且相对于夹套旋转，其旋转传动结构不可能放置于热风高温环境下，无法将回转窑设置于外夹套内。而“窑体”和“管道”在本领域属于不同的设备，二者之间并非简单的术语名称差异，两者之间隐含了结构特征的不同。涉案专利权利要求1虽然限定了管道上设置进出煤口，但实际上其不可能在管道上设置进出煤口，因为管道处于密封的窑体内，进出煤口只能设置于窑体上，天元设备与窑体对应的夹套完全没有进出煤口。涉案专利的热交换仓是在密封窑体内形成于窑体内壁和煤物质分解推进管道间，天元公司的夹套换热空间只是局部覆盖于回转窑体外壁，天元公司的夹套内换热空间不可能完全密封，因而温度梯度大，热效率低，但天元公司的夹套完全杜绝了热空气与热解气接触的风险，涉案专利的风险则因热交换仓与煤物质分解推进管道处于同一密封窑体内而更高。

再审审理查明

各方当事人对以下情况均予以确认：1. 被诉行政决定和一、二审判决对于涉案专利和被诉侵权设备的特征划分，均不持异议。存在争议的技术特征是，被诉侵权设备的夹套与涉案专利的密封窑体、被诉侵权设备的回转窑体与涉案专利的煤物质推进分解管道。2. 涉案专利的煤物质推进分解管道和被诉侵权设备的回转窑体里均直接装填煤料。3. 被诉侵权设备的每个夹套与管道之间分别形成密封的热交换仓。4. 被诉侵权设备的煤管道总长约35米，两个夹套之间的空隙约为2米。5. 天元公司在榆林局口头审理时明确表示不主张现有技术抗辩。6.《专利行政执法证》所载的执法地域是持证人工作单位所在行政区划的范围。

另查明，苟红东担任被诉行政决定合议组成员期间，系宝鸡市知识产权局工作人员，没有正式公文决定调其参与涉案纠纷的行政处理；榆林局的口头审理笔录没有记载将苟红东的正式身份及其参与合议组的理由告知西峡公司、天元公司；榆林局对涉案专利侵权纠纷进行了两次口头审理，在第二次口头审理时，告知西峡公司、天元公司合议组成员中的艾龙变更为冯学良。在被诉行政决定书上署名的合议组长是苟红东，审理员是艾龙、张炜亮、白龙、贺小娟。

申请再审判理和结果

最高人民法院审查认为：被诉行政决定在程序和实体上均存在错误，应予以撤销。判决：一、撤销陕西省高级人民法院（2016）陕行终94号行政判决；二、撤销陕西省西安市中级人民法院（2015）西中行初字第00267号行政判决；三、撤销榆林市知识产权局榆知法处字［2015］9号专利侵权纠纷案件处理决定；四、责令榆林市知识产权局重新作出行政决定。

【法官评述】

首先，榆林局在处理平等民事主体关于涉案专利的侵权纠纷时，实际上处于居中裁决的地位，本应秉持严谨、规范、公开、平等的程序原则，但是，在合议组成员已经被明确变更的情况下，却又在被诉行政决定书上署名，实质上等于“审理者未裁决、裁决者未审理”，构成对法定程序的重大且明显违反。

其次，作出被诉行政决定的榆林局合议组应由该局具有专利行政执法资格的工作人员组成。即便在特殊情况下需要跨区域调配执法人员，也应履行正式、完备的公文手续。否则，行政执法程序的规范性和严肃性无从保证，既不利于规范行政执法活动，也不利于强化行政执法责任。榆林局提交的陕西省知识产权局协调保护处的所谓答复（复印件），实为该处写给该局领导的内部请示，既无文号，更无公章，国家知识产权局专利管理司给陕西省知识产权局的《关于在个案中调度执法人员的复函》晚于被诉行政决定的作出时间，从内容上看与本案无直接关联，均不能作为苟红东参与被诉行政决定合议组的合法、有效依据。

再次，榆林局虽主张在口头审理时将苟红东的具体身份以及参与合议组的理由告知过当事人，但其提交的证据并不能证明该项主张，当事人是否认可合议组成员身份并不是评判被诉行政行为程序是否合法的前提和要件。因此，榆林局和天元公司提出的“西峡公司对于合议组成员不持异议，故程序合法”的主张不能成立。

在侵权比对方面，关于密封窑体，涉案专利权利要求 1 并未限定密封窑体和煤物质推进分解管道是否回转，不应将说明书中描述的回转窑体用于限定权利要求 1 的密封窑体，被诉侵权设备的三段式加热空腔与涉案专利相比在加热效果上有一定差异，但其空隙应当不会导致煤管道整体的加热功能和效果产生实质性变化；关于煤物质推进分解管道，权利要求 1 并未对煤物质推进分解管道的数量和位置作进一步的限定，其手段、功能和效果与只有一个回转窑体作为煤物质推进分解管道的被诉侵权设备无实质性差异。综上，被诉行政决定对“密封窑体”和“煤物质推进分解管道”的解释存在错误。

编写人：最高人民法院　李剑

北京万生药业有限责任公司诉国家知识产权局专利复审委员会、第三人第一三共株式会社发明专利权无效行政纠纷案

——阅读提示：什么是马库什权利要求？修改马库什权利要求的限制是什么？如何评价马库什权利要求的创造性？

【裁判要旨】

马库什方式撰写的化合物权利要求一直被视为结构式的表达方式，而非功能性的表达方式。马库什权利要求限定的是并列的可选要素而非权利要求，应当符合专利法和专利法实施细则关于单一性的规定。马库什权利要求应当被视为马库什要素的集合，而不是众多化合物的集合，应当理解为具有共同性能和作用的一类化合物。

在无效阶段对马库什权利要求进行修改必须给予严格限制，允许对马库什权利要求进行修改的原则应当是不能因为修改而产生新性能和作用的一类或单个化合物，但是同时也要充分考量个案因素。

马库什权利要求创造性判断应当遵循创造性判断的基本方法，即专利审查指南所规定的“三步法”。意料不到的技术效果是创造性判断的辅助因素，通常不宜跨过“三步法”直接适用具有意想不到的技术效果来判断专利申请是否具有创造性。

【案号】

一审：北京市第一中级人民法院（2011）一中知行初字第2403号

二审：北京市高级人民法院（2012）高行终字第833号

申请再审：最高人民法院（2014）知行字第56号

再审：最高人民法院（2016）最高法行再41号

【案情与裁判】

原告（二审上诉人、再审被申请人）：北京万生药业有限责任公司（简称万生公司）

被告（二审被上诉人、再审申请人）：国家知识产权局专利复审委员会（简称专利复审委员会）

一审第三人：第一三共株式会社

起诉与答辩

第一三共株式会社系名称为“用于治疗或预防高血压症的药物组合物的制备方法”、专利号为97126347.7的发明专利（以下简称本专利）的权利人。2010年4月23日，万生公司针对本专利权向专利复审委员会提出无效宣告请求。2011年4月1日，专利复审委员会作出第16266号无效宣告请求审查决定（以下简称第16266号决定），维持本专利权全部有效。万生公司不服第16266号决定，向北京市第一中级人民法院提起行政诉讼。

法院审理查明

一审法院经审理查明：本案涉及国家知识产权局于2003年9月24日授权公告、申请日为1992年2月21日、名称为“用于治疗或预防高血压症的药物组合物的制备方法”的第97126347.7号发明专利，专利权人为第一三共株式会社。本专利授权公告的权利要求书如下：

“1. 一种制备用于治疗或预防高血压的药物组合物的方法，该方法包括将抗高血压剂与药物上的可接受的载体或稀释剂混合，其中抗高血压剂为至少一种如下所示的式（Ⅰ）化合物或其可用作药用的盐或酯，

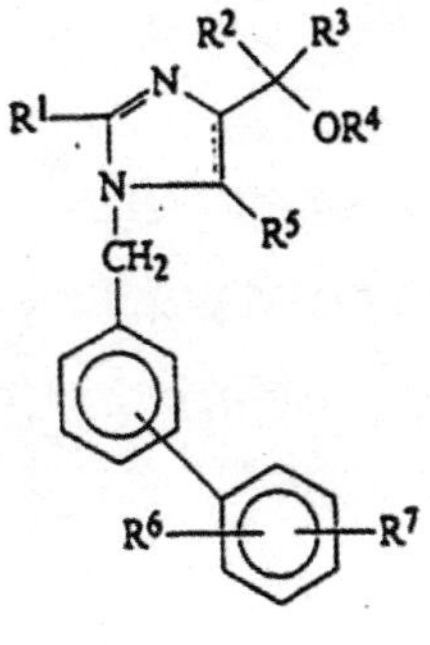

(I)

其中：

R^1代表具有1至6个碳原子的烷基；

R^2和R^3相同或不同，且各自代表具有1至6个碳原子的烷基；

R^4代表：

氢原子：或

具有1至6个碳原子的烷基；

R^5代表羧基、式$COOR^{5a}$基团或式$-CONR^8R^9$基团，其中R^8R^9相同或不同并各自代表：

氢原子；

含有1至6个碳原子的未被取代的烷基；

含有1至6个碳原子的被取代的烷基，该烷基被羧基取代或被其烷基部分含有1至6个碳原子的烷氧羰基取代；或

R^8和R^9一起代表含有2至6个碳原子的被取代的亚烷基，该亚烷基被一个其烷基部分含有1至6个碳原子的烷氧羰基取代；

以及其中的R^{5a}代表：

含有1至6个碳原子的烷基；

烷酰氧烷基，其中的烷酰基部分和烷基部分各自含有1至6个碳原子；

烷氧羰基氧烷基，其中的烷氧基部分和烷基部分各自含有1至6个碳原子；

(5-甲基-2-氧代-1，3-二氧杂环戊烯-4-基）甲基；或

2-苯并［c］呋喃酮基；

R^6代表氢原子；和

R^7代表羧基或四唑-5-基。"

本专利说明书记载：我们已经发现有限种类的1-（联苯基甲基）-咪唑-5-羧酸衍生物具有优良的AⅡ受体拮抗活性，由此可用作抗高血压药物并用于治疗和预防心脏疾病。为此，本专利发明目的之一是提供一系列新的1-（联苯基甲基）-咪唑-5-羧酸衍生物。本专利说明书第107~108页记载了权利要求1所述式I化合物的多个具体（试验）化合物的活性数据，其相对于现有技术的化合物A具有意外效果。

针对本专利权，万生公司于2010年4月23日向专利复审委员会提出无效宣告请求，其理由为本专利权利要求1不符合专利法第二十二条第三款、专利法第二十六条第四款和专利法实施细则第二十条第一款的规定。同时，提交了如下证据，其中：

证据1：第EP0324377A2号欧洲专利申请文件，公开日为1989年7月19

日，复印件共271页，及该专利第1页、第2页倒数第2行至第15页倒数第1行的中文译文，译文共15页。其译文第15页记载：作为抗高血压活性最优选的是下列新化合物及其药物上可接受的盐。其中优选化合物的第2个化合物为证据1实施例329的化合物：2－丙基－1－[（2'－(1H－四唑－5－基）联苯－4－基）甲基]咪唑－4，5－二羧酸；第3个化合物为证据1实施例265C的化合物：2－丙基－4－五氟乙基－1－[（2'－(1H－四唑－5－基）联苯－4－基）甲基]咪唑－5－羧酸。证据1的中译文第4—8页对于证据1式I化合物定义了R^1、R^2、R^3、R^6、R^7、R^8的相关取代基的多种可选择要素，同时也定义了与R^1、R^2、R^3、R^6、R^7、R^8取代基相关的取代基R^{9-32}的多种可选要素。

2010年8月30日，第一三共株式会社针对该无效宣告请求陈述了意见，同时对其权利要求书进行了修改，其中包括：删除了权利要求1中"或其可作药用的盐或酯"中的"或酯"两字；删除权利要求1中R^4定义下的"具有1至6个碳原子的烷基"；删除了权利要求1中R^5定义下除羧基和式CO-OR^{5a}［其中R^{5a}为（5－甲基－2－氧代－1，3－二氧杂环戊烯－4－基）甲基］外的其他技术方案。

第一三共株式会社认为：在修改后的权利要求书中，已经删除了"或酯"的表述，涉及专利法第二十六条第四款、专利法实施细则第二十条第一款的无效请求理由已经不能成立。证据1没有公开万生公司所谓的"最接近的化合物"，本专利化合物咪唑4－位的取代基与证据1不相似、不接近，没有证据证明其具有相同或相似的效果。证据1没有证明本专利化合物具有显著优于证据1的抗高血压活性。

2011年1月12日，专利复审委员会进行了口头审理。在口头审理过程中确认了以下事实：

（1）专利复审委员会告知第一三共株式会社，对于其于2010年8月30日提交的修改文本中关于删除权利要求1中"或酯"的修改予以认可，但其余修改不符合专利法实施细则第六十八条的相关规定，该修改文本不予接受。第一三共株式会社和万生公司对此无异议。

第一三共株式会社明确表示只删除权利要求1中的"或酯"，庭后三天内提交修改文本。万生公司确认如果第一三共株式会社删除权利要求1中的"或酯"，则放弃专利法第二十六条第四款和专利法实施细则第二十条第一款的无效理由，否则坚持上述无效理由。

（2）万生公司承认其请求书中所述证据1的具体化合物或通式的定义都是从证据1的式I化合物选择的，证据1中并无记载。此外，万生公司承认本案中没有证据证明请求书第5页所述的公知常识。

（3）第一三共株式会社认可本专利的发明目的或达到的技术效果记载在本专利说明书第2页第3段，万生公司对此无异议。

2011年1月14日，第一三共株式会社提交了意见陈述书和修改后的权利要求书替换页，其中删除权利要求1中的“或酯”。

2011年2月1日，专利复审委员会将上述文件转送给万生公司，要求其在指定期限内答复。万生公司在指定期限内没有提出异议。

2011年4月1日，专利复审委员会作出第16266号决定，认定：（一）审查基础。本决定所依据的文本是：第一三共株式会社于2011年1月14日提交的权利要求第1项，授权公告的说明书第1—195页及说明书摘要。（二）关于专利法第二十二条第三款。将权利要求1的式I化合物与证据1的式I化合物相比较，其区别在于：首先，本专利权利要求1中咪唑5位的R^5和咪唑4－位的$R^2R^3(OR^4)$这两项取代基所定义的取代基不同于证据1中咪唑4－位和5－位的R^7、R^8定义的取代基；其次，本专利的式I化合物的R^1、R^6、R^7的定义范围、咪唑和苯环的连接CH_2数目、苯环上取代基的定义范围与证据1的通式I化合物不同，证据1的式I化合物涵盖了数量更庞大的化合物。

首先，根据证据1中公开的内容可以看出，证据1的式I化合物不但包括了R^1、R^2、R^3、R^6、R^7、R^8所定义的多种取代基情况，而且与这些取代基有关的可选择取代基R^{9-32}定义了更多数量的证据1的式I化合物。证据1中既没有公开本专利权利要求1中结构I的化合物，也没有公开万生公司在请求书中所述的具体化合物，而且在咪唑4－位取代基的多种取代情况下，即R^7和R^8定义的众多取代基选项中，甚至没有记载该通式化合物的咪唑4－位可以被羟基支链烷基或烷氧基支链烷基取代。其次，证据1中没有披露且万生公司也没有证据证明证据1的式I化合物中咪唑4－位的烷基与烷氧基支链烷基或羟基支链烷基之间可以互相替代，更没有披露咪唑4－位的烷基与烷氧基支链烷基或羟基支链烷基之间可以互相替代之后的作用相同或相似。因此，本领域技术人员根据证据1公开的内容选择得到本专利权利要求1的技术方案需要花费创造性劳动，权利要求1相对于证据1并非显而易见的。再次，本专利中不但记载了所述式I化合物的多个具体化合物的活性数据，而且证明本专利中化合物相比于背景技术中最接近的化合物A（参见本专利说明书第 1、107、108 页）相比具有意外效果，作为降血压药是有效的。而且，专利申请文件中通常无需提供该专利所有化合物与现有技术中的所有化合物进行对比的实验数据。如前所述，本领域技术人员不能从证据 1 的内容中得到本专利式 I 化合物的技术启示。因此本专利相比于证据 1 具有创造性，符合专利法第二十二条第三款的规定。

基于同样的理由，万生公司提出的所谓证据 1 中 R^1 代表 4 - 位连接的任意取代的苯基，其取代部位为 5 位上，R^{13} 为 4 - 唑基，R^2 代表氢，R^3 代表氢，R^6 代表直链丙烷基，R^7 代表支链丁烷基，R^8 代表羧基时的化合物以及万生公司当庭提交的与咪唑 4 - 位取代基不同的具体化合物结构并不是证据 1 中公开的技术方案，万生公司也承认证据 1 并未公开上述通式和具体化合物。故这些化合物不能构成评价本专利创造性的最接近的现有技术方案。

而且，证据 1 的中译文第 15 页所公开的实施例 329、265C 化合物的结构与本专利权利要求 1 化合物相比，其区别在于证据 1 的实施例 329、265C 的化合物在咪唑 4 - 位取代基分别为 C_2F_5、COOH 基团，而本专利权利要求 1 化合物中在咪唑 4 - 位的取代基是指如定义所述的取代基 R^2R^3（OR^4），即是羟基支链烷基或烷氧基支链烷基。然而，证据 1 中上述化合物咪唑环的 4 - 位取代基 C_2F_5、COOH 与本专利定义的羟基支链烷基或烷氧基支链烷基不同，而且证据 1 甚至在定义咪唑 4 - 位的多种取代基选项范围中没有记载该位置可选择羟基支链烷基或烷氧基支链烷基，证据 1 也没有披露所述咪唑 4 - 位的取代基 C_2F_5、COOH 基团可以被羟基支链烷基或烷氧基支链烷基替代。由此可见，证据 1 中的上述内容没有给出咪唑 4 - 位是羟基支链烷基或烷氧基支链烷基的启示。同时，万生公司没有提供证据证明现有技术中存在技术常识表明证据 1 中实施例 329、265C 的咪唑环 4 位可以被本专利的羟基支链烷基或烷氧基支链烷基替代，也没有证明替代之后化合物具有所述的活性或作用。因此，本专利权利要求 1 相比于证据 1 是非显而易见的，具有创造性，符合专利法第二十二条第三款的规定。

综上所述，专利复审委员会作出 16266 号审查决定，在第一三共株式会社于 2011 年 1 月 14 日提交的修改文本的基础上，维持本专利权有效。

另查明，在本专利授权程序中，国家知识产权局实审部门曾经认为本专利申请相对于本案的附件 1 具有极其相似的结构，并且都有抗高血压活性，不具备创造性，并要求本专利申请人提供实验数据。本专利申请人随后提供了本申请与附件1相比的实验数据，其中，申请人主张，将R^2分别是2-丙基的对比文件1的实施例251A、265A、265C、329和335的化合物与R^2分别是2-丙基的本申请实施例19和24的化合物相比较，对比文件1的化合物的ID50（其数值分别为0.04，0.02，0.1，0.031和1.7）比本专利的化合物的ID50（其数值分别为0.008和0.014）高出5，2.5，12.5，3.88，212.5倍和2.86，1.43，7.14，2.21，121.43倍。由此可见，本申请的化合物明显优于对比文件1的化合物。很显然，本申请的化合物含有在咪唑环的4-位上的叔丁醇基团显示出其所具有的令人惊异的活性。

本案二审审理期间，根据第一三共株式会社修改后的权利要求、本专利说明书表7所公开的部分实验化合物ID50数据、专利申请人向国家知识产权局实审部门提交的意见陈述书中记载的证据1实施例329ID50数据，可以得出下列表格：

实验化合物	ID50	329 ID50	比329的效果
10	0.066	0.031	差
17	0.056		差
19	0.008		好
22	0.017		好
23	0.043		差
24	0.014		好
50	0.22		差
69	0.019		好

上述事实有第16266号决定、证据1、专利审查文档以及当事人陈述等证据在案佐证。

一审判理和结果

北京市第一中级人民法院认为，第16266号决定首页将无效宣告请求审查决定的类型确定为“维持专利权有效”仅能理解为是在第一三共株式会社于2011年1月14日提交的修改文本的基础上维持本专利权有效，而非是在本专利授权公告时的权利要求文本的基础上维持本专利权有效。第16266号决定并不存在认定事实错误。第一三共株式会社对该马库什权利要求中马库什要素的删除并不直接等同于并列技术方案的删除，不符合 2002 年修订的《中华人民共和国专利法实施细则》（以下简称专利法实施细则）第六十八条的规定。专利复审委员会对此以不符合上述规定而不予接受该修改文本并不存在法律适用错误。在专利无效的口头审理阶段，万生公司对于专利复审委员会不予接受该不属于并列技术方案的删除的文本也当庭表示同意。关于创造性判断，证据 1 并没有定义或记载万生公司所述的取代基 R^1、R^{13}、R^2、R^3、R^6、R^7、R^8同时分别是“R^1代表 4 位连接的任意取代的苯基，其取代部位为 5 位上，R^{13}为 4 唑基，R^2代表氢，R^3代表氢，R^6代表直链丙烷基，R^7代表支链丁烷基，R^8代表羧基”的具体化合物。因此，万生公司所述该具体化合物的技术方案并未在证据 1 中公开，不能据此评述本专利权利要求 1 的创造性。相对于证据 1 的中译文第 15 页所涉及的优选化合物的第 2 个化合物（即证据 1 实施例 329 的化合物）与第 3 个化合物（即证据 1 实施例 265C 的化合物）而言，与本专利权利要求 1 相比，其区别在于实施例 329、265C 的化合物在咪唑 4 - 位上的取代基分别为 C_2F_5、COOH 基团，而本专利权利要求 1 化合物在咪唑 4 - 位上的取代基为权利要求 1 中所定义的 R^2R^3（OR^4），二者明显不同。因此，证据 1 并未给出咪唑 4 - 位上的取代基是羟基支链烷基或烷氧基支链烷基的技术启示。同时，万生公司也未提供现有技术的证据证明实施例 329、265C 的化合物在咪唑 4 - 位上的取代基可以被羟基支链烷基或烷氧基支链烷基替代且替代之后具有相似的活性或作用。此外，根据说明书第 2 页相应记载内容并无法得出万生公司所述“AⅡ受体抑制活性与咪唑其他位置上的取代基关系不大”的结论。关于本专利权利要求 1 技术方案的技术效果，本专利说明书第 107 ~ 108 页已经记载了权利要求 1 所述式Ⅰ化合物的多个具体化合物的活性数据，其相对于现有技术的化合物 A 具有意外效果。因此，本专利权利要求 1 相对于证据 1 是非显而易见的，具备 2001 年施行的《中华人民共和国专利法》（以下简称专利法）第二十二条第三款规定的创造性。

综上，根据《中华人民共和国行政诉讼法》第五十四条第一项之规定，北京市第一中级人民法院判决：维持专利复审委员会作出的第 16266 号决定。

上诉与答辩

万生公司不服一审判决，向北京市高级人民法院提起上诉，请求撤销一审判决及第16266号决定，责令专利复审委员会重新作出审查决定。其理由为：1. 一审判决和第16266号决定中对无效宣告请求决定的类型认定错误，应当是宣告专利权部分无效，而不是维持专利权有效。2. 一审判决和第16266号决定认定证据1公开的具体化合物不能构成评价本专利创造性的最接近的现有技术方案，这一认定是错误的。3. 一审判决和第16266号决定认定，相对于证据1实施例329、265C化合物，本专利权利要求1具备创造性，这一认定是错误的。4. 专利复审委员会不允许第一三共株式会社对本专利权利要求1所作的部分修改属于适用法律不当。

专利复审委员会、第一三共株式会社服从一审判决。

二审判理和结果

二审法院认为，（一）关于第16266号决定首页是否存在认定事实错误的问题。本案中，第一三共株式会社经主动修改放弃了本专利授权公告时的部分技术方案，第16266号决定在其“决定的理由”之“审查基础”部分已经明确，该决定所依据的文本是第一三共株式会社于2011年1月14日提交的权利要求第1项，而非本专利授权公告时的权利要求文本。专利复审委员会在第16266号决定正文部分明确指出，其是在第一三共株式会社于2011年1月14日提交的修改文本的基础上维持本专利权有效的。因此，就整体而言，第16266号决定首页将无效宣告请求审查决定的类型确定为“维持专利权有效”应当理解为是在第一三共株式会社于2011年1月14日提交的修改文本的基础上维持本专利权有效，而非是在本专利授权公告时的权利要求文本的基础上维持本专利权有效。因此，第16266号决定并不存在认定事实错误。万生公司关于第16266号决定首页存在认定事实错误的上诉主张不能成立。当然，专利复审委员会可以进一步完善无效决定首页的形式，增加在修改文本的基础上维持专利权有效之内容，以减少当事人由此产生的误解。

（二）关于专利复审委员会不允许第一三共株式会社修改权利要求是否存在法律适用错误的问题。专利法实施细则第六十八条第一款规定，在无效宣告请求的审查过程中，发明或者实用新型专利的专利权人可以修改其权利要求书，但是不得扩大原专利的保护范围。本专利权利要求采用马库什权利要求的撰写方法。马库什权利要求是在一项权利要求中限定多个并列的可选择要素。具体而言，是指在一个权利要求中包括多个变量，每一个变量又包括多个不同选择项的以并列可选项的罗列为主要特征来表达权利要求保护范围的一种权利要求类型。因此，当马库什权利要求涉及化合物时，这些化合物之间是并列选择关系，每个化合物是一个独立的技术方案，该权利要求所概括的是多个技术方案的集合，各要素间都可以相互替代而达到相同的效果。既然认为马库什权利要求属于并列技术方案的特殊类型，而且这种删除缩小了专利权的保护范围，符合专利法实施细则第六十八条第一款规定，并未损害公众利益，即应当允许专利权人删除相关的选择项。但是，鉴于马库什权利要求授权时该权利要求所涵盖的化合物并非均被合成出来，因此，允许修改的界限在于不得使修改后的权利要求成为说明书中未载明的具体化合物，否则，就会使针对马库什权利要求的选择发明失去存在的基础。

一审法院及专利复审委员会均认为马库什权利要求中马库什要素的删除并不直接等同于并列技术方案的删除，不符合专利法实施细则第六十八条的规定，这一观点实际上认为授权后的马库什权利要求属于一个整体技术方案，不允许进行删除。众所周知，在专利文件撰写及专利审查过程中，无论专利申请人还是审查员，只能在特定范围内检索现有技术的内容。由于现有技术范围广泛，任何人均不可能检索到所有的现有技术。如果将授权后的马库什权利要求视为一个整体技术方案而不允许删除任一变量的任一选择项，那么专利权人获得的专利权势必难以抵挡他人提出的无效请求。专利权人无法预料专利申请日前是否存在某个落入专利保护范围的具体技术方案，那么其获得的专利非常容易被宣告无效，所谓马库什权利要求就失去其存在的意义。因此，无论在专利授权审查程序中，还是在无效程序中，均应当允许专利申请人或专利权人删除任一变量的任一选择项，这种删除属于技术方案的删除。

本案中，第一三共株式会社于2010年8月30日提交的修改文本对权利要求1进行了如下修改：（1）删除了权利要求1中“或其可作药用的盐或酯”中的“或酯”；（2）删除了权利要求1中R^4定义下的“具有1至6个碳原子的烷基”；（3）删除了权利要求1中R^5定义下除羧基和式$COOR^{5a}$［其中R^{5a}为（5－甲基－2－氧代－1，3－二氧杂环戊烯－4－基）甲基］外的其他定义。专利复审委员会不允许上述第（2）项和第（3）项修改，认为有违专利法实施细则第六十八条的立法本意，虽有不妥，但是，第一三共株式会社并未提出异议，万生公司的权益也未受到损失。据此，万生公司关于第16266号决定违反专利法实施细则第六十八条应予撤销的上诉主张不能成立，不予支持。

（三）关于权利要求1是否具备创造性。专利法第二十二条第三款规定，创造性是指同申请日以前已有的技术相比，该发明有突出的实质性特点和显著的进步。众所周知，当马库什权利要求涉及化合物时，该权利要求往往涵盖成千上万的具体化合物，其保护范围较大，所涵盖的每个具体化合物与现有技术中结构相似的具体化合物相比，都应当具有预料不到的用途或者效果。当涉及不同范围的马库什权利要求创造性判断时，应当在不同范围的马库什权利要求范围内进行一定的筛选，选择尽可能相近的具体化合物进行技术效果的比较。只要在马库什权利要求所涵盖的具体实施例与现有技术中至少一个具体化合物的技术效果相比，不具有预料不到的用途或者效果，那么该马库什权利要求就不具备创造性。

本案中，将本专利实验化合物进行筛选，确定实施例10、17、19、22—24、50和69作为具体实施例，与结构上仅有一个取代基不同的证据1中实施例329进行ID50数据的比较，仅有四个实施例效果优于实施例329，而其他四个实施例却明显较差。这一比较结果说明，本专利权利要求所涵盖的一个具体实施例的效果与现有技术的证据1中实施例329的技术效果相当。因此，本专利权利要求1未取得预料不到的技术效果，不具备创造性。万生公司关于本专利权利要求1不具备创造性的上诉主张成立，本院予以支持。

鉴于第16266号决定仅就本专利权利要求1是否具备创造性进行判断并作出决定，并未就其他从属权利要求进行审查，专利复审委员会应当在本专利权利要求1不具备创造性的基础上继续对其他权利要求进行审查，重新作出决定。

综上，一审判决及第16266号决定认定事实不清，适用法律错误，应当予以撤销。万生公司的部分上诉主张成立，对其上诉请求应予支持。依据《中华人民共和国行政诉讼法》第六十一条第三项、《最高人民法院关于执行〈中华人民共和国行政诉讼法〉若干问题的解释》① 第七十条之规定，二审法院判决：（一）撤销中华人民共和国北京市第一中级人民法院（2011）一中知行初字第2403号行政判决；（二）撤销中华人民共和国国家知识产权局专利复审委员会作出的第16266号无效宣告请求审查决定；（三）中华人民共和国国家知识产权局专利复审委员会就专利号为97126347.7、名称为“用于治疗或预防高血压症的药物组合物的制备方法”的发明专利重新作出无效

① 已被《最高人民法院关于适用〈中华人民共和国行政诉讼法〉的解释》废止。

宣告请求审查决定。一、二审案件受理费各人民币一百元，均由中华人民共和国国家知识产权局专利复审委员会负担（均于本判决生效之日起七日内交纳）。

申请再审理由与被申请人意见

专利复审委员会申请再审称：（一）二审判决关于马库什权利要求法律属性的认定错误。1. 就通式化合物而言，以马库什方式撰写的化合物权利要求属于概括的技术方案，而不能简单地将其视为众多化合物的集合。2. 马库什通式中众多变量及其大量可选项的罗列表征并不能等同于马库什权利要求可以视同是明晰并列的具体化合物技术方案。3. 将马库什权利要求理解为清晰独立的具体化合物集合方案脱离了马库什化合物保护本意，专利申请人在申请当初以马库什方式撰写其权利要求的根本目的就在于最大限度地圈定类似化合物的范围，同时也会将其已经实施的核心化合物撰写为从属权利要求加以保护，二审判决孤立地理解马库什化合物作为权利要求书组成部分而非全部的事实。4. 马库什化合物本身多层级、树杈形衍生展开的客观事实并非具体化合物并列集合模型（类似容器内乒乓球的模型）能够准确表达的。（二）二审判决关于可删除马库什权利要求任一变量的任一选项、缩小范围就视为未损害公共利益以及允许修改的界限是不得出现说明书未记载的具体化合物的观点错误。1. 任一变量和任一选项的任意删除必然产生“全新”的“缩小”的中间保护范围，不符合专利法的相关规定。2. 目前无效程序中对修改后的权利要求数目没有限制，如果允许任意删除，专利权人可以通过删除不同层级、不同数量的可变量或可选项之后构建得到新的中间范围的马库什权利要求。3. 如果允许删除马库什通式的任一可变量的任一选项，则专利权人还可以增加所有在授权权利要求书中从未要求保护而在说明书提及的“具体化合物”作为新权利要求，这些新权利要求保护的具体化合物在说明书中可能仅仅是表格化合物，这将会严重影响公众对授权专利的信赖利益。4. 尽管删除可变量得到的一项中间范围的新权利要求相对于一项授权的马库什权利要求缩小了保护范围，但无效程序中新增加的中间范围的权利要求的数量可能远远超过原来的一项授权马库什权利要求，结果使专利权人经过无效程序，通过其新权利要求构建更加接近的新的现有技术，增加后续选择发明的难度，背离了缩小范围将有利于公众利益的设想。5. 授权阶段，专利权人虽然实施了有限的具体化合物，但是其借助于现代化学技术的发展，通过数据模拟等技术并基于现有技术要求保护了大量的类似化合物。允许任一变量的任一项修改实际上给出了马库什化合物可以此类专利申请撰写有一项权利要求就足矣的导向，其后可以在无效程序中通过修改得到许多范围不同的技术方案，或者得到某些具体化合物的技术方案。（三）二审判决关于涉案申请创造性地认定错误。1. 被诉决定并不存在选择不相近具体化合物的事实认定。第 16266 号决定有关其他不同范围的马库什化合物，是无效请求人在无效程序中反复强调的无效理由，属于无效程序中不得不予以回应认定的诉求。2. 在创造性的判断中，非显而易见性和预料不到的技术效果的判断应当有机统一。是否产生预料不到的技术效果不应当是创造性判断的单独因素，而应当通过发明实际解决的技术问题和技术启示的确定，蕴含于非显而易见性的判断过程中，或在非显而易见性的初步判断后，用作衡量发明人所做出的技术贡献与所获得的保护是否相称的辅助考虑因素。3. 证据 1 在咪唑 4 - 位取代基为多种取代情况，甚至没有记载本专利通式化合物的咪唑 4 - 位可以被“羟基支链烷基或烷氧基支链烷基”这一类上位类型取代基替代，由此可以看出证据 1 无论如何选择所述通式化合物的咪唑 4 - 位的取代基，都没有动机选择本专利权利要求 1 的咪唑 4 - 位的取代。证据 1 没有披露且请求人也没有证据证明证据 1 的式 I 化合物中咪唑 4 - 位烷基与羟基支链烷基或烷氧基支链烷基之间可以相互替代，更没有披露咪唑 4 - 位烷基与羟基支链烷基或烷氧基支链烷基之间相互替代之后的作用相同或相似，权利要求 1 项对于证据 1 是非显而易见的。（四）二审判决自行引入 10、17、50 和 69 化合物的效果数据，被诉决定和一审判决均未涉及，属于新事实，违反了行政诉讼法。故请求撤销二审判决，维持被诉决定。

万生公司答辩称，（一）二审判决关于马库什权利要求的修改方式认定正确。1. 马库什化合物权利要求应当理解为并列技术方案的集合，而非不可分割的整体技术方案，专利复审委员会不接受专利权人 2010 年 8 月 30 日提交修改文本的做法没有法律依据和实践基础。2. 司法实践中，对于以马库什方式撰写的通式化合物权利要求，当质疑其概括的范围过大而得不到说明书支持时或者当质疑其包括了一个现有技术中公开了的化合物而不具备新颖性时。3. 专利复审委员会允许删除“或酯”但不允许删除通式 I 化合物中取代基 R^4 和 R^5 部分可以选基团的做法逻辑上自相矛盾。4. 在无效程序中缩小权利要求的保护范围是法律赋予专利权人的权利，专利权人并未因此而获得任何利益，这种权利不应当由于权利要求写成了马库什的形式而被剥夺。5. 从平衡专利权人及公众利益的角度，在无效程序中没有理由禁止删除权利要求中马库什通式化合物的并列可选择基团。6. 无效宣告决定基于错误的审查文本进行的裁判，有违程序公正，应当予以撤销。（二）本专利权利要求1不具备创造性。针对马库什权利要求的通式化合物而言，其最接近的现有技术应当是要求保护的化合物相比，结构上最为接近且效果最好的已知化合物。当马库什权利要求中所包含的所有并列技术方案、最起码是具体实施了的所有发明化合物（它们构成对马库什权利要求的支持基础）、相对于最接近的现有技术都取得了预料不到的用途和效果时，该马库什权利要求才能够被认为具有创造性。本案中，证据1的实施例329化合物和实施例265c化合物从结构上看均属于与本专利化合物接近的化合物。本专利马库什权利要求1的通式化合物除了包含本专利经过活性实验的8个实施例化合物及其等同替代方案或明显变型外，实际上还包括数量巨大的其他化合物，这些化合物的活性效果并没有在本专利文件中得到实验验证，因此不能证明其具有预料不到的效果。本专利概括得到的马库什权利要求1并不能够满足相对于证据1公开的最接近的现有技术化合物取得了预料不到的用途或效果。因此，本专利权利要求1不具有创造性。（三）专利复审委员会认为二审判决引入了不利于专利权人的新事实（即10、17、50和69化合物的效果数据），对此万生公司不认可。上述实施例化合物的效果数据是本专利授权说明书记载了的，万生公司在一审程序中提交的行政诉状以及一审审理过程中均提及和评述了上述实施例。在一审程序中，万生公司和专利复审委员会都认可并使用专利权人提交的单方实验数据来评价本专利的创造性。故请求驳回专利复审委员会的再审申请，维持二审判决。

第一三共株式会社提交意见称，（一）审查指南第二部分第十章规定，如果一项申请中的一个权利要求中限定多个并列的可选择要素，则构成马库什权利要求。基于上述定义可知，马库什权利要求中不同的取代基属于并列的可选择要素，因此，应当认定为并列的技术方案，允许在无效程序中进行删除。对于无效程序的修改原则，即是否超出原说明书的保护范围，应当严格把握，放置在无效程序中损害社会公众的利益。但对于无效程序的修改方式，并不应该过于严格和苛刻，只要不损害原权利要求的公示效果，在社会公众的可预见范围内，就应当得以允许。（二）二审判决关于本专利不具备创造性的认定错误。1. 二审判决无视本专利就是针对证据1进行的改进这一事实。2. 与证据1实施例329相比，效果变差的四个本发明化合物（实施例

10、17、23 和50）中至少有三个不同的取代基，与二审判决认定仅有一个取代基不同。3. 二审判决适用法律错误。根据审查指南第二部分第十章规定，结构上与已知化合物接近化合物，必须要有预料不到的技术效果。马库什权利要求保护范围内所有化合物，与该化合物的所有“接近的化合物”相比较，而不是与现有技术的所有化合物相比较都有预料不到的技术效果。故请求依法提审本案并改判支持第一三共株式会社的诉讼请求。

再审判理和结果

本院认为，本案的争议焦点是：（一）以马库什方式撰写的化合物权利要求属于概括的技术方案还是众多化合物的集合；（二）在宣告无效阶段，权利人可以采取什么方式修改马库什权利要求；（三）本专利申请权利要求 1 是否具有创造性。

（一）关于以马库什方式撰写的化合物权利要求属于概括的技术方案还是众多化合物集合的问题

专利法第三十一条第一款规定：“一件发明或者实用新型专利申请应当限于一项发明或者实用新型。属于一个总的发明构思的两项以上的发明或者实用新型，可以作为一件申请提出。”专利法实施细则第三十四条规定：“依照专利法第三十一条第一款规定，可以作为一件专利申请提出的属于一个总的发明构思的两项以上的发明或者实用新型，应当在技术上相互关联，包含一个或者多个相同或者相应的特定技术特征，其中特定技术特征是指每一项发明或者实用新型作为整体，对现有技术作出贡献的技术特征。”马库什权利要求是化学发明专利申请中一种特殊的权利要求撰写方式，即一项申请在一个权利要求中限定多个并列的可选择要素概括的权利要求。马库什权利要求撰写方式的产生是为了解决化学领域中多个取代基基团没有共同上位概念可概括的问题，其本身一直被视为结构式的表达方式，而非功能性的表达方式。马库什权利要求限定的是并列的可选要素而非权利要求，其所有可选择化合物具有共同性能和作用，并且具有共同的结构或者所有可选择要素属于该发明所属领域公认的同一化合物。虽然马库什权利要求的撰写方式特殊，但是也应当符合专利法和专利法实施细则关于单一性的规定。

马库什权利要求具有极强的概括能力，一旦获得授权，专利权保护范围将涵盖所有具有相同结构、性能或作用的化合物，专利权人权益将得到最大化实现。而从本质而言，专利权是对某项权利的垄断，专利权人所享有的权利范围越大，社会公众所受的限制也就越多，因此，从公平角度出发，对马库什权利要求的解释应当从严。马库什权利要求不管包含多少变量和组合，都应该视为一种概括性的组合方案。选择一个变量应该生成一种具有相同效果药物，即选择不同的分子式生成不同的药物，但是这些药物的药效不应该有太大差异，相互应当可以替代，而且可以预期所要达到的效果是相同的，这才符合当初创设马库什权利要求的目的。因此，马库什权利要求应当被视为马库什要素的集合，而不是众多化合物的集合，马库什要素只有在特定情况下才会表现为单个化合物，但通常而言，马库什要素应当理解为具有共同性能和作用的一类化合物。如果认定马库什权利要求所表述的化合物是众多化合物的集合，就明显与单一性要求不符，因此二审判决认为马库什权利要求属于并列技术方案不妥，应当予以纠正。

（二）关于在无效宣告请求审查阶段，权利人可以采取什么方式修改马库什权利要求的问题

《专利审查指南》（2010 年）规定无效宣告请求审查阶段，发明和实用新型专利文件的修改应仅限于权利要求书，其遵循的基本原则是：1. 不得改变原权利要求的主体名称；2. 与授权的权利要求相比，不得扩大原专利的保护范围；3. 不得超出原说明书和权利要求书中技术特征；4. 一般不得增加未包含在授权权利要求书中的技术特征。但是，目前修改方式已经改为在满足上述修改原则的前提下，修改权利要求书的具体方式一般限于权利要求的删除、技术方案的删除、权利要求的进一步限定、明显错误的修正。权利要求进一步限定是指在权利要求中补入其他权利要求中记载的一个或者多个技术特征，以缩小保护范围。可见，在无效程序中，专利文件修改方式更加多样化。但是，化学领域发明专利申请审查存在诸多特殊问题，如化学发明是否能够实施需要借助于实验结果才能确认，有的化学产品需要借助于参数或者制备方法定义，已知化学产品新的性能和用途并不意味着结构或者组分的改变等。鉴于化学发明创造的特殊性，同时考虑到在马库什权利要求撰写之初，专利申请人为了获得最大的权利保护范围就有机会将所有结构方式尽可能写入一项权利要求，因此在无效阶段对马库什权利要求进行修改必须给予严格限制，允许对马库什权利要求进行修改的原则应当是不能因为修改而产生新性能和作用的一类或单个化合物，但是同时也要充分考量个案因素。如果允许专利申请人或专利权人删除任一变量的任一选项，即使该删除使得权利要求保护范围缩小，不会损伤社会公众的权益，但是由于是否因此会产生

新的权利保护范围存在不确定性，不但无法给予社会公众稳定的预期，也不利于维护专利确权制度稳定，因此二审法院相关认定明显不妥，本院予以纠正。

（三）关于马库什权利要求创造性判断的问题

马库什权利要求创造性判断应当遵循创造性判断的基本方法，即专利审查指南所规定的“三步法”。意料不到的技术效果是创造性判断的辅助因素，而且作为一种倒推的判断方法，具有特殊性，不具有普遍适用性。因此，只有在经过“三步法”审查和判断得不出是否显而易见时，才能根据具有意料不到的技术效果认定专利申请是否具有创造性，通常不宜跨过“三步法”直接适用具有意想不到的技术效果来判断专利申请是否具有创造性。

关于技术效果比对结果的问题，本案中，专利复审委员会在无效程序中并未将对比文件1实施例10、17、50及69和本专利的实施例进行比对且就此作出认定，而二审直接进行比对并作出认定，明显超出了无效审查决定的审查范围，不符合行政诉讼法和相关司法解释的规定，本院予以纠正。

无效宣告请求人万生公司认为本专利权利要求1不具备创造性，并将证据1作为最接近的对比文件。专利复审委员会和一审法院在对本专利权利要求1的创造性进行判断时，严格遵循了“三步法”，认定权利要求1的式I化合物和证据1的式I化合物相比较具有两项区别技术特征，然后对两项区别技术特征的非显而易见性进行了分析，从而认定本专利权利要求1具有创造性并无不当，专利复审委员会的该项再审申请理由成立，本院予以支持。

综上，专利复审委员会的再审申请符合《中华人民共和国行政诉讼法》第九十一条规定的情形。依照《中华人民共和国行政诉讼法》第八十九条第二款和《最高人民法院关于执行〈中华人民共和国行政诉讼法〉若干问题的解释》第七十六条[①]之规定，判决如下：

一、撤销中华人民共和国北京市高级人民法院（2012）高行终字第833号行政判决；

二、维持中华人民共和国北京市第一中级人民法院（2011）一中知行初字第2403号行政判决。

一、二审案件受理费各人民币一百元，均由北京万生药业有限责任公司

① 该司法解释已失效，现应依照2018年2月8日正式实施的《最高人民法院关于适用〈中华人民共和国行政诉讼法〉的解释》第一百一十九条规定。

负担（均于本判决生效之日起七日内交纳）。

【法官评述】

马库什权利要求是化学医药发明专利申请中一种特殊的权利要求撰写方式，由于特殊的概括功能，已经成为化学医药领域常见的撰写方式。其修改方式和创造性判断标准的确立在化学医药领域具有非常重要的意义，会影响到成千上万种化学医药专利申请的授权，因此一直以来广受医药界和专利界关注。本案为提审改判案件，重新确立了马库什权利要求修改方式和创造性判断标准，将会对化学医药领域专利申请产生深远影响。

编写人：最高人民法院　秦元明

IP

三、知识产权刑事案件

北京易查无限信息技术有限公司、于某侵犯著作权罪案

——阅读提示：判断网页转码技术是否侵害他人著作权应从哪些方面进行认定？对网页转码技术的使用在何种情况下构成侵犯著作权罪？

【裁判要旨】

对网页的“转码”过程必然导致对其中作品的存储，是否侵犯他人著作权取决于该存储是否是短暂的及临时的、是否是转码技术所必须、是否具备独立的经济价值等因素。若网络服务商以转码为借口，实施了超越转码技术所必需的、属于著作权法专有权利保护范围的行为，则应当承担侵权责任，在情节严重的情况下，构成侵犯著作权罪。本案中，经营者将转码的内容传输给触发转码的用户后，还将该内容存储在自己的服务器中供其他用户直接获取，属于对他人作品的复制和信息网络传播，构成侵权。

【案号】

一审：上海市浦东新区人民法院（2015）浦刑（知）初字第12号

【案情与裁判】

公诉机关：上海市浦东新区人民检察院

被告单位：北京易查无限信息技术有限公司（简称易查公司）

被告人：于某

起诉与答辩

上海市浦东新区人民检察院以被告单位易查公司、被告人于某犯侵犯著作权罪，于2015年12月11日向上海市浦东新区人民法院提起公诉。公诉机

关指控称，易查公司经营“易查网”（域名：yicha. cn），于某系该公司法定代表人及首席运营官。自 2012 年起，于某为提高该网站的用户数量，在未获上海玄霆娱乐信息科技有限公司（以下简称玄霆公司）许可的情况下，擅自使用软件，复制、下载该公司发行于“起点中文网”网站上的《仙傲_ 雾外江山》等文字作品，存储在易查公司的服务器内，供移动电话用户在小说频道内免费阅读，再通过在“易查网”内植入广告获得收益。经鉴定，易查公司的服务器内存储的文字作品中有 588 部与“起点中文网”的同名小说存在实质性相似。2014 年 4 月 21 日，于某主动向公安机关投案，并如实供述了上述事实。同年 8 月 21 日，易查公司向玄霆公司支付人民币 800 万元。公诉机关认为，易查公司以营利为目的，未经著作权人许可，复制发行其文字作品达 588 部，情节严重，构成侵犯著作权罪。被告人于某作为易查公司直接负责的主管人员，应以侵犯著作权罪追究刑事责任。被告单位、被告人均系自首，可以从轻处罚。被告单位对玄霆公司赔偿并获得谅解，可以酌情从轻处罚。

被告人及其辩护人主要提出以下意见：1. 根据于某对开发人员所提开发要求，“易查网”提供的是搜索引擎加转码服务而非内容服务，即在用户搜索并点击阅读时，对来源网页进行转码后临时复制到硬盘上形成缓存并提供给用户阅读，当用户离开阅读页面时自动删除该缓存。没有证据证明技术人员开发的程序违反了于某所提的上述技术要求。2. 易查公司设有法律部门负责处理涉嫌侵权作品的“通知 – 删除”工作，玄霆公司的通知函不能构成有效的侵权通知，故易查公司不存在主观过错，未侵犯著作权，更不构成侵犯著作权罪。

法院审理查明

玄霆公司享有《仙傲_ 雾外江山》等文字作品的独家信息网络传播权，并将上述作品在其经营的“起点中文网”上登载。

被告单位易查公司成立于 2004 年 2 月，为“易查网”的经营者。被告人于某系该公司股东，负责技术工作，并担任法定代表人。2012 年，于某提出开发触屏版小说产品，即将 HTML 格式的小说网页转码成 WAP 格式的网页供移动用户阅读。于某提出的开发需求包括：采用与百度小说搜索相同的技术实现与展现逻辑；需标注小说站点来源，页面说明实时转换的机制，并可跳转至源小说站页面；每个用户访问的转换页面在会话结束后删除以节省空间等。

2013 年 12 月 3 日，玄霆公司向易查公司寄送侵权通知函，要求易查公司立即断开、删除及停止提供附件所列的侵犯玄霆公司著作权的盗版作品共计 4000 余部。

根据玄霆公司于 2014 年 4 月 4 日就“易查网”小说频道所作的证据保全公证及公安机关于次日所作的勘验情况，在该网站搜索、阅读小说时网页的 URL 地址为“易查网”的地址。

同年 4 月 11 日，公安机关扣押到易查公司托管的服务器硬盘，并委托鉴定。鉴定机关将相应硬盘复制后，启动复制硬盘上的操作系统，配置相应的网络参数，搭建出涉案电子书网站的网络环境。在搭建完的网站上下载 798 本电子书，与玄霆公司享有独家信息网络传播权的同名小说进行比对，相同字节数占总字节数 70% 以上的电子书共计 588 本。鉴定人经法院通知出庭接受质询，其陈述：在送检硬盘中并未发现存在被告人于某所说的自动删除机制；鉴定过程中在实验室局域网环境下搭建了“易查网”，可在搜索框搜索涉案小说，并可通过点击章节目录进入该章节内容进行阅读；若连接到互联网环境进行鉴定，该网站的运行情况与局域网环境相同。

同年 4 月 21 日，被告人于某主动向公安机关投案，并如实供述了相关事实。同年 8 月 21 日，被告单位向玄霆公司支付人民币 800 万元，并获得玄霆公司出具的谅解书。

一审判理和结果

法院经审理认为，根据公诉机关提交的证据，用户可在被告单位易查公司经营的“易查网”小说频道搜索、阅读小说，该频道所对应的服务器硬盘中存储有 588 部与玄霆公司享有著作权的文字作品构成实质性相似的小说。上述事实可以证明，“易查网”直接向网络用户提供了上述文字作品，使得网络用户可以在其个人选定的时间和地点进行阅读，侵害了玄霆公司对涉案作品享有的信息网络传播权。被告人及辩护人提出“易查网”的开发设想系提供搜索及转码服务而非内容服务，但根据鉴定意见所反映的事实，鉴定人在使用“易查网”服务器所搭建的网络环境中，可以在线阅读涉案小说，并从服务器硬盘中下载到涉案小说。可见，“易查网”在将其所谓“临时复制”的内容传输给触发“转码”的用户后，并未立刻将相应内容从服务器硬盘中自动删除，被“复制”的小说内容仍可被其他用户再次利用。“易查网”在提供小说阅读服务过程中，不仅进行了网页的格式转换，还在其服务器中存储了经过格式转换的网页内容，使后来的用户可以直接从其服务器中获得，上述行为已明显超出转码技术的必要过程，所谓“临时复制”的内容已具备独立的经济价值。因此，易查公司的小说服务模式构成对作品内容的直接提供，被告人及辩护人的上述抗辩并不成立。

综上，被告单位易查公司未经许可，通过“易查网”传播玄霆公司享有信息网络传播权的588部涉案小说，情节严重，构成侵犯著作权罪。被告人于某作为易查公司直接负责的主管人员，应以侵犯著作权罪追究其刑事责任。被告单位、被告人均系自首，依法对其从轻处罚。案发后，被告单位对玄霆公司进行了赔偿并获得谅解，可以酌情从轻处罚。据此，法院依照《中华人民共和国刑法》第二百一十七条、第二百二十条、第六十七条第一款、第七十二条第一款、第三款、第七十三条第一款、第三款、第五十三条第一款、第六十四条，《最高人民法院、最高人民检察院关于办理侵犯知识产权刑事案件具体应用法律若干问题的解释》第十一条，《最高人民法院、最高人民检察院关于办理侵犯知识产权刑事案件具体应用法律若干问题的解释(二)》第四条、第六条，最高人民法院、最高人民检察院、公安部《关于办理侵犯知识产权刑事案件适用法律若干问题的意见》第十三条第一款第二项之规定，于2016年12月29日判决如下：一、被告单位易查公司犯侵犯著作权罪，判处罚金人民币二万元；二、被告人于某犯侵犯著作权罪，判处拘役三个月，缓刑三个月，罚金人民币五千元；三、违法所得予以追缴；四、扣押的硬盘予以没收。

判决后，被告单位及被告人均未提出上诉，公诉机关亦未提起抗诉，判决已发生法律效力。

【法官评述】

本案的主要争议焦点在于，“易查网”小说频道提供的是内容服务，还是单纯的搜索、转码服务也即网络服务。

一、使用转码技术是否侵犯著作权的认定标准

被告人所称的转码技术系随着手机阅读的逐渐普及而产生的一项技术。一般的小说阅读网站系针对台式机、笔记本电脑等配有较大显示屏和较强多媒体处理能力的传统终端而设计，网页采用的是HTML格式（即

Hypertext Markup Language，超文本标记语言）。而对于使用手机上网的用户而言，由于手机的屏幕小、多媒体处理能力较弱，若直接进入网站浏览，往往难以显示全部内容，并可能出现乱码，网页中的图片、视频等内容也会消耗过多的时间和流量，用户体验较差。为解决上述问题，将网页从 HTML 格式转换成适用于手机阅读的 WML 格式（即 Wireless Markup Language，无线标记语言）的转码技术应运而生。

在网页转码技术中，HTML 格式的网页内容需存储在服务器内存或硬盘上才能进行处理转换，该过程必然涉及对网页中作品的“复制”。然而，这种在服务器内存或硬盘上的临时存储并不必然导致对复制权的侵权。若将附随手机阅读转码技术而生的“临时复制”纳入著作权保护范围，则所有未经许可的“临时复制”都构成对权利人的侵权，手机阅读转码技术将无生存空间。这会直接遏制这一技术的发展，与著作权法促进社会主义科学事业的发展与繁荣的宗旨相违背。因此，应当根据案件不同的实施情况来判断手机阅读转码所涉及的复制是否侵权。

具体而言，转码技术中所必需的复制手段应符合以下条件：(1) 复制是短暂的、临时的，在将转码后的内容传送给用户的同时，服务器内存或硬盘上的内容自动删除，而不能继续被存储；(2) 复制属于转码技术必要的组成部分，没有这一“临时复制”，则转码无法完成，用户就无法在手机上看到转码后正常显示的内容；(3) 转码所形成的“临时复制”没有独立的经济价值，当某一用户触发一次转码并获得转码后的内容后，存储在服务器内存或硬盘上的转码后的内容应当立即被自动删除，而不能被其他用户同时利用或再次利用，也就是说，一次临时复制的价值仅在于便利这次“临时复制”触发者在手机上正常浏览网页内容。满足了上述条件，则经营者的行为不属于侵犯他人复制权或信息网络传播权的行为。但若经营者在使用转码技术的过程中实施了超出了上述必要过程的行为，则有可能因踏入他人著作权的专有权范围而构成侵权。

二、对作品转码后向公众提供的行为构成侵权

本案中，“易查网”小说频道系针对移动端而开发的小说网站，被告人及其辩护人提出该网站仅提供搜索、转码服务的抗辩意见。鉴于该网站已变更服务模式，难以再现被控侵权行为，故无法对该网站的服务模式进行技术分析或鉴定。但根据公安机关固定的该网站小说阅读界面及鉴定过

程中反映的相应事实，仍可对被告人的上述抗辩是否属实进行判定。

从鉴定过程所反映的事实来看。鉴定人在使用“易查网”服务器所搭建的网络环境中，可以在线阅读涉案小说，并从服务器硬盘中下载到涉案小说。可见，“易查网”在提供小说阅读服务过程中，不仅进行了网页的格式转换，还在其服务器中存储了经过格式转换的网页内容而未立即删除，使后来的用户可以直接从其服务器中获得。但在可免责的网页转码中，搜索引擎在将经转码后的网页传输给手机用户后，应立即自动删除其临时存储的内容，继续在服务器中存储该内容并非提供转码服务的必经程序。“易查网”的上述复制行为明显不是短暂的、临时的，超出了转码技术的必要过程，所谓“临时复制”的内容已具备独立的经济价值。因此，易查公司的行为构成对作品内容的直接提供，是对信息网络传播权的直接侵权。

从该网站小说阅读界面来看。对仅提供搜索及转码服务的经营者而言，当用户点击搜索结果后，地址栏中显示的网址一般为“搜索引擎网址+被链网页网址”的混合网址形式。但本案中，用户在“易查网”小说频道搜索、阅读小说时，地址栏仅显示了“易查网”的网址，该事实也可佐证“易查网”并非提供网络服务。被告人称上述情况可能是对URL地址进行了重新编码所致，但网络服务提供商刻意隐藏来源网站URL地址，从而使其看起来像内容服务提供商的行为与常理不符，也与本案其他证据所证明的事实相违背。

被告人及其辩护人提出，鉴定人之所以能够在实验室搭建的网络环境中阅读涉案小说，可能是因为被告单位在开发中专门给PC端用户设置了“管理员权限”，鉴定人系使用电脑操作，故可阅读到服务器中由其他用户搜索、阅读而形成的全部“缓存”内容，若使用手机操作则无法阅读。若该抗辩内容属实，则当PC端用户搜索、阅读某一小说章节时，系直接从“易查网”的服务器提供给PC端用户，该行为更属于直接提供作品行为。

根据以上事实，法院认定“易查网”在对作品转码后，还向公众直接提供了涉案作品，其行为属于通过信息网络传播侵权作品的行为。根据最高人民法院、最高人民检察院、公安部《关于办理侵犯知识产权刑事案件适用法律若干问题的意见》第十三条第二项的规定，以营利为目的，未经著作权人许可，通过信息网络向公众传播他人文字作品，数量合计在五百部以上的，属于《刑法》第二百一十七条规定的“其他严重情节”。因此，本案中被告单位及被告人的行为构成侵犯著作权罪。

编写人：上海市浦东新区人民法院　叶菊芬

IP

2017年中国法院50件典型知识产权案例

一、知识产权民事案件

（一）侵害专利权及专利权权属纠纷案件

谭熙宁诉镇江新区恒达硅胶有限公司侵害实用新型专利权和外观设计专利权纠纷案

——阅读提示：在实用新型专利侵权案件中，权利要求记载的非形状构造类技术特征，对保护范围的界定有什么影响？

【裁判要旨】

实用新型专利的保护对象是由形状、构造及其结合所构成的技术方案，故权利要求中非形状构造类技术特征对于该权利要求的新颖性和创造性不产生贡献。因此，在实用新型专利侵权案件中，现有技术抗辩的认定原则上不考虑现有技术是否公开了权利要求记载的非形状构造类技术特征。

【案号】

一审：江苏省镇江市中级人民法院（2015）镇知民初字第71号

二审：江苏省高级人民法院（2016）苏民终1079号

再审：最高人民法院（2017）最高法民申3712号

【案情与裁判】

原告（被上诉人、再审申请人）：谭熙宁

被告（上诉人、被申请人）：镇江新区恒达硅胶有限公司（简称恒达公司）

起诉与答辩

谭熙宁向江苏省镇江市中级人民法院起诉称，其是“一种矩形密封圈”

实用新型专利和“橡胶密封圈（包覆聚四氟乙烯）”的专利权人。恒达公司未经许可，自2012年9月起至今擅自制造、销售侵犯其上述两项专利权的产品，给其造成了严重的经济损失。请求法院判令恒达公司：1. 立即停止实施对原告所有的实用新型专利及外观设计专利的侵权行为（包括但不限于销毁制造侵权产品的模具、召回侵权产品等措施）；2. 赔偿原告经济损失50万元；3. 赔偿原告因制止被告的侵权行为而支付的合理费用40000元；4. 一审诉讼费由被告承担。

被告恒达公司辩称：根据自己取得的实用新型专利制造产品，没有侵害原告的涉案实用新型专利权。被告取得涉案实用新型专利申请时间为2013年5月2日，原告涉案外观设计专利申请时间为2013年8月22日，因此原告涉案外观设计专利无新颖性，不受法律保护，不能取得外观设计专利权。请求法院依法驳回原告全部诉讼请求。

一审审理查明

2010年2月24日，原告向国家知识产权局申请了名称为“一种矩形密封圈”的实用新型专利，专利号为ZL201020117558.5，授权公告日为2010年9月29日，至今有效。原告涉案实用新型专利权利要求1是：一种矩形密封圈，其特征在于包括矩形橡胶密封圈（1），矩形橡胶密封圈（1）的外缘包裹有经热压制成的厚度为0.20—0.50mm的聚四氟乙烯包裹层（2）无其他从属权利要求。

2013年8月22日，原告向国家知识产权局申请了名为“橡胶密封圈（包覆聚四氟乙烯）”的外观设计专利，专利号为ZL201330402267.X，授权公告日为2014年7月16日，至今有效。原告涉案外观专利设计的设计要点是：在橡胶密封圈上包覆光滑平整无接缝的聚四氟乙烯保护层。最能体现本外观设计要点的图片或照片是其主视图。

2015年6月10日，原告方到恒达公司公证购买五个圆环形产品，付款人民币825元，并向接待人员索要收据一张，该收据上盖有“镇江新区恒达硅胶有限公司合同专用章”印鉴。所购得的涉案被控侵权物品装入包装盒中粘贴公证处封条予以封存。江苏省镇江市镇江公证处出具了（2015）镇镇证民内字第1609号公证书，证实了以上的过程和事实。

一审法院另查明，2013年5月2日，被告向国家知识产权局申请了名称为“一种密封环”的实用新型专利，专利号为ZL201320231231.4，授权公告日为2013年10月9日，至今仍处于有效状态。

经过庭审对比，被告被控侵权橡胶密封圈与原告涉案外观设计相比，从主视图、俯视图、后视图、仰视图、左视图、右视图观察，在整体效果上无实质差异，两者构成相同。

一审判理和结果

一审法院认为：

（一）涉案被控侵权橡胶密封圈是否侵犯了原告的涉案实用新型专利权。原告以涉案专利权利要求1作为一审请求权基础，因此，在一审中应当审查被控侵权产品是否包含与涉案权利要求1中所记载的全部技术特征相同或者等同的技术特征，并由此判定被控侵权产品是否落入涉案发明专利权的保护范围。经当庭审查对比，涉案发明权利要求1记载的技术特征与被控侵权物的相应技术特征全部相同。被控侵权产品包含了一审实用新型专利权利要求1所述的全部技术特征，落入了涉案发明专利权的保护范围，属于侵犯涉案实用新型专利权的产品。被告以其技术方案被授予专利权为由抗辩不侵权，对此，一审法院认为，《最高人民法院关于审理侵犯专利权纠纷案件应用法律若干问题的解释（二）》第二十三条规定，被诉侵权技术方案或者外观设计落入在先的涉案专利权的保护范围，被诉侵权人以其技术方案或者外观设计被授予专利权为由抗辩不侵犯涉案专利权的，人民法院不予支持。一审原告的涉案实用新型专利申请日是2010年2月24日，授权公告日是2010年9月29日。被告的涉案实用新型专利申请日是2013年5月2日，授权公告日为2013年10月9日。对于被告的上述抗辩，一审法院不予支持。

（二）涉案被控侵权橡胶密封圈外观设计与涉案外观设计专利是否构成相同或近似。一审法院认为，判断被控橡胶密封圈外观设计与涉案外观设计专利相比是否构成相同或近似，应当基于外观设计产品的一般消费者的知识水平和认知能力，对二者的整体视觉效果进行整体观察、综合判断。被控侵权橡胶密封圈外观与原告涉案外观设计专利的图片，在整体视觉效果上无实质性差异，被告被控侵权橡胶密封圈与原告涉案外观设计专利构成相同，落入原告涉案外观设计专利权保护范围，依法应当承担停止侵权、赔偿损失等民事责任。

（三）关于一审赔偿数额的确定。由于原告未能举证证明被告因制造销售涉案侵权产品所获得的利益，或因被告侵权对其所造成的实际损失，也没有提供涉案实用新型专利和外观设计专利许可使用费的依据，原告请求适用法定赔偿，一审法院予以准许。一审法院综合考虑侵权产品的销售价格、侵权性质、侵权的过错程度、侵权所造成的影响、被告的经营规模、涉案专利的授权时间等因素，酌情确定被告赔偿原告的经济损失包括为制止侵权所支出的合理开支共300000元。

一审法院认为，被告已销售的被控侵权产品已进入流通领域，不易收回，且判决被告向原告支付较高的赔偿费用，已经能够达到原告诉请的目的，因此，关于原告诉请被告召回侵权产品的诉讼请求，不予支持。

综上，一审法院判决：1. 恒达公司立即停止生产制造、许诺销售、销售侵害原告谭熙宁ZL201020117558.5号和ZL201330402267.X号专利权产品的行为并销毁涉案侵权模具；2. 恒达公司在该判决生效十日内赔偿原告谭熙宁经济损失及制止侵权行为支付的合理开支共计30万元；3. 驳回原告谭熙宁的其他诉讼请求。

二审审理查明

恒达公司不服一审判决，向江苏省高级人民法院提起上诉。

二审期间，恒达公司提交了如下证据：1. 国家标准“管法兰用非金属聚四氟乙烯包覆垫片GB/T13404－2008”（以下简称国标GB/T13404－2008）；2. 国家知识产权局针对涉案实用新型专利作出的《实用新型专利权评价报告》；3. 专利名称分别为“一种矩形双层密封圈”（CN2001152358Y）、“一种O型密封圈”（CN201133466Y）、“一种双向密封蝶阀”（CN201180782Y）、“一种矩形复合密封圈”（CN200982527Y）的4份实用新型专利说明书，以上证据用于证明涉案实用新型专利及外观设计为现有技术和现有设计。

江苏省高级人民法院在一审法院查明事实的基础上，另查明：

1. 针对涉案实用新型专利，国家知识产权局于2013年4月26日出具《实用新型专利权评价报告》，意见为：“1. 新颖性。权利要求1保护一种矩形密封圈。对比文件1（CN201152358Y）公开了一种矩形密封圈，包括矩形橡胶密封圈1，矩形橡胶密封圈1的外缘包裹有聚四氟乙烯包裹层2。对比文件1没有公开聚四氟乙烯包裹层经热压制成，以及厚度为0.20—0.50mm。权利要求1具备专利法第22条第2款规定的新颖性。2. 创造性。关于上述区别特征，热压是加工领域将表面包裹材料与基体结合的常用技术手段，橡胶和聚四氟乙烯在加热后具有较好的结合性能，采用热压的手段将聚四氟乙烯结合在橡胶表面是容易想到的。至于聚四氟乙烯层的具体厚度，本领域技术人员可以根据需要选择，权利要求1限定的范围属于本领域常用的数值范围内。因此，在对比文件1的基础上结合本领域的常用技术手段得到权利要求1的技术方案是显而易见的，权利要求1不具有实质性特点和进步，不具备专利法第22条第3款规定的创造性。”

2. 在国标GB/T13404－2008（2008年8月25日发布，早于涉案实用新型和外观设计专利的申请日）中，公开了如下技术特征：一种矩形密封圈，包括矩形橡胶密封圈，矩形橡胶密封圈的外缘包裹有聚四氟乙烯包裹层。聚四氟乙烯包裹层的厚度为0.5mm，顾客另有要求时由供需双方协商确定。

二审判理和结果

二审法院认为：被控侵权产品落入涉案实用新型和外观设计专利的保护范围。但被控侵权产品落入涉案专利权利要求1保护范围的技术特征“矩形橡胶密封圈、矩形橡胶密封圈的外缘包裹有聚四氟乙烯包裹层”已经为国标GB/T13404－2008所直接公开。根据《实用新型专利权评价报告》，通过热压工艺将聚四氟乙烯材料包裹到橡胶材料上是加工领域的常用技术手段。因此，国标GB/T13404－2008和本领域的公知常识相结合，已经公开了被控侵权产品落入涉案专利权利要求1的所有技术特征，故恒达公司的现有技术抗辩成立。被控侵权产品的外观虽与涉案外观设计专利的外观基本相同，但被控侵权产品的外观同时又与在先公开的涉案实用新型专利所确定的外观无实质性差异，两者都是矩形截面的圆形密封圈，在矩形密封圈的外缘包裹一层聚四氟乙烯，故恒达公司提出的现有设计抗辩亦成立。综上，恒达公司制造、销售被控侵权产品的行为不构成专利侵权，无须承担侵权责任。二审法院判决：撤销一审判决，驳回谭熙宁的全部诉讼请求。

申请再审理由

谭熙宁向最高人民法院申请再审称：1. 原判决认定事实的主要证据是伪造的。恒达公司在二审诉讼中提交的证据国家标准是伪造的，该国家标准“管法兰用非金属聚四氟乙烯包覆垫片GB/T 13404－2008”（以下简称管法兰国家标准）的原文是“聚四氟乙烯包裹层的厚度为0.5mm，嵌入物的厚度为2.0mm，顾客另有要求时由供需双方协商解决”。恒达公司对其进行篡改性使用：删除了“嵌入物的厚度为2.0mm”的表述；管法兰国家标准适用于管道法兰密封，本实用新型专利适用于罐式集装箱罐口密封，两者不能进行比较；管法兰国家标准是用冷加工方法将聚四氟乙烯嵌入橡胶圈，两种材质是分离的，不是热压结合在一起，本实用新型专利是将聚四氟乙烯与橡胶通过热压的方法有机地结合在一起，这正是本实用新型专利的发明创造点。2. 原判决认定事实的主要证据未经质证。恒达公司在二审诉讼中提交的证据《实用新型专利权评价报告》与管法兰国家标准，均未经当庭质证。恒达公司向二审法院提交管法兰国家标准，谭熙宁是在二审判决中才看到该标准被篡改的情况，恒达公司在二审庭审中并未提及被篡改的内容。此外，恒达公司是在二审庭审后才向法院提交《实用新型专利权评价报告》，该证据未经当庭质证。3. 二审法院违反法律规定，剥夺谭熙宁的辩论权利。二审判决认定事实的主要证据《实用新型专利权评价报告》与管法兰国家标准，均未经谭熙宁当庭质证，谭熙宁的辩论权利被剥夺。综上，谭熙宁申请再审，请求撤销二审判决，依法对本案再审。

再审审查查明

最高人民法院审查另查明，谭熙宁于2016年12月14日二审期间向二审法院提交材料《专利权评价报告破析》，并随附手写说明一份，其上记载："恒达提出专利权评价报告一事，唐律师已转告我知，并要我直接与您联系。兹将对于专利权评价报告的分析提供给您，以供参考。"谭熙宁在二审诉讼中委托的诉讼代理人唐琪于2016年12月19日向二审法院提交了针对二审新证据《实用新型专利权评价报告》的《质证意见》。

再审判理和结果

最高人民法院认为，（一）原判决认定事实的主要证据是否是伪造的。谭熙宁称，恒达公司在二审诉讼中提交的证据管法兰国家标准被恒达公司篡改，是伪造的证据。最高人民法院认为，首先，二审法院是根据审理本案的需要对管法兰国家标准进行节选使用，属于不完全引用，管法兰国家标准这一证据本身并非是伪造的证据。其次，本实用新型专利的名称为"一种矩形密封圈"，其权利要求1的表述当中也并未出现"集装箱罐口"这一限制使用环境的技术特征，故本实用新型专利的保护范围并不限于集装箱领域。"集装箱罐口"的密封技术与管法兰的密封技术，在现有技术背景下均涉及橡胶、聚四氟乙烯等材料的运用，其所要追求的功能与效果是相同的，因而两者属于相同技术领域，管法兰国家标准可以在本案中作为现有技术。谭熙宁所称本实用新型与管法兰国家标准属于不同技术领域、不能进行比较的主张不能成立。再次，谭熙宁还称本实用新型专利是将聚四氟乙烯与橡胶通过热压的方法有机地结合在一起，而管法兰国家标准采用冷加工方法，未公开“热压”这一技术特征，因而被诉侵权产品的现有技术抗辩不能成立。对此，根据《中华人民共和国专利法》第二条第三款的规定，实用新型是对产品的形状、构造或者其结合所提出的适于实用的新的技术方案。据此可知，实用新型专利的保护对象是由形状、构造及其结合所构成的技术方案。实用新型专利权利要求中非形状构造类技术特征对于该实用新型专利权利要求的新颖性和创造性不能产生贡献。因此，审查针对该具有非形状构造类技术特征的实用新型专利权利要求所提出的现有技术抗辩时，原则上不考虑该现有技术是否公开了该非形状构造类技术特征。相反，如果考虑该非形状构造类技术特征，则会将已经全部公开了有关形状构造类技术特征的现有技术囊括在该具有非形状构造类技术特征的实用新型专利权利要求的保护范围之内，导致该实用新型专利权利要求的保护范围与其技术贡献不相适应。本案中，尽管本实用新型专利在其权利要求 1 中用“热压”限制聚四氟乙烯包裹层，但“热压”既不属于形状范畴，也不属于构造范畴，故不属于本实用新型专利的保护范围，因而管法兰国家标准未公开“热压”这一非形状构造类技术特征，不影响恒达公司根据该标准主张现有技术抗辩。综上，谭熙宁该项申请再审理由不能成立。

（二）原判决认定事实的主要证据是否未经质证。首先，关于证据管法兰国家标准，从谭熙宁申请再审的陈述和二审庭审笔录可知，该证据在二审诉讼中已经质证，谭熙宁是对二审判决引用该证据时未援引“嵌入物的厚度为 2.0mm”一语有异议。其次，关于证据《实用新型专利权评价报告》，根据审查查明的事实，谭熙宁及其二审委托诉讼代理人均在二审中对该证据发表过书面质证意见。当事人不能因其质证意见未被法院采纳，而否定证据已经经过质证的事实。因此，谭熙宁该项申请再审理由不能成立。

综上，最高人民法院裁定驳回谭熙宁的再审申请。

【法官评述】

判断是否构成专利侵权，应当回归专利法对专利的保护范围，寻求法律上的依据，排除似是而非的因素。具体到实用新型专利而言，其保护对象是产品的形状、构造或者其结合，除此之外的其他因素不在考虑之内。本案的特殊之处就在于，申请人申请再审时主张本实用新型专利是将聚四氟乙烯与橡胶通过热压的方法有机地结合在一起，而管法兰国家标准采用冷加工方法，未公开“热压”这一技术特征，因而主张被诉侵权产品的现有技术抗辩不能成立。这理由乍一看挺有道理，具有一定的迷惑性。然而，申请人所主张的“热压”既非产品的形状，亦不属于构造或其结合，更像是生产方法的范畴，已经脱离了实用新型的保护范围。因此，这一非形状构造类技术特征对于该实用新型权利要求的新颖性和创造性不产生贡献，不影响现有技术抗辩的成立。本案的贡献在于，明确了在实用新型类侵权案件审理中，判断现有技术抗辩是否成立时，原则上不考虑现有技术是否公开了权利要求记载的非形状构造类技术特征。

编写人：最高人民法院　毛立华

LG伊诺特有限公司诉日本电产（东莞）有限公司、北京中南双绿科技有限公司侵害发明专利权纠纷案

——阅读提示：在专利申请公开后至被授权期间，他人擅自实施了该专利申请，虽不构成侵权，但应支付一定的临时保护使用费

【裁判要旨】

临时保护期内实施发明所需支付的费用，可以参照有关专利许可使用费合理确定；没有专利许可使用费可以参照的，可以综合考虑专利权的类型、实施发明的行为性质和情节以及查明的事实等，参照《专利法》第六十五条有关侵权赔偿的规定处理。

【案号】

一审：北京知识产权法院（2015）京知民初字第338号

二审：北京市高级人民法院（2017）京民终55号

【案情与裁判】

原告（被上诉人）：LG伊诺特有限公司（简称LG公司）

被告（上诉人）：日本电产（东莞）有限公司（简称日本电产公司）

被告：北京中南双绿科技有限公司（简称中南双绿公司）

起诉与答辩

2015年1月23日，LG公司向北京知识产权法院起诉称：LG公司为ZL200820135640.3号、名称为“主轴电机”的发明专利（简称涉案专利）的专利权人，两被告实施了专利侵权行为。被告一日本电产公司未经许可，为生产经营目的生产、销售含有型号为24C293K160（以下简称K160）、24C293K070（以下简称K070）、24C293J130（以下简称J130）和

24C293G210（以下简称 G210）主轴电机（统称被控侵权产品）的 DVD 光驱、DVD 刻录机，上述被控侵权产品落入了涉案专利权利要求的保护范围，侵犯了原告对涉案专利享有的权利。被告二中南双绿公司未经原告许可，为生产经营目的销售含有被控侵权产品的 DVD 刻录机，该行为同样侵犯了原告对涉案专利享有的权利。两被告的侵权行为损害了原告的合法权益，因此应当承担停止侵权、消除影响和损害赔偿的民事责任。综上，LG 公司请求法院判令：1. 被告一日本电产公司立即停止生产、销售侵犯原告涉案专利权的被控侵权产品；2. 被告二中南双绿公司立即停止销售使用被控侵权产品的 DVD 刻录机产品；3. 被告一日本电产公司销毁库存的被控侵权产品、制造上述被控侵权产品的专用模具和其他工具以及产品包装、说明书、相关产品推广资料、产品图纸、产品型录等；4. 被告一日本电产公司赔偿原告因其侵权行为受到的损失以及向原告支付涉案专利临时保护期使用费共计人民币 3865957 元，并承担原告为调查和制止其侵权行为支付的合理调查费和律师费人民币 30 万元；5. 两被告承担本案诉讼费。

被告日本电产公司辩称：涉案 24C293K160、24C293K070、24C293J130 三种型号在结构上与涉案专利存在实质性区别，未落入涉案专利的保护范围。涉案专利相对于对比文件 1 与对比文件 4 和公知常识的结合不具有创造性，应被宣告无效，故 G210 亦不构成对涉案专利的侵权。针对 LG 公司所主张的侵权索赔金、J130 型号的临时保护费和合理的维权费用缺乏证据支持，故日本电产公司请求依法判决驳回原告的全部诉讼请求。

被告中南双绿公司辩称：中南双绿公司销售的被控侵权产品具有合法来源，属于经北京佳捷诚讯科技有限公司（以下简称佳捷诚讯公司）授权销售的相关“LG 光存储”产品，而佳捷诚讯公司获得了乐金电子（中国）有限公司在北京市、天津市、河北省的经销授权。综上，被告中南双绿公司请求依法判决驳回原告的全部诉讼请求。

法院审理查明

涉案专利系 ZL200820135640.3 号，名称为“主轴电机”的发明专利，专利权人为 LG 公司。2015 年 8 月 21 日，针对日本电产公司就涉案专利提出的无效宣告请求，专利复审委员会作出第 26901 号无效宣告请求审查决定（简称第 26901 号决定），决定：宣告涉案专利权部分无效，在 LG 公司 2015 年 7 月 6 日提交的权利要求 1—69 的基础上继续维持该专利有效。LG 公司依据专利复审委员会维持有效的权利要求提起本案诉讼。

被控侵权产品为日本电产公司生产并由北京中南双绿公司销售的 DVD 刻录机中型号分别为 J130、K160、K070、G210 主轴电机产品。日本电产公司在接受东莞市知识产权局调查时，认可 K160、K070、G210 三种型号的主轴电机由其在 2013 年 6 月份左右开始生产，分别生产了 230 万个、147 万个、28 万个，且已没有库存，生产成本分别是 5.02 元/个、6.16 元/个、7.46 元/个左右，销售价格分别是 5.29 元/个、6.49 元/个、7.86 元/个。

根据 LG 公司的申请，法院赴日立乐金光公司进行调查取证，日立乐金光公司提交了 K070、G210 的主轴电机产品实物，并提交了其与日本电产公司关于型号为 J130、K160、K070、G210 的主轴电机的交易凭证、采购数量和单价等材料。根据日立乐金光公司提供的数据，其中采购数量及总价为：1. K160 型号，2014 年 5 月，共采购 99720 个，总价约为 89648 美元；2014 年 7 月—2014 年 11 月，共采购 2192460 个，总价约为 1919500 美元。2. K070 型号，2014 年 4 月—2014 年 6 月，共采购 399600 个，总价约为 428848 美元；2014 年 7 月—2014 年 10 月，共采购 973097 个，总价约为 1039800 美元。3. G210 型号，2013 年 3 月—2014 年 6 月，共采购 95290 个，总价约为 122829 美元；2014 年 7 月—2015 年 11 月，共采购 5330 个，总价约为 6900 美元；4. J130 型号；2013 年 5 月—2014 年 6 月，共采购 6966060 个，总价约为 6587132 美元；2014 年 7 月—2014 年 9 月，共采购 679534 个，总价约为 597990 美元。

日本电产公司向法院提供了 K160、K070、G210 三种型号主轴电机的在 2013 年 10 月至 2014 年 10 月间的销售价格、生产数量及出货数量，认可日立乐金光公司向其采购了被控侵权产品，其还表示相关主轴电机由生产部门销售给该公司营业部，利润率一般为 5% 至 6%，但其称“J130 的数据查不到了”。

LG 公司为本案支付人民币 17500 元和 11000 元公证费，购买光驱产品费用为人民币 735 元、672 元、345 元、638 元、1350 元，已支付“侵权诉讼代理费”计人民币 175000 元，支付“专利侵权行政调处代理费”计人民币 100000 元。

LG 公司诉讼主张，日本电产公司应赔偿其经济损失人民币 1439123 元，并支付在涉案专利临时保护期内制造、销售 J130 型号主轴电机的费用人民币 2426834 元，共计人民币 3865957 元，并承担 LG 公司为调查和制止其侵权行为支付的合理调查费和律师费人民币 30 万元。

一审判理和结果

涉案专利在本案中应作为有效专利进行保护。日本电产公司实施了制造、销售被控侵权产品的行为，中南双绿公司实施了销售 J130 型号主轴电机的行为。J130 型号主轴电机的技术方案同时落入涉案专利申请公布时请求保护的独立权利要求 1 的保护范围，以及经第 269011 号决定确认有效的涉案专利除权利要求 4、20、40、50、65 外的部分权利要求的保护范围，且根据法院向日立乐金光公司调查取证的材料来看，日本电产公司至少自 2013 年 5 月开始制造、销售该型号主轴电机，早于涉案专利授权公告日（即 2014 年 7 月 2 日），故在日本电产公司未按法院要求提交相应证据的情况下，可以认定日本电产公司在涉案专利的临时保护期内实施了该发明，应当承担相应的民事责任；同时也可以认定日本电产公司未经许可，制造、销售 J130 型号主轴电机，构成专利侵权，应当承担停止侵权、赔偿损失等民事责任。基于与前述 J130 型号主轴电机的技术方案落入经第 269011 号决定确认有效的前述部分权利要求的保护范围基本相同的理由，K160、K070、G210 型号主轴电机的技术方案亦落入涉案专利除权利要求 4、20、40、50、65 外的部分权利要求的保护范围，日本电产公司未经许可，制造、销售 K160、K070 型号主轴电机，构成专利侵权，应当承担停止侵权、赔偿损失等民事责任。中南双绿公司未经许可，销售带有构成侵权的 J130 型号主轴电机的 DVD 刻录机，其行为同样属于实施涉案专利的行为，构成专利侵权，应当承担 LG 公司所诉请的停止侵权的民事责任。在 LG 公司已经提供日本电产公司获利初步证据的情况下，日本电产公司无正当理由未按法院要求予以提供 J130 型号主轴电机的制造、销售材料，亦未提交被控侵权产品的营业利润证据，故 LG 公司根据日立乐金光公司提供的 J130 型号主轴电机的产量、单价和汇率换算以及日本电产公司所认可的 6% 利润率所提出的主张，合法有据，可以作为确定临时保护期使用费的依据，应予全额支持。参考上述确定 J130 型号主轴电机临时保护期使用费时所考虑的日本电产公司未提供相应证据以及对有关数据的矛盾未作出合理解释等因素，在 LG 公司提交初步证据的情况下，日本电产公司因侵权获利而应赔偿原告人民币 1202048 元。LG 公司在行政调处过程中支付的 10 万元律师费与本诉讼案件无关，不应予以支持。但对 LG 公司主张的“侵权诉讼代理费”予以支持。另外，由于本案被控侵权产品系作为光驱或刻录机内部配件，且日本电产公司在行政调处撤案后已收回其制造、销售的 K160、K070、G210 三种型号主轴电机样品，在理应清楚知晓上述型号主轴电机技术方案的情况下，在本案诉讼中又不对 LG 公司提交的主轴电机实物发表质证意见，故 LG 公司为确定取得置于光驱或刻录机内部的被控侵权产品，多次公证购买终端产品，具有合理性，其所支付的终端产品费用以及公证费，应当予以支持。鉴于判决日本电产公司停止侵权即可达到制止侵权的法律效果，且 LG 公司请求日本电产公司销毁库存的被控侵权产品、制造上述被控侵权产品的专用模具和其他工具以及产品包装、说明书、相关产品推广资料、产品图纸、产品型录等，缺乏事实依据，故对 LG 公司的该项诉讼请求不予支持。

一审法院判决：依照《中华人民共和国专利法》（以下简称专利法）第十一条第一款、第十三条、第五十九条第一款、第六十五条，《最高人民法院关于审理专利纠纷案件适用法律问题的若干规定》第十四条第一款、第二十条、第二十二条，《最高人民法院关于审理侵犯专利权纠纷案件应用法律若干问题的解释（二）》第十八条第一款、第二款、第二十七条之规定，判决：一、日本电产（东莞）有限公司于本判决生效之日起立即停止制造、销售涉案 24C293K160、24C293K070、24C293J130 和 24C293G210 型号主轴电机；二、北京中南双绿科技有限公司自本判决生效之日起立即停止销售含有 24C293J130 型号主轴电机的产品；三、日本电产（东莞）有限公司自本判决生效之日起十日内支付 LG 伊诺特有限公司发明专利临时保护期使用费共计人民币二百四十二万六千八百三十四元；四、日本电产（东莞）有限公司自本判决生效之日起十日内赔偿 LG 伊诺特有限公司经济损失共计人民币一百二十万二千零四十八元；五、日本电产（东莞）有限公司自本判决生效之日起十日内赔偿 LG 伊诺特有限公司合理支出共计人民币二十万七千二百四十元；六、驳回 LG 伊诺特有限公司的其他诉讼请求。

上诉与答辩

日本电产公司上诉请求：撤销原审判决并依法改判驳回 LG 公司全部诉讼请求。日本电产公司在法定上诉期限内提交的上诉状中载明的上诉事实和理由为：一审判决对 ZL201110369508.5 号名称为“主轴电机”的发明专利（简称涉案专利）权利要求的技术方案理解错误，型号为 24C293K160、24C293K070、24C293J130 和 24C293G210 主轴电机（统称被控侵权产品）不构成侵权；一审判决对涉案专利公开的技术方案和第26901号无效审查决定（简称第26901号决定）维持的技术方案的解释存在错误，且与该无效审查决定及相应的行政判决的认定存在矛盾，导致其作出的侵权结论错误；一审判决对涉案产品的侵权获利计算错误，严重损害了日本电产公司的合法权益。

LG公司二审辩称：原审判决认定事实清楚，适用法律正确，请求维持原审判决。

二审判理和结果

北京市高级人民法院经审理认为，被控侵权产品落入了涉案专利的保护范围，日本电产公司有关被控侵权产品使用的是现有技术的上诉理由依据不足，原审法院确定日本电产公司应当承担的损害赔偿责任，包括临时保护期使用费、侵权赔偿数额及LG公司的合理支出，并无不当。日本电产公司在二审庭审时临时增加的有关现有技术抗辩及原审法院审理程序违法的上诉主张缺乏依据，故判决：驳回上诉，维持原判。

【法官评述】

本案主要涉及专利侵权判断、侵权责任及二审新增上诉理由的审理等问题，这里仅分析损害赔偿责任的问题。专利法第六十五条规定："侵犯专利权的赔偿数额按照权利人因被侵权所受到的实际损失确定；实际损失难以确定的，可以按照侵权人因侵权所获得的利益确定。权利人的损失或者侵权人获得的利益难以确定的，参照该专利许可使用费的倍数合理确定。赔偿数额还应当包括权利人为制止侵权行为所支付的合理开支。权利人的损失、侵权人获得的利益和专利许可使用费均难以确定的，人民法院可以根据专利权的类型、侵权行为的性质和情节等因素，确定给予一万元以上一百万元以下的赔偿。"依照专利法第六十五第一款的规定，追究侵权人的赔偿责任时，可以根据权利人的请求，按照权利人因被侵权所受到的损失或者侵权人因侵权所获得的利益确定赔偿数额。本案中，根据LG公司的诉讼请求及法院审理情况，日本电产公司应当承担的损害赔偿责任包括临时保护期使用费、侵权赔偿数额及LG公司的合理支出。

首先，关于临时保护期使用费的确定。在发明申请临时保护期内实施该发明的技术方案虽然不构成侵犯专利权的行为，但该发明申请被授权后，专利权人有权主张临时保护期的利益或损失。临时保护期内实施发明所需支付的费用，可以参照有关专利许可使用费合理确定；没有专利许可使用费可以参照的，可以综合考虑专利权的类型、实施发明的行为性质和情节以及查明的事实等，参照专利法第六十五条有关侵权赔偿的规定处理。本案日本电产公司在涉案专利的临时保护期内制造、销售J130型号主轴电机，应当承担相应的民事责任，而LG公司主张依法院从日立乐金光公司调取的数据，自2013年5月至2014年6月，共采购J130型号主轴电机6966060个，根据单价及日本电产公司认可的6%利润率计算，获利人民币2426834元，故应按获利数额支付在涉案专利临时保护期内实施该发明的费用。经查，原审法院向日立乐金光公司调查取证取得的材料显示，2013年5月—2014年6月（处于涉案专利临时保护期内），日立乐金光公司向日本电产公司共采购J130型号主轴电机6966060个，总价款约为6587132美元。原审法院对日本电产公司进行证据保全时，要求其提供J130型号主轴电机在2013年至2015年期限内的产量、单价及利润情况，其仅提供了K160、K070、G210三种型号主轴电机的生产销售数据，并以“J130的数据查不到了”为由而拒不提供。原审法院对日本电产公司进行证据保全时，其工作人员表示被控侵权产品利润率一般为5%至6%，并认可日立乐金光公司向其采购了被控侵权产品。同时，针对日本电产公司提出的有关利润依据的异议，原审法院已向其释明可以补充提供相应证据，但日本电产公司在庭审后始终未予提交。在LG公司已经提供日本电产公司获利初步证据，而日本电产公司无正当理由未按法院要求提供J130型号主轴电机的制造、销售材料，亦未提交被控侵权产品的营业利润证据的情况下，法院采纳了LG公司根据日立乐金光公司提供的J130型号主轴电机的产量、单价和汇率换算以及日本电产公司所认可的6%利润率作为确定临时保护期使用费的依据。

其次，日本电产公司在涉案专利公告授权后制造、销售J130、K160、K070、G210四种型号主轴电机，构成专利侵权，应当承担停止侵权、赔偿损失等民事责任。LG公司主张K160、K070、G210型号主轴电机的销售数量及利润情况依东莞市知识产权局对日本电产公司的勘验笔录记载内容为准，J130型号主轴电机的销售数量及利润情况按照法院从日立乐金光公司调取的数据计算，故日本电产公司应赔偿其经济损失人民币1439123元。经查，尽管日本电产公司提供了K160、K070、G210三种型号主轴电机的生产销售数据资料，但该数据与日本电产公司董事兼总经理在东莞市知识产权局现场勘验谈话时的陈述严重不符。根据日本电产公司董事兼总经理在东莞市知识产权局现场勘验谈话时的陈述，自2013年6月份左右开始生产后，K160型号制造了230万个，每个的成本为人民币5.02元，销售价格为人民币5.29元，即获利人民币62.1万元；K070型号制造了147万个，每个的成本为人民币6.16元，销售价格为人民币6.49元，即获利人民币48.51万元；G210型号制造了28万个，每个的成本为人民币7.46元，销售价格为人民币7.86元，即获利人民币11.2万元。在日本电产公司未作出合理解释，且在原审法院允许其进一步补充提交证据而仍未提交的情况下，原审法院以“东莞市知识产权局对日本电产公司的勘验笔录记载内容”为赔偿数额计算依据并无不当。由于日本电产公司董事兼总经理在上述现场勘验谈话中提及的K160、K070、G210三种型号主轴电机的生产数量、销售价格系自“2013年6月份左右开始生产”后的情况，而日立乐金光公司提供的证据中明确记载有涉案专利公告授权前的采购数据，故在确定赔偿数额时，应当将日立乐金光公司该部分数据情况予以考虑，即应扣除按相同利润率、LG公司主张的当月汇率等汇总金额。也即在涉案专利公告授权前，日立乐金光公司采购K160型号99720个，总价约为89648美元，按6%利润率及当月汇率折算后，获利人民币33188元；采购K070型号399600个，总价约为428848美元，折算获利人民币158624元；采购G210型号95290个，总价约为122829美元，折算获利人民币45263元，应扣除的金额共计人民币237075元。此外，由于日本电产公司未提供J130型号主轴电机的制造、销售数量及利润情况，故可依LG公司主张的按日立乐金光公司提交数据进行计算，即共计人民币221023元。因此，法院参考上述确定J130型号主轴电机临时保护期使用费时所考虑的日本电产公司未提供相应证据，亦未对有关数据的矛盾作出合理解释等因素，在LG公司提交初步证据的情况下，确定日本电产公司因侵权获利而应赔偿LG公司人民币1202048元。

最后，关于合理支出的确定。LG公司主张日本电产公司应承担LG公司为调查和制止侵权行为支付的合理调查费和律师费人民币30万元，而

LG公司提交的证据显示，其为本案支付了公证费人民币17500元和11000元，购买光驱产品费用为人民币735元、672元、345元、638元、1350元，已支付“侵权诉讼代理费”计人民币175000元，支付“专利侵权行政调处代理费”计人民币100000元。经查，LG公司在行政调处过程中支付的10万元律师费与本诉讼案件无关，LG公司主张的“侵权诉讼代理费”应予支持。LG公司为确定取得置于光驱或刻录机内部的被控侵权产品，多次公证购买终端产品，具有合理性，其所支付的终端产品费用以及公证费应予支持。

编写人：北京市高级人民法院　刘晓军

碎得机械（北京）有限公司诉天津碎易得环保工程技术有限公司专利权权属纠纷案

——阅读提示：审查判断一项发明创造是否属于职务发明应遵循什么规则？如何运用“全面覆盖加接触”原则判断利用原单位已完成发明创造申请专利是否获得非法利益？

【裁判要旨】

判断一项发明创造是否属于职务发明创造，专利申请权或专利权是否属于单位所有，一般应当从发明人与单位之间是否存在劳动关系或者临时工作关系、单位主张具体职务发明创造的类型、发明人在本单位的工作任务、是否主要利用本单位物质技术条件、单位与发明人之间有没有约定五方面进行审查。

单位主张专利权或者专利申请权应当归该单位所有，且提交了具体工作任务的情形，应当将该具体工作任务与涉案发明创造进行技术对比，如果经过对比，可以认定该具体工作任务包含了涉案发明创造的所有技术特征，那么只需要审查专利申请人或者登记发明人是否因与该单位有工作关系或者其他关系能够接触到该单位的上述发明创造，如果认定能够接触到，那么就可以直接认定涉案发明创造属于“执行本单位的工作任务”所完成的职务发明创造，专利申请权或者专利权应当归该单位所有。

【案号】

一审：天津市第一中级人民法院（2016）津01民初309号

二审：天津市高级人民法院（2017）津民终98号

【案情与裁判】

原告（被上诉人）：碎得机械（北京）有限公司（简称碎得公司）

被告（上诉人）：天津碎易得环保工程技术有限公司（简称天津碎易得公司）

第三人：杨海龙、王虎成、贾云鹏

起诉与答辩

本案诉争实用新型专利名称为“一种固体泵”，专利号为201520933410.1，专利文件记载的发明人（简称登记发明人）为杨海龙、王虎成、贾云鹏，该专利由天津碎易得公司于2015年11月20日提出申请，国家知识产权局于2016年4月13日授权公告。碎得公司主张诉争专利系该公司在专利申请日前已经完成的发明创造，并于2016年7月1日向一审法院起诉请求确认诉争实用新型专利为职务发明，并判令天津碎易得公司申请的实用新型专利属于碎得公司所有。天津碎易得公司请求驳回原告的全部诉讼请求，理由为：1. 其为依法设立合法存续的法人单位，本案诉争专利是其成立之后由各第三人授权申请的，其为诉争专利的合法专利权人以及申请人。2. 碎得公司就诉争专利没有进行过任何专门的立项研发，亦未向各第三人下达过研发任务指令，因此碎得公司就诉争专利没有提供任何基本的研发条件和研发投入，所称利用了其物质技术条件不客观。3. 诉争专利为在现有技术基础上通过设计理念创新研究出来，碎得公司所诉缺乏事实依据。

一审审理查明

碎得公司于2006年2月28日成立，是一家为废弃物处理行业提供破碎系统设计、设备制造和现场调试的专业公司。天津碎易得公司于2014年12月3日成立，杨海龙、王虎成、贾云鹏均为股东，其时三人均为碎得公司员工。其中，杨海龙曾任碎得公司技术人员，入职时间为2009年10月1日，劳动关系实际解除的时间为2015年9月；王虎成曾任碎得公司技术人员，入职时间为2012年2月6日，劳动关系实际解除的时间为2015年8月；贾云鹏曾任碎得公司技术人员，入职时间为2011年9月1日，劳动关系实际解除的时间为2015年9月。2015年7月至12月期间，天津碎易得公司先后申请了9项发明专利和12项实用新型专利，其中9项发明专利处于专利申请的审查阶段，尚未取得授权；12项实用新型专利已被授予专利权（本案诉争实用新型专利即为其中之一）。

一审判理和结果

一审法院认为，诉争专利属于涉案第三人与碎得公司劳动关系终止后1年内作出的，与第三人在碎得公司承担的本职工作有关的发明创造，属于职务发明创造，专利权应归属于碎得公司。理由为：该专利技术完成的时间在各第三人从碎得公司离职后一年以内；各第三人在碎得公司工作期间，均为技术人员，诉争专利与其在原单位承担的本职工作有关。天津碎易得公司辩称，诉争专利为各第三人在现有技术基础上通过设计理念创新研究出来，但其未能提供证据证明各第三人完成诉争专利技术的过程。故，判决确认名称为“一种固体泵”（专利号为201520933410.1）的实用新型专利权归属于碎得公司所有。

上诉与答辩

天津碎易得公司上诉称，一审判决对于职务行为的相关事实认定不清，碎得公司未能举证证明诉争专利是属于各第三人在碎得公司工作期间的本职工作，一审判决对于各第三人的本职工作内容亦未进行直接认定；申请专利的技术与各第三人在碎得公司的本职工作是否相关应该是一个专业性的问题，一审中碎得公司没有就这样的专业问题进行充分举证、论证、对比，一审法院在判决理由部分直接认定技术内容不妥。碎得公司辩称，一审认定事实清楚，适用法律正确，请求驳回上诉。诉争专利的技术与碎得公司技术领域、设备型号相同，诉争专利登记发明人在碎得公司处工作期间，都是技术人员，承担公司主要研发工作，都接触过相关技术。

二审审理查明

已经公布的涉案实用新型专利说明书载明本实用新型的目的是针对现有技术的缺陷，权利说明书附图1为本发明创造的结构示意图，标注了权利要求书中各结构部件的对应位置（见附图一）。一审审理期间，碎得公司提供该公司与中国国际环境工程（北京）有限公司签订的《溧阳中材环保水泥窑协同处置29800吨/年危险废物项目采购合同书》（以下简称碎得公司溧阳中材项目）等证据以证明碎得公司完成的溧阳中材项目包含的PR90101－SPP35浆渣泵送系统等设备中已经包含有涉案发明创造（并用附图对19项结构特征进行逐一标注——见附图二），涉案发明创造是在专利申请日前碎得公司已经拥有的技术。

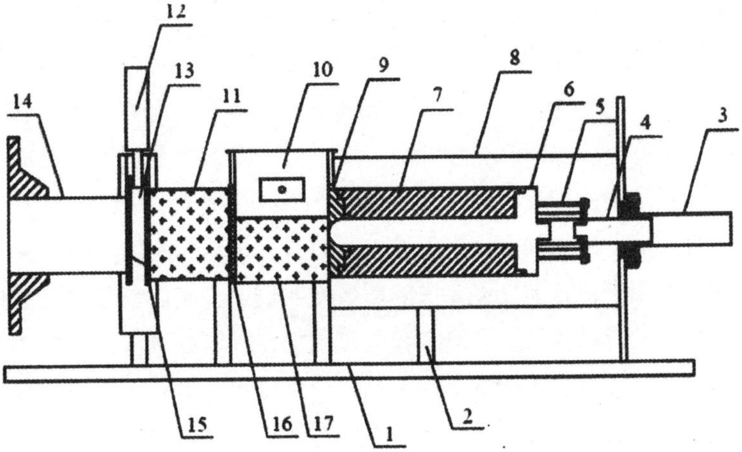

附图一

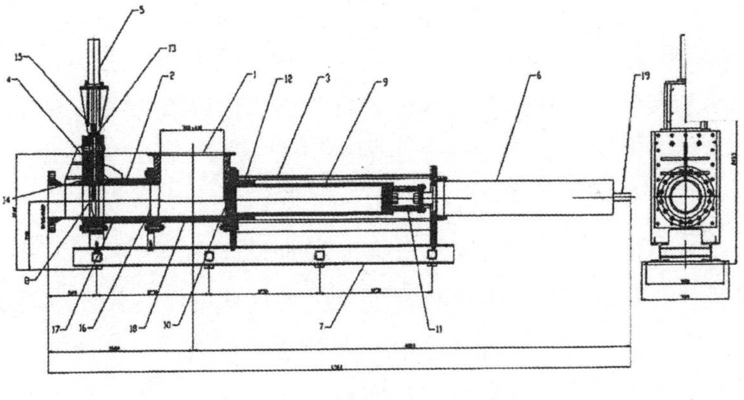

附图二

二审判理和结果

二审法院认为，本案中，碎得公司主张涉案发明创造系该公司在专利申请日前已经完成的发明创造，专利权应当归碎得公司所有，并提供碎得公司溧阳中材项目及相关设计图纸等证据。因此，本案首先应审查碎得公司溧阳中材项目等内容与涉案发明创造的相关性。通过将碎得公司溧阳中材项目相关技术内容与涉案发明创造的必要技术特征相比较，可以认定涉案专利技术系碎得公司在专利申请日前已经完成的发明创造。（1）溧阳中材项目合同中记载的相关技术内容的完成时间早于本案发明创造的申请专利时间。（2）溧阳中材项目合同第三章技术条款 3. 3. 1 载明的“单柱塞泵 SPPs35”的技术特征包含了涉案发明创造的必要技术特征。此外，涉案发明创造的专利权应当归碎得公司所有。（1）依据溧阳中材项目合同约定，碎得公司作为卖方对项目下的技术享有所有相关专利权等知识产权或者取得相关权利人的授权许可使用。（2）发明创造中载明的发明人杨海龙、贾云鹏在碎得公司工作期间均接触到了“单柱塞泵 SPPs35”产品。（3）天津碎易得公司一审时亦没有提供证据证明溧阳中材项目下的“单柱塞泵 SPPs35”产品的相关技术成果权应当归除碎得公司以外的他人享有。综上，碎得公司认为本案涉案发明创造属于该公司在专利申请日前已经完成的职务发明创造，实用新型专利权应当归碎得公司所有的诉讼主张，有事实和法律依据，一审判决涉案发明创造的实用新型专利权归碎得公司所有并无不当，应予维持。但是，一审判决认定事实不完整、适用法律有瑕疵，但裁判结果正确，故对天津碎易得公司的上诉请求不予支持。

【法官评述】

本案是近年来创新型企业经常遇到的、单位职工特别是掌握技术资料的技术人员或者高级管理人员获取企业发明创造成果后非正常离职，跳槽到与单位有竞争关系的企业，或者成立新企业，并依托掌握的原单位发明创造申请专利引发与原单位间专利申请权或者专利权权属纠纷的典型案例。与传统的专利申请权或者专利权权属纠纷案件发生在实际发明人与单位之间不同，此类案件中，专利申请人或者专利权人往往是离职人员新就职的单位，登记发明人有些是原单位参与涉案发明创造研发的技术人员，而有些只是原单位能够接触到发明创造相关资料的离职管理人员，有些登记发明人甚至根本就与原单位没有任何关系。此时，如何准确判断专利权和专利申请权的归属，各地法院做法不一，尤其是对于如何准确判断利用原单位已完成发明创造申请专利获得非法利益的情形，鲜有法院明确审查规则。天津市高级人民法院在案件审理过程中归纳出职务发明创造“五要件审查法”和“全面覆盖加接触原则”，对于准确判断发明创造归属，充分发挥专利制度的作用，激励和保护企业研发创新的合法权益具有积极意义。

一、判断职务发明创造的基本原则——五要件审查法

判断一项发明创造是否属于职务发明创造，专利申请权或专利权是否

属于单位所有，应当从以下五方面进行审查：

第一，需要审查发明人与单位之间是否存在劳动关系或者临时工作关系，这是在单位与发明人因发明创造归属发生争议时，判断该发明创造是否属于职务发明创造的前提。但是，需要说明的是，对于单位主张涉案发明创造为本单位在专利申请日之前已经完成的工作任务，专利申请人、专利申请文件或者专利文件中载明的发明人（以下简称登记发明人）只是基于与该单位有工作关系或者其他关系能够接触到该单位的上述发明创造的情形，应当首先依据全面覆盖加接触规则进行审查（见下文），如果依据该规则不能得出涉案发明创造系单位在专利申请日之前已经完成的发明创造的结论，仍需要根据职务发明创造的一般情形，首先审查专利申请书中载明的发明人与单位之间是否存在劳动关系或者临时工作关系。

第二，要根据单位主张具体职务发明创造的类型来分别确定审查内容：1. 如果单位主张属于“执行本单位的工作任务”所完成的职务发明创造，那么就要审查发明人在本单位的工作任务及发明创造与工作任务之间的关联性；2. 如果单位主张属于“主要是利用本单位的物质技术条件”所完成的职务发明创造，则不需要审查发明人的工作任务，而需要审查发明人完成发明创造是否利用了单位的物质技术条件；3. 如果单位对于同一项发明创造既主张属于“执行本单位的工作任务”，又主张属于“主要是利用本单位的物质技术条件”，那么需要先审查发明人的工作任务及发明创造与工作任务之间的关联性，如果可以据此认定属于“执行本单位的工作任务”所完成的发明创造，则无需继续审查发明创造的完成是否“主要是利用本单位的物质技术条件”，反之，则需要进行继续审查。

第三，对于是否属于“执行本单位的工作任务”所完成的发明创造的审查：首先，是要审查发明人在本单位的工作任务，重点审查发明人在本单位与涉案发明创造内容相关的工作任务；然后，依据“完成单位工作任务中完成的发明创造”“离职1年后完成的与原单位工作任务有关的发明创造”两种情形进行要件审查。第一种情形需要审查：1. 发明创造的完成时间是否在发明人与单位工作关系的存续期间内；2. 发明创造的内容是否属于发明人在单位中工作任务的内容。第二种情形需要审查：1. 发明创造的完成时间系发明人与原单位脱离工作关系1年内，即属于发明人退休、调离原单位后或者劳动、人事关系终止后1年内作出的发明创造；2. 发明创造的内容与发明人在原单位的工作任务有关，这里的“有关”是指发明人虽然已经与原单位不存在工作关系，但是只要证明发明创造的内容与其在原单位的工作任务具有内容上的延续性，也属于“有关”，即使涉案专利技术与发明人在原单位承担的本职工作或者原单位分配的任务中具体研发技术不同，只要是发明人在离职后一年内完成的，就应属于原单位的职务发明。

第四，对于是否属于第二类“主要是利用本单位的物质技术条件”所完成的发明创造的审查，主要审查发明人在完成发明创造的过程中利用本单位的资金、设备、零部件、原材料、不对外公开的技术材料等情形。这里需要强调的是，由于对于“本单位不对外公开的技术资料”等属于单位技术信息资料的使用，不受时间和空间的限制，发明人在离开本单位后，也可以利用原单位的不对外公开的资料完成或者参与完成发明创造，因此，对于“主要是利用本单位的物质技术条件”的判断，不应当受限于发明人与本单位存在工作关系期间。

第五，要根据单位与发明人之间有没有约定来判断职务发明创造专利申请权和专利权的归属，一般而言，“执行本单位的工作任务”所完成的发明创造，专利申请权和专利权当然归属于单位；而“主要是利用本单位的物质技术条件”所完成的发明创造，要审查单位与发明人之间对权利归属是否有约定，如果有约定，要根据双方的约定确定权利归属，没有约定的，专利申请权或者专利权均归单位所有。

二、专利申请日前已经完成的职务发明创造的裁判规则——全面覆盖加接触原则

发明创造属于因自然人的智力活动而创造出的成果，因此专利制度中的发明人一定是自然人，而发生在发明人与单位之间的专利申请权或者专利权权属纠纷中，审查登记发明人与单位之间的工作关系是判断是否属于职务发明的前提。但是，随着知识经济时代的到来，创新成果在企业竞争中的角色越来越重要，尤其是有效发明专利已经是企业最重要的无形资产，因发明创造归属引发的专利权和专利申请权纠纷已经不再局限于发明人和单位之间，竞争企业之间的此类纠纷频发。此类案件中，登记发明人有些是原单位参与涉案发明创造研发的技术人员，而有些只是原单位能够接触到发明创造相关资料的离职管理人员，有些登记发明人甚至根本就与

原单位没有任何关系。此类纠纷中，原单位往往主张涉案发明创造为本单位在专利申请日之前已经完成的工作任务，专利申请人、专利申请文件或者登记发明人只是基于与该单位有工作关系或者其他关系能够接触到该单位的上述发明创造的情形，而盗用了原单位的创新成果甚至是技术秘密申请专利，如果该单位提交了具体工作任务的内容，并将具体工作任务内容与涉案发明创造进行了比较，此时，对于发明创造专利权或者专利申请权归属的判断，应当首先不重点考察登记发明人与原单位的工作关系，而应当审查该单位主张的已经完成的工作任务内容是否包含了涉案发明创造的所有技术特征，如果经过对比，可以认定该单位已经完成的工作任务包含了涉案发明创造的所有技术特征，那么接下来只需要审查专利申请人或者登记发明人是否因与该单位有工作关系或者其他关系能够接触到该单位的上述发明创造，如果可以认定能够接触到，那么就可以直接认定涉案发明创造属于“执行本单位的工作任务”所完成的职务发明创造，专利申请权或者专利权应当归该单位所有。如果经过比对，不能认定该单位已经完成的工作任务包含了涉案发明创造的所有技术特征；或者虽然可以认定该单位已经完成的工作任务包含了涉案发明创造的所有技术特征，但不能认定专利申请人或者登记发明人因与该单位有工作关系或者其他关系能够接触到该单位的上述发明创造，那么，就需要根据职务发明创造的一般情形，首先审查登记发明人与单位之间是否存在劳动关系或者临时工作关系。

编写人：天津市高级人民法院　原晓爽　李广江

南京伟思医疗科技股份有限公司诉南京麦澜德医疗科技有限公司专利权权属纠纷案

——阅读提示：专利证书是否具有证明发明人身份的当然效力？法院如何确定某一专利的真实发明人？当专利证书上所记载的发明人与原告单位没有关系时，原告单位是否可以在权属纠纷中要求确认专利的真实发明人，并以真实发明系其员工的职务发明为由，主张专利权属？

【裁判要旨】

专利证书所记载的发明人仅是名义上的发明人，专利证书并不具有证明实际发明人的当然效力。当异议人对记载在专利证书上的发明人身份提出异议，并提交了相应的合理怀疑证据时，被告仍需就专利权证书上记载的发明人为实际发明人提交相关证据予以证明。

在判定某一发明创造是否为职务发明时，应充分运用现有法律关于民事证据的相关规定来认定相关事实，即依照法定程序，全面、客观地审核证据，从各证据与案件事实的关联程度、各证据之间的联系等方面进行综合审查判断。在具体判断过程中，应遵循法官职业道德，运用逻辑推理和日常生活经验，对证据有无证明力和证明力大小独立进行判断，并公开判断的理由和结果。

【案号】

一审：江苏省南京市中级人民法院（2015）宁知民初字第130号

二审：江苏省高级人民法院（2016）苏民终988号

【案情与裁判】

原告（被上诉人）：南京伟思医疗科技股份有限公司（简称伟思公司）

被告（上诉人）：南京麦澜德医疗科技有限公司（简称麦澜德公司）
第三人（上诉人）：史志怀、杨瑞嘉、周干、杨东

起诉与答辩

伟思公司起诉称：名称为“一种阴道电极”、专利号为201210435831.2的发明专利（以下简称涉案专利）系史志怀、杨瑞嘉、周干三人在伟思公司任职期间，受伟思公司的工作任务指派并利用公司的物质技术资料开发而来，故属于三人的职务发明，其专利权归伟思公司所有。2015年6月12日诉至法院，请求判令：1. 涉案专利的专利权归伟思公司所有；2. 确认涉案专利的实际发明人为史志怀、杨瑞嘉、周干，确认杨东不是涉案专利的实际发明人。

麦澜德公司、史志怀、杨瑞嘉、杨东、周干辩称：1. 涉案专利的专利申请权人、发明人为杨东，杨东没有在伟思公司工作过，因此涉案专利不属于职务发明；2. 涉案专利为杨东将申请权转让给麦澜德公司，在麦澜德公司的努力下使涉案专利获得了国家知识产权局的授权，因此涉案专利应当属于麦澜德公司所有；3. 本案的第三人史志怀、杨瑞嘉、周干既非涉案专利发明人，也不是涉案专利权利人，因此将史志怀、杨瑞嘉、周干列为本案的第三人没有法律和事实依据；4. 在涉案专利申请时，史志怀、杨瑞嘉、周干仍在伟思公司处工作，麦澜德公司还没有成立，而且第三人史志怀、杨瑞嘉在伟思公司处的工作与涉案专利无关；5. 伟思公司没有与涉案专利技术特征相同的研发项目，也没有形成与涉案专利相同的技术方案。综上请求法院驳回伟思公司的诉讼请求。

一审审理查明

伟思医疗科技股份有限公司系一家专业从事医疗器械等产品的研发、生产、代理销售的企业。史志怀、杨瑞嘉、周干均为伟思公司的前员工，分别为伟思公司研发部、产品部、质量部负责人。自2010年起，伟思公司先后申请了十多项专利，这些专利发明人中包括史志怀、杨瑞嘉以及周干。2013年1月16日，麦澜德公司登记成立，经营范围与伟思公司基本相同，杨东为公司股东之一，其他股东均是史志怀、杨瑞嘉以及周干的亲友。麦澜德公司成立后，史志怀、杨瑞嘉先后从伟思公司离职，并入职麦澜德公司工作至今，分别担任副总经理、总经理。2014年8月，伟思公司发现周干以其配偶名义入股麦澜德公司

并将伟思公司技术泄露给麦澜德公司后，遂将周干开除。

2012年11月5日，杨东申请了涉案专利，并于2014年4月16日获得授权并公告。2013年9月13日，涉案专利申请人变更为麦澜德公司。麦澜德公司提供了杨东与其签订的《协议书》及银行打款凭证，称杨东于2013年8月28日以2万元的价格将涉案专利的申请权转让给了麦澜德公司。但银行打款凭证上记载的时间、金额、用途及收款人与麦澜德公司陈述的相关情况均不符，且庭审中杨东承认《协议书》中甲方签字并非其本人所签，亦没有说明合理理由。

自2010年起，伟思公司先后申请了与涉案专利技术相关的11项专利。其中，名称为“一种阴道电极”（专利号为CN201120458525.1）的实用新型专利发明人为王志愚、史志怀、张茂柏。该专利与涉案专利同属一个项目领域。与涉案专利相比，该专利在功能用途、整体造型、工作原理等方面都与涉案专利基本一致，不同点在于该实用新型专利采集肌电的导电部分是不锈钢材质，而并非涉案专利的导电硅胶，不锈钢材质的成本较高导致此种阴道电极不能如涉案专利产品一样一次性使用。2012年2月17日，伟思公司根据用户反馈提出了阴道电极产品的改进意见并制定了《产品品质提升立项列表》，该文件对现有阴道电极产品出现的质量问题进行了描述，并针对问题逐一列明了立项目标和验收标准。同时，伟思公司认为要彻底解决现有阴道电极产品不可避免存在的消毒液残留和重复使用引起的交叉感染问题，就必须降低产品成本，向一次性使用的方向研发。为此，伟思公司展开了以导电硅胶为材料的阴道电极套的调研、评估与论证，周干、史志怀参与和负责此项工作。

一审庭审中杨东陈述：其研发涉案专利的动机来自于一个老乡的介绍，引起了杨东对阴道电极产品进行改良升级的想法，随后杨东用了几个月的时间进行了独立研发并取得成功。研发过程中，杨东主要通过Pro/E软件进行涉案专利的绘制，杨东称该软件其可以熟练操作。研发期间形成的所有资料、草稿、图纸等文件均储存在杨东的个人电脑内。研发完成后，经案外人王健（麦澜德公司的法定代表人）介绍，杨东委托南京苏高专利商标事务所（以下简称南京苏高所）的缪友菊代为申请涉案专利，其间通过电话、QQ与缪友菊进行沟通。一审法院要求杨东将其个人电脑内储存的相关资料以证据形式提交，杨东表示同意。然而在随后的庭审中，杨东只提供了一份《房屋租赁合同》，称其存有涉案专利原始研发资料的个人电脑在搬家过程中遗失，故无法向法庭提供研发过程的证据。杨东还陈述了以下内容：其发明涉案专利的过程中主要参考了互联网上加拿大 TT 公司、广州衫山公司、南京伟思公司等几家公司的阴道电极产品图片。但伟思公司代理人当庭出示了 14 份国内外阴道电极产品的图片（包括加拿大 TT 公司、广州衫山公司、伟思公司、麦澜德公司的产品）要求杨东进行辨认，杨东大部分辨认错误。一审法院还就涉案专利所涉及的导电硅胶的电阻大小、电极的检测方法、生物相容性要求和国家标准、专利产品的尺寸参数、市场同类产品的价格等问题向杨东进行了发问，杨东均无法回答，而史志怀的回答完整而准确。一审法院还要求杨东当庭手绘专利的设计草图，并操作 Pro/E 软件当庭演示专利产品立体图的绘制过程，但从其绘制的熟练程度来看，不具备一个专利发明人应有的专业素养。

一审判理和结果

一审法院认为，1. 杨东不具备研发涉案专利的工作经验和研发涉案专利的专业知识和研发能力，结合涉案专利申请、转让的事实，杨东不是该专利的发明人。2. 伟思公司早已形成了涉案专利的研发方向和研发思路，也已经形成了包含涉案专利技术最主要部分的技术方案，史志怀、杨瑞嘉、周干具有研发涉案专利的工作经验和专业能力，长期从事与涉案专利相关的技术工作，对涉案专利的创造性作出了实质性贡献，故涉案专利的实际发明人系史志怀、杨瑞嘉和周干，属于他们的职务发明，专利权应归伟思公司所有。3. 2012 年，史志怀、杨瑞嘉尚未离职就策划成立与伟思公司有市场竞争关系的公司，且将涉案专利产品作为拟成立公司的主要技术和产品，现二人分别在麦澜德公司处担任副总经理和总经理职位。周干被伟思公司解除了劳动合同关系后在麦澜德公司担任售后经理一职。可见，史志怀、杨瑞嘉、周干等离职和跳槽行为早有预谋。杨瑞嘉、史志怀、周干三人为规避法律，故以杨东的名义进行了专利申请，后再由杨东将该专利转让给麦澜德公司，利用公司法律人格独立的特点，为己谋利。综上，一审法院判决涉案专利属于职务发明，专利权应归伟思公司所有。

上诉与答辩

麦澜德公司、史志怀、杨瑞嘉、周干、杨东不服一审判决，向江苏省高级人民法院提起上诉，请求撤销一审判决，驳回伟思公司的全部诉讼请求。事实与理由：1. 杨东完全具备相关的知识和从业经验。2. 杨东发明的专利并没有涉及电硅胶的电阻、电极的检测方法等问题，杨东当然无法回答。3. 杨东的发明是利用电脑完成，由于杨东搬家电脑丢失，造成无法举证，一审法院就认定杨东举证不能，这是不符常理的。4. 杨东本来也不会使用 Pro/E 软件，只是因为申请涉案专利，才学习 Pro/E 软件，在申请完专利后，申请人并没有继续使用过 Pro/E 软件，而且杨东完成发明是在 2012 年，到一审开庭时已经过去将近三年，对该软件的使用不熟练也是正常的。5. 作为发明人杨东所关心的是技术本身，对于具体的阴道电极是哪个厂家并不关心，辨认错误是正常的；申请专利是在 2012 年，一审开庭时已经过去将近三年，杨东记不清也属于正常，并且杨东对其中的一部分也是辨认出来的。6. 在申请专利的相关文件及转让合同中确实不是杨东本人签字，但是杨东对上述文件均是认可的，杨东确实收到了麦澜德公司的转让费 2 万元。7. 在确认杨东是否为涉案专利发明人时，一审法院将该事实的举证责任分配给杨东；但在确认史志怀、杨瑞嘉、周干是否为伟思公司相关专利的发明人时，一审法院在伟思公司对此并没有举证的情况下，就直接认定史志怀、杨瑞嘉和周干就是伟思公司相关专利的发明人，证明一审法院关于发明人的举证责任分配采取双重标准。8. 周干在伟思公司工作期间与涉案专利无关，涉案专利的发明与周干没有关系。

史志怀、杨瑞嘉、周干、杨东的上诉请求及理由与麦澜德公司相同。

伟思公司二审辩称，一审判决认定事实清楚、适用法律正确，请求驳回上诉，维持原判。

二审审理查明

涉案专利的专利代理机构为南京苏高所，专利代理人为缪友菊，这与伟思公司在同时间段内申请的多项专利为同一代理机构、同一代理人，而伟思公司申请的这些专利中，杨瑞嘉、史志怀、周干为其中的发明人之一。

二审判理和结果

二审法院认为：一、现有证据不足以证明杨东是涉案专利的发明人。我国专利申请过程中，并不对申请文件中所记载的发明人作实质性审查，专利证书上所记载的发明人仅是名义上的发明人，专利证书并不具有证明实际发明人的当然效力。因此，当伟思公司对记载在专利证书上杨东的发明人身份提出异议，并提交了相应的合理怀疑证据时，杨东仍需就其为实际发明人提交相关证据予以证明。但杨东就涉案专利的发明过程、专利申请、专利申请权转让的过程等所作陈述，或无确切证据予以证实，或无法得到事实的印证，甚至部分陈述之间相互矛盾，其对涉案专利所属领域的知识缺乏基本的了解，故难以采信其系涉案专利发明人的主张。二、涉案专利属于杨瑞嘉、史志怀、周干等的职务发明，专利权应属伟思公司。首先，杨瑞嘉、史志怀、周干应认定为涉案专利的实际发明人。一方面，根据史志怀、杨瑞嘉、周干等人在伟思公司工作经历，三人均完全具备研发涉案专利的专业知识和研发能力，掌握了涉案专利核心技术，亦有利用伟思公司技术成果为己谋利的动机和故意，而以杨东为发明人名义申请涉案专利系规避法律。另一方面，杨东并非涉案专利实际发明人，而涉案发明又不会无故产生，再考虑到涉案专利的专利代理机构及代理人与伟思公司同时间段内申请的多项专利为同一机构、同一代理人，伟思公司的上述专利的发明人中，均有史志怀、杨瑞嘉和周干，而且史志怀也在本案中自认，在涉案专利申请权从杨东转让至麦澜德公司之后，答复知识产权局审查意见通知书的相关事宜，均是由其负责跟进并完成。因此，从涉案专利以及相关专利的申请信息亦可看出，涉案专利的完成与史志怀、杨瑞嘉和周干等人具有密切关联。综上，结合杨瑞嘉、史志怀、周干三人的职业经历及技术背景，相互之间以及与伟思公司、麦澜德公司之间的利益关系，涉案专利的申请信息和技术内容，史志怀、杨瑞嘉、周干关于其并非涉案专利实际发明人的自我否认难以采信。

其次，涉案专利属于杨瑞嘉、史志怀、周干执行伟思公司任务所完成的发明创造，为职务发明，专利权权属应归伟思公司。伟思公司在本案中提交了大量的证据，证明涉案专利与杨瑞嘉、史志怀、周干等人在伟思公司所从事的工作有关。在职务发明的认定中，并非只有当原告单位能够举出包含了与诉争专利技术完全一致信息的相关证据时，才能将诉争专利认定为属于原单位职工的职务发明。本案中，虽然伟思公司的实用新型专利采集肌电的导电部分是不锈钢片，而涉案专利为可注塑的导电材料（导电硅胶），但从伟思公司提交的证据可以看出，伟思公司在涉案专利申请前已经认识到了采用不锈钢片材料的不足，进行了用导电硅胶作为替代材料的研究工作，并提出了阴道电极套的技术方案，该技术方案的思路就是以导电硅胶电极取代传统的金属片电极，从而达到一次性使用的目的，这与涉案专利技术方案极其相关。二审法院遂驳回上诉，维持原判。

【法官评述】

本案系涉及职务发明认定的专利权权属纠纷。此类纠纷的常见情形一般是单位与员工之间就员工所完成的发明创造的权利归属产生争议，即单位员工将在职期间或离职后一年内完成发明创造以其个人名义申请专利并获得授权，员工为专利权人，而单位主张上述专利系员工的职务发明，权属应当归单位所有。此种情形下，因双方对于员工为诉争专利的发明人身份不存在争议，故此类案件审理思路非常清晰，围绕诉争专利是否与员工在原单位的职务行为有关进行审理即可。而本案特殊性在于：诉争专利证书上记载的发明人并非原单位员工，而是与原单位没有关系的第三人，并且该第三人在提出涉案专利申请后，旋即将专利申请权转让给了第三人公司，也即本案被告。因第三人公司和名义发明人均与原告没有直接法律关系，故难以直接适用相关法律规定确定专利权归属，而需要结合专利法关于确认发明人身份和职务发明的相关规定予以判定。此外，由于专利法关于确认发明人身份和职务发明的规定又较为笼统，这就需要审判人员发挥审判经验，充分运用民事证据规则，综合全案证据认定相关法律事实，以作出公平公正的裁判。

在本案审理中，法院正是从证据规则和事实细节入手，首先，排除了专利证书上所记载的、与原单位没有雇佣或委托关系的第三人为实际发明人的可能性；其次，对诉争专利的技术内容与离职员工在原单位的工作内容进行了技术比对，最终认定诉争专利系离职员工在原单位任职期间为执行原单位的任务而完成的职务发明创造。非常值得关注的是，法院在判定涉案专利权归属的同时，也依据查明的事实，对被告和第三人为规避法律、输送利益而故意以他人名义申请涉案专利的不正当行为进行了明确评判。本案意义不仅在于对今后可能出现的同类型案件具有重要的参考作用，还在于裁判尺度和结果充分体现了司法加强保护企业创新、引导创新主体诚信创业、公平竞争的态度，具有积极的社会效应。

编写人：江苏省高级人民法院　张晓阳

杭州永创智能设备股份有限公司诉台州旭田包装机械有限公司等侵害实用新型专利权纠纷案

——阅读提示：现有技术抗辩中对可拆卸的零部件技术公开时间应如何认定？在界定专利保护范围时应如何理解专利所要克服的技术缺陷？

【裁判要旨】

合理运用举证责任分配规则，当现有技术涉及整个产品中的某个部件，特别是该部件是可更换的情况下，应当由主张现有技术抗辩一方证明该部件的公开时间，而不能简单地将整体产品的公开时间视为该部件的公开时间。

在被诉侵权产品具备了涉案专利为克服主要技术缺陷所采用的技术特征的情形下，为保护专利真正的创新点所在，被诉侵权产品具备说明书所记载的其他部分技术缺陷，并不妨碍依据等同原则作出侵权认定。

【案号】

一审：浙江省台州市中级人民法院（2016）浙10民初24号

二审：浙江省高级人民法院（2017）浙民终160号

【案情与裁判】

原告（上诉人）：杭州永创智能设备股份有限公司（简称永创公司）

被告（被上诉人）：台州旭田包装机械有限公司（简称台州旭田公司）

被告（被上诉人）：上海朝田包装机械有限公司（简称上海朝田公司）

被告（被上诉人）：东莞市旭田包装机械有限公司（简称东莞旭田公司）

起诉与答辩

2016 年 1 月 21 日，永创公司向一审法院起诉，请求判令台州旭田公司、上海朝田公司、东莞旭田公司（以下简称三被告）：一、立即停止制造、许诺销售、销售侵害其涉案实用新型专利权的产品；二、连带赔偿其经济损失 100 万元；三、连带支付其维权合理费用 101260 元（包括律师费 50000 元、公证费 18500 元、购买被诉侵权产品 32500 元、运费 260 元）；四、承担本案诉讼费用。

一审审理查明

永创公司于 2011 年 12 月 22 日向国家知识产权局申请了一种名称为“打包机的打包框架装置”、专利号为 ZL201120545035. 5 的实用新型专利权，并于 2012 年 10 月 3 日获得授权，该专利目前处于有效状态。永创公司主张以涉案专利的全部权利要求作为权利要求保护范围。经一审庭审比对，永创公司认为被诉侵权技术方案对涉案专利权利要求 1—5、权利要求 7 构成字面侵权，对权利要求 6 构成等同侵权，被诉侵权技术方案落入其涉案专利权保护范围。三被告认为被诉侵权技术方案转角处无单页片连接，而是用塑料角隔开，涉案专利权利要求范围应当不包括转角处没有单页片连接的情形；并且被诉侵权技术方案的固定框体由直立框架和水平框架通过螺栓连接为一体，而涉案专利技术方案固定框体由主体和盖板组合而成，因此被诉侵权技术方案与涉案专利技术方案的技术特征相比，既不相同，也不等同，未落入永创公司涉案专利保护范围。

一审判理和结果

一审法院认为：一、被诉侵权技术方案的技术特征未落入专利权保护范围，不构成对原告永创公司专利权的侵害。被诉侵权技术方案与涉案专利技术方案的区别技术特征在于：1. 上述技术特征 D 与 d。涉案专利技术方案按照打包带的进带方向，处于下游的单页片的上游端叠在处于其上游的相邻单页片的下游端外，即逐次叠加形成呈“N”形的连续轨道；而被诉侵权技术方案多个可转动的单页片分段构成活动轨道壁组，因此仅在同组单页片中，处于下游的单页片的上游端叠在处于其上游的相邻单页片的下游端外，不同组单页片之间相互独立不叠加。因此，涉案专利技术方案的技术特征 D 与被诉侵权技术方案的技术特征 d 不相同。2. 上述技术特征 N 与 n。涉案专利技术方案的固定框体由框体主体和框体盖板连接构成；而被诉侵权技术方案由于采用了四个三角块状角座，形成凹肩状接框部，以接合栓与框架相结合，同时在框架上设置相吻合的凸肩，并用固定片配合螺锁固定，因此，被诉侵权产品的整体框架是由直立框架和水平框架通过螺栓连接而成，与涉案专利技术方案的技术手段不同。上述两个区别特征都与被诉侵权产品采用了四个角座相关，而这一技术特征具有明确的有益效果：采用四个角座结构使构件间配合简单，可减少组装上的误差，同时降低材料成本，提高经济效益。另外，更换构件方便快速，直立框架、水平框架上的导带轨道分别独立成组，每组均可单独更换，可有效节约更换上所需耗费的成本及工时，将打包作业因零件更换维护所耗费的停工时间缩至最短。因此，四个角座这一技术特征不属于对涉案专利部分导带轨道的简单替换，其影响了整个框体的配合关系和组装方式，带来的有益技术效果是本领域普通技术人员需经创造性劳动才能想到的。何况，涉案专利在背景技术中存在相反教导，认为活动带道的四个转角用塑料转角连接的情况存在容易刮带、影响走带顺畅性的缺陷，而提高走带顺畅性正是涉案专利所要解决的技术问题。而被诉侵权技术方案在保留了四个角座加多组轨道组合方式所具有的更换方便、构件简单、材料成本低等优点的同时，克服了连接处刮带的缺陷，走带顺畅性基本相同，因此并非是一种不经过创造性劳动就容易想到的替换。在此基础上，上述两个区别技术特征并非等同的技术特征，两种打包带框架技术方案在导带轨道的结构和技术手段上存在较大差异，其实现的功能和达到的技术效果也不同，并且不是本领域普通技术人员无需经过创造性劳动就能够联想到的特征，因此不构成等同侵权。被诉侵权技术方案的技术特征并未包含永创公司所主张的权利要求所记载的全部技术特征，未落入专利权保护范围，不构成对永创公司专利权的侵害。

二、被诉侵权产品实施的是现有技术。三被告在本案中提供的证据可以证明其实施的技术属于现有技术的，不构成侵犯专利权。

一审法院于 2017 年 1 月 18 日判决：驳回永创公司的全部诉讼请求。案件受理费 14711 元，由永创公司负担。

上诉与答辩

一审宣判后，永创公司不服，提起上诉认为：一、一审判决认定被诉侵权产品未落入涉案专利保护范围错误：1. 一审判决将涉案专利技术特征D错误解释为“即逐次叠加形成呈‘N’形的连续轨道”，限缩了涉案专利权利要求的保护范围，并以此错误归纳被诉侵权技术方案的技术特征，致使对两者技术特征的比对结论错误；2. 被诉侵权产品技术特征d和n与涉案专利相应的技术特征构成相同或等同，落入了专利权的保护范围。二、一审判决认定被诉侵权产品系实施现有技术错误。

三被告答辩，一、涉案专利已被现有技术公开，被诉侵权技术方案不构成侵权；二、被诉侵权技术方案与现有技术方案技术特征相同或实质性相同，被诉侵权技术方案不构成侵权；三、被诉侵权技术与涉案专利技术特征不相同也不等同，不落入涉案专利权的保护范围。请求二审法院驳回永创公司的诉讼请求。

二审审理查明

二审审理过程中，浙江省高级人民法院另查明：2005年6月，中国邮政集团公司浙江省报刊发行局向杭州永创机械有限公司购买了型号为MH－101A打包机，该打包机目前仍在新华通讯社浙江分社印刷厂邮政报刊分发场地使用，其框架活动叶片结构为双页片结构。

二审判理和结果

二审法院认为：1. 关于现有技术抗辩：从一、二审各方当事人的举证看，所提交的证据证明力均未达到高度盖然性的证明标准，各方争议的两份实物证据中的页片是否更换过的事实难以确定。在此情况下，依据举证责任分配规则，三被上诉人作为主张现有技术抗辩一方当事人应承担相应举证责任证明页片没有更换过，但目前其提供的证据均无法证明前述实物证据内部的页片是否更换过，即该内部页片的公开时间与该实物机器整体的销售时间不具有唯一对应性，故不能证明该实物证据内部页片的公开时间在本专利申请日之前。2. 关于侵权比对：首先，被诉侵权产品在固定框体主体内采用了单页片相互叠加的方式，只是在固定框体的转角处因没有设置单页片而使转角处相邻的两个单页片之间没有发生叠加，这一技术手段与涉案专利并无实质性差异；其次，被诉侵权产品固定框体转角处单页片的缺失实质上并不影响走带的顺序和方向，仍然能够使单页片逐次打开，以达到打包带按前后顺序依次脱离，避免互相干涉而发生扭曲打偏的技术效果；再者，被诉侵权产品之所以在固定框体上采用三角块状角座与页片分组相配合的结构，与其在转角处单页片缺失、活动轨道壁轨道不连续的前述区别特征 1 相关联，故并不影响其与涉案专利技术特征在整体技术手段、功能和效果上的基本相同；最后，从涉案专利评价报告可知，四个转角处三角块状角座与页片分组相配合的技术方案已为在先专利所公开，故本领域普通技术人员对导带轨道结构配合关系和组装方式的简单替换，属于无需经过创作性劳动就能够联想到的技术特征，两者构成等同特征。被诉侵权产品落入了涉案专利权的保护范围。

二审法院于 2017 年 9 月 6 日改判：1. 台州旭田公司、上海朝田公司、东莞旭田公司立即停止制造、销售、许诺销售落入永创公司专利号为 ZL201120545035.5 的“打包机的打包框架装置”实用新型专利权保护范围的产品；2. 台州旭田公司、上海朝田公司、东莞旭田公司连带赔偿永创公司经济损失 20 万元；3. 台州旭田公司、上海朝田公司、东莞旭田公司连带赔偿永创公司为制止侵权支出的合理费用 75630 元；4. 驳回永创公司其他诉讼请求。

【法官评述】

一、现有技术抗辩的适用规则与举证责任

现有技术抗辩是一种抗辩权，是被告针对原告依据专利法提出的停止侵害、赔偿损失请求权的一种防御和阻却。法律渊源是《中华人民共和国专利法》第六十二条和《最高人民法院关于审理侵犯专利权纠纷案件应用法律若干问题的解释》第十四条第一款的规定，即“在专利侵权纠纷中，被控侵权人有证据证明其实施的技术或者设计属于现有技术或现有设计的，不构成侵犯专利权。”“被诉落入专利权保护范围的全部技术特征，与一项现有技术方案中的相应技术特征相同或无实质性差异的，人民法院应当认定被诉侵权人实施的技术属于专利法第六十二条规定的现有技术。”

从前述司法解释的表述可见“被诉落入专利权保护范围的全部技术特征”是指权利人在起诉时指控侵权的技术特征。至于该特征是否最终落入专利权的保护范围，并不影响对现有技术抗辩的认定。这一规定体现了现有技术抗辩制度设置的目的，不在于否定专利的新颖性，也不在于评价专利权保护范围的大小，无关专利效力或禁止权的大小，而是意在被诉侵权人使用现有技术的自由在侵权诉讼中得以简便及时地实现，仅关乎于被诉侵权行为的合法性与否，是否具有免责性。因此，审查现有技术抗辩是否成立，不以判断被诉侵权技术方案是否落入专利权保护范围为前提。如果被诉落入专利权保护范围的技术特征与一项现有技术的相应技术特征进行比对后，两者相同或无实质性差异的，则可以直接认定被诉侵权人所实施的技术属于现有技术，无需承担侵权责任。

现有技术是专利法上的专有概念，是指申请日之前在国内外为公众所知的技术，包括申请日以前在国内外出版物上公开发表、在国内外公开使用或者以其他方式为公众所知的技术。简言之，公开方式包括出版物公开、使用公开以及其他方式公开。2008年《专利法》修改了专利新颖性、创造性的标准，变相对标准为绝对标准，即不管是出版物公开，还是使用公开或其他方式公开，其地域范围均不受限制。因此，现有技术最突出的特点是公开，即现有技术的证据足以证明该技术方案已经处于任何人想得知即可得知的状态。通常情况下，出版物公开时间较为容易确定，对于以使用公开方式主张现有技术的，对相应证据证明力以及证据完整性的要求相对较高。

本案中，三被告主张现有技术抗辩，根据一般举证规则，则应由其承担相应的举证责任。特殊之处在于，现有技术抗辩的证据集中在被诉侵权产品中一个易磨损且可更换的零部件上。而从一、二审各方当事人的举证看，所提交的证据证明力均未达到高度盖然性的证明标准。在此情况下，二审法院认为，应当依据举证责任分配规则，当现有技术涉及整个产品中的某个部件，特别是该部件是可更换的情况下，应当由主张现有技术抗辩一方证明该部件的公开时间，而不能简单地将整体产品的公开时间视为该部件的公开时间。三被告作为主张现有技术抗辩一方当事人应承担相应举证责任证明页片没有更换过，但目前其提供的证据均无法证明前述实物证据内部的页片是否更换过，即该内部页片的公开时间与该实物机器整体的销售时间不具有唯一对应性，故不能证明该实物证据内部页片的公开时间在本专利申请日之前。三被告作为举证方所提交的证据并未形成完整的证据链，则应承担举证不能的不利后果，其提出的现有技术抗辩的理由不能成立。

二、专利发明目的与专利所要克服的技术缺陷对等同原则适用的影响

对专利而言，发明目的体现了其价值所在，也是整个技术方案围绕的核心。专利权利体现在对具体技术方案的保护，对其解释离不开发明目的

的指引。因此专利法上的发明目的并不表现为发明理念的抽象性、概括性的描述，其内涵应更为具体化、细化、客观化，直接体现为发明所要解决的技术问题及对比现有技术的有益效果。最高人民法院在《关于充分发挥知识产权审判职能作用推动社会主义文化大发展大繁荣和促进经济自主协调发展若干问题的意见》中强调：重视专利的发明目的对专利权保护范围的限定作用，不应把具有专利所要克服的现有技术缺陷或者不足的技术方案纳入保护范围。但一项发明创造克服多项技术缺陷的情形并不鲜见，在进行等同侵权判定时，还是应当考虑被诉技术特征与专利发明目的之间的关系，使专利权保护范围和强度与其创新和贡献程度相协调，不宜将专利所要克服的全部技术缺陷一概排除出等同原则适用的范畴。

具体到本案，一审法院认为，涉案专利在背景技术中存在相反教导，活动带道的四个转角用塑料转角连接的情况存在容易刮带、影响走带顺畅性的缺陷，而提高走带顺畅性正是涉案专利所要解决的技术问题。二审法院则认为，虽然在涉案专利背景技术中提及以往打包机活动带道的四个转角技术缺陷问题，但说明书同时提到了多个技术缺陷，涉案专利通过设置有复位弹簧的单页片上游端与相邻单页片的下游端相互依次叠加这一技术方案，以克服打包带互相干涉扭曲打偏的技术缺陷，此为本专利的主要发明目的，四个转角处三角块状角座并非本专利所要克服的主要技术缺陷。因此，在被诉侵权产品具备了涉案专利为克服主要技术缺陷所采用的技术特征，即被诉侵权产品与涉案专利发明目的密切相关的技术特征完全相同的情况下，为保护涉案专利真正的创新点所在，被诉侵权产品具备说明书所记载的其他部分技术缺陷，不应妨碍适用等同原则作出认定。

编写人：浙江省高级人民法院　王亦非

日照市立盈机械制造有限公司诉日照市德福机械制造有限公司侵害发明专利权纠纷案

——阅读提示：改装方案是否应认定为被诉侵权产品的技术方案？生产者应否对产品改装方案承担侵权责任？

【裁判要旨】

根据《最高人民法院关于审理侵犯专利权纠纷案件应用法律若干问题的解释》第七条第二款的规定，被诉侵权技术方案包含与权利要求记载的全部技术特征相同或者等同的技术特征的，人民法院应当认定其落入专利权的保护范围。如被诉侵权产品被控落入专利权保护范围的技术特征是产品经改装后的技术特征，生产者对产品改装方案应否承担侵权责任，可结合以下三个方面的事实进行审查：1. 生产者既往对其产品技术特征的确认；2. 产品是否预留了实施改装方案的必要设置；3. 生产者是否存在指示消费者实现改装方案的可能性。

【案号】

一审：山东省济南市中级人民法院（2016）鲁01民初993号

二审：山东省高级人民法院（2017）鲁民终890号

【案情与裁判】

原告（上诉人）：日照市立盈机械制造有限公司（简称立盈公司）

被告（上诉人）：日照市德福机械制造有限公司（简称德福公司）

起诉与答辩

2016年4月28日，立盈公司向山东省济南市中级人民法院起诉称，立盈公司享有“具有安全可靠性的微耕机”发明专利及分案专利权。德福公司未经许可制造、许诺销售、销售立盈公司的专利产品，其行为侵犯了立盈公司的涉案专利权，给立盈公司造成了极大的经济损失。请求判令：1. 德福公司立即停止制造、许诺销售、销售立盈公司 ZL2012 1 01911205、ZL2014 1 0140501X 专利产品的行为；2. 德福公司赔偿立盈公司经济损失及维权费用共计 160 万元；3. 诉讼费由德福公司承担。

德福公司辩称，1. 被控侵权技术与立盈公司的专利全部技术特征相比，至少有多个技术特征不相同也不等同。2. 被诉侵权产品的技术方案已被授予实用新型专利，可证明被控产品与立盈公司专利的上述区别特征是不同的技术手段。3. 德福公司产品的技术方案是本领域的常规设计手段。4. 德福公司没有侵权的主观故意。综上，立盈公司的诉请无事实和法律依据，请求依法驳回立盈公司的诉讼请求。

一审审理查明

2012 年 6 月 8 日，立盈公司就“具有安全可靠性的微耕机”向国家知识产权局申请发明专利，专利号为 ZL2012101911205，于 2014 年 6 月 25 日公告授权，后立盈公司提出分案申请，分案专利号为 ZL201410140501X，于 2015 年 12 月 2 日获得授权，专利权人为立盈公司。

立盈公司主张“ZL2012101911205”专利权的权利要求 1、2 为其权利依据，其内容为：1. 一种具有安全可靠性的微耕机，包括齿轮箱（2）、汽油机（10）、把手（11）、齿轮箱（2）上设有汽油机固定架（3），汽油机（10）安装在汽油机固定架（3）上，齿轮箱（2）的动力输出自动熄火装置包括前保护支架（6）、熄火电接触点 C（7），前保护支架（6）通过销轴（8）铰接于汽油机固定架上（3）上，前保护支架（6）与汽油机固定架（3）之间设有弹簧（5），熄火电接触点 C（7）固定安装在汽油机固定架（3）上并与汽油机固定架（3）绝缘，熄火电接触点 C（7）的接线端通过导线与汽油机（10）的熄火线连接。2. 根据权利要求 1 所述的具有安全可靠性的微耕机，其特征在于：所述自动熄火装置还包括固定安装在车把横杆（15）上的熄火电接触点 D（17）和后保护活动横杆（16），熄火电接触点 D（17）与车把横杆（15）绝缘，熄火电接触点 D（17）的接线端通过导线与汽油机的熄火线连接，后保护活动横杆（16）通过螺栓（19）活动安装在车把横杆（15）上，螺栓（19）上设有压簧（18）。

立盈公司主张“ZL201410140501X”专利权的权利要求 1 为其权利依据，

其内容为：1. 一种具有安全可靠性的微耕机，包括齿轮箱（2）、汽油机（10）、把手（11），齿轮箱（2）上设有汽油机固定架（3），汽油机（10）安装在汽油机固定架（3）上，齿轮箱（2）的动力输出轴上设有旋耕刀（1）；其特征在于：所述具有安全可靠性的微耕机设有自动熄火装置，所述自动熄火装置包括固定安装在车把横杆（15）上的熄火电接触点D（17）和后保护活动横杆（16），熄火电接触点D（17）与车把横杆（15）绝缘，熄火电接触点D（17）的接线端通过导线与汽油机的熄火线连接，后保护活动横杆（16）通过螺栓（19）活动安装在车把横杆（15）上，螺栓（19）上设有压簧（18）；具有安全可靠性的微耕机设有挡土板（4）。

2016年4月8日，立盈公司的委托代理人与山东省临沂市兰山公证处工作人员到位于山东省莒县寨里河乡政府驻地的德福公司沿街门市，购得两台“小直联”微耕机及相关配件物品一宗，并取得编号为0052405的销货清单一张。公证员对其中的一台微耕机进行现场封存，并进行了拍照。山东省临沂市兰山公证处对以上取证过程进行了公证，作出（2016）临兰山证民字第728号公证书。

一审法院经庭审比对，被诉侵权产品的技术特征与“ZL2012101911205”专利的特征具有以下区别：1. 专利特征：熄火电接触点的接线端通过导线与汽油机的熄火线连接。产品特征：熄火电接触点与汽油机的熄火线没有相连，且汽油机的熄火线上没有预留相应的接口。2. 专利特征：后保护活动横杆通过螺栓活动安装在车把横杆上，螺栓上设有压簧。产品特征：后保护活动横杆一端铰接在车把横杆上，一端通过一个导向套（矩形框）固定在车把横杆上，导向套内设有压簧。

被诉侵权产品的技术特征与“ZL201410140501X”专利的特征具有以下区别：专利特征：后保护活动横杆通过螺栓活动安装在车把横杆上，螺栓上设有压簧。产品特征：后保护活动横杆一端铰接在车把横杆上，一端通过一个导向套（矩形框）固定在车把横杆上，导向套内设有压簧。

2016年2月25日，立盈公司与重庆全景机械制造有限公司就涉案专利签订专利实施许可合同，主要约定，立盈公司许可重庆全景机械制造有限公司实施其涉案专利，许可方式为普通实施许可，许可期限为2年，许可费为300万元。该合同于2016年5月12日在国家知识产权局备案。立盈公司未提供实际履行该合同的相关证据。

山东省农业机械管理局出具德福公司申请农机补贴数据，2014年补贴数据：汽油机微耕机（型号 1WG－4、数量 3638 台、中央补贴 2546600 元、最终售价 7788526 元），汽油机微耕机（型号 1WG－5、数量 225 台、中央补贴 157500 元、最终售价 648000 元），风冷柴油机微耕机（型号 1WG－6.5、数量 1 台、中央补贴 700 元、最终售价 4300 元）。2015 年度补贴数据：功率 4KW 及以上微耕机（型号 1WG－4、数量 4276 台、中央补贴 3420800 元、最终售价 10012780 元），田园管理机（型号 3TG－4Q 、数量 16 台、中央补贴 12800 元、最终售价 61200 元）。

2016 年 8 月 17 日，一审法院组织立盈公司、德福公司到德福公司现场勘验，发现德福公司存有 1WG－4、1WG－5 型号微耕机。该微耕机不具有与涉案被诉侵权产品相一致的技术特征。

2016 年 12 月 8 日，一审法院组织立盈公司、德福公司到沂源凯丰农机销售有限公司勘验，发现有与涉案被诉侵权产品相同的微型耕耘机，该机显示：产品型号为 1WG－4Q、核定功率为 4.0KW、德福公司制造等。

德福公司成立于 2012 年 2 月 28 日，经营范围包括农业机械、畜牧机械及配件生产、销售等，注册资本 500 万元。

另查明，立盈公司支付代理费 2 万元、公证费 1500 元。

一审判理和结果

济南市中级人民法院一审认为，涉案专利权合法、有效，应受法律保护。根据《中华人民共和国专利法》第五十九条第一款的规定，发明专利权的保护范围以其权利要求的内容为准，说明书及附图可以用于解释权利要求。根据《最高人民法院关于审理侵犯专利权纠纷案件应用法律若干问题的解释》（法释〔2009〕21 号）第七条的规定，人民法院判定被诉侵权技术方案是否落入专利权的保护范围，应当审查权利人主张的权利要求所记载的全部技术特征。被诉侵权技术方案包含与权利要求记载的全部技术特征相同或者等同的技术特征的，人民法院应当认定其落入专利权的保护范围；被诉侵权技术方案的技术特征与权利要求记载的全部技术特征相比，缺少权利要求记载的一个以上的技术特征，或者有一个以上技术特征不相同也不等同的，人民法院应当认定其没有落入专利权的保护范围。

本案中，被诉侵权产品与立盈公司“ZL201410140501X”专利技术方案的区别在于：专利特征为“后保护活动横杆通过螺栓活动安装在车把横杆上，螺栓上设有压簧”，产品特征为“后保护活动横杆一端铰接在车把横杆上，一端通过一个导向套（矩形框）固定在车把横杆上，导向套内设有压簧”。一审法院认为，该专利权中后保护活动横杆通过螺栓活动安装在车把横杆上，结合说明书附图，该螺栓实际为后保护横杆靠近或远离车把横杆提供了一个导向杆。被诉侵权产品的一端通过一个矩形导向套固定在车把横杆上，该矩形导向套内设有压簧，矩形导向套也是为后保护横杆靠近或远离车把横杆提供导向作用。被诉侵权产品的技术特征与专利保护的特征相比，两者采取的手段基本相同，实现基本相同的功能，亦达到基本相同的效果，属于等同特征。故被诉侵权产品的技术特征与立盈公司“ZL201410140501X”专利技术方案所限定的各个技术特征构成相同或等同，落入立盈公司“ZL201410140501X”专利权的保护范围。

被诉侵权产品与立盈公司“ZL2012101911205”专利技术方案的区别在于：1. 专利特征：熄火电接触点的接线端通过导线与汽油机的熄火线连接。产品特征：熄火电接触点与汽油机的熄火线没有相连，且汽油机的熄火线上没有预留相应的接口；2. 专利特征：后保护活动横杆通过螺栓活动安装在车把横杆上，螺栓上设有压簧。产品特征：后保护活动横杆一端铰接在车把横杆上，一端通过一个导向套（矩形框）固定在车把横杆上，导向套内设有压簧。一审法院认为，被诉侵权产品的熄火电接触点与汽油机的熄火线之间缺少导线相连，其不具有相应的触地熄火功能，故被诉侵权产品缺少专利权对应的技术特征，没有落入立盈公司“ZL2012101911205”专利权的保护范围。

根据《中华人民共和国专利法》第十一条第一款的规定，发明专利权被授予后，除本法另有规定的以外，任何单位或者个人未经专利权人许可，都不得实施其专利，即不得为生产经营目的制造、使用、许诺销售、销售、进口其专利产品。德福公司未经立盈公司许可，制造、销售与立盈公司“ZL201410140501X”专利相同的产品，构成侵权，应承担停止侵权、赔偿损失的民事责任。对立盈公司要求德福公司赔偿经济损失及合理费用的诉讼请求，一审法院将结合下列因素予以综合酌定：（一）立盈公司涉案专利的类型为发明专利；（二）立盈公司提供的专利实施许可合同的许可费和履行情况；（三）德福公司侵权的主观过错、侵权时间、经营规模、销售数量；（四）立盈公司为维权而支付合理费用。

综上，一审法院依照《中华人民共和国专利法》第十一条第一款、第五十九条第一款、第六十五条，《最高人民法院关于审理侵犯专利权纠纷案件应用法律若干问题的解释》（法释〔2009〕21号）第七条的规定判决：一、德福公司立即停止侵犯立盈公司 ZL201410140501X“具有安全可靠性的微耕机”发明专利权的行为；二、德福公司于判决生效之日起十日内赔偿立盈公司经济损失和维权费用合计 30 万元；三、驳回立盈公司其他诉讼请求。如果德福公司未按照判决指定的期间履行给付金钱义务，应当依照《中华人民共和国民事诉讼法》第二百五十三条之规定，加倍支付迟延履行期间的债务利息。案件受理费 19200 元，由立盈公司负担 9200 元，德福公司负担 10000 元。

上诉与答辩

立盈公司上诉请求：依法撤销一审判决，发回重审或者改判支持立盈公司一审诉讼请求，一、二审案件受理费由德福公司承担。事实和理由：1. 一审判决遗漏立盈公司的诉讼请求。ZL2012101911205 号专利权利要求 1 也是立盈公司请求主张的专利权的保护范围，一审判决未予审查。2. 一审判决对被诉侵权产品是否落入权利要求 2 的保护范围认定事实错误。本案应认定被诉侵权产品落入 ZL2012101911205 号专利权利要求 1 和 2 的保护范围，构成对该专利权的侵权。3. 一审判决确定赔偿数额适用法律错误。本案应参照专利许可使用费的倍数合理确定，且一审法院酌定赔偿上未考虑同时侵犯两项发明专利权的情形。

德福公司答辩称：1. 一审法院不存在漏审。ZL2012101911205 号专利权利要求 2 是权利要求 1 的从属权利要求，被诉侵权产品未落入涉案专利权利要求 1 的保护范围，自然不会落入权利要求 2 的保护范围。2. 关于赔偿数额，立盈公司一审中仅提交了许可使用合同但未提交合同履行的任何证据，在无法证明许可合同履行的情况下，立盈公司主张的赔偿数额不能成立。

德福公司上诉请求：依法撤销一审判决第一、二项，改判驳回立盈公司的诉讼请求，一、二审诉讼费用由立盈公司承担。事实和理由：1. 被诉侵权产品的技术来源于现有技术方案。德福公司在被诉侵权产品中使用的技术主要来源于本领域内的常规技术，而非立盈公司的涉案专利。2. 被诉侵权产品并未落入涉案专利保护范围。被诉侵权产品与立盈公司涉案 ZL201410140501X 号专利存在多处既不相同也不等同的区别，缺少立盈公司专利权利要求记载的必要技术特征，并未落入涉案专利权保护范围，而且被诉侵权产品的工作原理和制动方法也和涉案专利有所区别。3. 即使认定侵权，一审判决酌定的赔偿数额也明显过高。

立盈公司答辩称：德福公司主张的现有技术抗辩不成立，被诉侵权产品落入涉案专利权利要求的保护范围，构成侵权。

二审审理查明

山东省高级人民法院在一审法院查明事实的基础上，另查明：

1. 一审庭审中，立盈公司明确其对专利号为ZL2012101911205号的专利请求保护权利要求1和权利要求2两个技术方案，并结合被诉侵权产品分别陈述了比对意见。

2. 一审中，德福公司主张被诉侵权产品的技术方案已被授予实用新型专利，提交了专利号为201520997708.9、名称为“微耕机自动分离保护装置”的实用新型专利文件一份。该份专利权利要求书记载：微耕机自动分离保护装置，其特征在于：它由安全杆、离合手柄、安全手柄、折叠支撑架、油箱、发动机、支撑架、离合线和车把组成，离合手柄位于安全手柄的下方，分离杆分别与离合手柄、安全手柄相连接，油箱、发动机与支撑架上且与折叠支撑架相连接，离合手柄与离合线相连接，且车把与发动机相连，当安全杆与安全手柄接触时，折叠支撑架与地面接触时，发动机自动断电停止工作，且离合线下滑，离合断开，车辆停止运行。

3. 经现场勘验，双方当事人一致认可被诉侵权产品汽油机的熄火线端头为可断开连接导线模式，通过已接入导线与车把横杆上的后触地熄火电接触点的接线端连接，从而实现其后触地熄火功能。同时，被诉侵权产品前支撑架上方设置有可连接导线的前触地熄火电接触点和接线端，但没有连接导线。立盈公司认可其公证购买被诉侵权产品时，汽油机熄火线与前触地熄火电接触点之间没有连接导线，但主张德福公司的售货员告知其可自行将导线接入，并教导其连接方法。立盈公司当庭演示了导线连接方法，即断开汽油机熄火线端头的已接入导线，连接一个一端设有两个接头的导线，其中一个接头通过与已断开的导线连接可实现被诉侵权产品原有的后触地熄火功能，另一个接头通过与前触地熄火电接触点的接线端连接可实现前触地熄火功能。德福公司否认其售货员教过立盈公司接入导线，并主张汽油机上并没有预留连接导线的接口，汽油机仅能连接一根导线，并且已经处于连接状态，没有再连接前触地熄火电接触点的可能，被诉侵权产品汽油机上的可断开连接装置是汽油机出厂时甩出的导线，所谓前支撑架上的前触地电熄火点也即螺母起缓冲作用，即产品复位时为支撑架提供缓冲和稳定作用。对此，立盈公司持有异议，认为缓冲支撑架的是位于前触地熄火电接触点旁的黑色橡胶垫，如果被诉侵权产品不通过导线连接实现前触地熄火功能，被诉侵权产品上的前触地熄火电接触点就构成多余设计。

二审判理和结果

山东省高级人民法院认为，根据双方当事人的诉辩主张，本案的争议焦点主要有以下四点：一是一审法院是否存在漏审问题；二是被诉侵权产品是否落入涉案专利的保护范围；三是德福公司主张的现有技术抗辩能否成立；四是一审法院确定的赔偿数额是否适当。

一、关于一审法院是否存在漏审的问题。根据已查明的事实，立盈公司在本案中明确主张其对 ZL2012101911205 号专利请求保护权利要求 1 和权利要求 2 两个技术方案。在此情形下，一审法院未单独列明该专利权利要求 1 的技术特征和比对结论，确有不当。同时，因立盈公司该专利权利要求 2 引用了权利要求 1，一审法院在比对权利要求 2 的过程中，实际对权利要求 1 的技术特征进行了对比，并基于被诉侵权产品缺少权利要求 1 的一项技术特征即“熄火电接触点的接线端通过导线与汽油机的熄火线连接”，认定被诉侵权产品未落入权利要求 2 技术方案的保护范围，故一审法院实际对权利要求 1 进行了审查，该程序瑕疵对立盈公司的实体权利并无实质影响。

二、关于被诉侵权产品是否落入涉案专利保护范围的问题。本案中，立盈公司主张保护的三个技术方案分别为 ZL2012101911205 号专利的权利要求 1 和权利要求 2，以及 ZL201410140501X 专利的权利要求 1（以下分别简称为技术方案 1、2、3）。经比对，双方当事人认可被诉侵权产品与上述技术方案 1 的区别技术特征为：熄火电接触点的接线端与汽油机的熄火线之间没有导线连接；与技术方案 2 的区别技术特征有两点：一是熄火电接触点的接线端与汽油机的熄火线之间没有导线连接，二是后保护活动横杆一端铰接在车把横杆上，一端通过一个导向套（矩形框）固定在车把横杆上，导向套内设有压簧；与技术方案 3 的区别技术特征为：后保护活动横杆一端铰接在车把横杆上，一端通过一个导向套（矩形框）固定在车把横杆上，导向套内设有压簧。因被诉侵权产品与技术方案 2 的区别技术特征分别涵盖了其与技术方案 1、3 的区别技术特征，故本院重点审查技术方案 2 所涉区别技术特征。

关于“熄火电接触点的接线端与汽油机的熄火线之间没有导线连接”区别技术特征。立盈公司主张该技术特征解决的是汽油机的前触地熄火功能，德福公司一审提交的实用新型专利文件披露了被诉侵权产品具有前触地熄火功能，被诉侵权产品亦预留了用以连接导线的接线端，德福公司虽未提供导线，但在立盈公司购买产品时告知了汽油机实现前触地熄火功能的导线连接方式，因此，被诉侵权产品在实际使用中具有前触地熄火功能。对此，本院认为，首先，德福公司一审抗辩称其被诉侵权产品已被授予实用新型专利，可证明与立盈公司涉案专利权保护的技术方案不同，并提交了专利号为201520997708.9、名称为“微耕机自动分离保护装置”的实用新型专利文件一份。该份专利文件的权利要求书明确记载：“当安全杆与安全手柄接触时，折叠支撑架与地面接触时，发动机自动断电停止工作”。由此可见，被诉侵权产品应具有前触地熄火功能。其次，根据已查明的事实，被诉侵权产品前支撑架上方设置有可供接入导线的触地熄火电接触点及接线端，通过接入导线即可实现前触地熄火功能。同时，德福公司对被诉侵权产品为何有该触地熄火电接触点及接线端设置不能做出合理解释，由此可见，被诉侵权产品预留了实现前触地熄火功能的必要设置。最后，根据立盈公司的当庭演示，因被诉侵权产品的熄火线端头为可断开模式，故通过接入导线的方式以实现熄火线同时与汽油机前、后触地熄火电接触点相连接的技术方案简单易行，不需要专业技术人员的知识储备，故德福公司存在指示消费者添加导线以实现被诉侵权产品前触地熄火功能的可能。综上，本院认为，被诉侵权产品具有前触地熄火功能，德福公司在销售该产品时实施了接入导线的简单改装方案以实现该功能，因此，德福公司抗辩称被诉侵权产品存在“熄火电接触点的接线端与汽油机的熄火线之间没有导线连接”区别技术特征，与事实不符，不能成立，被诉侵权产品实际具有“熄火电接触点的接线端通过导线与汽油机的熄火线连接”这一技术特征。

关于“后保护活动横杆一端铰接在车把横杆上，一端通过一个导向套（矩形框）固定在车把横杆上，导向套内设有压簧”区别技术特征。德福公司抗辩称涉案专利对应技术特征为“后保护活动横杆通过螺栓活动安装在车把横杆上，螺栓上设有压簧”，其中关于“活动安装”的用语表述为功能性限定，专利权保护范围应限于实现该功能的具体实施方式，而根据专利说明书及附图，“活动安装”是通过螺栓实现的，被诉侵权产品上述区别技术特征与该具体实施方式不同。对此，本院认为，根据最高人民法院《关于审理侵犯专利权纠纷案件应用法律若干问题的解释》第四条的规定，对于权利要求中以功能或者效果表述的技术特征，人民法院应当结合说明书和附图描述的该功能或者效果的具体实施方式及其等同的实施方式，确定该技术特征的内容。本案中，被诉侵权产品后保护横杆是通过“一端铰接、一端通过导向套固定”活动安装在车把横杆上的，该安装方式虽有别于涉案专利给出的具体实施方式，但均是对后保护横杆相对于车把横杆起到固定和导向作用，故其与涉案专利给出的具体实施方式相比，技术手段基本相同，实现的功能和达到的效果相同，且本领域普通技术人员在被控侵权行为发生时无需经过创造性劳动就能够联想到，构成等同技术特征。德福公司还抗辩称，被诉侵权产品该区别技术特征解决的是后保护横杆触发离合器断开动力，而不是触发熄火电接触点，但其认可被诉侵权产品的后保护横杆能够触发安装在车把横杆上的熄火电接触点。因此，被诉侵权产品是否具有触发离合器断开动力功能与本案无关，亦未改变被诉侵权产品具有的后触地熄火功能，本院对德福公司上述抗辩理由不予支持。

综上，德福公司生产销售的被诉侵权产品落入立盈公司涉案专利技术方案2的专利权保护范围，相应的，也落入技术方案1和技术方案3的专利权保护范围，侵害了立盈公司ZL2012101911205、ZL201410140501X两项专利权三个技术方案。一审法院认定被诉侵权产品未落入立盈公司ZL2012101911205专利权保护范围，认定事实有误，本院依法予以纠正。

三、关于德福公司主张的现有技术抗辩是否成立的问题。本院认为，根据德福公司提交的现有证据，尚不足以证明被诉侵权产品被诉落入涉案专利权保护范围的全部技术特征属于现有技术，故德福公司该项抗辩主张证据不足，不能成立。

四、关于一审法院确定的赔偿数额是否适当的问题。《中华人民共和国专利法》第六十五条规定，侵犯专利权的赔偿数额按照权利人因被侵权所受到的实际损失确定；实际损失难以确定的，可以按照侵权人因侵权所获得的利益确定。权利人的损失或者侵权人获得的利益难以确定的，参照该专利许可使用费的倍数合理确定。赔偿数额还应当包括权利人为制止侵权行为所支付的合理开支。权利人的损失、侵权人获得的利益和专利许可使用费均难以确定的，人民法院可以根据专利权的类型、侵权行为的性质和情节等因素，确定给予一万元以上一百万元以下的赔偿。本案中，因立盈公司、德福公司均未能提交有效证据证明被诉侵权产品生产、销售数量，在立盈公司实际损失、德福公司实际获利均无法确认的情形下，本院综合立盈公司涉案两项专利权为发明专利、被诉侵权产品落入涉案两项专利权三个技术方案的保护范围以及德福公司经营规模、被控侵权行为持续时间、被诉侵权产品销售单价等因素，依法酌定德福公司赔偿立盈公司经济损失及维权费用60万元。对于立盈公司超出该损失数额部分的诉讼请求，不予支持。

综上，立盈公司的上诉请求部分成立，本院予以支持。德福公司的上诉请求不能成立，本院予以驳回。依照《中华人民共和国专利法》第十一条第一款、第五十九条第一款、第六十五条，《中华人民共和国民事诉讼法》第一百七十条第一款第二项规定，判决：一、撤销山东省济南市中级人民法院（2016）鲁01民初993号民事判决第三项，即“驳回立盈公司其他诉讼请求”；二、变更山东省济南市中级人民法院（2016）鲁01民初993号民事判决第一项内容为：德福公司立即停止生产、销售侵害日照市立盈机械制造有限公司ZL2012101911205、ZL201410140501X“具有安全可靠性的微耕机”发明专利权的微耕机产品；三、变更山东省济南市中级人民法院（2016）鲁01民初993号民事判决第二项内容为：德福公司于本判决生效之日起十日内赔偿立盈公司经济损失和维权费用共计60万元；四、驳回立盈公司其他诉讼请求。一审案件受理费19200元，由立盈公司负担9400元，德福公司负担9800元。二审案件受理费19200元，由立盈公司负担9400元，德福公司负担9800元。

【法官评述】

本案的特殊之处在于，专利权人主张保护的技术方案1（即ZL2012101911205号专利权利要求1）具有“熄火电接触点的接线端通过导线与汽油机的熄火线连接”这一技术特征，能够实现微耕机前触地熄火功能，但是被诉侵权产品恰恰缺少该技术特征中的“连接导线”部件。在此情形下，专利权人主张被诉侵权产品实际具有上述技术特征，理由是生产者在售卖产品时提供了产品改装方案，通过简单改装加入连接导线，被诉侵权产品即具有该技术特征。由此，本案需要解决的关键问题在于：在无直接证据证明生产者对被诉侵权产品实施改装的情形下，改装方案能否认定为被诉侵权产品的技术特征以及生产者能否认定为改装方案的实施主体。对此，笔者论述如下：

1. 生产者既往对被诉侵权产品技术特征的确认对其构成约束

本案一审中，生产者明确提出过不侵权抗辩，并提交了其享有专利权的一份实用新型专利文件，主张被诉侵权产品与该实用新型专利权的技术方案一致。经审查，该实用新型专利权利要求书明确记载了该专利产品具有前触地熄火功能。据此可以认定，生产者在一审中已确认被诉侵权产品应具有前触地熄火功能。二审中，生产者虽对此予以否认，拟撤回该不侵权抗辩事由，但因其对一审已确认的事实反悔无法做出合理解释，故其一审中已确认的事实对其构成约束。需要指出的是，因该实用新型专利并未给出专利产品实现前触地熄火功能的具体实施方案，仅凭该实用新型专利文件尚不足以认定被诉侵权产品即具有本案技术方案1的争议技术特征，仍需结合其他事实予以综合认定。但不可否认的是，该事实对笔者最终形成内心确认具有倾向作用。专利权人为证明该事实对确认被诉侵权产品技术特征具有补充认定作用，曾援引北京市高级人民法院（2007）高民终字第1259号案例作为本案裁判先例。在该案中，被诉侵权人抗辩称被诉侵权产品包装箱内缺乏制冷连接管这一部件，二审法院在“本院认为”部分论述称：“构成被诉侵权产品的两个箱体上均预留了用以安装制冷连接管的接口，而被诉侵权人随产品发送的《安装、操作和维护手册》亦给出了在实际使用中必须安装制冷连接管的明确教导，而且，缺少制冷连接管的被诉侵权产品无法实际运行，因此，被诉侵权产品本身实际上并不缺少制冷连接管这一必要技术特征。”专利权人认为本案实用新型专利文件与该案中的产品手册一样应对被诉侵权产品的技术特征起到补充认定作用。笔者对此不予认同，因为本案的事实与该援引案例存有明显不同，即本案被诉侵权产品是否具有前触地熄火功能并不影响其正常使用，且其还具有后触地熄火功能；而援引案例中被诉侵权产品如无制冷连接管则无法实际运行，因此结合产品手册可以得出该案被诉侵权产品具有制冷连接管这一确定无疑的结论。

2. 被诉侵权产品的预留设置对改装技术特征的认定具有关键作用

通过现场勘验，被诉侵权产品连接发动机一端的熄火线设置为开放式结构，可以随时插拔接入导线，同时，其前支撑架上有可接入导线的螺栓与螺母结构（即触地熄火电接触点）。在此情形下，仅需接入一根导线即可使被诉侵权产品具有前触地熄火功能，并且该技术方案与专利权人主张保护的技术方案1完全相同。由于生产者对于上述产品的预留设置不能给出合理解释，结合其一审提交的实用新型专利文件，足以认定被诉侵权产品实际具有“熄火电接触点的接线端通过导线与汽油机的熄火线连接”这一技术特征，落入技术方案1的专利权保护范围。同时，通过认定被诉侵权产品实际具有改装后的技术特征，落入专利权保护范围，也体现了司法实践中对“严格保护”司法政策的具体适用。

3. 改装方案是否简易可行是认定生产者可能提供改装方案的重要因素

如前文所述，被诉侵权产品在使用中通过简单接入导线即能实现专利权的前触地熄火技术方案，无需专业技术人员的知识储备，且生产者对产品预留的实现改装所需的必要设置不能做出合理解释。在此情形下，足以推定生产者在售卖产品时存在指示消费者实现改装方案的可能，生产者应就其提供改装方案行为承担相应的侵权责任。

编写人：山东省高级人民法院　刘晓梅

广东必达保安系统有限公司诉广东力维智能锁业有限公司侵害外观设计专利纠纷案

——阅读提示：电子产品通电使用状态下的图形用户界面是否应当纳入外观设计近似性比对的考量因素？

【裁判要旨】

在审理侵害外观设计专利权纠纷时，如果被诉侵权产品是通电使用状态下有图形用户界面的电子产品，即使涉案外观设计专利无此设计，也不应当排除通电状态下的图形用户界面对整体视觉效果产生的影响。要根据被诉侵权设计的图形用户界面在整体设计中所占比重大小，对整体视觉效果影响大小，经过整体观察、综合判断，确定被诉侵权设计与外观设计专利是否相近似。

【案号】

一审：广州知识产权法院（2015）粤知法专民初字第1235号

二审：广东省高级人民法院（2016）粤民终1134号

【案情与裁判】

原告（被上诉人）：广东必达保安系统有限公司

被告（上诉人）：广东力维智能锁业有限公司

起诉与答辩

原告广东必达保安系统有限公司于2015年起诉称，该公司是涉案外观设计专利“门锁（V1）”的专利权人。被告未经原告许可，制造、销售、许诺销售侵犯了涉案专利权的门锁，给原告造成了巨大损失。据此，原告请求判令被告：1. 立即停止制造、销售、许诺销售侵害原告专利权的侵权产品，销毁库存侵权产品；2. 赔偿原告经济损失人民币15万元；3. 赔偿原告为制止侵权行为而支出的合理费用23355元；4. 承担本案诉讼费。

被告广东力维智能锁业有限公司答辩认为，被诉侵权设计与本案专利权不相同也不相似，不构成侵权。因此，被告请求驳回原告的诉讼请求。

一审审理查明

广东必达保安系统有限公司于2011年5月27日向国家知识产权局申请名称为“门锁（V1）”的外观设计专利，并于2011年11月30日获得授权，专利号为ZL201130143391. X。

2015年4月17日，广东必达保安系统有限公司在广东力维智能锁业有限公司支付现金1980元订购智能锁一把，随后通过快递公司收到被诉侵权产品。

经当庭比对，涉案外观设计专利与被诉侵权产品设计的相同点为：1. 两者均由前、后面板、锁体及门把手等部分组成，前后面板均为整体近似长方形的设计，且上下端均为略向外凸出的弧线设计。2. 两者前、后面板表面均有长方形内芯板设计，且内芯板的大小、位置、比例基本相同。3. 两者门把手的主视图形状和长度基本相同，且均位于前后面板下端相同位置，门把手与面板均通过圆柱体连接。4. 两者锁体整体形状相似，且一侧均设有三个锁舌。

涉案外观设计专利与被诉侵权产品设计的区别点为：1. 被诉侵权产品前后面板的长度是基本一样的且是平直的，涉案专利的后面板是比较短的，且有一定斜度。2. 被诉侵权产品前面板中、下部内芯板连接处有一装饰图案，而涉案专利没有此设计。3. 被诉侵权产品前面板下端有长方形的凹槽，凹槽刻有“LEVELLOCK”字样，而涉案专利无此设计。4. 被诉侵权产品前面板上部的长方形显示有“CARD HERE”字样，该字样下方还有铃铛形图案，而涉案专利无此设计。5. 门把手俯视图形状不同，被诉侵权产品是有弧度设计，涉案专利是平直设计。6. 涉案专利门把手前端有一水平横向装饰直线，该装饰线位于门把手中间且为门把手三分之二长，而被诉侵权产品无此设计，而是在门把手后端有圆形凹陷装饰。7. 被诉侵权产品门把手与面板的连接部分是同心圆的设计，涉案专利是一个圆圈凸台的设计。8. 后面板的反锁设计不同，被诉侵权产品的反锁类似梯形设计，涉案专利类似锁孔形状。9. 被诉侵权产品前面板底部有插备用电池的金属接触点设计，涉案专利无此设计。10. 被诉侵权产品是电子产品，通电后轻触前面板上部，会出现1—9和＊、#号的发亮键盘，随后会剩余随机两个数字，然后按该两个数字就会解锁成功，随后会出现“welcome”字样及全部数字，涉案专利无此设计。

一审判理和结果

一审法院认为，被诉侵权产品与涉案外观设计专利的区别点均属于细微区别，两者在整体视觉效果上不存在实质性差异，构成相近似设计，被诉侵权产品落入涉案专利权的保护范围。遂判决：一、广东力维智能锁业有限公司于判决发生法律效力之日起立即停止制造、销售、许诺销售侵害广东必达保安系统有限公司名称为“门锁（V1）”、专利号为ZL201130143391. X的外观设计专利权的产品，并销毁库存侵权产品；二、广东力维智能锁业有限公司于判决发生法律效力之日起十日内赔偿广东必达保安系统有限公司经济损失8万元及合理费用1万元；三、驳回广东必达保安系统有限公司的其他诉讼请求。

上诉和答辩

广东力维智能锁业有限公司提起上诉，以被诉侵权设计与本案专利权不相同也不相似，不构成侵权为由，请求撤销一审判决，驳回广东必达保安系统有限公司的全部诉讼请求。

广东必达保安系统有限公司答辩认为一审判决认定事实清楚，适用法律正确。请求驳回上诉，维持一审判决。

二审审理查明

一审查明的事实属实。二审期间，国家知识产权局专利复审委员会于2016年9月22日作出第30101号《无效宣告请求审查决定书》，维持涉案专利权有效。该决定书以专利号为200630060589. 0号的中国外观设计专利授权公告文件（比对设计1）和专利号为KR30－2007－0007750号的韩国外观设计专利授权公告文本及其翻译（比对设计2）两份现有设计比对文件为基础，作出维持专利权有效的决定。决定要点：对于门锁类产品而言，带有L形门把手的长条形锁属于较为常见的形状，一般消费者对于长条状面板的具体形状以及其表面装饰线条的变化会更加关注，涉案专利相对于比对设计1和比对设计2在面板具体形状、装饰以及有无锁芯上的差别足以引起一般消费者的关注，从而对整体视觉效果构成显著的影响。具体而言，以下五个方面是涉案专利区别于现有设计的设计特征：（1）前后面板的立体形状，涉案专利是更厚的梯台状，表面为弧面设计。（2）前面板的装饰，前面板中部分割线条以及底部靠近短边的装饰，涉案专利缺少一个刷卡指示区。（3）把手有无条形装饰线及把手弯曲的弧度。(4) 前面板内芯板和外轮廓板上下边的距离以及装饰。(5) 锁体结构的有无。

二审判理和结果

二审法院认为，根据《最高人民法院关于审理侵犯专利权纠纷案件应用法律若干问题的解释》第十一条规定，人民法院认定外观设计是否相同或者近似时，应当根据授权外观设计、被诉侵权产品的设计特征，以外观设计的整体视觉效果进行综合判断。下列情形，通常对外观设计的整体视觉效果更具有影响：(一) 产品正常使用时容易被直接观察到的部位相对于其他部位；(二) 授权外观设计区别于现有设计的设计特征相对于授权外观设计的其他设计特征。被诉侵权产品与涉案外观设计专利均为门锁，属于同类产品，可以进行比对。鉴于双方当事人对两者的区别点均予以认可，因此本案的关键是，以该类产品的一般消费者的知识水平和认知能力而言，这些区别点在整体视觉效果上是否有实质性差异。二审法院认为，被诉侵权产品与涉案专利均由前、后面板、锁体及门把手等部分组成，前后面板、内芯板、门把手、锁体的整体形状、位置、比例基本相同或相似。但是，正如《无效宣告请求审查决定书》所述，对于门锁类产品而言，带有L形门把手的长条形锁属于较为常见的形状。因此，在进行近似性比对时，授权外观设计区别于现有设计的设计特征相对于授权外观设计的其他设计特征，通常对整体视觉效果更具有影响。根据两者区别点可见，被诉侵权产品与涉案专利两者前后面板的立体形状、前面板内芯板和外轮廓板上下边的装饰均有区别，两者前面板的装饰、把手条形装饰线及把手弯曲的弧度均有明显区别。特别是“被诉侵权产品是电子产品，通电后轻触前面板上部，会出现1—9和＊、#号的发亮键盘，随后会剩余随机两个数字，然后按该两个数字就会解锁成功，随后会出现‘welcome’字样及全部数字，而涉案专利无此设计”，两者区别非常明显。二审法院确认，被诉侵权设计与涉案专利外观设计因存在上述诸多差别，对整体视觉效果足以产生显著的影响，以一般消费者的知识水平和认知能力，经过整体观察、综合判断，可以认定被诉侵权设计与涉案专利外观设计在整体视觉效果上存在实质性差异，应当认定两者不近似。因此，被诉侵权设计未落入涉案专利的保护范围。据此，二审法院判决：一、撤销广州知识产权法院（2015）粤知法专民初字第1235号民事判决；二、驳回广东必达保安系统有限公司的诉讼请求。

【法官评述】

被诉侵权电子产品含有图形用户界面（GUI，即 Graphics User Interface），而外观设计专利无此设计。本案首次把被诉侵权电子产品通电使用状态中含有的图形用户界面作为近似性比对考量因素，这种比对方法也得到了最高人民法院的肯定。①

一、图形用户界面被授予外观设计专利权对侵权判定方式的影响

我国专利法实施以来，对于图形用户界面长期以来未给予保护，强调给予保护的产品图案应当是固定的、可见的，而不应是时有时无的或者需要在特定的条件下才能看见的。② 但是随着科学技术的迅猛发展，具有图形用户界面的电子产品日益普遍。比如，锁类产品逐渐发展为智能化电子锁，可以借助图形用户界面完成锁具的开关功能，进入千家万户的日常生活。为了适应科学技术以及经济社会发展的需要，2014 年 3 月 12 日，国家知识产权局修改了《专利审查指南》，删除了上述表达，把第一部分第三章第 7.4 节第一段第（11）项修改为："不纳入保护范围的客体限定为游戏界面以及与人机交互无关或者与实现产品功能无关的产品显示装置所显示的图案"。同时在第一部分第三章第 4.2 节第三段之后新增一段："就包括图形用户界面的产品外观设计而言，应当提交整体产品外观设计视图。图形用户界面为动态图案的，申请人应当至少提交一个状态的上述整体产品外观设计视图，对其余状态可仅提交关键帧的视图，所提交的视图应当能唯一确定动态图案中动画的变化趋势。"③ 上述规定实际上改变了外观设计专利授权客体的范围，把图形用户界面纳入外观设计专利的授权客体之中。

---

① 专利权人随后向最高人民法院提出申诉请求，被依法驳回。最高人民法院在（2017）最高法民申 3201 号民事裁定书中指出，"被诉侵权设计通过前面板通电显示界面开锁，二审判决将其作为锁体结构上的差别予以考虑并无不当"，肯定了在本案中首次采用的外观设计近似性比对方法。

② 参见《专利审查指南》（2010）第一部分第三章 7.2"产品的形状、图案或者其结合以及色彩与形状、图案的结合"。

③ 参见《国家知识产权局关于修改〈专利审查指南〉的决定》（第六十八号令）。此外，国家知识产权局于 2019 年 9 月 24 日发布关于《专利审查指南》修改的公告，本次修改细化了图形用户界面的产品外观设计申请要求。

人民法院在审理电子产品类外观设计侵权案件时，也要正视科学技术和经济社会发展的客观要求，不应当排除电子产品通电使用状态下图形用户界面对整体视觉效果产生的影响。目前，各地法院在审理电子产品类外观设计侵权案件时，正逐步摸索图形用户界面近似性的比对方式[①]，以顺应专利保护政策变化对侵权判定方式的影响。本案的特点是，涉案外观设计专利不含图形用户界面，而被诉侵权产品含有图形用户界面，因此把电子产品通电使用状态下的图形用户界面纳入近似性比对的考量因素之中，是一个开创性的探索。

二、电子产品通电使用状态下的图形用户界面纳入近似性比对的考量因素的判断方法

在实践中，许多产品都有不同的使用状态，如翻盖手机、霓虹灯、沙发床等，每一种使用状态在侵权比对过程中都不应当忽视。《最高人民法院关于审理侵犯专利权纠纷案件应用法律若干问题的解释》第十一条第二款规定，产品正常使用时容易被直接观察到的部位相对于其他部位，通常对外观设计的整体视觉效果更具有影响。通电状态下含有图形用户界面的电子产品是科技发展的产物，同样是电子产品的使用状态之一，如果属于产品使用时容易被直接观察到的部位，应当被纳入近似性判断考量因素之中。以智能化电子锁为例，对一般消费者而言，无论是智能化电子锁的终端用户，还是安装智能化电子锁具的工程技术人员，在选择智能化电子锁时，都不可能对智能化电子锁通电使用状态下的图形用户界面视而不见。相反，通电使用状态下的图形用户界面的差异很可能增强或减弱一般消费者的购买欲望，影响一般消费者的购买决策。

在对含图形用户界面的被诉侵权设计与专利外观设计进行比对时，要坚持整体观察、综合判断的方法，电子产品的图形用户界面仅是近似性判断的考量因素之一。如果经过比对，被诉侵权设计的电子产品图形用户界面在整体设计中所占比重较小，对整体视觉效果影响不大，并不能仅因被诉侵权的电子产品存在图形用户界面而认定两者不相近似。而当被诉侵权

---

① 如北京市高级人民法院在《专利侵权判定指南》(2017) 第八十六条、第八十七条增加对于静态图形用户界面外观设计和动态的图形用户图面外观设计的侵权比对方法。

设计与涉案专利外观设计比对后，增加了图形用户界面设计的被诉侵权设计与涉案专利外观设计在整体视觉效果上具有实质性差异时，则可以得出两者不相近似的结论。

需要指出，在进行近似性比对时，要注意区别《专利审查指南》和《最高人民法院关于审理侵犯专利权纠纷案件应用法律若干问题的解释（二）》（以下简称《专利司法解释二》）中有关“变化状态产品”的不同含义。《专利审查指南》中所指的“变化状态产品”是指在销售和使用时呈现不同状态的产品。[①] 比如，折叠床、折叠自行车、折叠凳、雨伞等。而《专利司法解释二》第十七条规定的“变化状态产品”，则是指产品具有不同的使用状态的情况，如翻盖手机、霓虹灯、沙发床、通电时有图形用户界面的智能化电子锁等。这两种“变化状态产品”的对比方式存在根本区别。在对比“销售和使用时呈现不同状态的产品”时，认定被诉侵权产品与外观设计专利是否相近似，只需要比对被诉侵权产品使用状态下是否与外观设计专利相同或近似，无需考虑销售（非使用）状态下的情况。而在对比“产品的不同使用状态”时，认定被诉侵权产品与外观设计专利是否相近似，应当遵循整体观察，综合判断的方法，把被诉侵权产品的所有使用状态与外观设计专利的所有使用状态进行比对后，确定是否构成相同或者近似。对于该条规定的“被诉侵权设计缺少其（指外观设计专利变化状态图所示各种使用状态）一种使用状态下的外观设计或者与之不相同也不近似的，人民法院应当认定被诉侵权设计未落入专利权的保护范围”，不能作绝对化理解。即使被诉侵权设计缺少外观设计专利某种使用状态，但是如果对整体视觉效果不产生显著影响的，还是要通过整体观察、综合判断，确定被诉侵权设计与外观设计专利是否相近似。

编写人：广东省高级人民法院　岳利浩

---

① 参见《专利审查指南》第四部分第五章 5.2.5 组件产品和变化状态产品的判断 5.2.5.2 变化状态产品。

（二）侵害商标权纠纷案件

北京汇源食品饮料有限公司诉菏泽汇源罐头食品有限公司侵害商标权及不正当竞争纠纷案

——阅读提示：侵害商标权和不正当竞争行为的认定，以及损害赔偿额的确定

【裁判要旨】

未经商标注册人许可，在类似商品上使用与其注册商标近似的商标，容易导致混淆的以及销售侵犯注册商标专用权的商品的行为，均属于侵犯注册商标专用权的行为。北京汇源公司在32类果汁等商品上注册有系汇源商标和汇源商标，菏泽汇源公司未经北京汇源公司许可，在水果罐头、冰糖山药罐头和八宝粥等类似商品包装上使用了近似标识，容易使相关消费者混淆误认，构成侵害商标权。

企业在申请注册企业名称时已知晓他人注册商标，而申请相同字号企业名称的，表明该企业具有攀附他人商誉的主观故意，企业在经营中客观造成了相关消费者的混淆误认的，构成不正当竞争。

在确定商标侵权损害赔偿责任时，应综合考虑涉案商标的知名度、侵权产品的类型与产量、侵权人的主观恶意、侵权产品的生产销售范围以及相关公众造成实际混淆的后果等因素。

【案号】

一审：山东省高级人民法院（2014）鲁民三初字第2号

二审：最高人民法院（2015）民三终字第7号

【案情与裁判】

原告（上诉人）：北京汇源食品饮料有限公司（简称北京汇源公司）

被告（上诉人）：菏泽汇源罐头食品有限公司（简称菏泽汇源公司）

起诉与答辩

北京汇源公司向一审法院起诉称：其是第1643301号汇源、第4683709号汇源商标的权利人，以上两商标核准注册在商品类别第32类，现在保护期内。北京汇源公司一直将两注册商标作为核心标识使用在水果饮料、果汁等商品上。经过北京汇源公司的宣传和销售，两商标已经为广大消费者知晓，第1643301号汇源商标于2002年3月12日被国家工商行政管理总局商标局（以下简称商标局）认定为驰名商标。目前，“汇源”已经成为中国果汁行业第一品牌。菏泽汇源公司成立于2011年，其未经北京汇源公司许可，大量生产、销售“汇源”罐头商品，在网站宣传中使用“汇源”商标，在其生产的商品的外包装、瓶贴、网站中使用“菏泽汇源罐头食品有限公司”企业名称。由于第1643301号汇源、第4683709号汇源商标系驰名商标，菏泽汇源公司使用“汇源”标识及“汇源”字号的行为构成商标侵权及不正当竞争，给北京汇源公司造成了严重的声誉损失和经济损失，故向法院提起诉讼，请求判令菏泽汇源公司：1. 停止在生产、销售及网站宣传中侵害上述两商标权的行为；2. 停止使用并变更企业名称；3. 在《中国工商报》等报纸上发表声明以消除不良影响；4. 赔偿经济损失及合理费用1亿元并承担本案诉讼费用。

菏泽汇源公司答辩称：其并未侵害北京汇源公司的商标权，亦不构成不正当竞争。其主要理由是：1. 菏泽汇源公司使用的“汇源”文字商标是注册在第29类、注册号为第7400527号的注册商标，与北京汇源公司要求保护的两商标核准注册商品类别不同，且菏泽汇源公司使用该商标经过了授权、转委托等手续，其使用具有合法来源，故菏泽汇源公司的行为未侵害涉案商标权。2. 因菏泽汇源公司在成立之前获得了第242665号“汇源图文”商标的使用权，该商标注册早于北京汇源公司要求保护的两商标，为与该商标保持一致，并经该商标权人授权，菏泽汇源公司申请了现在的企业名称，因此，菏泽汇源公司使用“汇源”字号的行为不构成不正当竞争。3. 菏泽汇源公司从成立至今一直处于亏损状态，并没有盈利，因此北京汇源公司主张的赔偿损失没有依据。

一审法院查明

一审法院经审理查明如下事实：

（一）关于本案当事人主体的相关事实

北京汇源公司系于1996年1月29日由北京永新食品有限公司变更名称而来，公司法定代表人为朱燕彤，注册资本4000万美元，公司类型为外国法人独资有限责任公司，经营范围包括生产果蔬汁饮料系列食品、茶饮料、果冻、果浆系列食品等及上述同类商品的批发、零售（不设店铺）、佣金代理（拍卖除外）（涉及配额许可证管理、专项规定管理的商品按照国家有关规定办理）；销售自产商品。

菏泽汇源公司成立于2011年11月24日，注册资本500万元，法定代表人为张文敏，经营范围为食品机械的销售。2012年6月5日，法定代表人变更为郑祥信；2012年6月8日，注册资本变更为1亿元；2012年9月29日，营业范围变更为果蔬罐头（糖水桃罐头；什锦水果罐头；糖水桔子罐头）的生产销售及进出口业务。

（二）关于北京汇源公司要求保护的两注册商标的相关事实

2001年9月28日，北京汇源果汁饮料集团总公司经商标局核准注册了第1643301号汇源商标，该商标核定使用商品为第32类，包含茶饮料（水），可乐，无酒精水果混合饮料，植物饮料，绿豆饮料，水果饮料（不含酒精），果汁饮料（饮料），矿泉水（饮料），蕃茄汁（饮料），蔬菜汁（饮料）等，注册有效期限为2001年9月28日至2011年9月27日。2002年9月28日，该商标经核准转让给北京汇源饮料食品集团有限公司。2007年5月21日，该商标经核准转让给北京汇源公司。2011年7月25日，该商标经核准续展注册有效期自2011年9月28日至2021年9月27日。北京汇源公司通过普通许可的方式，授权北京汇源公司所属的汇源集团及汇源集团其他所有附属公司使用涉案商标。

2008年3月7日，北京汇源公司经商标局核准注册了第4683709号汇源商标，该商标核定使用商品为第32类：无酒精果汁饮料，果汁，水

(饮料),蔬菜汁(饮料),葡萄汁,柠檬水,无酒精饮料,果茶(不含酒精),蕃茄汁(饮料),植物饮料(截止);注册有效期限为2008年3月7日至2018年3月6日。

(三)关于涉案两注册商标知名度的相关事实

1. 使用涉案两注册商标商品销售情况。

根据(2014)京中信内经证字31107号《公证书》公证保全的香港交易所披露的汇源集团2006年至2013年年报,北京汇源公司在2006—2013年间"汇源"果汁销售收入情况如下表:(单位:千元)

	2006年	2007年	2008年	2009年	2010年	2011年	2012年	2013年
销售额	2066300	2656337	2819739	2832627	3707954	3825596	3980766	4503885

根据北京市工商档案管理中心查询的北京汇源公司年检材料,北京汇源公司2006—2012年相关资产情况如下表:(单位:万元)

	资产总额	销售收入	纳税总额
2006年	119648.49	60084.93	免税
2007年	106451.00	68327.00	4988.00
2008年	126946.86	69744.23	5165.30
2009年	208535.33	191588.68	4729.60
2010年	461053.82	297238.81	5651.57
2011年	379509.92	358342.18	11924.49
2012年	321929.53	325319.20	8850.26

2. 有关涉案两注册商标的宣传情况。

北京汇源公司委托北京产经视点广告有限责任公司、北京三合嘉铭国际广告有限公司等于2006—2013年在相应时段的CCTV-1、CCTV-2、CCTV-3、CCTV-6、CCTV-7、CCTV-8、湖南卫视、安徽卫视、山东卫视、东方卫视等中央和各地方卫视等电视媒体播放汇源果汁广告。北京汇源公司还在2006年、2007年、2010年、2013年春节联欢晚会、2011年央视中秋晚会中投放果汁广告,并取得2013年CCTV-1《星光大道(超级版)》独家冠名权。北京汇源公司在《经济日报》《21世纪经济报道》《读报参考》《北京晚报》《半岛都市报》《旅友》等全国或地方报纸、期刊刊登广告。此外,2006

年至2013年期间，北京汇源公司委托数家广告公司通过网络广告、户外广告牌等方式在全国范围内发布汇源广告。

根据（2014）京方圆内经证字20091号《公证书》及（2014）京方圆内经证字20090号《公证书》，北京汇源公司公证的229份合同涉及金额1.5亿元，1227张广告发票金额为5.8亿元。

3. 涉案两注册商标享有的市场声誉。

（1）涉案两注册商标的权利人获得的主要荣誉：

2002年至2013年，涉案两注册商标的权利人先后获得或被评为：2004年具有世界影响力的中国著名企业，2004年度中国食品工业百强企业，2005中国饮料工业十强企业，2006年中国品牌百企榜上榜企业，2005—2006年度中国食品工业质量效益奖，2005—2006年度全国食品工业优秀龙头食品企业，2007年全国轻工行业先进集体，2008年中国饮料工业二十强，2009年度中国轻工业饮料行业十强企业，2011年中国食品工业协会科学技术二等奖，2012年中国果汁行业领军企业，2013年中资食品上市公司50强。涉案两注册商标权利人分别于2002年、2004年、2007年、2008年、2010年、2013年被农业部评为“农业产业化国家重点龙头企业”。

（2）涉案两注册商标及使用该两商标的商品获得的主要荣誉：

2002年至2013年，“汇源”商标及商品先后获得或被评为：2002年质量安全国家标准合格商品，2004年中国名牌商品，2007年最具市场竞争力品牌，2007年中国民众满意十佳食品品牌，2009年消费者最喜爱的绿色商标，2010年度全球消费者信赖的中国饮料行业十佳优秀自主品牌，2010年亚洲荣誉品牌白金奖，2011年全国质量安全保障知名品牌，2011年品牌中国华谱奖，2012年信誉品牌白金奖。

2005年11月，汇源100%纯果汁系列荣获2005北京国际餐饮·食品博览会金奖；2006年9月，汇源果鲜美荣获第二届中国（北京）国际餐饮·食品博览会金奖；2010年6月，汇源果汁果乐被评为清馨绿色饮品奖；2012年9月，汇源果汁被评为中国消费者果汁首选品牌。

4. 涉案“汇源”商标曾作为驰名商标受保护的事实。

2002年3月12日，商标局下发商标监（2002）117号《关于“汇源”商标认定为驰名商标的通知》，认定北京汇源公司注册并使用在果汁饮料商品上的汇源商标为驰名商标。

（四）关于公证购买被诉侵权商品的相关事实

2013年4月17日，北京市方正公证处的公证员郭某、工作人员王某随北京汇源公司的委托代理人石伟到位于河南省扶沟县吉祥中路、吉祥北路和文化东路相交的十字路口西南角标牌显示为“聚丰商贸”的店铺进行证据保全。石伟在该商铺以普通消费者的身份购买了标识为“汇源”的水果罐头一箱，并取得盖有“扶沟县聚丰商贸发票专用章”的《食品销货清单》一张。本次保全结束后，公证员及工作人员将所购物品带回北京市方正公证处，由石伟对所购商品进行了拍照，并由公证员将公证购买的商品封存。北京市方正公证处对上述证据保全行为出具（2014）京方正内经证字第06751号公证书。根据该公证书及公证封存的实物，被诉侵权商品标有“汇源”“汇源”标识，外包装箱及商品标贴上显示的制造商为：菏泽汇源罐头食品有限公司，地址：山东省菏泽市牡丹区八一西路，销售热线：4006718655，电话：0530－5238888，传真：0530－5238666，生产许可证号：QS371709011280，商品条形码：6957634800183，网址：××，邮箱：sal×××@hzhuiyuan.com。

2014年5月6日，菏泽市曹州公证处公证员侯某、公证员助理吴某与北京汇源公司的委托代理人石伟来到位于菏泽市××街三信购物广场进行证据保全。石伟在一楼罐头及饮料专区内购买了三罐汇源牌冰糖山药罐头。随后，石伟在一楼服务台打印了上述商品的发票一张（发票号码：02154387）。随后，石伟与公证人员回到公证处，公证人员将上述购买的物品封存，石伟对上述过程进行了拍照。菏泽市曹州公证处上述公证保全行为出具（2014）菏曹州证民字第825号公证书。根据该公证书及公证封存的实物，被诉侵权商品标有“汇源”“汇源”标识，显示的制造商为：菏泽汇源罐头食品有限公司，地址：菏泽市八一路1888号，销售热线：4000856606，生产许可证号：QS371709011280，商品条形码：6957118100020。

2014年5月7日，菏泽市曹州公证处公证员侯某、公证员助理吴某与北京汇源公司的委托代理人石伟来到位于菏泽市××街三信购物广场进行证据保全。石伟在一楼购物区西南角购买了一箱汇源牌什锦礼盒。随后，石伟在一楼服务台打印了上述商品的发票一张（发票号码：02154411）。随后，石伟与公证人员回到公证处，公证人员将上述购买的物品封存，石伟对上述过程进行了拍照。菏泽市曹州公证处对上述公证保全行为出具（2014）菏曹州证民字第856号公证书。根据该公证书及公证封存的实物，被诉侵权商品标有“汇源”“汇源”标识，外包装箱及商品标贴上显示的制造商为：菏泽汇源罐头食品有限公司，地址：山东省菏泽市牡丹区八一西路，销售热线：4006718655，电话：0530－5238888，传真：0530－5238666，生产许可证号：QS371709011280，商品条形码：6957634800718，网址：××，邮箱：sal×××@hzhuiyuan.com。

经北京汇源公司在国家食品药品监督管理总局网站查询，证书编号为QS371709011280的生产许可证属于菏泽汇源公司所有，发证时间为2012年9月13日；经在中国物品编码中心网站查询，商品条码信息为69576348的厂商识别代码属菏泽汇源公司所有，现该厂商识别代码在有效期内。

菏泽汇源公司对上述被诉侵权商品上的公司名称、地址、电话、生产许可证号及厂商识别代码等信息属其所有没有异议，并认可被诉侵权商品是其生产销售。

（五）关于公证网页侵权行为的相关事实。

2014年3月17日，北京市中信公证处公证员刘某、工作人员黄洁琳与北京汇源公司的委托代理人石伟在北京市中信公证处，用该公证处的电脑对www.hezehuiyuan.com网站内容进行证据保全，并出具（2014）京中信内经证字第10137号公证书。根据该公证书保全的网页内容，www.hezehuiyuan.com网站标题栏使用“汇源”标识、“菏泽汇源罐头食品有限公司”企业名称，并展示多个系列使用“汇源”标识的罐头商品；公布了通过组织“汇源罐头”新品订货会，参加成都糖酒会、福州糖酒会等形式获取大量订单的动态信息；有“汇源本身有较好的国际贸易和品牌优势”“公司商品远销美国、欧盟、中东、东南亚、日韩、西亚等多个国家和地区，在国内外享有较高的信誉和知名度”等企业宣传内容。在该网站新闻中心栏目中，有2013年1月14日“菏泽政府领导来本公司参观考察”的新闻内容，该新闻中显示：“菏泽汇源罐头食品有限公司预计总投资1.5亿元，计划建成集水果罐头、果蔬罐头、保鲜、速冻、贸易于一体的综合性企业。预计年加工罐头3万吨，销售额达2亿元，实现利税2000万元”。

www.hezehuiyuan.com网站是张文敏于2012年5月4日登记注册。菏泽汇源公司主张www.hezehuiyuan.com网站并非其公司网站，但对该网站中宣传的是其公司的信息及宣传信息的真实性均无异议。

此外，2014年7月25日，北京市中信公证处公证员刘某、工作人员黄洁琳与北京汇源公司的委托代理人许燕妹在北京市中信公证处，用该公证处的电脑对大众论坛“走进菏泽汇源罐头厂”（http//：bbs. dzwww. com）网页内容进行证据保全公证，并出具（2014）京中信内经证字第30473号公证书。根据该公证书保全的网页内容，网友评论“汇源食品民族工业祖国骄傲”“汇源食品很出名的人们很认这个牌”。北京汇源公司据此主张菏泽汇源公司的行为已造成相关公众的混淆。菏泽汇源公司对以上信息真实性没有异议。

（六）其他事实

北京汇源公司在提起诉讼时，将海纳百川公司列为本案共同被告。一审法院受理该案后，根据北京汇源公司提供的地址两次均无法送达海纳百川公司，2014年9月9日，北京汇源公司自愿申请撤回对海纳百川公司的起诉。对于北京汇源公司自愿撤回对海纳百川公司起诉的申请，一审法院经审查后认为，该申请符合法律规定，当庭准许北京汇源公司撤回对海纳百川公司的起诉，故不再另行出具裁定书。

一审判理和结果

一审法院认为，本案当事人争议的焦点问题有三个：（一）菏泽汇源公司的行为是否侵害了北京汇源公司的涉案商标权；（二）菏泽汇源公司的行为是否构成不正当竞争；（三）如菏泽汇源公司的行为侵害涉案商标权和构成不正当竞争，其应如何承担侵权责任。

（一）关于菏泽汇源公司的行为是否侵害了北京汇源公司的涉案商标权的问题。

北京汇源公司是第1643301号汇源、第4683709号汇源注册商标的权利人，该两商标均在注册保护期内，其依法享有的注册商标专用权应受到法律的保护。本案中，北京汇源公司主张菏泽汇源公司侵犯涉案商标权的行为包括在生产销售的商品上使用“汇源”图文组合标识及“汇源®”文字标识的行为、在网站宣传中使用“汇源”图文组合标识及“汇源”文字标识的行为。针对北京汇源公司主张的侵权行为，逐一分析如下：

1. 关于菏泽汇源公司生产销售被诉侵权产品的行为是否侵害涉案商标权的问题。

《最高人民法院关于商标法修改决定施行后商标案件管辖和法律适用问

题的解释》第九条规定："除本解释另行规定外，商标法修改决定施行后人民法院受理的商标民事案件，涉及该决定施行前发生的行为的，适用修改前商标法的规定；涉及该决定施行前发生，持续到该决定施行后的行为的，适用修改后商标法的规定。"因《中华人民共和国商标法》（以下简称商标法）（2013年修改）① 自2014年5月1日起施行，本院于2014年6月11日收到北京汇源公司的起诉状，而被诉侵权行为从商标法修改决定实施前持续至商标法修改决定实施后，故本案应适用2013年修改后的商标法的规定。根据商标法第五十七条第二、三项规定，未经商标注册人许可，在类似商品上使用与其注册商标近似的商标，容易导致混淆的以及销售侵犯注册商标专用权的商品的行为，均属于侵犯注册商标专用权的行为。本案中认定菏泽汇源公司使用上述被诉侵权标识是否构成商标侵权的关键在于菏泽汇源公司是否在类似商品上使用了近似商标，是否足以造成相关公众的混淆。

首先，关于被诉侵权水果罐头商品与涉案商标核定使用的果汁饮料是否构成类似商品的问题。北京汇源公司主张其要求保护的注册商标核定使用商品属于第32类，菏泽汇源公司将被诉侵权标识使用在水果罐头上，使用商品属于第29类，两者是不同类别的商品，应当将涉案商标认定为驰名商标进行跨商品类别保护。根据《最高人民法院关于审理商标民事纠纷案件适用法律若干问题的解释》第十一条规定，商标法规定的类似商品，是指在功能、用途、生产部门、销售渠道、消费对象等方面相同，或者相关公众一般认为其存在特定联系、容易造成混淆的商品。在侵害商标权案件中，判断是否属于类似商品时，《商标注册用商品和服务国际分类表》只能作为判断的参考，不能作为唯一依据。判断是否属于类似商品，还应从相关公众的角度，以相关市场的一般消费者对商品的通常认知和一般交易观念，结合商品交易中的具体情形进行综合考量。涉案注册商标核定使用的商品为果汁饮料类，而被诉侵权商品是水果罐头，从相关公众的一般认识来看，饮料与罐头均属于日常消费品，并且本案中的水果罐头和果汁饮料的原材料相同，根据北京汇源公司提供的证据，两者皆通过超市平台销售，并且均有礼盒包装商品销售，消费对象和销售渠道有一定的重合，故两者是在原材料、销售渠道、消费对象等方面具有关联性的商品，因此，被诉侵权水果罐头商品与涉

① 2019年《商标法》再次经历了修改。

案商标核定使用的果汁饮料构成类似商品。虽然北京汇源公司认为其涉案注册商标应认定为驰名商标，但根据《最高人民法院关于审理涉及驰名商标保护的民事纠纷案件应用法律若干问题的解释》第三条的规定，被诉侵犯商标权或者不正当竞争行为的成立不以商标是否驰名为事实根据的，人民法院对于所涉商标是否驰名不予审查，因本案无需对涉案两商标进行跨类保护，故一审法院不再对涉案两商标是否驰名进行审查。

其次，关于被诉侵权标识与涉案注册商标是否构成近似商标的问题。将“汇源”文字形态及“汇源”图文组合形态的标识与北京汇源公司主张保护的涉案两商标进行比对，“汇源”文字与涉案两商标主要识别部分“汇源”两字的文字、读音、排列、含义均相同；被诉侵权标识“汇源”与涉案商标图文组合起主要识别部分的“汇源”两字的文字、读音、排列、含义均相同。因此，被诉侵权标识与涉案商标构成要素相似。《最高人民法院关于审理商标民事纠纷案件适用法律若干问题的解释》第十条规定，人民法院认定商标相同或者近似应以相关公众的一般注意力为标准，并应当考虑请求保护的注册商标的显著性和知名度。一审法院认为，应综合考虑北京汇源公司要求保护的涉案两注册商标的显著性、知名度等因素，判断是否构成近似商标。北京汇源公司要求保护的涉案商标中的“汇源”文字系臆造词，具有较强的显著性。北京汇源公司自成立以来就一直使用“汇源”文字作为商标生产饮料商品，2006年以来，其“汇源”果汁销售年收入均超过2亿元，已经形成较大的生产销售规模；涉案两商标经过北京汇源公司持续性的使用，已经为相关公众所熟知，具有了较高的市场知名度；北京汇源公司通过全国性和地方性的电视、网络等多种媒体方式对该商标进行了持续的、广泛的宣传，该商标以及使用该商标的商品也获得了较高的市场荣誉，能够使相关公众认为涉案两商标与北京汇源公司存在较为紧密的特定联系，具有较强的区别商品来源的识别功能。菏泽汇源公司的被诉侵权行为会使相关消费者误认为使用被诉侵权标识的商品来源于北京汇源公司或菏泽汇源公司与北京汇源公司存在特定的联系，从而造成混淆或误认。所以，菏泽汇源公司生产销售被诉侵权商品的行为侵害了涉案商标权。

此外，虽然被诉侵权商品的外包装上有“汇源®由商标持有人授权许可使用”的表述，但该表述位于商品外包装的侧面，字体极为细小，不易发现，且从该处表述内容来看，该处的汇源®仅为描述性使用，也不具有区别商品来源的作用，因此不是商标法意义上的使用。所以，菏泽汇源公司该行为未侵害涉案商标权。

2. 关于菏泽汇源公司在网站宣传中的行为是否侵害涉案商标权的问题。

本案中，菏泽汇源公司不认可 www. hezehuiyuan. com 为其公司网站。一审法院认为，www. hezehuiyuan. com 网站为张文敏担任菏泽汇源公司法定代表人期间申请登记注册，该网站中的内容均为菏泽汇源公司的经营信息，菏泽汇源公司对该网站中信息的真实性予以认可，且网站首页也明确载明版权归菏泽汇源公司所有，故可以认定该网站为菏泽汇源公司经营使用的网站，该网站中的宣传行为系菏泽汇源公司所为。商标法第四十八条规定，本法所称的商标的使用，是指将商标用于商品、商品包装或者容器以及商品交易文书上，或者将商标用于广告宣传、展览以及其他商业活动中，用于识别商品来源的行为。因此，菏泽汇源公司在经营使用的网站宣传中使用被诉侵权标识的行为构成商标性使用。如前所述，菏泽汇源公司在网站宣传中使用的“”图文组合标识及“汇源”文字标识与涉案商标近似，易造成相关公众的混淆，故菏泽汇源公司在网站宣传中的行为侵害了涉案商标权。

（二）关于菏泽汇源公司的行为是否构成不正当竞争的问题。

北京汇源公司主张，菏泽汇源公司在企业名称中使用与其注册商标相同的“汇源”文字，构成不正当竞争。商标法第五十八条规定：“将他人注册商标、未注册的驰名商标作为企业名称中的字号使用，误导公众，构成不正当竞争行为的，依照《中华人民共和国反不正当竞争法》处理。”《中华人民共和国反不正当竞争法》（以下简称反不正当竞争法）第二条规定：“经营者在市场交易中，应该遵循自愿、平等、公平、诚实信用的原则，遵守公认的商业道德。”① 一审法院认为，本案中，首先，菏泽汇源公司使用的“汇源”字号与涉案商标文字部分相同。其次，北京汇源公司于2001年注册了第1643301号商标、于2008年注册了第4683709号商标，通过北京汇源公司的持续性的使用、广泛性的宣传和相关商品的生产销售，在2011年菏泽汇源公司成立时，该两商标已经具有了较高的知名度。菏泽汇源公司将与北京汇源公司注册商标中相同的“汇源”文字作为企业名称中的字号使

① 2019年《反不正当竞争法》第二条第一款规定：“经营者在生产经营活动中，应当遵循自愿、平等、公平、诚信的原则，遵守法律和商业道德。”

用，足以使相关公众对其商品的来源产生混淆。并且根据菏泽汇源公司的工商登记材料，菏泽汇源公司在企业名称预先核准申请时，已知道北京汇源公司涉案商标的存在，且出具了“使用汇源字号如存有异议愿意更改字号”的说明，表明菏泽汇源公司在主观上具有攀附北京汇源公司涉案商标声誉的意图，客观上易使相关公众产生混淆或误认，违反了诚实信用原则及公认的商业道德，其行为构成对北京汇源公司的不正当竞争。

（三）关于菏泽汇源公司应如何承担侵权责任的问题。

《中华人民共和国民法通则》（以下简称民法通则）第一百一十八条规定，公民、法人的商标专用权受到侵害的，有权要求停止侵害，消除影响，赔偿损失。《最高人民法院关于审理商标民事纠纷案件适用法律若干问题的解释》第二十一条规定：“人民法院在审理侵犯注册商标专用权纠纷案件中……可以判决侵权人承担停止侵害、排除妨碍、消除危险、赔偿损失、消除影响等民事责任……”《最高人民法院关于审理注册商标、企业名称与在先权利冲突的民事纠纷案件若干问题的规定》第四条规定：“被诉企业名称侵犯注册商标专用权或者构成不正当竞争的，人民法院可以根据原告的诉讼请求和案件具体情况，确定被告承担停止使用、规范使用等民事责任。”本案中，菏泽汇源公司侵犯了北京汇源公司第1643301号汇源、第4683709号汇源商标专用权，并构成不正当竞争，应当承担停止侵害、赔偿损失等民事责任。

关于赔偿数额的确定。商标法第六十三条第一款规定：“侵犯商标专用权的赔偿数额，按照权利人因被侵权所受到的实际损失确定；实际损失难以确定的，可以按照侵权人因侵权所获得的利益确定；权利人的损失或者侵权人获得的利益难以确定的，参照该商标许可使用费的倍数合理确定。”该条第三款规定：“权利人因被侵权所受到的实际损失、侵权人因侵权所获得的利益、注册商标许可使用费难以确定的，由人民法院根据侵权行为的情节判决给予三百万元以下的赔偿。”《最高人民法院关于审理商标民事纠纷案件适用法律若干问题的解释》第十八条规定：“侵犯注册商标专用权的诉讼时效为二年，自商标注册人或者利害关系人知道或者应当知道侵权行为之日起计算。商标注册人或者利害关系人超过二年起诉的，如果侵权行为在起诉时仍在持续，在该注册商标专用权有效期限内，人民法院应当判决被告停止侵权行为，侵权损害赔偿数额应当自权利人向人民法院起诉之日起向前推算二年计算。”《最高人民法院关于审理不正当竞争民事案件应用法律若干问题的解释》第十七条规定，确定反不正当竞争法第五条规定的不正当竞争行为的损害赔偿额，可以参照确定侵犯注册商标专用权的损害赔偿额的方法进行。本案中，由于北京汇源公司因侵权所受到的实际损失难以确定，北京汇源公司主张以菏泽汇源公司的侵权获利计算赔偿数额，并提供了相应的证据证明菏泽汇源公司的侵权获利。一审法院认为，北京汇源公司提供的菏东方专审字（2013）第0425号《专项审计报告》无法确切证明菏泽汇源公司侵权期间的获利；菏泽汇源公司网站宣传中虽有“预计年销售额2亿元”，但该数额仅是菏泽汇源公司关于经营情况的宣传，并非实际收入，亦不能证明是菏泽汇源公司实际年销售额。故根据北京汇源公司的证据难以确定菏泽汇源公司因侵权所获得的利益。因此，一审法院综合考虑北京汇源公司要求保护的两注册商标的较高知名度，菏泽汇源公司明知使用被诉侵权标识及“汇源”字号会造成相关公众的混淆而放任混淆结果发生的明显主观恶意，菏泽汇源公司自成立之日起就使用“汇源”字号，并且其生产销售范围广、规模大，已经使相关公众造成实际混淆的后果等因素，依照上述规定确定菏泽汇源公司赔偿北京汇源公司经济损失300万元。北京汇源公司在庭审中放弃对合理费用的主张，一审法院认为，这是当事人对自己权利的处分，不违反法律规定，且未损害社会公众及其他第三人合法权益，因此，应予准许。

关于北京汇源公司要求菏泽汇源公司消除影响的主张，因北京汇源公司未提供证据证明菏泽汇源公司因侵权对其商标或企业声誉造成的不良影响，一审法院依法不予支持。

综上，依照民法通则第一百一十八条，商标法第四十八条、第五十七条第二项及第三项、第五十八条、第六十三条第一款及第三款，反不正当竞争法第二条，《最高人民法院关于审理商标民事纠纷案件适用法律若干问题的解释》第十条、第十一条、第十八条、第二十一条，《最高人民法院关于审理涉及驰名商标保护的民事纠纷案件应用法律若干问题的解释》第三条，《最高人民法院关于审理不正当竞争民事案件应用法律若干问题的解释》第十七条，《最高人民法院关于审理注册商标、企业名称与在先权利冲突的民事纠纷案件若干问题的规定》第四条，《中华人民共和国民事诉讼法》第一百四十二条、第一百四十八条之规定，判决：（一）菏泽汇源罐头食品有限公司自本判决生效之日起立即停止在其生产、销售的被诉侵权商品上及www.hezehuiyuan.com网站宣传中使用与北京汇源食品饮料有限公司第1643301

号商标和第4683709号商标近似商标的行为；（二）菏泽汇源罐头食品有限公司自本判决生效之日起立即停止在其企业名称中使用“汇源”字号的不正当竞争行为；（三）菏泽汇源罐头食品有限公司于本判决生效之日起十日内赔偿北京汇源食品饮料有限公司经济损失300万元；（四）驳回北京汇源食品饮料有限公司其他诉讼请求。一审案件受理费541800元，由北京汇源食品饮料有限公司负担180600元，菏泽汇源罐头食品有限公司负担361200元。

上诉和答辩

菏泽汇源公司上诉称：（一）其生产销售罐头系列产品没有侵害北京汇源公司的涉案商标权。菏泽汇源公司核准经营的系列罐头食品上使用第7400527号（29类）注册商标，属于北京天之高品牌管理咨询有限公司（以下称天之高公司）。该公司于2011年11月1日许可淮安海纳百川饮品有限公司使用该商标，淮安海纳百川饮品有限公司向菏泽汇源公司贴牌定做了系列罐头。上述使用行为被天之高公司于2013年11月18日以侵害商标权纠纷起诉至菏泽市中级人民法院，双方于2014年7月23日达成和解，天之高公司与菏泽汇源公司签订了《商标使用许可合同》，菏泽汇源公司获得了该商标使用权。北京汇源公司在其起诉状中的第一项诉讼请求中所列三种涉嫌商标侵权行为，其实质都是天之高公司第7400527号（29类）注册商标的使用。无论注册商标外是否加框或者框下有无波浪曲线标注商标的位置，加框或者框下为波浪曲线，只是对标注商标位置的提示，并非注册商标的使用组成部分。北京汇源公司认为菏泽汇源公司使用的商标是“汇源+框+波浪曲线”即“”，而本公司实际使用的商标是“汇源+®”即。上述使用符合商标法第五十六条之规定，均不构成对原告商标权的侵害。（二）菏泽汇源公司使用“汇源”字号合理正当，未构成不正当竞争。北京中美新汇食品有限公司所持有的第242665号（29类）注册商标早在1985年4月29日申请。菏泽汇源公司于2011年拟设立时，北京中美新汇食品有限公司同意公司股东和第一任法定代表人张文敏使用汇源字号。

北京汇源公司自1992年开始使用汇源字号，晚于注册商标7年。2002年3月12日，北京汇源公司的关联公司北京汇源饮料食品集团有限公司曾申请在29类注册汇源商标未获支持，原因就在于天之高公司注册第7400527号（29类）汇源商标在先。虽然北京汇源公司在果汁系列产品中驰名，但没有证据证明其在罐头系列商品中有知名度，菏泽汇源公司使用“汇源”字号生产销售水果、蔬菜、肉罐头一类产品得到天之高公司的许可，不构成不正当竞争。故请求：1. 撤销山东省高级人民法院（2014）鲁民三初字第2号民事判决书的第一、二、三项判决，改判菏泽汇源公司不构成侵权。2. 一、二审的诉讼费等由北京汇源公司承担。

北京汇源公司上诉称：（一）一审判决认定的事实存在瑕疵。1. 关于被诉侵权产品。一审判决认定被诉侵权产品为“水果罐头”，并认定“水果罐头”与涉案注册商标核定使用的“果汁饮料”类商品构成类似商品。事实上，被诉侵权产品包括水果罐头、冰糖山药罐头和八宝粥三个品种，并非仅为水果罐头。被诉侵权产品与北京汇源公司注册商标核定使用的“果汁饮料”类商品，在分类表上分属于第29类和第32类，但都属于食品领域，在功能、用途、生产部门、销售渠道、消费对象等方面具有较为密切的关联关系。2. 关于被诉侵权标志。北京汇源公司在一审中主张菏泽汇源公司使用的“汇源”“汇源”“汇源”三个商标标志均侵害了其注册商标专用权，其中菏泽汇源公司使用“汇源”标志有两种方式：第一，在被诉侵权商品外包装及罐头瓶贴正面显著位置使用，在该标志右上角有注册标记；虽然该标志在使用过程中添加了边框和弧线，但该边框和弧线和该标志彼此分离、并未结合在一起，从普通消费者的角度上看，添加的边框和弧线更多是起装饰作用，尤其注册标记在边框和弧线的内部，从商标标志的标注方式上看，这仍应认为是“汇源”标志的使用。第二，在被诉侵权产品外包装箱及罐头瓶贴侧面，有“【汇源】由商标持有人授权许可使用”，“汇源”字样右上角有注册标记。结合第一种使用方式，此处的商标使用行为仍然属于指示性使用而非描述性使用，具有区别商品来源的作用，属于商标法意义上的使用，侵害了北京汇源公司的注册商标专用权。

（二）一审判决适用法律不当。鉴于本案存在跨类保护、企业名称和被诉侵权标志已注册三种情形，有必要先行认定驰名商标。1. 根据驰名商标按需认定的原则，涉及跨类保护、企业名称的，应对所涉商标是否驰名作出认定，北京汇源公司涉案注册商标均应当被认定为驰名商标。《最高人民法院关于审理涉及驰名商标保护的民事纠纷案件应用法律若干问题的解释》第二条规定："在下列民事纠纷案件中，当事人以商标驰名作为事实根据，人民法院根据案件具体情况，认为确有必要的，对所涉商标是否驰名作出认定：（一）以违反商标法第十三条的规定为由，提起的侵犯商标权诉讼；（二）以企业名称与其驰名商标相同或者近似为由，提起的侵犯商标权或者不正当竞争诉讼；（三）符合本解释第六条规定的抗辩或者反诉的诉讼。"本案即符合前两条之规定。商标法第十四条规定，认定驰名商标应当考虑相关公众对该商标的知晓程度、该商标使用的持续时间、该商标的任何宣传工作的持续时间、程度和地理范围、该商标作为驰名商标受保护的记录等因素。《最高人民法院关于审理涉及驰名商标保护的民事纠纷案件应用法律若干问题的解释》第五条规定，将认定驰名商标的待证事实细化为使用该商标的商品的市场份额、销售区域、利税，该商标的持续使用时间，该商标的宣传或者促销活动的方式、持续时间、程度、资金投入和地域范围，该商标曾被作为驰名商标受保护的记录，该商标享有的市场声誉等。2. 在被诉侵权标识属于注册商标的情况下，只有在认定驰名商标的前提下才可能禁止在后注册商标的使用。商标法第十三条第三款规定："就不相同或者不相类似商品申请注册的商标是复制、摹仿或者翻译他人已经在中国注册的驰名商标，误导公众，致使该驰名商标注册人的利益可能受到损害的，不予注册并禁止使用。"根据该条规定，已注册的驰名商标可以跨类保护，复制、摹仿或者翻译他人的已注册驰名商标，不仅不应予以注册，即使注册了，也禁止使用。《最高人民法院关于审理涉及驰名商标保护的民事纠纷案件应用法律若干问题的解释》第十一条规定："被告使用的注册商标违反商标法第十三条的规定，复制、摹仿、或者翻译原告驰名商标，构成侵犯商标权的，人民法院应当根据原告的请求，依法判决禁止被上诉人使用该商标……"根据该条规定，即使被控侵权标识已经获得注册，如果该注册商标属于复制、模仿或者翻译原告的驰名商标，那么商标侵权依然成立，注册商标也会被禁止使用。《最高人民法院关于当前经济形势下知识产权审判服务大局若干问题的意见》第十条规定："被诉侵权商标虽为注册商标，但被诉侵权行为是复制、摹仿、翻译在先驰名商标的案件，人民法院应当依法受理"。这条规定是从程序上规定，对于驰名商标的案件，被诉侵权商标属于注册商标的事实不能阻止侵权案件的正常进行。

（三）一审判决的赔偿额过低。北京汇源公司与菏泽汇源公司同属食品饮料行业，被诉侵权产品水果罐头、冰糖山药罐头、八宝粥与驰名的果汁饮料的功能、用途、生产部门、销售渠道、消费对象等方面存在密切联系，菏泽汇源公司大肆使用“汇源”商标获利不菲，且已经造成众多消费者、以及食品饮料行业经营者的混淆、误认，已经严重损害了北京汇源公司的商品声誉和商业信誉。菏泽汇源公司生产、销售规模大，已经牟取了高额利益。根据菏泽汇源公司工商登记资料显示其注册资金人民币1亿元，另根据菏泽当地媒体有关报道，菏泽汇源公司预计总投资1.5亿元，计划建成集水果罐头、蔬菜罐头、保鲜、速冻、贸易于一体的综合性企业，预计年可加工罐头3万吨，年销售额达2亿元。2012年9月26日菏泽市环境保护局出具的《关于菏泽汇源罐头食品有限公司“年产1万吨糖水桃罐头及1.5万吨水果八宝粥项目”环境保护意见》，也印证了上述事实。2013年4月菏泽东方联合会计师事务所出具的“菏东方专审字（2013）第0425号”《专项审计报告》显示，菏泽汇源公司在2013年3月当月，营业收入高达人民币19149832.11元，营业利润为人民币3039504.65元。自菏泽汇源公司成立时起至起诉时已有30个月之久，而2013年3月正处于这个期间的中段，当月的营业收入、营业利润具有代表性。据此进行计算可知，菏泽汇源公司生产、销售“汇源”罐头的营业收入积累已高达人民币约5.7亿元。上述事实可以作为本案确定索赔额的参考。综上，1. 一审判决认定事实的瑕疵之处，包括：被诉侵权产品是水果罐头、冰糖山药罐头和八宝粥三个品种，并非仅为水果罐头；被诉侵权产品与北京汇源公司在先注册商标核定使用的果汁饮料类商品不类似但具有较为密切的关联关系；被诉侵权标志“**汇源**”在被诉侵权商品的外包装正面及罐头瓶贴正面均有使用，并非仅使用在外包装的侧面；被诉侵权标志“**汇源**”的使用具有区别商品来源的作用，属于商标法意义上的使用，菏泽汇源公司使用“**汇源**”标志的行为亦侵害北京汇源公司注册商标专用权。2. 纠正一审判决适用法律的不当之处，包括：本案有必要对北京汇源公司两注册商标是否驰名予以审查，并在认定驰名商标的基础上适用商标法第十三条第三款进行跨类保护。3. 改判赔偿额为人民币1000万元。

二审审理查明

本案二审期间，北京汇源公司提交了下列新证据：1. 国家工商总局商标评审委员会（以下简称商标评审委员会）“关于第7400527号‘汇源’商标无效宣告请求裁定书”。2. 国家工商总局商标评审委员会“关于第8297673号‘汇源’商标无效宣告请求裁定书”。

鉴于本案的审理需要以第7400527号商标无效纠纷行政诉讼结果为依据，而该案尚未审结，因此本案应当中止诉讼，本院于2016年12月12日裁定中止本案。

本院二审审理查明，商标评审委员会于2016年1月21日作出［2016］第10080号裁定宣告第7400527号“汇源”商标无效，同时认定两个引证商标构成驰名，即北京汇源食品饮料有限公司第1643301号商标和第4683709号商标为驰名商标，第7400527号“汇源”商标的申请注册违反了商标法第十三条第二款的规定。北京市高级人民法院于2017年11月30日作出（2017）京行终4572号行政判决，驳回天之高公司上诉，该无效决定已经生效。

商标评审委员会于2015年11月18日作出［2015］第87450号裁定宣告第8297673号“汇源”商标无效。北京市高级人民法院于2016年12月22日作出（2016）京行终5040号行政判决，驳回天之高公司上诉，该无效决定已经生效。

北京市高级人民法院于2017年7月13日作出（2017）京行终2220号行政判决，驳回天之高公司上诉，判令商标评审委员会撤销第242665号（29类）注册商标。

根据北京汇源公司请求，本案于2017年12月6日恢复审理。

二审判理和结果

本院认为，本案的争议焦点是：（一）一审法院是否漏审了北京汇源公司起诉的被侵权产品类型；（二）一审法院认定菏泽汇源公司的构成商标侵权和不正当竞争是否适当。（三）一审法院认定的菏泽汇源公司的赔偿责任是否适当。

（一）关于一审法院是否漏审了北京汇源公司起诉的被侵权产品类型的问题。北京汇源公司在起诉状中称：菏泽汇源公司成立于2011年，其未经北京汇源公司许可，大量生产、销售“汇源”罐头商品，在网站宣传中使用

“汇源”商标，在其生产的商品的外包装、瓶贴、网站中使用“菏泽汇源罐头食品有限公司”企业名称。而其取证、举证、质证以及一审、二审庭审期间并未将其所起诉的被诉侵权产品局限于水果罐头，如所购买的被诉侵权产品除了水果罐头以外，还有冰糖山药罐头和八宝粥，因此被诉侵权产品应当为菏泽汇源公司生产、销售的罐头系列产品，一审法院认定被诉侵权产品仅为水果罐头明显不当，本院予以纠正。

（二）关于一审法院认定菏泽汇源公司构成商标侵权和不正当竞争是否适当的问题，其中包括：1. 一审法院认定菏泽汇源公司构成商标侵权是否适当以及北京汇源公司的商标是否应当被认定为驰名商标；2. 被诉侵权产品的外包装上有“汇源®由商标持有人授权许可使用”的表述是否构成商标侵权；3. 一审法院认定菏泽汇源公司构成不正当竞争是否适当。

1. 关于一审法院认定商标侵权行为是否适当以及北京汇源公司的商标是否应当被认定为驰名商标的问题

一审法院查明，北京汇源公司是第1643301号汇源、第4683709号汇源注册商标的权利人，该两商标均在注册保护期内，其依法享有的注册商标专用权应受到法律的保护。本案中，北京汇源公司主张菏泽汇源公司侵犯涉案商标权的行为包括在生产销售的商品上使用“汇源”图文组合标识及“汇源®”文字标识的行为、在网站宣传中使用“汇源”图文组合标识及“汇源”文字标识的行为以及在被诉侵权产品的外包装上印有“汇源®由商标持有人授权许可使用”的表述，即其未经北京汇源公司许可，大量生产、销售“汇源”罐头商品，在网站宣传中使用“汇源”商标。

一审法院认为被诉侵权水果罐头商品与涉案商标核定使用的果汁饮料构成类似商品，认定事实清楚，分析理由充分，适用法律正确，同理，被诉侵权的冰糖山药罐头和八宝粥与涉案商标亦构成类似商品。二审法院亦认为，“汇源”文字形态及“汇源”图文组合形态的标识与北京汇源公司主张保护的涉案两商标构成要素相似。菏泽汇源公司一审答辩和二审上诉称，其核准经营的系列罐头食品上使用的是7400527号（29类）汇源注册商标，但是目前该商标已经被生效判决宣告无效，故其该上诉理由不成立。一审法院认定菏泽汇源公司在生产销售的商品上使用“汇源”图文组合标识及“汇源®”文字标识的行为、在网站宣传中使用“汇源”图文组合标识及“汇源”文字标识的行为构成商标侵权并无不当。在此情形下，根据按需认定驰名商标的规则，本院亦无需认定北京汇源公司的两个涉案商标为驰名商标。

2. 关于被诉侵权商品的外包装上有“汇源®由商标持有人授权许可使用”的表述是否构成商标侵权的问题

菏泽汇源公司被诉侵权产品的外包装上有“汇源®由商标持有人授权许可使用”的表述，虽然该表述位于商品外包装的侧面，字体较为细小，但是根据该处内容表述和相关公众一般注意力，“汇源®”明显具有区别商品来源的作用，容易使相关公众混淆，应当认定为商标使用行为，一审法院认为菏泽汇源公司该行为未侵害涉案商标权明显不妥，本院予以纠正。

3. 关于一审法院认定菏泽汇源公司构成不正当竞争是否适当问题

北京汇源公司主张，菏泽汇源公司在企业名称中使用与其注册商标相同的“汇源”文字，构成不正当竞争。即在其生产的商品的外包装、瓶贴、网站中使用“菏泽汇源罐头食品有限公司”企业名称。而菏泽汇源公司抗辩和上诉称北京中美新汇食品有限公司所持有的第 242665 号（29 类）注册商标早在 1985 年 4 月 29 日申请。菏泽汇源公司于 2011 年拟设立时，北京中美新汇食品有限公司同意公司股东和第一任法定代表人张文敏使用汇源字号用，但是目前第 242665 号（29 类）注册商标已经被生效判决撤销，菏泽汇源公司该理由不能成立。此外，菏泽汇源公司自认在企业名称预先核准申请时，已知道北京汇源公司涉案商标的存在，且出具了“使用汇源字号如存有异议愿意更改字号”的说明，表明菏泽汇源公司在主观上具有攀附北京汇源公司涉案商标声誉的意图。故一审法院认定菏泽汇源公司在企业名称中使用与其注册商标相同的“汇源”文字构成不正当竞争并无不当。

（三）关于一审法院认定的菏泽汇源公司的赔偿责任是否适当的问题。一审法院综合考虑北京汇源公司两注册商标的较高知名度、菏泽汇源公司具有明显主观恶意、菏泽汇源公司生产销售范围以及相关公众造成实际混淆的后果等因素，酌定菏泽汇源公司赔偿北京汇源公司经济损失 300 万元。但是一审法院酌定赔偿额仅考虑了水果罐头的生产和销售量，而没有考虑冰糖山药罐头和八宝粥两种侵权产品，同时考虑到菏泽汇源公司主观恶意明显，为让北京汇源公司利益得到补偿，让被诉侵权人菏泽汇源公司无利可图，根据北京汇源公司所提交的菏泽汇源公司销售额以及获利情况的证据，酌定菏泽汇源公司赔偿北京汇源公司经济损失1000万元。

综上所述，北京汇源公司的部分上诉理由成立，予以支持；菏泽汇源公司上诉理由不能成立，应予驳回。依照《中华人民共和国民事诉讼法》第一百七十条第一款第一项、第二项规定，判决如下：

一、维持山东省高级人民法院（2014）鲁民三初字第2号民事判决第一、二、四项；

二、变更山东省高级人民法院（2014）鲁民三初字第2号民事判决第三项为菏泽汇源罐头食品有限公司于本判决生效之日起十日内赔偿北京汇源食品饮料有限公司经济损失1000万元；

三、驳回菏泽汇源罐头食品有限公司的上诉请求。

如未按本判决指定的期限履行金钱给付义务，应当依照《中华人民共和国民事诉讼法》第二百五十三条之规定，加倍支付迟延履行期间的债务利息。

一审受理费541800元、二审案件受理费112600元，共计654400元，均由菏泽汇源罐头食品有限公司负担（均于本判决生效之日起七日内交纳）。

【法官评述】

“维权成本高，侵权代价低”以及赔偿数额偏低一直以来都是一些知识产权权利人反映强烈的问题。知识产权侵权案件侵权赔偿数额低的根本原因在于其无形性，再加上知识产权价值评估机构不健全、评估手段的局限等因素，导致其价值难以被准确评估出来。根据《中华人民共和国商标法》第六十三条规定，商标侵权赔偿首先按照权利人实际损失计算，实际损失难以计算的按照侵权人违法所得计算，二者都不能确定的，由人民法院在三百万元以下确定赔偿额。权利人不能举证或者所举证据不足以证明其主张的损失情形下，人民法院依法不能完全支持其损害赔偿数额的诉讼请求。近年来，最高人民法院通过制定司法解释和司法解释性文件以及发布指导性案例，不断倡导采用裁量性赔偿、合理开支单独计算等方式提高商标侵权案件赔偿数额。同时，采取措施逐步建立科学合理的著作权损害赔偿制度体系，构建以充分实现著作权价值为导向的侵权赔偿制度。各级人民法院在商标权侵权案件中判处的赔偿数额逐年提升。本案在对侵权事实予以认定的基础上，综合考虑北京汇源公司两注册商标的较高知名度、菏泽汇源公司具有明显主观恶意、菏泽汇源公司生产销售范围以及相关公众造成实际混淆的后果等因素，为让北京汇源公司利益得到补偿，让被诉侵权人菏泽汇源公司无利可图，将侵权赔偿额300万元提升至1000万元，彰显了加大知识产权司法保护力度。

编写人：最高人民法院　秦元明

山西省药材公司诉太原大宁堂药业有限公司商标侵权、不正当竞争纠纷抗诉案

——阅读提示：涉及企业分立等历史因素的商标侵权和不正当竞争纠纷如何审理？

【裁判要旨】

涉及企业分立等历史因素的商标侵权和不正当竞争纠纷，是否存在历史承继关系，是否享有在先权利，可以从历史传承、现实情况、法律适用和社会效果四个方面综合考量。

一是从历史传承看，大宁堂药业与太原中药厂乃至山西药材公司之间存在历史传承关系。大宁堂药业是因历史原因而使用大宁堂字号，与通常那种恶意搭车攀附而做大做强的情形不同。在太原中药厂破产前对其所承载的大宁堂商誉如何处置没有明确约定情况下，可以认定大宁堂药业承继了相应的商誉。

二是从现实情况看，该企业分立是主管部门批准的企业自救行为，大宁堂药业拥有大宁堂药铺传统配方秘制中药的生产批件并一直在生产，而山西省药材公司只拥有"大宁堂"商标和牌匾，因此为了承继和弘扬大宁堂药铺商誉，两者善意共存较为合理。

三是从法律适用看，若以现行商标法的规则和理念去认定和解决20多年前的问题，实质是适用市场经济时代的法律去解决计划经济下形成的法律关系，不仅违反"法不溯及既往"原则，也有悖于公平合理之精神。

四是从社会效果看，如果不认可大宁堂药业享有在先权利，就会导致大宁堂药铺秘方药和商誉得不到传承。综上，比较公平合理的解决方式应当是允许两者善意共存，大宁堂公司继续使用大宁堂字号并生产大宁堂传统秘方药品，山西省药材公司可销售大宁堂药业生产的药品。

【案号】

一审：山西省太原市中级人民法院（2006）并初字第66号

二审：山西省高级人民法院（2006）晋民终字第00331号

再审：最高人民法院（2015）民提字第46号

【案情与裁判】

抗诉机关：中华人民共和国最高人民检察院

原告（二审上诉人、被申诉人）：山西省药材公司

被告（二审被上诉人、申诉人）：太原大宁堂药业有限公司（简称大宁堂药业）

起诉与答辩

2006年3月7日，山西省药材公司向太原市中级人民法院起诉称，其于2000年10月经国家工商行政管理局核准，注册“大宁堂”商标，有效期为“2000年10月7日至2010年10月6日”。原“太原中药厂”于2005年4月将与其注册商标完全相同的“大宁堂”登记为企业名称中的字号，该注册行为构成对其注册商标专用权的侵犯，并构成不正当竞争。请求：1. 依法认定“大宁堂”商标为驰名商标；2. 大宁堂药业立即停止使用（变更或销毁）“大宁堂”字号进行经营；3. 大宁堂药业立即停止使用（拆除或销毁）任何带有“大宁堂”的标识、招牌、宣传条幅、标语、海报、广告牌进行经营；4. 大宁堂药业赔偿山西省药材公司经济损失2万元。

一审审理查明

太原市中级人民法院一审查明：1. 山西省药材公司是1955年1月经山西省人民政府成立的国营企业，其下属有十个分公司及山西中药厂和太原中药厂等，包括“太原大宁堂药店”。2. 《山西通志》第四十一卷记载，太原中药厂前身为大宁堂药铺，建于明末清初，1956年经过公私合营，隶属太原药材公司中药总店领导，之后中药店厂分设，在大宁堂制药生产的基础上建立了太原中药厂，其所生产中药以和合丸、二仙丸著名。3. 1999年4月9日，经太原中药厂第一届职工代表大会专题会议通过，以山西太原中药厂和山西太原中药厂工会委员会共同出文“关于设立太原大宁堂药业有限公司的

决议”，成立“太原大宁堂药业有限公司”，该公司为股份合作制公司，注册资金50万元，经营方式为制造、销售中西成药，公司租用太原中药厂厂房、设备、有偿使用或受让太原中药厂的生产技术。经山西省药品监督管理局同意，于1999年4月21日在太原市工商行政管理局领取了“太原市大宁堂药业有限公司”营业执照。注册资金人民币100万元，企业类型为有限责任公司，住所地为太原市龙堡街29号。但山西省药材公司对“太原大宁堂药业有限公司”使用“大宁堂”字号提出异议。经山西省经贸委等部门多次协调，山西省经贸委提出了解决方案，但鉴于两者之间存在着行政隶属关系，“太原大宁堂药业有限公司”因此变更企业名称为山西泰源药业有限公司。注册资金人民币65970300元，企业类型为有限责任公司，住所地为太原经济技术开发区医药园区唐明路19号，经营范围为：丸剂、散剂、膏药、酒剂、片剂、胶囊剂、软胶囊剂、颗粒剂、口服液、煎膏剂的生产。4. 1994年4月12日，中华人民共和国国内贸易部认证“太原大宁堂药店”为“中华老字号”。5. 2000年10月7日，山西省药材公司在国家工商管理局商标局注册了“大宁堂”文字及图商标，注册证号为第1455748号，核定服务项目为第35类，即推销（替他人），注册有效期限为“自2000年10月7日至2010年10月6日止”。6. 2001年12月20日，太原中药厂经太原市中级人民法院宣告破产，2005年6月终结破产程序。7. 山西省药材公司对“大宁堂”商标没有进行宣传，也未进行广告投入。

一审判理和结果

太原市中级人民法院一审认为：根据山西省药材公司提交的商标注册证，可以认定山西省药材公司对“大宁堂”文字及图商标享有专用权。山西省药材公司于2000年10月注册“大宁堂”商标后，没有对该商标做过任何宣传工作，也没有投入任何资金在任何地方做过任何保护工作。依照《中华人民共和国商标法》（以下简称商标法）第十四条的规定，山西省药材公司请求认定“大宁堂”商标为驰名商标，没有事实依据，依法不予支持。

山西省药材公司与大宁堂药业曾存在行政隶属关系，双方对“大宁堂”品牌的形成均做出了贡献，双方有一定历史渊源。纠纷发生后，经过其共同的上级主管山西省经贸委等部门多次协调，山西省经贸委也提出了解决方案。故对于本案的处理，应当适用维护公平竞争和保护在先合法权利人利益原则。大宁堂药业有限公司于1999年4月21日领取了“太原市大宁堂药业有限公司”营业执照，1999年7月7日变更为“山西泰源药业有限公司”，2005年3月10日变更为太原大宁堂药业有限公司。山西省药材公司的“大宁堂”商标于2000年10月注册。大宁堂药业关于其“早在山西省药材公司申请注册商标之前已经合法登记并使用了现在继承使用的企业名称”，因此，其“完全有权利在自己的企业名称中使用‘大宁堂’字号”的答辩理由，应予采信。

由于山西省药材公司的“大宁堂”商标不能被认定为驰名商标，故不能进行跨类保护。山西省药材公司是药品经营企业，大宁堂药业是药品生产企业，属于不同的种类，故大宁堂药业使用“大宁堂”字号，不构成对山西省药材公司的不正当竞争。太原市中级人民法院依照《中华人民共和国民事诉讼法》（以下简称民事诉讼法）第六十四条、第一百二十八条的规定，判决：驳回山西省药材公司的诉讼请求。

二审审理查明

山西省药材公司不服一审判决，向山西省高级人民法院提起上诉请求：依法改判支持其一审诉讼请求。

山西省高级人民法院二审查明：双方当事人对一审查明的第1、2、4、5、6项事实没有异议，二审予以确认。二审另查明，关于太原中药厂变更改制过程。1999年4月9日，太原中药厂第一届职工代表大会专题会议通过，以山西省中药厂和山西太原中药厂工会委员会共同出文“关于设立太原大宁堂药业有限公司的决议”，设立股份合作制公司“太原大宁堂药业有限公司”，采取职工自愿入股的形式，组建若干职工合股基金会，以其作为股东发起创立公司，注册资金50万元，经营方式为制造、销售中西成药，公司租用太原中药厂厂房、设备，有偿使用或受让太原中药厂的生产技术。经山西省药品监督管理局批复：特困企业可以分立自救，同意成立“太原大宁堂药业有限公司”，并鉴于省医药总公司已撤销，可按特事特办的原则办理开办企业的有关证照，进行注册登记。1999年4月21日，“太原市大宁堂药业有限公司”在太原市工商行政管理局领取了营业执照，注册资金人民币100万元，企业类型为有限责任公司，公司股东为三个自然人，住所地为太原市龙堡街29号。后山西省药材公司对“太原大宁堂药业有限公司”使用“大宁堂”字号提出异议。1999年5月24日，山西省药监局核发“关于变更大宁堂药业为泰源药业的通知”，其间山西省经贸委等部门多次协调，1999年6

月17日还给省药品监督局出具了协调意见函，认为太原大宁堂药业有限公司和山西省药材公司大宁堂药店均与“大宁堂”字号有历史渊源，前者为生产企业，后者为商业企业，建议暂时维持双方状况。但“太原大宁堂药业有限公司”仍于1999年7月15日变更企业名称为山西泰源药业有限公司。2005年3月10日，山西泰源药业有限公司又变更名称为原来的“太原大宁堂药业有限公司”，注册资金人民币5297.03万元，企业类型为有限责任公司，住所地为太原经济技术开发区医药园区唐明路，经营范围为丸剂、散剂、膏药、酒剂、片剂、胶囊剂、软胶囊剂、颗粒剂、口服液、煎膏剂的生产。

二审判理和结果

山西省高级人民法院二审认为：关于驰名商标的认定问题。《最高人民法院关于审理商标民事纠纷案件适用法律若干问题的解释》第二十二条第一款确认了人民法院在审理商标纠纷案件中，有权根据当事人的请求和案件的具体情况，对涉及的注册商标是否驰名依法作出认定。该条第二款同时规定，认定驰名商标应当依照商标法第十四条的规定进行。该条还规定了认定驰名商标应当考核的标准：1. 相关公众对该商标的知晓程度；2. 该商标使用的持续时间；3. 该商标的任何宣传工作的持续时间、程度和地理范围；4. 该商标作为驰名商标受保护的记录；5. 该商标驰名的其他因素。对照以上五点，“大宁堂”本身作为字号的历史源远流长，1994年4月还被国内贸易部认定为中华老字号，但字号不能等同于商标，“大宁堂”作为商标是药材公司2000年在工商部门注册后才享有注册商标专用权的，这样来看，从该商标使用的持续时间、该商标宣传的持续时间、程度和地理范围以及该商标作为驰名商标受保护的记录等方面考察，“大宁堂”商标还不符合驰名商标的认定标准。

关于大宁堂药业公司使用“大宁堂”作为企业名称是否构成对药材公司“大宁堂”注册商标的侵犯以及是否构成不正当竞争的问题。本案涉及“商标与企业名称之间的权利冲突”问题。商标是区别不同商品生产者或服务提供者的标记，即使用在商品或者服务上的一个记号，它主要由商标法调整。而企业名称是区别一个企业与其他企业或社会组织的标志，商标专用权与企业名称权属于不同性质的权利，二者的取得均应遵循《中华人民共和国民法通则》（以下简称民法通则）和《中华人民共和国反不正当竞争法》（以下简称不正当竞争法）中的诚实信用原则。山西药材公司的“大宁堂”商标为合法取得，其注册商标专用权受商标法保护，未经其许可，在同类商品或服务上使用与其注册商标相同的标识的行为都应视为侵权行为。大宁堂药业称其由太原中药厂改制而来，但二者之间并无法律上的承继关系。太原中药厂已于2005年破产终结。大宁堂药业最早是由几个自然人于1999年4月登记设立，后由于山西省药材公司提出异议经政府有关部门协调变更名称为山西泰源药业有限公司，至2005年3月10日山西泰源药业公司又变更为大宁堂药业公司，其主观上明显具有借助“大宁堂”的商誉发展本企业的故意，虽然其与太原中药厂有着某种联系，但毕竟法律上没有承继关系，特别是对“大宁堂”这一品牌的使用没有合法依据。再者，从普通消费者的角度看，“大宁堂”药店是由傅山传下来的有着良好信誉、有一定知名度的品牌药店，特别是同一区域，又属于同一行业，消费者对“大宁堂”的任何招牌都很容易产生商品及服务来源的混淆。所以，将与他人注册商标相同的文字登记为企业名称中的字号，引起相关公众对商标注册人与企业名称所有人的误认和误解的，属于侵犯商标专用权的行为，同时也是不正当竞争行为。大宁堂药业辩称其有在先使用的情形不能成立。综上，一审法院认定事实清楚，但适用法律错误，实体处理明显不当，应予改判。故依照民事诉讼法第一百五十三条第二款、民法通则第一百一十八条、商标法第五十二条第一款第一项、反不正当竞争法第五条第一项之规定，判决：一、撤销太原市中级人民法院（2006）并民初字第66号民事判决；二、本判决生效之日起大宁堂药业立即停止使用与山西省药材公司注册的“大宁堂”文字和商标相同的商业标志；三、本判决生效之日起三个月内大宁堂药业有限公司停止使用含有“大宁堂”的企业名称；四、驳回山西省药材公司的其他诉讼请求。

申请再审及审查情况

大宁堂药业不服二审判决，于2009年9月23日向最高人民法院申请再审，最高人民法院于2010年3月18日作出（2009）民申字第1491号民事裁定驳回了其再审申请。最高人民法院认为，大宁堂药业和太原中药厂是两个不同法律主体，大宁堂药业是由三个自然人新设立的公司，太原中药厂已破产终结，大宁堂药业与太原中药厂没有法律上的继受关系。1956年公私合营及店厂分设后，传统“大宁堂”字号商誉的承载者仅是药店，而非后来设立的太原中药厂，太原中药厂只是在设立后使用传统大宁堂制药秘方生产传统中成药新产生商誉的承载者。由于我国在商品零售服务项目上尚不能获得商标注册，山西药材公司在第35类的推销（替他人）服务项上注册涉案“大宁堂”图文商标，目的是在其提供的药品销售服务中使用该注册商标。大宁堂药业并不否认“大宁堂”药店是由傅山传下来的有着良好信誉、有一定知名度的品牌药店，山西药材公司是传统“大宁堂”字号商誉的拥有者，“大宁堂”老字号的权益应归山西药材公司享有。

抗诉理由和当事人意见

最高人民检察院抗诉认为：（一）大宁堂药业企业名称中的“大宁堂”字号未侵犯山西省药材公司注册商标权，二审判决认定大宁堂药业构成商标侵权及不正当竞争缺乏事实和法律依据。大宁堂药业作为药品生产企业，与山西省药材公司注册的服务商标所属服务类别并非相同或类似，而山西省药材公司因其注册的“大宁堂”商标不属于驰名商标，不能对其进行跨类保护，故二审判决判令作为生产企业的大宁堂药业禁止使用“大宁堂”作为企业字号，缺乏事实和法律依据。服务商标又称服务标志，是服务行业的经营者为了将自己提供的服务与他人提供的服务区别开来而使用的一种专用标志，只有驰名商标才拥有商标专用权。商标法第十三条规定：“就相同或者类似商品申请注册的商标是复制、摹仿或者翻译他人未在中国注册的驰名商标，容易导致混淆的，不予注册并禁止使用。就不相同或者不相类似商品申请注册的商标是复制、摹仿或者翻译他人已经在中国注册的驰名商标，误导公众，致使该驰名商标注册人的利益可能受到损害的，不予注册并禁止使用。”即是说，申请注册商标的商标不管是否相同或者类似，构成商标侵权的前提是被侵权的商标必须是驰名商标。2010年，山西省药材公司1455748号商标“大宁堂”文字及图商标续展，有效期自2010年10月7日至2020年10月6日。但山西省药材公司注册的“大宁堂”商标不属于驰名商标，且该商标属服务类，与作为企业名称中的字号非同一类别，对此一、二审法院均予以确认。根据商标法第五十一条①“注册商标的专用权，以核准注册的商标和核定使用的商品为限”的规定，山西省药材公司只能在被核定使用的服务类范围对其商标享有独家使用的权利。（二）二审判决认定大宁堂药业“将与他人注册商标相同的文字登记为企业名称中的字号，引起相关公众对

① 对应2019年《商标法》第五十六条。

商标注册人与企业名称所有人的误认和误解，属于侵犯商标专用权的行为，同时也是不正当竞争行为”，属认定案件的基本事实缺乏证据证明。1. 虽然山西省药材公司注册的“大宁堂”商标在一定范围内享有禁止他人使用与其注册商标相同或相类似的文字的权利，但大宁堂药业作为药品生产企业，不提供服务，显然与作为药品经营企业的山西省药材公司所注册的第三十五类服务商标所服务类别并非相同或类似，且因山西省药材公司的注册商标已经被生效判决认定为非驰名商标，依法不能被跨类保护，故其只能在其所注册的第三十五类服务商标所属服务类别相同或类似的商品类别上受到保护，即山西省药材公司不能禁止大宁堂药业作为制成品类商品生产者使用与其注册商标相同或近似的文字作为字号。况且，大宁堂药业在所生产商品包装上使用的是其注册商标（其商标是由傅山肖像与傅山文字组合而成），而并非“大宁堂”字号，山西省药材公司作为药品经营流通企业，也从未生产过“大宁堂”药品。因此，“大宁堂”作为企业字号不会“引起相关公众对商标注册人与企业名称所有人的误认和误解”。2. 因山西省药材公司名下所属大宁堂连锁药店已经被全部注销或吊销，大宁堂药业使用“大宁堂”作为企业字号不可能使相关公众产生误认和误解，大宁堂药业不具备构成商标侵权的必要条件。山西省药材公司曾于 2002 年 7 月 4 日向省工商行政管理局出具关于山西省药材公司变更所属药品零售企业名称情况的说明，内容为该公司将其原所属的药品零售药店统一变更为大宁堂连锁大药房一至十五部。在该说明所附的《山西省药材公司零售企业更名对照情况》中，仅有连锁一部原名为“山西省药材公司大宁堂零售部”，并且标注有七部、十部、十一部、十五部四个连锁药店待申报或申验。依据山西省工商行政管理局出具的企业档案信息卡和山西省药材公司 2002 年至 2010 年的年检报告表明，山西省药材公司的分支机构中，未见上述待申报或待申验的四个连锁药店，该四个连锁药店并未成立。而依据山西省工商行政管理局出具的营业单位基本情况表明，截止到 2005 年 12 月 29 日，包括连锁一部在内已成立的十一个连锁药店全部被省工商行政管理局注销或吊销。依据山西省药材公司的工商年检报告，该公司名下至今依然没有使用其服务类“大宁堂”商标的药品销售单位。在此情形下，大宁堂药业恢复使用“大宁堂”作为企业字号不可能使相关公众产生误认或误解。故二审判决认定大宁堂药业的行为侵犯了山西省药材公司的商标专用权，缺乏事实和法律依据。3. 大宁堂药业在山西省药材公司申请商标之前已经合法登记并使用过“大宁堂”作为企业字号，其在先权利应受保护。大宁堂药业恢复使用“大宁堂”作为企业字号不存在故意假冒他人注册商标行为，不构成不正当竞争。大宁堂药铺创建于明末清初，由三晋名士傅山坐堂行医，并秘制和合丸、二仙丸等特效中成药，形成前铺后厂，互为依存的格局。1956年公私合营，在大宁堂药铺制药生产基础上成立了太原中药厂。1999年4月9日太原中药厂第一届职工代表大会专题会议通过了“关于设立太原大宁堂药业有限公司的决议”，决定采取职工自愿入股的形式，组建若干职工合股基金会，职工合股基金会作为股东发起人创立公司，并于1999年4月21日经山西省药品监督管理局批准，在工商行政管理部门登记注册成立了“太原大宁堂药业有限公司”，除太原中药厂的债权债务外，所有该厂的文号、生产批文、商标等均由大宁堂药业承继使用。而该公司成立时，山西省药材公司尚未申请注册服务类“大宁堂”商标。根据商标法第三十一条①关于申请商标注册不得损害他人现有在先权利的规定，大宁堂药业有权继续使用“大宁堂”作为字号。同时，太原中药厂是以“大宁堂药铺”的后厂涉及的秘方、传统工艺及生产为基础所成立，太原中药厂改制后，大宁堂药业承继“大宁堂药铺”祖传名药“和合丸”“二仙丸”等秘方及太原中药厂100余个药品生产批文和“傅山”牌注册商标，表明大宁堂药业与太原中药厂有法律上的承继关系。山西省经贸委于1999年6月17日给山西省药品监督管理局出具了协调意见函，认为大宁堂药业和山西省药材公司大宁堂药店均与“大宁堂”字号有历史渊源，前者为生产企业，后者为商业（流通）企业，建议维持双方状况，同意大宁堂药业使用“大宁堂”字号。本案事实表明，对于“大宁堂药铺”历史商誉的传承，其核心的秘方及生产工艺已由大宁堂药业继承并发展，该公司与“大宁堂药铺”具有历史渊源，其使用“大宁堂”字号作为企业字号具有合理性。因此，保护大宁堂药业使用“大宁堂”字号符合保护在先权利原则，既有利于传承传统中药，也有利于企业发展。故大宁堂药业恢复使用“大宁堂”作为企业字号不存在故意假冒他人注册商标的行为，不构成不正当竞争行为。故依据民事诉讼法第二百条第二、六项及二百零八条第一款的规定，提出抗诉，请求依法对本案进行再审。

大宁堂药业同意抗诉意见。

---

① 对应2019年《商标法》第三十二条。

山西省药材公司答辩称：1. 抗诉书混淆概念，适用法律错误。《商标法实施条例》（2002）第五十三条规定："商标所有人认为他人将其驰名商标作为企业名称登记，可能欺骗公众或者对公众造成误解的，可以向企业名称登记主管机关申请撤销该企业名称登记。企业名称登记主管机关应当依照《企业名称登记管理规定》处理。"2013 年修改的商标法第五十八条规定："将他人注册商标、未注册的驰名商标作为企业名称重的字号使用，误导公众，构成不正当竞争的，依照《中华人民共和国反不正当竞争法》处理。"所谓跨类保护是指同一商标在不同类别的商品和服务上，是否受法律保护的问题，而本案是将他人注册商标用在生产企业上，是不正当竞争。2. 大宁堂药业作为生产企业，使用山西省药材公司的注册商标，足以使相关公众对商标注册人与企业名称所有人的误解，系不正当竞争。3. 大宁堂商标依法在续展注册期间，商标权依法不受侵害。4. 山西省药材公司使用"大宁堂"在先，大宁堂药业对大宁堂字号无承继权利。故请求维持二审判决。

再审审理查明

在再审期间，大宁堂药业提交了下列新证据：

1. 山西省著名商标证书、山西省名牌产品证书、山西省守合同重信用企业证书、山西省质量信誉等级证书和优秀民营企业证书。用以证明大宁堂药业为公众认可、具有商誉的企业。

2. 山西省食品药品监督管理局《关于停止 64 家药品经营企业药品经营活动的通知》及山西省到期未申报批发企业名称。用以证明山西省药材公司无药品经营活动资质。

3. 国家工商行政管理总局商标局于 2012 年 12 月 14 日发布的《关于申请注册新增零售或批发服务商标有关事项的通知》。山西华元医药集团有限公司在第 35 类商品/服务上注册有大宁堂文字加图形商标，指定服务为：药品零售或批发服务；药品制剂零售或批发服务。用以证明大宁堂药业不存在注册商标侵权和不正当竞争行为。

经当庭质证，山西省药材公司对上述证据真实性、关联性不予认可，但未提供反证。本院对上述证据的真实性予以认可。

山西省药材公司提交了拍摄于 2015 年 11 月 10 日的店铺门面照片 3 张，用以证明其仍在使用大宁堂商标。经当庭质证，大宁堂药业对照片的真实性不予认可。

另查明，山西省太原中药厂晋药厂（1999）办字第8号“关于设立‘太原大宁堂药业有限公司’实行改组转制，分立扭亏的请示报告”内容如下：“1. 公司名称：太原大宁堂药业有限公司；经济性质：股份合作制。2. 资金来源：太原中药厂为主要发起人，太原中药厂成立几个合股基金会，作为股东。3. 组织机构：公司依法成立股东大会、董事会、监事会，制定公司章程，聘用经理层管理人员，建立严格的法人治理结构。4. 生产条件：公司租用太原中药厂的厂房、生产设备及配套设施，有偿使用或受让太原中药厂的生产技术（包括药品批准文件），依法开展生产经营。5. 人员组成：除管理人员、技术人员和营销人员外，优先聘用太原中药厂下岗职工，通过考核择优上岗并依据劳动法签订劳动合同。”“二、太原中药厂改组转制及运作办法。1. 太原中药厂保持独立法人主体不变，保持资产产权关系不变，保持债权、债务关系不变。由生产经营型向资产经营型转变。2. 坚持债务不悬空的原则，太原中药厂经营方式转变后，其债权债务关系并没有改变。资产租赁、技术转让和清欠变现收入，除用于保证下岗职工基本生活和交纳社会保险费外，优先偿还税金、贷款和利息，归还其他债务。3. 太原中药厂实行全员下岗后，根据资产经营管理的实际需要，按照效能、节约的原则，保留或设置必要的职能科室，通过竞争择优上岗。4. 集中力量抓好清理应收账款和其他债权的工作，采取有效措施，责任、指标到人，务求实效。5. 认真抓好职工下岗分流和再就业服务工作，创造条件，创办以社会服务业为主的经济实体，保障职工的基本生活，维护社会安定。”

太原中药厂第一届职工代表大会于1999年4月9日关于设立“太原大宁堂药业有限公司”的决议内容如下：一、采取职工自愿入股形式，组建若干职工合股基金会。二、职工合股基金会作为股东，发起、创立“太原大宁堂药业有限公司”。三、公司依法建立独立的法人治理结构，独立核算，自主经营，自负盈亏。四、公司租用太原中药厂厂房、设备，有偿使用或受让太原中药厂的生产技术。

山西省药品监督管理局于1999年4月14日批复同意成立“太原大宁堂药业有限公司”，该公司于1999年4月20日成立，股东为宋守财、胡原平和王景云。1999年7月6日名称变更为山西泰源药业有限公司。山西泰源药业有限公司于2002年3月11日召开第十次股东会议决议将公司股东由原来的宋守财等3人变更为宋守财等18人。

国家工商行政管理总局于2004年8月13日作出的《关于国际分类第35

类是否包括商场、超市服务问题的批复》内容如下：商场、超市属于销售商品的企业，其主要活动是批发、零售。《商标注册用商品和服务国际分类》第35类的注释明确说明，该类别服务的主要目的在于“对商业企业的经营或管理进行帮助”，或者“对工商企业的业务活动或者商业职能的管理进行帮助”，且“尤其不包括：其主要职能是销售商品的企业，即商业企业的活动”。因此，《商标注册用商品和服务国际分类》第35类的服务项目不包括“商品的批发、零售”，商场、超市的服务不属于该类的内容。该类“推销（替他人）”服务的内容是：“为他人销售商品（服务）提供建议、策划、宣传、咨询等服务。”

国家工商行政管理总局商标局于2012年12月14日下发《关于申请注册新增零售或批发服务商标有关事项的通知》，在《类似商品和服务区分表》3509类似群中设立“药用、兽医用、卫生用制剂和医疗用品的零售或批发服务”、“药品零售或批发服务”、“药用制剂零售和批发服务”、“卫生制剂零售和批发服务”、“医疗用品零售或批发服务”、“兽药零售或批发服务”和“兽医用制剂零售或批发服务”共7个新增服务项目。新增服务商标注册所保护的对象不是上述具体商品，而是为销售该商品提供的综合便利服务行为。

山西华元医药集团有限公司在第35类商品/服务上被核准注册了大宁堂文字加图形商标，指定服务为：药品零售或批发服务；药品制剂零售或批发服务。

此外，大宁堂药业于2008—2012年分别在第5类中药成药、人用药和第30类非医用营养胶囊上被核准注册了大宁堂文字加图形以及大宁堂文字加拼音商标。其中，于2008年7月14日被核准注册在第5类中药成药等商品上的第4570166号“大宁堂及图”商标已经被北京高级人民法院（2011）高行终字第339号行政判决撤销。大宁堂药业就此判决向本院申请再审，本院于2014年2月27日以（2013）知行字第62号裁定驳回了其再审申请。上述判决和裁定理由均为大宁堂药业不享有“大宁堂”字号的在先权利，大宁堂药业申请注册涉案商标损害了山西省药材公司的在先字号权，而且上述判决和裁定在理由中均引用了本院（2009）民申字第1491号民事裁定。

再审判理和结果

最高人民法院再审认为，基于最高人民检察院的抗诉意见以及当事人的申辩意见，本案的争议焦点是：大宁堂药业使用“大宁堂”字号是否构成对山西省药材公司“大宁堂”注册商标专用权的侵害和不正当竞争。该焦点可以细化为三个问题：1. 涉案“大宁堂”商标是否应受法律保护；2. 涉案商标核定使用的商品或服务与大宁堂药业的药品生产是否属于同种或类似商品（服务）；3. 大宁堂药业和太原中药厂是否存在历史传承关系以及大宁堂药业是否拥有对“大宁堂”字号的在先使用权。

（一）关于涉案“大宁堂”商标是否应受法律保护问题。

依照商标法第三条的规定，经商标局核准注册的商标为注册商标，商标注册人享有注册商标专用权，受法律保护。即注册商标无论驰名与否，其商标专用权都依法受到保护。涉案“大宁堂”商标于2000年10月经国家工商管理局商标局核准注册，经续展后现仍在有效期内，虽然一、二审法院均认为涉案“大宁堂”商标不能构成驰名商标，但是作为注册商标依法应当受到保护。

（二）关于涉案商标核定使用的商品或服务与大宁堂药业的药品生产是否属于同种或类似商品（服务）问题。

依照商标法第五十一条的规定，注册商标的专用权，以核准注册的商标和核定使用的商品为限。涉案“大宁堂”商标于2000年10月被核定使用在第35类推销（替他人）服务上。按照当时的《类似商品和服务区分表》（第七版），“推销（替他人）”服务的内容主要是指为他人销售商品（服务）提供建议、策划、宣传、咨询等服务，即涉案“大宁堂”商标受保护的范围应当是为他人销售商品（服务）提供建议、策划、宣传、咨询等服务项目。虽然涉案“大宁堂”图文商标不构成驰名，不能获得跨类保护，但是由于2012年12月以前我国法律不允许在商品零售服务项目上注册商标，山西药材公司在第35类的推销（替他人）服务项上注册涉案“大宁堂”图文商标，依据常理其目的应当是在其提供的药品销售服务中使用该注册商标。大宁堂药业本案中所提供的国家工商行政管理总局商标局《关于申请注册新增零售或批发服务商标有关事项的通知》以及山西华元医药集团有限公司注册服务商标的情形均发生在本案二审判决生效之后，对本案的事实认定和法律适用不产生影响。

（三）关于大宁堂药业和太原中药厂是否存在历史传承关系以及大宁堂药业是否拥有对“大宁堂”字号的在先使用权问题。

最高人民法院认为，大宁堂药业与太原中药厂之间存在历史承继关系，享有在先权利。一是从历史传承看，太原中药厂的前身大宁堂药铺采“前店后厂”模式，其于1956年公私合营后店厂分设，前店（包括匾牌）归山西药材公司，后厂（包括生产批件和大宁堂秘制药方）归太原中药厂，太原中药厂后来又历经分立、破产并改制成大宁堂药业，因此，大宁堂药业与太原中药厂乃至山西药材公司之间存在历史传承关系。大宁堂药业是因历史原因而使用大宁堂字号，与通常那种恶意搭车攀附而做大做强的情形不同。在太原中药厂破产前对其所承载的大宁堂商誉如何处置没有明确约定情况下，可以认定大宁堂药业承继了相应的商誉。二是从现实情况看，山西省药品监督管理局的批复、山西省中药厂和山西太原中药厂工会委员会共同做出的“关于设立太原大宁堂药业有限公司的决议”以及纠纷出现后山西省经贸委多次协调等事实均表明，该企业分立是主管部门批准的企业自救行为，原厂的领导班子和绝大多数职工均进入大宁堂药业。这种自救行为在上个世纪八九十年代比较常见，一方面通过分立或破产来解决外部债务问题，另一方面通过设立新的股份制企业来解决职工安置和企业转型问题。现实情况是，大宁堂药业拥有大宁堂药铺传统配方秘制中药的生产批件并一直在生产，而山西省省药材公司只拥有“大宁堂”商标和牌匾，因此为了承继和弘扬大宁堂药铺商誉，两者善意共存较为合理。三是从法律适用看，太原中药厂在分立改制时并没有现在企业的知识产权观念和意识，该企业及其上级主管部门最关心的不是商誉问题，而是企业如何生存、职工如何安置的问题。因此，若以现行商标法的规则和理念去认定和解决20多年前的问题，实质是适用市场经济时代的法律去解决计划经济下形成的法律关系，不仅违反“法不溯及既往”原则，也有悖公平合理之精神。四是从社会效果看，如果不认可大宁堂药业享有在先权利，就会导致大宁堂药铺秘方药和商誉得不到传承，因为大宁堂传统秘制中药药方的实际传承人大宁堂药业将不得不停止使用大宁堂字号，其已经注册的商标亦将被撤销；而山西省药材公司只有“大宁堂”商标和牌匾，却一直没有生产和销售大宁堂药铺的传统秘方药。综上，比较公平合理的解决方式应当是允许两者善意共存，大宁堂公司继续使用大宁堂字号并生产大宁堂传统秘方药品，山西省药材公司可销售大宁堂药业生产的药品。如此，前店后厂的历史传承关系能够被继续维系，大宁堂的商誉亦可以由两家共同弘扬。

综上所述，大宁堂药业的再审申请理由成立，二审判决认定事实错误，适用法律不当，依法应予撤销。经审判委员会讨论决定，本院依照《中华人民共和国民事诉讼法》第二百零七条第一款、第一百七十条第一款第二项，判决如下：1. 撤销山西省高级人民法院（2006）晋民终字第00331号民事判决；2. 维持山西省太原市中级人民法院（2006）并初字第66号民事判决。

【法官评述】

本案涉及老字号权利的继承和保护以及中华传统文化的传承与发扬光大、商标与字号冲突如何平衡问题，法律问题比较典型。本案为最高人民检察院抗诉案件，经过最高人民法院民事行政专业审判委员会讨论。

编写人：最高人民法院　秦元明

曹晓冬诉云南下关沱茶（集团）股份有限公司侵害商标权纠纷案

——阅读提示：注册商标专用权的保护与被诉侵权商品商标知名度的关系

【裁判要旨】

注册商标作为一项标识性民事权利，商标权人不仅有权禁止他人在相同或类似商品上使用该注册商标标识，更有权使用注册商标标识其商品或者服务，在相关公众中建立该商标标识与其商品来源的联系。相关公众是否会混淆误认，既包括将使用被诉侵权标识的商品误认为商标权人的商品或者与商标权人有某种联系，也包括将商标权人的商品误认为被诉侵权人的商品或者误认商标权人与被诉侵权人有某种联系，妨碍商标权人行使其注册商标专用权，进而实质性妨碍该注册商标发挥识别作用。

【案号】

一审：云南省昆明市中级人民法院（2016）云01民初246号

二审：云南省高级人民法院（2016）云民终738号

申请再审：最高人民法院（2017）最高法民申2069号

再审：最高人民法院（2017）最高法民再273号

【案情与裁判】

原告（被上诉人）：曹晓冬

被告（上诉人）：云南下关沱茶（集团）股份有限公司（简称下关沱茶公司）

起诉与答辩

曹晓冬向昆明市中级人民法院起诉称：其于2009年经国家工商行政管理

总局商标局核准取得注册号为第5492697号第30类“金戈铁马”注册商标，有效期为2009年6月14日至2019年6月13日。2015年2月，原告发现被告在昆明各茶叶市场的下关沱茶专卖店均有出售名为“金戈铁马”字样的茶叶。经原告在互联查询，被告在互联网上也销售在包装上印有“金戈铁马”字样的茶叶。原告还在互联网上查到被告于2014年6月22日在东莞松山湖凯悦酒店举行下关沱茶“金印系列”——铁饼传记之甲午金戈铁马传奇之旅首发上市大型品鉴活动，共计发售252000饼印有“金戈铁马”的茶饼。被告的行为严重侵害了原告享有的“金戈铁马”注册商标专用权。原告为制止被告的侵权行为于2015年2月向被告通过传真的方式发送律师函，要求被告立即停止侵权、赔礼道歉、赔偿损失，被告没有给予积极答复及协商。被告工作人员韩永国于2015年3月13日向国家工商行政管理总局商标局申请撤销第5492697号第30类“金戈铁马”注册商标，2015年12月4日，国家工商行政管理总局商标局驳回了韩永国的撤销申请。原告多次函电被告协商解决侵权事宜，被告均无态度和作为。原告为维护自身合法权益，特诉至法院，请求：1. 被告立即停止对原告享有的第5492697号第30类注册商标“金戈铁马”商标专用权的侵害，停止销售标有“金戈铁马”字样的所有侵权产品；2. 被告在省级媒体（报纸或电台）刊登声明公开道歉、消除影响；3. 被告赔偿原告损失1260000元人民币；4. 被告赔偿原告律师代理费及其他合理费用共计63990元；5. 本案诉讼费由被告承担。

被告下关沱茶公司答辩称：一、金戈铁马一词来源于《新五代史·李袭吉传》，是我国传统的成语，金戈铁马一词不是原告独创，而是我国传统文化的一部分，因而原告的注册商标缺乏显著性，原告不能禁止他人合理使用。二、经过被告对市场的调查以及对原告担任法定代表人的“云南金戈铁马茶业有限公司”网站的搜索，并未发现市场上有“金戈铁马”茶叶的商品在销售，也未在原告的公司网站上发现对“金戈铁马”品牌的商品宣传。因此，被告认为原告的注册商标缺乏知名度。三、被控侵权商品的产品背景和使用情况。被告生产的“甲午金戈铁马铁饼”是用于下关沱茶品牌下的金印系列产品，也是被告生产的生肖系列茶品之一，该产品是依据下关铁饼的创始人和传承人始创于1954年云南七子圆茶铁饼配方，由下关沱茶制作技术精制而成。2014年是我国的甲午年，属相为马年，这一年又是铁饼创始60周年，同时，也是云南滇西抗战70周年，正是由于这些年份的巧合，下关沱茶公司决定把2014年生产的金印系列产品取名为“甲午·金戈铁马·铁饼”，其中“金戈铁马”有两层意义，一是纪念滇西抗战70周年；二是，“金”代表“下关沱茶”的金字招牌，“戈”代表的是此款茶品为茶之重器，“铁”为被告方生产的铁饼，“马”是此茶品系马年生产的。被告的这一系列产品中，在包装或宣传册上从未单独使用过“甲午金戈铁马铁饼”标志，都是与被告拥有的中国驰名商标“下关沱茶”和云南省著名商标“松鹤延年”商标共同使用，且“下关沱茶”标识在产品包装和宣传册的显要位置。该产品是被告生肖系列的一个产品，只在2014年（马年）生产，因而被告生产的“甲午金戈铁马铁饼”产品不会在相关公众中对该产品的出处产生混淆，不会使相关公众对该产品的来源产生误认或者认为其来源与原告注册商标的商品有特定的联系。四、使用成语注册商标时，由于缺乏独创性，欠缺显著性，因而在已有成语商标的前后加字或减字，国家商标局并不认为两者相同或近似，而是两个独立的商标。被告的“甲午金戈铁马铁饼”的产品标识显然与原告的“金戈铁马”成语商标有明显区别，既不相同，也不近似。五、原告的“金戈铁马”商标多年未使用，正如前面所述，被告查询未发现原告在市场上销售使用“金戈铁马”商标的商品，退一步说，即使认定被告的“甲午金戈铁马铁饼”产品侵犯了原告的商标权，根据《商标法》第六十四条的规定，被告也不应承担赔偿责任。综上所述，被告认为使用成语注册的商标，不能排斥他人对成语公用资源的正当利用，不能说只要包含有“金戈铁马”成语要素的商标或标识，就是商标侵权。被告使用的标识，具有不同于原告商标的显著特征，且与“下关沱茶”商标或“松鹤”商标共同使用，足以使相关公众辨明不同来源，既然没有混淆性，则不存在商标侵权。因而从判断近似的法律规定综合判断，由于原告商标缺乏独创性、显著性、知名度以及被告使用的合理性，被告认为被告的标识与原告的商标并不近似，请求法院驳回原告的全部诉讼请求。

一审审理查明

昆明市中级人民法院审理查明：2009年6月14日，原告曹晓冬注册取得第5492697号注册商标，该商标系文字与图形组合商标，文字“金戈铁马”系横向排列繁体中文，在“金戈铁马”文字下面有一个树叶的图案（见附图一），该商标核定使用商品为第30类茶等。被告下关沱茶公司分别于2010年1月21日、2014年9月7日通过注册取得两项商标，分别为文字“松鹤延年”+圆形+鹤的图案组成的组合商标和“下关沱茶”文字商标，核定使用商品均为包括茶在内的第30类商品。2014年（农历马年），被告在其生产的金印系列产品包装上使用了“甲午金戈铁马铁饼”字样（见附图二），字体为简体字，其中“甲午”及“铁饼”字体较小，而“金戈铁马”四字字体较大，且位于茶饼外包装及内包装的显著位置，在“金戈铁马”四字旁边还配有一匹呈现奔跑状态马的图案。同时，被告在其生产的上述茶饼的内、外包装上均标注有“松鹤延年”注册商标和“下关沱茶”字样，并在内、外包装上标注有被告下关沱茶公司名称。2015年2月，原告的委托代理人曾向被告发出律师函，要求被告立即停止侵权、赔偿损失、赔礼道歉。庭审中，被告认可被控侵权商品实物系被告生产，并认可在昆明有销售。

附图一

附图二

另查明，被告下关沱茶公司系成立于1995年3月14日，该公司主要从事茶叶生产销售。原告曹晓冬系云南金戈铁马茶业有限公司法定代表人，该公司成立于2007年2月6日，主要从事茶叶、农副土特产品等销售。云南金戈铁马茶业有限公司在景迈古树茶、景迈沱茶等多款产品上使用了第5492697号“金戈铁马”注册商标。2015年3月13日，案外人韩永国向国家工商行政管理总局商标局申请撤销曹晓冬第5492697号第30类“金戈铁马”商标的注册，后商标局认为韩永国申请撤销理由不能成立，于2015年12月4日决定驳回韩永国的撤销申请。

一审判理和结果

昆明市中级人民法院经审理认为，本案中，原告主张被告在同一种商品上使用了与其注册商标相同的商标；被告则辩称，“甲午金戈铁马铁饼”只是被告生产的系列产品的名称，并不是作为商标使用。对于被告使用“甲午金戈铁马铁饼”标志是否系作为商标性使用，一审法院认为，识别性是商标的基本特性。本案被告使用“甲午金戈铁马铁饼”标志系使用在被控侵权商品的内、外包装上，并配以一匹呈现奔跑状态马的图案，同时在被控侵权商品内、外包装上均标注有“松鹤延年”注册商标和“下关沱茶”字样，被告的使用仅是作为商品装潢的使用。原告第5492697号注册商标核定使用商品为第30类，包括茶、蜂蜜、糖、咖啡等，而被控侵权商品为茶类，与原告的注册商标核定使用商品属于同种商品。同时，将被告使用的标志与原告注册商标进行视觉效果比对，从商标的构成要素来看，原告的注册商标系文字与图形组合商标，文字“金戈铁马”系横向排列繁体中文，在“金戈铁马”文字下面有一个树叶的图案；而被告使用的“金戈铁马”字样为简体中文，且并未使用树叶的图案，故原告注册商标与被告使用的标志不相同，但两者构成要素中存在一定相似要素，被告虽然主张其对“甲午金戈铁马铁饼”标志系整体使用，但经审查“甲午”及“铁饼”字体较小，而“金戈铁马”四字字体较大，而且位于茶饼外包装及内包装的显著位置，且原告虽是文字与图形组合商标，但该文字“金戈铁马”在原告注册商标构成元素中更为显著，而被告突出使用“金戈铁马”四字，虽然字体不一样，但读音和字意是相同的，故而两者构成近似。在认定是否容易导致混淆、误导公众时，除了考虑近似因素之外，还应当根据主张权利的商标和被诉侵权的标志的实际使用状况、使用历史、相关公众的认知状态等因素综合判定。本案中，首先，原告早于2009年6月14日就已经注册了第5492697号“金戈铁马”注册商标，而被告的“松鹤延年”和“下关沱茶”商标，分别注册于2010年、2014年，均晚于原告商标注册时间；其次，原告于2009年8月16日许可云南金戈铁马茶业有限公司使用其注册商标，而被告生产被控侵权商品系2014年，也晚于原告注册商标的使用时间；再次，云南金戈铁马茶业有限公司在多款茶叶上使用了第5492697号“金戈铁马”注册商标，并已形成了一定的市场份额，具有一定的消费群体，被告在被控侵权商品上突出使用“金戈铁马”标志，容易使相关公众产生混淆、误导。综上，被告在同一种商品上使用与原告涉案注册商标近似的标志作为商品装潢使用，误导公众，且该使用行为未经原告许可，故侵犯了原告的第5492697号“金戈铁马”注册商标专用权。判决：一、云南下关沱茶（集团）股份有限公司立即停止销售标有“金戈铁马”标志的侵权商品；二、云南下关沱茶（集团）股份有限公司于判决生效后十日内赔偿曹晓冬经济损失20万元；三、驳回曹晓冬的其他诉讼请求。

上诉与答辩

下关沱茶公司不服一审判决，向云南省高级人民法院提起上诉，请求依法撤销一审判决。其上诉事实和理由主要为：下关沱茶公司在其“甲午金戈铁马铁饼”产品上的显著位置以鲜明色彩标注了该公司自己的注册商标及生产厂家名称，且该商标本身就是著名商标，而曹晓冬的商标缺乏显著性和知名度，相关公众不会把该公司的“甲午金戈铁马铁饼”产品的出处与曹晓冬的注册商标所标识的产品的出处相混淆，也不会误导公众，根据我国商标法律的相关规定，下关沱茶公司的“甲午金戈铁马铁饼”产品没有对曹晓冬构成侵权；即使下关沱茶公司构成侵权，曹晓冬也没有证据证实其在起诉前三年生产销售过其注册商标所标识的商品，根据商标法律的相关规定，下关沱茶公司也无须赔偿曹晓冬的经济损失。

二审审理查明

云南省高级人民法院二审审理查明：对一审判决认定的事实，除下关沱茶公司坚持认为涉案商标在曹晓冬提起本案诉讼前连续三年均未使用以外，双方当事人对一审判决认定的其他事实没有异议。关于涉案商标是否存在连续三年未使用的情形，二审法院经审查，曹晓冬向一审法院提交的商标局于2015年12月4日出具的《关于第5492697号第30类“金戈铁马”注册商标连续三年不使用撤销申请的决定》可以证明涉案商标自2012年3月13日至2015年3月12日期间被使用。

二审判理和结果

二审法院认为，在商标侵权案件中，如何判断被控侵权商品所使用的商标或标志与权利人的注册商标构成相似，《最高人民法院关于审理商标民事纠纷案件适用法律若干问题的解释》第九条第二款和第十条已做了明确规定。具体到本案，首先，将被控侵权商品包装装潢上所使用的“金戈铁马”标志，与涉案商标“金戈铁马”相比，二者在读音和含义上没有区别，但在视觉效果方面存在以下区别：1. 排列上，前者的“金戈铁马”四字是竖向排列，而本院查阅了曹晓冬向法院提交的其产品实物图片，发现涉案商标中的“金戈铁马”四字基本上是横向排列；2. 构图上，前者的主体画面是竖向的“金戈铁马”四字旁边有一匹奔马，后者则是横向的“金戈铁马”四字下面加一片树叶；3. 字形字体上，前者是简体字，后者则是繁体字，字形也有明显区别。根据上述比对的结果，二者虽然在读音和含义上相同，但由于涉案商标属于文字和图形组合商标，而且是印在商品包装上，对于相关公众而言，二者在视觉效果方面的区别造成的影响更大，换言之，二审法院认为二者在视觉方面存在的上述区别，能够抵消读音和含义相同可能造成的混淆或误导公众。其次，从被控侵权商品的包装装潢整体来看，该包装上的“金戈铁马”四字虽然被放大突出，在装潢中也比较显著，但该标志只是用在了包装正面，外包装侧面和后面明确标注了下关沱茶公司的公司名称、地址，而且正面左上角用显著的红色印有下关沱茶公司自己的“下关沱茶”商标，因此，整体而言，相关公众从被控侵权商品包装装潢上，不会将被控侵权商品误认为是涉案商标的商品或者与该商品有特定联系。其三，从商标的知名度和显著性来看，下关沱茶公司提交的一份“中华老字号”认定书可以证实，该公司在被控侵权商品上使用的“下关沱茶”商标，已经被国家商务部认定为“中华老字号”，而曹晓冬没有提交任何证据，证明涉案商标除获得注册以外，还获得过其他能表示其知名度的国家权威机构的认证，二审法院由此推断，被控侵权商品上所使用的“下关沱茶”商标的知名度，远远高于涉案商标的知名度，被控侵权商品没有必要攀附涉案商标来提高自己的知名度，而且涉案商标所使用的“金戈铁马”四字，在文学作品中经常出现，相关公众即使注意到被控侵权商品上的这四个字，也不会将被控侵权商品当然地与涉案商标的商品联系在一起，更不会当然地误认为二者都是曹晓冬或者曹晓冬所授权的公司生产的商品。

二审判决认为被控侵权商品包装装潢上所用的标志，与涉案商标既不相似，也不相同，更不会误导公众，下关沱茶公司在其“金戈铁马”系列茶饼的包装装潢上使用“金戈铁马”标志，不属于商标法第五十七条第二项规定侵犯曹晓冬注册商标专用权的行为，判决：撤销一审判决，驳回曹晓冬的全部诉讼请求。

申请再审理由与答辩

曹晓冬申请再审称，一、被申请人在其茶叶生饼不管是外包装盒上还是盒内的茶饼上均使用“金戈铁马”四个大字，字体粗黑并且均是在明显位置，字体排列为竖立，虽然再审申请人注册的“金戈铁马”为繁体字，字体为横向排列，被申请人使用的简体字，根据我国的文化传统，对其意的理解是没有任何的区别，特别是用在同一商品的包装上一般公众足以认为是商品的商标名称。二审法院认为公众能够予以区别显然是错误的。二、二审法院认为从被控侵权商品的包装装潢整体来看，该包装上的“金戈铁马”四字放大突出，在装潢中也比较显著，但该标志只是用在了包装正面，外包装侧面和后面明确标注了下关沱茶公司的公司名称、地址，而且正面左上角用显著的红色印有下关沱茶公司自己的“下关沱茶”商标，因此，整体而言，相关公众从被控侵权商品包装装潢上，不会将被控侵权商品误认为是涉案商标的商品或者与该商品有特定联系。再审申请人认为二审法院无视公众的一般判断能力和思维习惯，在一个商品包装装潢的正面显著位置使用显著“金戈铁马”标识，足以让公众认为此商品与“金戈铁马”的商标有密切联系甚至认为“金戈铁马”就是该商品的商标。更何况被申请人销售的侵权商品是整盒和单饼均可，特别是单饼的包装“金戈铁马”四个大字更为明显突出。在互联网各官方网站只要输入“金戈铁马茶叶”六个字均会显示被申请人销售的侵权商品茶饼。二审法院仅对被申请人销售侵权产品外包装盒进行审查，对其包装盒内茶饼包装是否侵权没有审查，足以导致认定事实的依据不够全面、具体，虽然被申请人在其销售的商品上标注“下关沱茶”的商标和公司地址，均不是在明显位置且图样较小，一般公众均不会予以足够的注意，商品由谁生产和商标的使用是两个不同的法律关系，不是被申请人免责的法定理由。根据《商标法实施条例》第七十六条在同一种商品或者类似商品上将与他人注册商标相同或者近似的标志作为商品名称或者商品装潢使用，误导公众的，属于商标法第五十七条第二项规定的侵犯注册商标专用权的行为。

三、二审法院以商标知名度的大小来衡量受法律保护的程度违背法律面前人人平等的原则。商标是区分商品的标识也是商品的身份证，依法受法律的保护，申请再审人合法注册的“金戈铁马”商标，一经注册就平等地受到法律保护，其在文学作品和生活中使用法律不会干涉和禁止，再审申请人已依法将其注册商标，在商品上使用任何人任何企业都要遵守《商标法》及其他法律法规的规定，不管是主观故意还是过失，一旦客观上造成侵权均应依法承担侵权责任。这和注册商标的知名度大小没有必然的因果关系。综上所述，二审法院认定错误，请求本院依法予以纠正。

下关沱茶公司辩称，第一点，关于被申请人使用这个金戈铁马，它不是单独使用这四个字，而是甲午金戈铁马铁饼这几个字连在一起使用的。而且金戈铁马是我国的一个成语它不具备独创性和显著性，这种注册商标不能排斥其他人使用商标。第二点，云南高级人民法院在判决书也阐述了尽管读音和含义上有近似但是商标是文字和图形的组合，而且印在商品包装上，对于相关公众而言，二者在视觉效果方面的区别，造成影响更大，能够抵消读音和含义相同可能造成的混淆。从相关公众来看，对于申请人和被申请人的商品，其实一眼就能看出区别，不会把他们作为混淆。第三点，被申请人拥有自己的注册商标“下关沱茶”及“松鹤延年”，被申请人的这些商标在被申请人的商品上都是有突出显示的。包括下关沱茶，它是有显著的红色标志，还有下关沱茶公司的产品地址。另外，被申请人的商标下关沱茶是中华老字号，也是驰名商标。而且松鹤延年商标是云南省的著名商标，而申请人的金戈铁马除了商标注册证并没有其他的国家权威部门认证的知名度。也就是说，被申请的商品是没有必要攀附涉案的商标来提高自己的知名度的。而且金戈铁马在文学作品中很常见，即使相关公众注意到这四个字，也不会将两者联系，更不会误认这两种商品都是曹晓冬或者曹晓冬授权生产的商品。综上所述，这两个商标不相同也不近似而且更不会误导公众。

再审审查查明

再审查明的事实与一、二审法院查明的事实基本一致。

再审判理和结果

最高人民法院经审理认为：本案中曹晓冬第 5492697 号注册商标核定使用商品为第 30 类，包括茶、蜂蜜、糖、咖啡等，而被控侵权商品为茶类，与曹晓冬的注册商标核定使用商品属于同种商品。同时，将下关沱茶公司使用的标志与曹晓冬注册商标进行视觉效果比对，从商标的构成要素来看，曹晓冬的注册商标系文字与图形组合商标，文字“金戈铁马”系横向排列繁体中文，在“金戈铁马”文字下面有一个树叶的图案；而下关沱茶公司使用的“金戈铁马”字样为简体中文，且并未使用树叶的图案，故曹晓冬注册商标与下关沱茶公司使用的标志不相同。但两者构成要素中存在一定相似要素，下关沱茶公司虽然主张其对“甲午金戈铁马铁饼”标志系整体使用，但经审查，“甲午”及“铁饼”字体较小，而“金戈铁马”四字字体较大，且位于茶饼外包装及内包装的显著位置。曹晓冬的注册商标虽是文字与图形组合商标，但该文字“金戈铁马”在曹晓冬注册商标构成元素中更为显著，而下关沱茶公司突出使用“金戈铁马”四字，虽然字体不一样，但读音和字意是相同的，故而两者构成近似，使用在同一种茶叶商品上易使相关公众产生混淆。二审法院关于“被控侵权商品包装装潢上所用的标志，与涉案商标既不相似，也不相同，更不会误导公众”的认定有误，予以纠正。下关沱茶公司未经许可，在同一种商品上使用与曹晓冬涉案注册商标近似的标识，容易导致相关公众混淆，侵犯了曹晓冬对第5492697号“金戈铁马”注册商标享有的注册商标专用权。二审判决认定涉案行为不属于《商标法》第五十七条第二项规定的侵犯曹晓冬注册商标专用权的行为，认定事实和适用法律均有不当，最高人民法院依法予以撤销。一审判决认定下关沱茶公司未经曹晓冬许可，在同一种商品上使用与曹晓冬的涉案商标近似的标志作为商品装潢使用，误导公众，该行为侵犯了曹晓冬对涉案商标所享有的商标专用权，认定事实清楚，适用法律正确，最高人民法院予以维持。判决：一、撤销云南省高级人民法院（2016）云民终738号民事判决；二、维持云南省昆明市中级人民法院（2016）云01民初246号民事判决。

【法官评述】

《中华人民共和国商标法》第五十七条规定，有下列行为之一的，属侵犯注册商标专用权：“（一）未经商标注册人的许可，在同一种商品上使用与其注册商标相同的商标的；（二）未经商标注册人的许可，在同一种商品上使用与其注册商标近似的商标，或者在类似商品上使用与其注册商标相同或者近似的商标，容易导致混淆的……”《最高人民法院关于审理商标民事纠纷案件适用法律若干问题的解释》第十条规定了认定商标相同和近似的原则，即“（一）以相关公众的一般注意力为标准；（二）既要进行对商标的整体比对，又要进行对商标主要部分的比对，比对应当在比对对象隔离的状态下分别进行；（三）判断商标是否近似，应当考虑请求保护注册商标的显著性和知名度。”根据商标法及前述司法解释的规定，本案中，认定构成侵犯商标权的关键在于被诉侵权标识与注册商标是否构成近似，相关公众是否容易混淆。

在认定是否构成近似方面，二审判决适用前条司法解释有两处不当之处，其一，其忽略了“金戈铁马”作为文字组合商标，由于呼叫习惯等因素，其文字为该商标的主要部分；其二，根据前条司法解释第三款之规定，判定商标是否近似，应当考虑请求保护注册商标的知名度和显著性，而非被诉侵权商品商标的知名度。由于前述对司法解释适用的不当，当然导致了结论的错误。在认定相关公众是否容易混淆时，二审判决还有以下适用法律不当之处：其一，无事实依据对被控侵权商品商标知名度进行推断；其二，在混淆判断标准上对商标法及司法解释理解有误。

二审判决推断“被控侵权商品上所使用的下关沱茶商标的知名度，远远高于涉案商标的知名度，被控侵权商品没有必要攀附涉案商标来提高自己的知名度，而且涉案商标所使用的‘金戈铁马’四字，在文学作品中经常出现，相关公众即使注意到被控侵权商品上的这四个字，也不会将被控侵权商品当然地与涉案商标的商品联系在一起，更不会当然地误认为二者都是曹晓冬或者曹晓冬所授权的公司生产的商品。”

首先，人民法院认定事实应当是在审查当事人提供证据的基础上进行审查判定，而非进行推断。即使根据案件优势证据需要对当事人的相关意图进行推断时，也须结合相关证据认定的事实进行。根据一审法院查明的事实，曹晓冬于2009年6月14日就已经注册了第5492697号“金戈铁马”注册商标，而下关沱茶公司的“松鹤延年”（第6209882号）和“下关沱茶”商标（第12201774号），分别注册于2010年、2014年，均晚于原告商标注册时间；曹晓冬于2009年8月16日许可云南金戈铁马茶业有限公司使用其注册商标，而下关沱茶公司生产被控侵权商品系2014年，也晚于曹晓冬注册商标的使用时间；云南金戈铁马茶业有限公司在多款茶叶上使用了第5492697号“金戈铁马”注册商标，并已形成了一定的市场份额，具有一定的消费群体。在没有证据证明“下关沱茶”商标（第12201774号）具有更高知名度的情况下，二审法院此推断并无事实依据。

其次，商标作为一种区分商品或者服务来源的标识，其基本属性是其标识性。“金戈铁马”虽然是文学作品中的常见词汇，但其注册使用在第30类茶、蜂蜜、糖、咖啡等商品上具有显著性，能够发挥识别商品来源的作用，曹晓冬对该商标享有的注册商标权并不因该词汇常出现在文字作品中而与一般注册商标有所不同。

最后，即使下关沱茶商标较本案诉争商标具有更高的知名度，原审判决认定被诉侵权商品没有必要攀附涉案商标来提高自己的知名度虽有一定的可能性，但该推断忽视了注册商标作为一项标识性民事权利，商标权人不仅有权禁止他人在相同类似商品上使用该注册商标标识，更有权使用其注册商标标识商标权人的商品或者服务，在相关公众中建立该商标标识与其商品来源的联系。相关公众是否会混淆误认，既包括将使用被诉侵权标识的商品误认为商标权人的商品或者与商标权人有某种联系，也包括将商标权人的商品误认为被诉侵权人的商品或者误认为商标权人与被诉侵权人有某种联系，妨碍商标权人行使其注册商标专用权，进而实质性妨碍该注册商标发挥识别作用。因此，如果认为被诉侵权人享有的注册商标更有知名度即可以任意在其商品上使用他人享有注册商标的标识，将实质性损害该注册商标发挥识别商品来源的基本功能，对该注册商标专用权造成基本性损害。

编写人：最高人民法院　王艳芳

贵阳南明老干妈风味食品有限责任公司诉贵州永红食品有限公司、北京欧尚超市有限公司侵害商标权及不正当竞争纠纷案

——阅读提示：将他人驰名商标标注为商品口味名称是否属于商标的正当使用？是否构成对驰名商标的淡化或贬损？

【裁判要旨】

经营者在其商品包装显著位置上将他人驰名商标作为描述商品特征的名称使用，即使其商品中确有使用驰名商标核定使用商品作为该商品的组成部分，但如果该驰名商标核定使用商品并未成为行业常用原料、该驰名商标并未成为行业常用商品特征名称表述方式，则经营者对驰名商标的上述使用方式不具备正当性；且该使用行为会弱化该驰名商标告知消费者特定商品来源的能力，从而减弱驰名商标的显著性，构成《商标法》第十三条第三款所指的损害驰名商标注册人正当权益的情形。

【案号】

一审：北京知识产权法院（2015）京知民初字第1944号

二审：北京市高级人民法院（2017）京民终28号

【案情与裁判】

原告（被上诉人）：贵阳南明老干妈风味食品有限责任公司（简称贵阳老干妈公司）

被告（上诉人）：贵州永红食品有限公司（简称贵州永红公司）

被告：北京欧尚超市有限公司（简称北京欧尚公司）

起诉与答辩

贵阳老干妈公司于2015年11月17日向北京知识产权法院提起诉讼，要

求：1. 判令被告立即停止侵犯原告驰名商标专用权的行为，停止在牛肉棒上使用“老干妈味”字样，停止以任何形式销售印有上述“老干妈味”字样的牛肉棒；2. 判令被告赔偿原告经济损失300万元；3. 判令被告承担与本案有关的合理支出，总计127820元（其中包含律师费10万元、公证费用26500元、印制费750元、航空运费480元、交通费用90元）。

贵州永红公司辩称，一、贵州永红公司成立于1984年，主营商品为牛肉干等制品，主营商标为牛头牌及图，通过三十余年的使用，前述商标在全国范围内具有很高的知名度和市场影响力，并且于2010年1月被商标局认定为中国驰名商标，贵州永红公司主观上并没有攀附贵阳老干妈公司商标的意图；二、贵州永红公司使用“老干妈味”字样不属于商标性使用，属于对产品配料和口味的合理描述，是善意的，并不会造成消费者对涉案产品来源的混淆与误认，故其行为不构成商标侵权；三、贵州永红公司没有攀附贵阳老干妈公司品牌的恶意，从涉案产品的整体包装来看，此产品的商标是“牛头牌”，“老干妈味”只是对产品口味的描述，从涉案商品的销售和利润来看，贵州永红公司并没有因“老干妈味”字样而获得竞争优势，故其行为不构成不正当竞争；四、贵阳老干妈公司并不实际生产和销售牛肉干制品，且贵阳老干妈公司的第2021191号“老干妈”文字注册商标（简称涉案商标）不构成驰名商标，贵州永红公司对于其侵犯驰名商标权益的主张不予认可；五、贵阳老干妈公司诉请贵州永红公司赔偿300万元以及合理支出的诉讼请求没有事实和法律依据，依法不应得到法院的支持。综上，贵州永红公司并未侵犯贵阳老干妈公司涉案商标驰名商标权益，也未违反反不正当竞争法的相关规定，也不应承担贵阳老干妈公司主张的赔偿责任。贵阳老干妈公司的主张没有事实和法律依据，请求法院驳回其诉讼请求。

被告北京欧尚公司未到庭参加诉讼，亦未提交书面意见。

一审审理查明

涉案商标为第2021191号“老干妈”商标，注册人为贵阳老干妈公司，该商标于2003年5月21日核准注册，核定使用商品为第30类：豆豉、辣椒酱（调味）、炸辣椒油等商品，经续展，涉案商标专用期限至2023年5月20日。

此外，贵阳老干妈公司还拥有注册号为1381611号的“老干妈及图”商标。该商标于2000年4月7日核准注册，其文字部分与涉案商标相同，核定使用商品为第30类，豆豉、油辣椒（调味品）、酱辣椒（调味品）、火锅调料（调味品）等商品，经续展，该商标专用期限至2020年4月6日。

涉案第2021191号“老干妈”商标曾在2011年、2014年、2015年、2016年多次被国家工商行政管理总局商标局（简称商标局）、国家工商行政管理总局商标评审委员会（简称商标评审委员会）和法院认定为驰名商标。

贵州永红公司拥有第4686272号、第10781638号、第3550793号、第5853924号的“牛头牌及图”系列注册商标，核定使用商品为第29类牛肉食品。“牛头牌及图”商标曾在2010年被商标局认定为驰名商标。

根据（2015）京方圆内经证字第27571号公证书记载，2015年9月14日，贵阳老干妈公司的委托代理人在公证员的陪同下，在北京欧尚公司位于北京市朝阳区香宾路66－1的商铺处购买了三支牛肉棒（简称涉案商品），单支售价为24.8元，并当场取得购物小票以及发票一张，发票上加盖有被告北京欧尚公司来广营店的印章。涉案商品包装的正面上部标有贵州永红公司所拥有的“牛头牌及图”商标，中部印有“老干妈味”字样；包装背面标有涉案商品品名为“老干妈味牛肉棒”，注明配料有牛肉、豆豉、鱼露等，还写明了涉案商品的制造商是贵州永红公司，地址是贵州省惠水县永红绿色食品工业园。

一审诉讼中，贵州永红公司确认北京欧尚公司销售的涉案商品系贵州永红公司生产。贵州永红公司自2014年开始购入贵阳老干妈公司生产的“老干妈”牌豆豉作为调料生产涉案商品，贵州永红公司生产的牛肉棒除了涉案商品中标明的“老干妈味”，还有“原味”“麻辣”“香辣”“黑胡椒”等其他商品。2015年贵州永红公司生产的“老干妈味牛肉棒”销售收入总计219485.7元。根据2015年财务审计报告显示，贵州永红公司处于整体亏损状态，在2015年整体亏损了2697万元。

根据贵阳老干妈公司提供的证据18显示，其在一审诉讼中支出律师费10万元、公证费26500元、印制费750元、航空运费480元、交通费90元。

一审判理和结果

北京知识产权法院一审认为，根据贵阳老干妈公司在本案中提供的证据，涉案商标应当被认定为驰名商标。贵州永红公司将涉案驰名商标作为自己牛肉棒商品的系列名称，用涉案驰名商标来描述自己的商品，会使消费者误以为涉案商品与贵阳老干妈公司具有某种联系，有可能导致涉案驰名商标的显著性减弱，弱化涉案驰名商标与贵阳老干妈公司的唯一对应关系，甚至会导致其名称通用化，构成对涉案商标的广告性商标使用。贵阳老干妈公司和贵州永红公司不具有市场竞争关系，不能适用《反不正当竞争法》的相关规定，贵州永红公司的涉案行为不构成不正当竞争。据此，判决：一、贵州永红公司立即停止在其生产、销售的牛肉棒商品上使用“老干妈味”字样，北京欧尚公司停止销售上述印有“老干妈味”字样的牛肉棒；二、贵州永红公司赔偿贵阳老干妈公司经济损失及合理支出共计四十二万六千五百元；三、驳回贵阳老干妈公司的其他诉讼请求。

上诉与答辩

贵州永红公司上诉请求：撤销一审判决第一、二项。

贵阳老干妈公司辩称：贵州永红公司在其制造、销售的牛肉棒商品上标注“老干妈味”字样属于商标性使用行为，同意一审判决对被诉行为构成广告性商标使用行为、淡化式侵权的认定。贵阳老干妈公司在本案中主张适用法定赔偿，认可一审判决对损害赔偿数额的认定。

北京欧尚公司未陈述答辩意见。

二审审理查明

贵州永红公司提交的贵州同辉正业会计师事务有限公司制作的同辉专审字（2016）第182号《关于贵州永红食品有限公司“老干妈”风味牛肉棒商品经营情况专项审计报告》（简称第182号审计报告）系贵州永红公司单方委托审计，该审计报告的审计对象2014年7月1日至2016年6月30日“老干妈”风味牛肉棒商品经营情况明细表及附注系由贵州永红公司自行编制，该审计报告内容的真实性、关联性存疑，不能作为认定涉案商品盈利情况的证据。

二审判理和结果

根据《商标法》第十三条、第十四条第一款和第三款、第四十八条、第五十七条第七项、第五十九条第一款、第六十三条第一款，《最高人民法院关于审理商标民事纠纷案件适用法律若干问题的解释》第一条第二项、第十七条，《最高人民法院关于审理涉及驰名商标保护的民事纠纷案件应用法律若干问题的解释》第二条第一款、第八条、第九条第二款，《侵权责任法》

第二条的规定，北京市高级人民法院二审认为，涉案商标已经在中国境内为相关公众广为知晓，在本案中应当认定构成驰名商标。贵州永红公司将“老干妈”作为涉案商品的口味名称，并标注于涉案商品包装正面，属于对涉案商标的复制、摹仿，其能够起到识别商品来源的作用，属于商标法意义上的使用。虽然涉案商品确实添加有“老干妈”牌豆豉，但“老干妈”牌豆豉并非食品行业的常用原料，“老干妈味”也不是日用食品行业对商品口味的常见表述方式，涉案商品对“老干妈”字样的使用不属于合理使用的范畴。贵州永红公司在涉案商品包装正面使用“老干妈”字样，并将“老干妈味”作为与“原味”、“麻辣”等并列的口味名称的行为，足以使相关公众在看到涉案商品时直接联想到涉案商标，进而破坏该商标与贵阳老干妈公司所生产的豆豉、辣椒酱（调味）、炸辣椒油商品之间的密切联系和对应关系，减弱该商标作为驰名商标的显著性，并不正当利用了驰名商标的市场声誉，构成《商标法》第十三条第三款所指“误导公众，致使该驰名商标注册人的利益可能受到损害的”的情形，属于给他人注册商标专用权造成其他损害的行为。综上，贵州永红公司的相关上诉理由缺乏事实及法律依据，其上诉请求不能成立。一审判决认定事实清楚，适用法律正确，依法应予维持。依照《民事诉讼法》第一百七十条第一款第一项之规定，判决：驳回上诉，维持原判。

【法官评述】

一、驰名商标的按需认定与跨类保护

对于已经注册的商标认定驰名的前提是在不相同或不相类似的商品上需要进行跨类保护。本案中，贵阳老干妈公司主张涉案商标在第30类的豆豉、辣椒酱（调味）、炸辣椒油商品上构成驰名商标，而贵州永红公司生产的涉案商品牛肉棒商品属于第29类，二者在商品原料、功能用途等方面存在一定差异，不属于类似商品。贵阳老干妈公司以贵州永红公司违反《商标法》第十三条为由，请求认定涉案商标为驰名商标，并给予跨类保护，符合《最高人民法院关于审理涉及驰名商标保护的民事纠纷案件应用法律若干问题的解释》第二条的规定，应予审查认定。

贵阳老干妈公司在本案中提交的销售收入及税收数据统计表、广告宣传费用及纳税情况审计报告、销售合同及发票、相关行业协会及专业调研机构的行业排名证明文件能够证明涉案商标在辣椒酱、豆豉、炸辣椒油等商品上已经进行了长期的使用与广泛的宣传，占据了较大的市场份额，具有较广的销售区域。贵阳老干妈公司提交的涉案商标多次被商标局、商标评审委员会和法院认定为驰名商标的批复、裁定、判决等能够证明该商标曾多次被认定为驰名商标，并受到相应的保护。上述证据足以证明涉案商标已经在中国境内为相关公众广为知晓，在本案中应当认定构成驰名商标。

二、商标合理使用的范畴

《商标法》第四十八条规定："本法所称商标的使用，是指将商标用于商品、商品包装或者容器以及商品交易文书上，或者将商标用于广告宣传、展览以及其他商业活动中，用于识别商品来源的行为。"

商标的基本功能在于区分商品和服务的来源，所谓商标使用，即指在商业活动中，将已注册商标作为商标使用，用于识别商品来源的行为。贵州永红公司将"老干妈"字样标注在涉案产品上的行为，客观上已起到了识别商品来源的功能，应系商标使用行为。

《商标法》第五十九条第一款规定："注册商标中含有的本商品的通用名称、图形、型号，或者直接表示商品的质量、主要原料、功能、用途、重量、数量及其他特点，或者含有的地名，注册商标专用权人无权禁止他人正当使用。"

商标合理使用是为了使社会主体间的利益达成平衡而设计的一种制度，他人在生产经营过程中可以正当地使用权利人的商标，而不必征得权利人的许可，也不必支付商标使用费。商标的合理使用主要包括两种情形：描述性使用与指示性使用。描述性使用是指生产经营者使用他人的商标对自己生产经营的商品予以叙述性描述。指示性使用是指为指明产品、服务的种类而使用他人的商标。如果是为了描述、指明商品的基本信息，应当允许他人在不引起消费者混淆、误认或联想的情况下，正常、合理地使用权利人的商标。可见，区分商标合理使用和侵权使用的界限应该是：这种使用不致引起一般消费者或相关公众对商品来源的混淆或误认，也不应使消费者对该商品与使用的商标间产生不恰当联想。

对于商标的指示性使用而言，认定被诉侵权人的使用行为是否构成指示性使用，需要衡量其使用他人商标的必要性，即是否为说明或传达真实信息所必需。判断“必要性”需要满足两个条件，其一，若不使用商标标识便难以描述商品或服务的性质或范围；其二，不得大量使用商标权人的商标标识。

本案中，贵州永红公司辩称，涉案产品确实添加了“老干妈”牌豆豉作为调料，“老干妈”是对产品配料的真实、合理描述，“老干妈”只是对牛肉棒口味的描述，除此之外，牛肉棒系列产品还有“原味”“香辣”“黑胡椒”等其他口味。涉案产品上虽然印有的是“老干妈”字样，涉案产品也确实添加了“老干妈”牌豆豉，但不同于“原味”“香辣”“黑胡椒”等口味，“老干妈”在现实生活中并非任何一种口味，也不是任何一种原料，标注“老干妈”字样并非描述涉案产品之必须，因此，不能将“老干妈”视为一个描述性词汇运用在涉案产品之上。贵州永红公司可以直接采取标注“麻辣味”“豆豉味”等字样来说明涉案牛肉棒的口味，而非替代性地直接借用涉案商标。“老干妈”作为贵阳老干妈公司所拥有的驰名商标，具有强烈的显著性，与贵阳老干妈公司具有唯一对应关系，被诉侵权行为易将涉案产品与贵阳老干妈公司之间搭建不恰当的联系，将涉案商标所享有的优良商誉投射到涉案产品之上，故不属于合理使用的范畴。

三、驰名商标的反淡化保护

《最高人民法院关于审理涉及驰名商标保护的民事纠纷案件应用法律若干问题的解释》通过司法解释的形式在我国规定了商标淡化问题，该款“减弱驰名商标的显著性、贬损驰名商标的市场声誉，或者不正当利用驰名商标的市场声誉”就是指因误导相关公众而减弱驰名商标的显著性或者贬损其声誉的行为。

所谓减弱驰名商标的显著性是指，减弱驰名商标与其所有人在特定商品上形成的唯一对应关系。减弱驰名商标与特定商品的对应关系以及减弱驰名商标与其所有人的对应关系均属于上述减弱驰名商标显著性的类型。驰名商标的价值在于驰名商标与其所有人在特定商品上形成的唯一对应关系。如果涉案商品并非驰名商标所有人赖以驰名的商品，相关公众虽然认为驰名商标所有人不会提供该涉案商品，亦不会对商品的来源产生混淆误认，但看到涉案商品却会在相当程度上联想到驰名商标的所有人，则驰名商标与其所有人之间的唯一对应关系将被破坏，驰名商标的显著性亦会被减弱。

本案中，涉案牛肉棒商品与豆豉、辣椒酱（调味）、炸辣椒油商品虽然在商品原料、功能用途等方面存在差异，但二者均属日用食品，在销售渠道和消费群体方面存在一定重合，贵州永红公司在涉案商品包装正面使用“老干妈”字样，并将“老干妈味”作为与“原味”“麻辣”等并列的口味名称的行为，将导致涉案商标通用化为一种口味名称，会大大减弱涉案商标的显著性和识别性。该行为足以使相关公众在看到涉案商品时直接联想到涉案商标，进而破坏该商标与贵阳老干妈公司所生产的豆豉、辣椒酱（调味）、炸辣椒油商品之间的密切联系和对应关系，减弱涉案商标作为驰名商标的显著性。为了避免涉案商标“老干妈”最后淡化为一种通用的口味描述性词汇，有必要在本案中对该驰名商标予以反淡化保护。

编写人：北京市高级人民法院　俞惠斌

索菲亚家居股份有限公司诉吕小林等侵害商标权及不正当竞争纠纷案

——阅读提示：权利人已在同类商品上注册相同或近似商标的，是否有权选择以不类似商品上的注册商标主张驰名商标跨类保护？在认定商标驰名时，《商标法》第十四条规定的各项因素是否缺一不可？

【裁判要旨】

一、权利人就同一标识在不同商品类别上注册多个商标，其中未实际使用的防御性商标与被诉侵权商品类别相同，而知名度很高的商标与被诉侵权商品类别既不相同亦不类似，在此情形下，权利人有权选择以驰名商标跨类保护的方式寻求更为有利的司法救济。

二、《商标法》第十四条规定的认定商标驰名的几项因素并非缺一不可，如果考虑部分因素即足以认定涉案商标驰名的，则无需逐一考虑其全部因素。

【案号】

一审：浙江省杭州市中级人民法院（2015）浙杭知初字第750号

二审：浙江省高级人民法院（2016）浙民终794号

【案情与裁判】

原告（上诉人）：索菲亚家居股份有限公司（简称索菲亚公司）

被告（被上诉人）：吕小林

被告（被上诉人）：尹丰荣

被告（被上诉人）：南阳市索菲亚集成吊顶有限公司（简称南阳索菲亚公司）

起诉与答辩

2015年8月20日，索菲亚公司以嘉兴市司米集成吊顶有限公司（以下简称司米公司）、南阳索菲亚公司侵害其对驰名商标“索菲亚”享有的商标权并实施不正当竞争行为为由诉至法院，请求判令：司米公司、南阳索菲亚公司立即停止商标侵权及不正当竞争行为，停止使用并注销www. sofyell. com域名；南阳索菲亚公司变更企业名称及微信公众号名称；司米公司、南阳索菲亚公司共同赔偿索菲亚公司经济损失及维权支出的合理费用100万元；司米公司、南阳索菲亚公司在《中国知识产权报》及“新浪家居”网站上刊登致歉声明以消除影响。

一审审理查明

2003年，索菲亚公司的前身广州市宁基装饰实业有限公司经受让取得并开始使用第1761206号“索菲亞”商标，核定使用商品为第20类“餐具柜；非金属门装置；家具；家具门；家具用非金属附件；镜子；衣帽架（家具）”。2012年，该商标注册人变更为索菲亚公司。2011年至2016年，该商标先后被认定为广州市著名商标、驰名商标。索菲亚公司通过多种形式对“索菲亞”品牌进行宣传，并曾聘请明星舒淇为其产品广告代言人。2014年，索菲亚公司经核准注册第4287169号“索菲亞”商标，核定使用商品为第6类“金属门（滑门、拉门）；金属门；金属隔板；金属门板；金属建筑挡板”。索菲亚公司的官方网站为www. suofeiya. com. cn，sogal. com. cn。

司米公司、南阳索菲亚公司的股东均为吕小林、尹丰荣。2015年，吕小林经核准注册第14504404号“sofyell”商标及第14504405号“sofyell”商标，核定使用的商品分别为第11类、第6类。

司米公司、南阳索菲亚公司在“sofyell. com”网站、涉案微信公众号以及哈尔滨实体店的门头上使用了与涉案商标相同或近似的“索菲亞”或“索菲亚”标识。此外，司米公司、南阳索菲亚公司还将与索菲亚公司舒淇形象代言照片相同的照片在其网站上进行发布，并标明舒淇为其产品代言人。

一审判理和结果

一审法院认为：1. 关于商标侵权：被诉侵权产品系集成吊顶，其中所含的吊顶模块与电器模块分属第6类和第11类商品。索菲亚公司主张对注册在

20类商品上的第1761206号“索菲亞”商标进行跨类保护，但其在第6类商品上亦注册了第4287169号“索菲亞”商标，完全可以后一商标为基础主张权利，故在本案并无必要对第1761206号“索菲亞”商标是否驰名作出认定。并且，第1761206号“索菲亞”注册商标虽具有较高知名度，但索菲亚公司未提供该商标受保护的记录以及该商标在国内享有极高市场声誉的证据，故即便有必要认定第1761206号“索菲亞”注册商标是否驰名，现有证据也不足以证明该商标在被诉侵权行为发生时已经驰名。2. 关于不正当竞争：司米公司、南阳索菲亚公司将与索菲亚公司舒淇形象代言照片相同的照片在其网站上进行发布，并标注含有“索菲亚”文字的标识，且标明舒淇为其产品代言人，构成虚假宣传。南阳索菲亚公司擅自将“索菲亚”登记为企业字号并在网页及微信公众号中进行商业使用，构成对索菲亚公司企业名称权的侵害。

一审法院于2016年7月4日判决：1. 司米公司、南阳索菲亚公司停止实施不正当竞争行为；南阳索菲亚公司停止在企业名称中使用“索菲亚”字号；2. 司米公司、南阳索菲亚公司共同赔偿经济损失（包括合理支出）20万元；南阳索菲亚公司赔偿经济损失（包括合理支出）10万元。

二审判理和结果

一审宣判后，索菲亚公司不服，提起上诉。

二审审理过程中，浙江省高级人民法院查明司米公司已于2016年核准注销登记，故变更该公司股东吕小林、尹丰荣为被上诉人。

二审法院认为：商标权人有权根据自身的商标体系和诉讼策略选择对其最为有利的商标作为诉讼的权利基础。如果法院为避免认定驰名商标，不允许权利人选择以驰名商标跨类保护的方式寻求更为有利的救济，则其合法利益就难以得到充分保障，与司法认定驰名商标制度的初衷亦背道而驰。本案第4287169号“索菲亞”商标属于防御性商标，因未经长时间实际使用，显著性和知名度较低，法律对其保护力度相对较弱。索菲亚公司以第1761206号“索菲亞”商标主张权利系对其商标权的正当行使，因该商标的核定使用商品类别为第20类，与被诉侵权产品不属于相同或类似商品，故在权利人请求跨类保护的情况下，法院有必要对涉案商标是否驰名作出认定。索菲亚公司虽未提交涉案商标受保护记录，但《商标法》第十四条规定的驰名认定因素并非缺一不可，如果考虑部分因素足以认定商标驰名的，就无需机械地一一考虑其全部因素。本案中，结合相关商品的销售情况、涉案商标的使用时间、宣传情况、市场声誉以及其他相关事实，索菲亚公司提交的在案证据足以证明涉案商标在被诉侵权行为发生时已处于驰名状态。司米公司、南阳索菲亚公司在知晓涉案商标的情况下，仍然使用与之相同或相近的标识，主观上存在攀附的恶意，客观上足以导致混淆，减弱了驰名商标的显著性，贬损了驰名商标的市场声誉，构成商标侵权。

二审法院于 2017 年 3 月 15 日改判：1. 吕小林、尹丰荣、南阳索菲亚公司立即停止实施商标侵权及不正当竞争行为，南阳索菲亚公司立即停止在企业名称中使用“索菲亚”字号；2. 吕小林、尹丰荣、南阳索菲亚公司在“新浪家居”网站刊登声明消除影响；3. 吕小林、尹丰荣、南阳索菲亚公司共同赔偿经济损失（含合理支出）50 万元，南阳索菲亚公司赔偿经济损失（含合理支出）10 万元。

【法官评述】

驰名商标保护制度的本意在于给予高知名度商标以高强度保护，实现驰名商标的跨国界保护和跨商品类别保护。在司法认定驰名商标时，既要防止认定标准过于宽松导致驰名商标泛滥的现象，也要避免矫枉过正导致商标权人合法权益无法得到有效保护的情况。

在我国驰名商标保护制度设立后的一段时期内，由于制度的不完善性和理解上的误区，在驰名商标司法认定实践中出现了种种异化现象——驰名商标被“政绩化”和“荣誉化”，导致地方政府重资奖励，企业则不惜费时费力甚至通过不正当手段追逐，甚至有的当事人通过虚假诉讼“制造”驰名商标。这些现象在社会上引发了争议，也给司法认定驰名商标制度带来了负面影响。为有效应对上述问题，增强司法认定驰名商标的权威性和公信力，最高人民法院在 2009 年相继发布了《关于涉及驰名商标认定的民事纠纷案件管辖问题的通知》（法〔2009〕1 号）和《关于审理涉及驰名商标保护的民事纠纷案件应用法律若干问题的解释》（法释〔2009〕3 号，以下简称《驰名商标解释》），前者从程序上建立了涉驰名商标案件的集中管辖制度，后者则从实体上统一和规范了司法认定驰名商标的标准，确立了被动认定、个案认定、事实认定和按需认定原则。上述司法解释施行之后，各地法院对驰名商标严格把关、慎重认定，逐步恢复了驰名商标司法认定的立法本意和司法秩序。但在强力纠偏的同时，在个别案件中也出现了标准过严、矫枉过正的情形。本案就是其中的一起典型案件，主要涉及如何正确理解按需认定原则和如何正确把握“驰名”标准这两大涉驰名商标案件审理中的重要问题。

一、涉驰名商标侵权案件审理中的按需认定原则

（一）按需认定原则的内涵

商标驰名与否是案件审理中的一个事实问题，在当事人明确提出涉案商标系驰名商标的事实主张时，法院应当首先考虑该事实主张与原告诉讼请求之间的关联性。具体而言，根据请求权基础理论，原告的诉讼请求只有在满足请求权基础规范的构成要件时才能得到支持，如果商标驰名的事实属于请求权基础规范中的要件事实，能够直接影响请求权的成立与否，那么法院就有必要对商标是否驰名进行审查；反之，如果商标驰名不属于要件事实，不直接与请求权成立与否相关联，就没有必要审查商标是否驰名。比如，在当事人仅将商标驰名作为其主张高额法定赔偿理由的案件中，商标驰名与否并不是该类侵权案件的要件事实。法院在确定法定赔偿数额时，确实应当将商标的知名度作为一个重要的考量因素，但是并无必要对该商标是否驰名作出定性。在权利商标确实具有较高乃至极高知名度的情况下，即使不认定商标驰名，法院也会根据商标知名程度的事实给予相对较高的赔偿。

其次，根据《驰名商标解释》第三条第一款第二项的规定，即使商标驰名与诉讼请求存在关联性，法院也还要进一步审查请求权成立的其他要件是否已经得到满足。在不符合其他要件的情况下，可以直接驳回原告诉讼请求，不需要再对驰名事实作出判断；如果其他要件均已满足，那么就要继续审查商标是否驰名，以便最终确定原告的诉讼请求是否能够得到支持。据此可见，商标驰名与否在法院判断各项要件事实是否成立的审查顺序中排在最末位。而一般而言，法律法规对于要件事实的审查顺序并不会刻意进行规定，在此类案件中作此规定，也恰恰体现了最高人民法院在当时驰名商标泛滥的大背景下，迫切要求各级法院严格审查、慎重认定的司法态度。

（二）有必要认定驰名商标的案件类型

根据按需认定原则，可以对有必要判断商标驰名与否的案件类型进行

框定。《驰名商标解释》第二条已经对此类案件类型作了列举，包括：1. 权利商标核定使用的商品类别与被诉商品不相同也不类似，当事人请求给予跨类保护的商标侵权诉讼；2. 权利商标未在中国注册，当事人请求给予跨国界保护的商标侵权诉讼；3. 以企业名称与其驰名商标相同或者近似为由，提起的商标侵权或者不正当竞争诉讼；4. 原告以被诉商标的使用侵害其注册商标权为由提起民事诉讼，被告以该注册商标与其在先未注册驰名商标相同或近似为由提出抗辩或者提起反诉的。

（三）同类商品上的注册商标是否必须被优先援引

本案权利人拟援引的权利商标的核定使用商品类别与被诉商品既不相同也不类似，本属于上述第一种涉及商标跨类保护的案件类型。但一审法院在审理中查明，权利人不仅在非同类商品上注册了“索菲亚”商标，而且在同类商品上也注册了形态相同的“索菲亚”商标。在此情形下，对于是否需要认定商标驰名出现了两种不同意见。一种意见认为，原告应当以同类商品上的注册商标作为权利依据，没有必要再舍近求远地援引非同类商品上的驰名商标进行跨类保护。另一种意见认为，援引不同商标主张权利所产生的诉讼效果并不完全相同，原告有权利选择对自己最有利的商标作为权利基础。

一审法院持第一种意见，二审法院则采纳了第二种意见，对一审判决进行了改判。采纳第二种意见的具体理由包括：1. 按照我国民事诉讼法的处分原则，当事人有权在法律规定的范围内处分自己的民事权利，包括选择有利于自己的权利基础并主张相应的权利事实。在法律法规并未禁止当事人行使相关选择权的情况下，限制当事人的此种处分权缺乏法律依据，法院不能仅仅为了避免认定驰名商标就作此限制。2. 援引不同商标主张权利所产生的诉讼效果大不相同，不允许当事人选择权利基础将难以使商标权人的合法权益得到充分有效的保护。在本案中，注册于同类商品上的商标实际上是防御商标，并未被实际使用，如果原告以此作为权利基础，不仅无法获得较高的判赔额，还可能面临被告主张的三年未使用抗辩。3. 不允许当事人选择权利基础，将置注册防御商标的权利人于不利境地。如果原告未注册防御商标，尚可依据实际使用的商标提起诉讼，而在其注册防御商标的情况下，却不能选择以实际使用的主商标提起诉讼，显然不符合法律伦理和法律逻辑。

二、认定商标驰名与否的标准

（一）认定商标驰名的考量因素

根据《商标法》第十四条第一款之规定，认定驰名商标应当考虑相关公众对该商标的知晓程度，该商标使用的持续时间，该商标的任何宣传工作的持续时间、程度和地理范围以及该商标作为驰名商标受保护的记录等因素。对于在审查时应如何考量上述诸因素，存在不同的理解。一种观点认为，这些因素均是认定商标驰名不可或缺的要件，只要有一个要件不能满足，就不能被认定为驰名商标。另一种观点认为，该规定只是指导法院在审查中对这些因素予以考虑，但并不意味着这些因素均是不可或缺的要件。对此，《驰名商标解释》第四条已经做了明确规定，即“人民法院认定商标是否驰名，应当以证明其驰名的事实为依据，综合考虑商标法第十四条规定的各项因素，但是根据案件具体情况无需考虑该条规定的全部因素即足以认定商标驰名的情形除外。”

在本案中，一审法院认为原告未提交关于涉案商标受保护记录的证据，故现有证据尚不足以证明涉案商标已属驰名。对此，二审法院认为，《商标法》第十四条规定的几项因素并非缺一不可，如果考虑部分因素即足以认定涉案商标驰名的，就无需机械地一一考虑其全部因素。尤其是“该商标作为驰名商标受保护的记录”，如果将该因素作为认定商标驰名必需具备的条件，则此前未经司法或行政程序被认定为驰名的商标，即使已为相关公众所熟知，也无法在诉讼中被认定为驰名商标，这显然不利于保护商标权人的利益，也有违驰名商标认定标准之立法本意。

（二）正确理解“驰名商标受保护记录”的时间节点

实际上，本案原告也并非未提交涉案商标作为驰名商标受保护的记录。其在一审中提交了国家工商行政管理总局商标评审委员会于2016年2月4日作出的商标异议复审裁定书，裁定书认定涉案商标在被异议商标申请注册前（即2011年6月10日前）已构成使用在家具商品上的驰名商标；此外还提交了该委于2015年12月31日发布的《关于认定索菲亚家居股份有限公司等企业2件商标为驰名商标的通报》，通报认定使用在第20类家具商品上的涉案商标为驰名商标。对此，一审法院认为，上述认定时间均在原告起诉之后，也即在被诉侵权事实发生之后，故不具有证明效力。然而，在此类纠纷中，应当考虑的时间节点是涉案商标在被诉侵权行为发生时是否驰名，相应地，对于“该商标作为驰名商标受保护的记录”这一因素，应当审查的重点是相关记录中该商标处于驰名状态的时间，而非司法机关或行政机关作出认定的时间。在上述第一份记录中，涉案商标构成驰名的时间节点远早于索菲亚公司第一次公证保全被诉侵权行为的时间（2015年6月29日）。第二份记录的认定时间虽然略晚，但知名度的形成和累积本来就是一个持续渐进的过程，故这两份记录可以共同证明涉案商标在被诉侵权行为发生前后的时期内具备很高的知名度。

编写人：浙江省高级人民法院　何琼

山东省对外贸易泰丰有限公司诉上海瑷馨露贸易有限公司、青岛正颐堂贸易有限公司侵害商标权上诉纠纷案

——阅读提示：如何判断商标获得核准注册以前他人的商标使用行为具有恶意？

【裁判要旨】

《商标法》第三十六条第二款规定，“经审查异议不成立而准予注册的商标，商标注册申请人取得商标专用权的时间自初步审定公告三个月期满之日起计算。自该商标公告期满之日起至准予注册决定做出前，对他人在同一种或者类似商品上使用与该商标相同或者近似的标志的行为不具有追溯力；但是，因该使用人的恶意给商标注册人造成的损失，应当给予赔偿。”商标权人在商标初审公告期满至商标核准注册日之间的商标权利受到一定限制，商标权人对在该期间内的商标仿冒行为，只能向恶意使用人主张赔偿损失。本案中，瑷馨露公司自称其是M5公司的代理商，且在瑷馨露公司一审中提交的其与M5公司的代理协议中还要求M5公司提供国内外的ORA注册商标证明，而瑷馨露公司在本案中并未能提交有效证据证明M5公司在国内外注册有ORA商标，瑷馨露公司应当对其代理的外方商品上使用的标识是否可能侵害他人商标权具有更高的审查义务，M5公司在瑷馨露公司自称的代理期间与泰丰公司就涉案商标进行了多年的商标异议程序，瑷馨露公司在代理期间应当知道上述商标异议的事实，最终M5公司商标异议理由也未能成立，涉案商标被商标局核准注册，所以瑷馨露公司实施侵权行为时主观上具有恶意，其应承担赔偿责任。

【案号】

一审：山东省青岛市中级人民法院（2015）青知民初字第44号

二审：山东省高级人民法院（2016）鲁民终493号

【案情与裁判】

原告（被上诉人）：山东省对外贸易泰丰有限公司（简称泰丰公司）

被告（上诉人）：上海瑷馨露贸易有限公司（简称瑷馨露公司）

被告：青岛正颐堂贸易有限公司（简称正颐堂公司）

第三人：麦凯乐（青岛）百货总店有限公司（简称麦凯乐公司）

起诉与答辩

泰丰公司于2015年1月26日向山东省青岛市中级人民法院起诉称，正颐堂公司、瑷馨露公司代理、销售假冒ORA商标的蜂蜜产品，侵犯了泰丰公司的注册商标专用权。请求法院判令正颐堂公司、瑷馨露公司：1. 立即停止侵犯泰丰公司第7270271号ORA注册商标专用权的行为；2. 赔偿泰丰公司经济损失及合理费用150000元；3. 承担本案诉讼费及相关费用。

瑷馨露公司答辩称：1. 瑷馨露公司是经过新西兰ORA商标所有权人新西兰M5控股有限公司（简称M5公司）合法授权的中国唯一的代理商，其使用ORA商标的行为是善意的，而泰丰公司系恶意抢先在中国申请注册ORA商标，其商标注册行为经过复议复审诉讼至今仍然在复议中。2. 泰丰公司的赔偿请求缺乏侵权的事实与法律依据，应予驳回。

正颐堂公司答辩称，泰丰公司提供的商标侵权证据不足，应承担举证不能的法律后果，并且正颐堂公司销售的蜂蜜产品有合法来源，不应承担赔偿责任。

法院审理查明

泰丰公司为第7270271号“ORA”商标专用权人，核定使用的商品为第30类（包括蜂蜜），注册有效期限自2010年8月21日至2020年8月20日。

瑷馨露公司自认M5公司对第7270271号“ORA”商标曾提出过异议、复审，并于2014年3月12日向北京市第一中级人民法院提起行政诉讼，起诉国家工商行政管理总局商标评审委员会，请求撤销该商标，后又撤诉。国家工商行政管理总局商标局（简称商标局）于2014年12月20日发布了该商标注册公告，公告明确第 7270271 号“ORA”商标专用权期限自商标初步审定公告 3 个月期满之日起计算，即 2010 年 8 月 21 日起计算。

泰丰公司于 2014 年 5 月 10 日购买麦凯乐公司出售的标有“ORA”标识蜂蜜一瓶。商品名称为奥兰忍冬麦卢卡，价格为 168 元。正颐堂公司认可该蜂蜜由其供货。正颐堂公司为瑗馨露公司的 ORA 蜂蜜在青岛地区的代理商。麦凯乐公司销售的 ORA 蜂蜜由瑗馨露公司供货。2012 年 7 月 1 日至 2014 年 7 月 22 日，麦凯乐公司涉及 ORA 商标的蜂蜜商品相关 16 个单品的销售金额为 189484 元。

根据泰丰公司申请，一审法院依法到上海海关调取了瑗馨露公司自 2011 年至今自国外进口“ORA”蜂蜜的报关记录及详细数据。依据查明的报关单，经瑗馨露公司自行核算，其自认自 2011 年至今自国外进口 ORA 蜂蜜数量合计 27656 瓶，总金额折合人民币 1089621 元。

一审法院将涉案商标与被诉侵权蜂蜜标注的英文进行比对，被诉侵权蜂蜜商品上的“O”是椭圆形，涉案商标的“O”是圆形，其他两个字母完全相同。

瑗馨露公司授权正颐堂公司为新西兰奥兰 ORA 蜂蜜在中国青岛市的代理商，授权时间约为 2014 年，期限为 2 年。

上海市公证处出具 4148 号公证书，其主要内容为，2015 年 8 月 28 日申请证据保全，瑗馨露公司的代理人在电脑上进行操作，公证内容为在互联网进入新西兰政府网站，一直进入到 M5 公司的页面，显示 M5 公司的工商注册信息，M5 公司在新西兰注册的商标为“Ora Manuka Honey”，施锋在该公司拥有 22.50% 的股权。该公证书中有《总代理商协议》、公司《章程》。《总代理商协议》是由瑗馨露公司与 M5 公司签订，时间为 2011 年 7 月 1 日，M5 公司的签约人为股东施锋。《总代理商协议》的主要内容为：1. 瑗馨露公司为 M5 公司的代理商。2. 施锋本人是 M5 公司的大股东。3. 新西兰 ORA 商标权人即 M5 公司自 2011 年 7 月 1 日起授权瑗馨露公司在中国大陆代理销售 ORA 品牌蜂蜜，2011 年 7 月 1 日之前的代理商是泰丰公司。4. M5 公司股东是中国人，总代理商协议是在中国上海签署的。《总代理商协议》第四条第一款内容为：“甲方（M5 公司）应提供 ORA 国外商标注册证明及 ORA 国内商标注册证明……”

一审判理和结果

山东省青岛市中级人民法院一审认为，泰丰公司享有第 7270271 号

"ORA"商标专用权，依法应当受到保护。经比对，被诉侵权蜂蜜商品上的标识与涉案注册商标"ORA"构成实质近似，足以引起一般消费者的误认和混淆。正颐堂公司在本案中销售不知道是侵犯涉案注册商标专用权的蜂蜜，并能证明该蜂蜜是其合法取得并说明提供者为瑷馨露公司。正颐堂公司应当停止侵权，但免予赔偿。瑷馨露公司自称是M5公司的代理商，但瑷馨露公司提供的M5公司在新西兰注册的商标为"Ora Manuka Honey"与涉案注册商标"ORA"明显不同而且使用地域不同。综上，瑷馨露公司未经许可，代理、销售带有与涉案注册商标近似的蜂蜜容易导致相关公众误认为其来源与涉案注册商标的蜂蜜存在特定的联系，足以造成消费者的混淆。瑷馨露公司的行为构成侵权，应当依法承担赔偿责任。至于赔偿数额，参照瑷馨露公司自认从2011年至今自国外进口价值为1089621元蜂蜜的事实及麦凯乐公司销售价值为189484元被诉侵权蜂蜜的事实，考虑到瑷馨露公司的侵权恶意程度等情况，一审法院确定瑷馨露公司赔偿泰丰公司经济损失及合理费用开支共计150000元。一审法院依据《商标法》第五十七条、第六十三条、第六十四条第二款，《关于审理商标民事纠纷案件适用法律若干问题的解释》第十六条规定，判决正颐堂公司、瑷馨露公司立即停止销售、代理侵犯泰丰公司享有的第7270271号"ORA"注册商标专用权的蜂蜜；瑷馨露公司赔偿泰丰公司经济损失及因制止侵权的合理开支共计150000元。

上诉与答辩

瑷馨露公司不服上述判决，上诉至山东省高级人民法院，请求撤销一审判决，驳回泰丰公司的诉讼请求。事实和理由：一、M5公司在先使用被诉侵权标识，瑷馨露公司经M5公司授权销售带有被诉侵权标识的商品，属于在先善意使用，不侵害涉案商标权。瑷馨露公司已说明被诉侵权商品提供者是M5公司，不应承担赔偿责任。二、经过异议程序的商标权在公告期满起到核准注册之日对他人的使用行为不具有追溯力，但使用人有恶意的应当赔偿，而瑷馨露公司系善意使用，不应赔偿。一审判决赔偿150000元没有法律依据。

泰丰公司答辩称，一审判决认定事实清楚，适用法律正确，判决结果并无不当。

正颐堂公司述称，其销售的被诉侵权商品具有合法来源，无需承担赔偿责任。

二审判理和结果

山东省高级人民法院二审认为，本案中，瑷馨露公司未能提交有效证据证明其在先使用被诉侵权标识并有一定影响，其不构成在先善意使用。虽然涉案商标核准注册时间为2014年12月20日，但商标权有效期自2010年8月21日到2020年8月20日，瑷馨露公司被诉侵权行为发生在2011年到2014年7月，在商标权有效期间内；且经比对，瑷馨露公司销售的被诉侵权商品系在与涉案商标核定使用商品相同的商品上使用了相同标识，所以，瑷馨露公司的被诉侵权行为侵害了涉案商标权，其应当承担停止侵权的民事责任。关于瑷馨露公司应否承担赔偿责任的问题。根据《商标法》第三十六条的规定，由于涉案商标系经审查异议不成立而准予注册，所以，对于在涉案商标初审公告期满之日即2010年8月21日到涉案商标准予注册之日即2014年12月20日期间的侵权行为，瑷馨露公司主观上具有恶意才承担赔偿责任。本案中，瑷馨露公司自称是M5公司的代理商，且在瑷馨露公司一审中提交的其与M5公司的代理协议中还要求M5公司提供国内外的ORA注册商标证明，而瑷馨露公司在本案中并未能提交有效证据证明M5公司在国内外注册有ORA商标。综合上述事实，瑷馨露公司应当对其代理的外方商品上使用的标识是否可能侵害他人商标权具有更高的审查义务，而事实上，M5公司在瑷馨露公司自称的代理期间与泰丰公司就涉案商标进行了多年的商标异议程序，瑷馨露公司在代理期间应当知道上述商标异议的事实，并且，最终M5公司商标异议理由也未能成立，涉案商标被商标局核准注册，所以瑷馨露公司实施侵权行为时主观上具有恶意，其应承担赔偿责任。二审法院以与一审法院基本相同的理由认为瑷馨露公司赔偿泰丰公司150000元并无不当。二审法院依据《民事诉讼法》第一百七十条第一款第一项之规定，判决：驳回上诉，维持原判。

【法官评述】

本案系一起较为小众的商标侵权案件，主要涉及商标侵权案件中两个较为值得研究的问题，一是经审查异议不成立而准予注册的商标权利有何特殊之处，二是如何判断经审查异议不成立而准予注册的商标在获得核准注册以前他人的商标使用行为具有恶意。下面笔者就尝试结合本案就上述

两个问题作如下分析:

一、经审查异议不成立而准予注册的商标权利有何特殊之处

(一) 商标准予注册的两种情况

《商标法》第三十三条规定,对初步审定公告的商标,自公告之日起三个月内,在先权利人、利害关系人……可以向商标局提出异议。公告期满无异议的,予以核准注册,发给商标注册证,并予公告。

《商标法》第三十六条规定,经审查异议不成立而准予注册的商标,商标注册申请人取得商标专用权的时间自初步审定公告三个月期满之日起计算。自该商标公告期满之日起至准予注册决定做出前,对他人在同一种或者类似商品上使用与该商标相同或者近似的标志的行为不具有追溯力;但是,因该使用人的恶意给商标注册人造成的损失,应当给予赔偿。

从上述两种情况的规定来看,不管在商标初审公告的三个月期界内有没有被提异议,商标注册申请人取得商标专用权的时间均为自初步审定公告三个月期满之日起计算。经审查异议不成立而准予注册的商标,也只是核准注册的时间比未被提异议的商标核准注册的时间晚一些,但并没有影响商标权的起算时间。

(二) 两种情况商标权的差异

虽然不管哪种情况被核准注册的商标,商标注册申请人取得商标专用权的时间都是一致的,但是在相同期间内的商标权利实际上是有区别的。《商标法》第三十三条规定中的商标核准注册时间与初审公告三个月期满时间是一致的,对该种情况下,商标注册申请人取得商标权的时间自然是没有什么争议的。但是在《商标法》第三十六条规定的情况下,商标注册申请人取得商标权的时间与商标核准注册时间是不一致的,商标核准注册时间在后,此时就容易让人产生疑问了,既然商标注册申请人取得商标专用权的时间自初步审定公告三个月期满之日起计算,那公告期满到核准注册之间的这段期间有什么特殊的吗?《商标法》第三十六条马上对该疑问进行了回答,即在上述期间内,对他人在同一种或者类似商品上使用与该商标相同或者近似的标志的行为不具有追溯力;但是,因该使用人的恶意给商标注册人造成的损失,应当给予赔偿。也就是说,商标权人在上述期间内对商标使用行为人的赔偿请求权是受到一定限制的,其只能向恶意使用人主张赔偿损失。

那么为什么《商标法》中会给该期间内善意商标使用人赔偿豁免呢?笔

者认为，这应当是在商标权人及社会公众之间的一种利益平衡。首先，因为提出异议而产生的这个期间是必要的，异议程序的意义在于，给在先权利人、利害关系人以及社会公众提供对商标注册提出意见的机会，从而通过社会的力量保证商标注册审查工作的质量，防止不应当被注册的商标获得注册。其次，在该期间，商标是否能被最终核准注册还不确定，此时，善意的他人使用该商标其主观上没有过错，而知识产权侵权赔偿理论中，主观上没有过错是不需要承担赔偿责任的。最后，善意的商标使用人虽然不用承担赔偿责任，但是其行为是构成商标侵权的，还是需要承担停止侵权的责任，这是对于商标权人的强保护。对于善意的商标使用人来说，该异议期间不会太久，即使判令善意商标使用人停止商标使用行为，一般也不会给商标使用人造成较大损失，这里更是直接体现了利益平衡的考量。当然，如果说善意商标使用人在商标申请注册前已经使用的，那自然归《商标法》第五十九条调整，可能既不用停止商标使用行为也不必赔偿损失。

本案中，虽然二审法院的判决结果与一审法院一致，但是一审法院没有意识到本案被诉侵权行为发生期间的特殊性，将案件进行了简单处理。

二、如何判断经审查异议不成立而准予注册的商标在获得核准注册以前他人的商标使用行为具有恶意

如前所述，商标异议通常来说是一个正当的行为，是通过社会的力量防止不应当被注册的商标获得注册。虽然商标被核准注册后，商标注册申请人取得商标专用权的时间自初步审定公告三个月期满之日起计算，但是，毕竟如果有人提出商标异议的话，商标被核准注册的时间客观上确实是被推迟了。如果有人有意地利用这段异议期间实施在同一种或者类似商品上使用与该商标相同或者近似的标志的行为，我们就要判断其主观上是否有恶意，是否需要承担赔偿责任。本案中，瑷馨露公司系 M5 公司的代理商，根据瑷馨露公司与 M5 公司的代理协议，瑷馨露公司应对 M5 公司是否享有 ORA 商标权利进行审查，所以，瑷馨露公司在代理期间应当知道 M5 公司对涉案商标提出异议的事实，但其仍然实施了被诉侵权行为，瑷馨露公司主观上具有恶意，其应当赔偿泰丰公司的经济损失。

编写人：山东省高级人民法院　于志涛

家有购物集团股份有限公司诉贵州家有在线网络有限公司侵害商标权上诉纠纷案

——阅读提示：网络域名侵害商标权纠纷中，如何认定网络域名和注册商标是否构成近似？如何认定是否会造成相关公众混淆？

【裁判要旨】

从互联网环境下一般用户对网络域名的识记习惯出发，判断网络域名与文字商标是否构成近似时应采用“读音、含义为主，字型为辅”的判断标准。在对网络域名与文字商标的混淆可能性进行评估时，同样运用互联网思维考虑当前互联网用户的使用习惯，将搜索引擎检索结果和浏览器地址栏填充结果作为重要参考依据。

【案号】

一审：贵州省贵阳市中级人民法院（2017）黔 01 民初 69 号

二审：贵州省高级人民法院（2017）黔民终 822 号

【案情与裁判】

原告（被上诉人）：家有购物集团股份有限公司（简称家有购物公司）

被告（上诉人）：贵州家有在线网络有限公司（简称家有在线公司）

起诉与答辩

家有购物公司诉称：其商标被审定为贵州省著名商标。近来家有购物公司接到消费者投诉，家有在线公司以“家有”名义，在其网站“www. jiayou9. com”上销售产品。家有在线公司注册、使用“www. jiayou9. com”为域名的网站与家有购物公司注册商标构成近似，已造成用户混淆。故诉至法院，请求判令被告家有在线公司：1. 立即停止商标侵权行为，立即撤换和停止使用“www. jiayou9. com”网站域名；2. 赔偿经济损失 5 万元；3. 赔偿合理费用 1 万元；4. 诉讼费用由家有在线公司承担；5. 向家有购物公司赔礼道歉，并于媒体上刊登道歉内容。

被告家有在线公司辩称，家有在线公司使用的域名“www. jiayou9. com ”是经合法备案批准的，与家有购物公司注册商标具有显著区别，且家有在线公司“www. jiayou9. com ”网站所提供的商品或服务与家有购物公司注册的商标核定使用的商品或服务不属于同一种或类似商品或服务，不会造成相关公众混淆。

法院审理查明

原告家有购物公司于 2012 年 7 月 20 日受让取得八件注册商标，具体为：第 8365021 号、8365054 号、8365048 号“WWW. JIAYOUGO. COM”注册商标；第 6693600 号、6693601 号“jiayougo”注册商标；第 8321125 号、8321168 号、8321185 号“家有购物”注册商标。其中，第 8365021 号商标核定服务项目为第 35 类、第 8365054 号商标核定服务项目为第 42 类、第 8365048 号商标核定服务项目为第 41 类、第 6693600 号商标核定服务项目为第 42 类、第 6693601 号商标核定服务项目为第 35 类、第 8321125 号商标核定服务项目为第 35 类、第 8321168 号商标核定服务项目为第 41 类、第 8321185 号商标核定服务项目为第 42 类。

被告家有在线公司成立于 2015 年 10 月 15 日，2016 年 1 月 14 日，家有购物公司向北京市国信公证处申请办理保全证据公证，在该处公证人员的现场监督下，由家有购物公司的委托代理人使用公证处电脑，在 Internet 网络地址栏中输入“www. jiayou9. com”，回车，进入“家有在线 - 首页”页面，并对所显示的页面进行拷屏打印。同月 18 日，该公证处出具（2016）京国信内经证字第 0269 号公证书。公证网页显示内容为家有在线公司在其电商销售平台所销售产品的介绍和宣传，其销售产品包括农副、粮油、干货、民族工艺品、首饰、茗茶、生活日用品等；首页左上方有“家有在线”字样，该字样下方标注“JIAYOU9. COM”。家有购物公司认为家有在线的域名与其商标的拼音相同，属于近似商标，侵害了其上述八件注册商标的权利。

另查明，家有在线公司是被控侵权域名“www. jiayou9. com”网站的主办单位，审核通过时间：2015 年 11 月 17 日。

一审判理和结果

一审法院认为，争议的焦点为：一、家有在线公司注册、使用涉案域名的行为是否侵害家有购物公司的商标权；二、家有在线公司关于其域名经工业和信息化部批准而不构成对家有购物公司商标权侵害的抗辩是否成立；三、家有购物公司诉请的赔偿数额是否合理合法。

关于焦点一，《商标法》第五十六条规定“注册商标的专用权，以核准注册的商标和核定使用的商品为限”。家有购物公司主张家有在线公司注册、使用域名“www. jiayou9. com”侵害其上述八件注册商标，其中，第8321125号、8321168号、8321185号注册商标商标组合要素为汉字、图形、字母，而家有在线公司域名由拼音字母和数字组合，二者明显不相同，故家有购物公司关于其第8321125号、8321168号、8321185号注册商标被侵害的主张不成立。家有在线将“www. jiayou9. com”域名作为联机地址，为网络用户进入其网站购买副食品、民族工艺品、生活日用品等提供服务。家有购物公司第8365021号、8365054号、8365048号注册商标“WWW. JIAYOUGO. COM”，有两件核定为计算机文档管理、编程等服务，有一件核定为出借书籍的图书馆等服务；而第6693600号“jiayougo”商标核定为包装设计等服务。因此，第8365021号、8365054号、8365048号“WWW. JIAYOUGO. COM”注册商标及第6693600号“jiayougo”注册商标核定使用的服务并不相同也不类似，因此，家有购物公司关于家有在线公司侵害其第8365021号、8365054号、8365048及第6693600号商标的主张，一审法院不予采信。

根据《商标法》第五十七条、《最高人民法院关于审理涉及计算机网络域名民事纠纷案件适用法律若干问题的解释》第四条规定，认定家有在线公司注册、使用域名的行为是否侵害家有购物公司第6693601号“jiayougo”商标权，关键在于家有在线公司网站为网络用户所提供服务与家有购物公司第6693601号商标核定使用的服务是否类似；家有在线公司域名的主要部分“jiayou9”与家有购物公司“jiayougo”商标是否构成近似；家有在线公司是否具有主观恶意。第一，《最高人民法院关于审理商标民事纠纷案件适用法律若干问题的解释》第十一条规定，类似商品是指在功能、用途、生产部门、销售渠道、消费对象等方面相同，或者相关公众一般认为其存在特定联系、容易造成混淆的商品。本案被告网站实际是为销售者的商品进行广告宣传，促成销售者与消费者之间进行商品交易，与原告第 6693601 号商标核定服务中数据通讯网络上的在线广告，在服务功能、消费对象等方面是相同的，一审法院因此认定二者为类似服务。第二，根据《最高人民法院关于审理商标民事纠纷案件适用法律若干问题的解释》第九条第二款和第十条之规定，认定家有在线公司域名与家有购物公司第 6693601 号商标是否相同或者近似，应当在对比文字、图案等基础上，对其整体或者主要部分是否具有市场混淆的可能性进行综合分析判断。本案中，家有在线公司域名的主要部分“jiayou9”由拼音字母与数字组合而成，家有购物公司“jiayougo”注册商标以拼音字母为组合要素，二者拼音字母“jiayou”完全相同；不同点在于家有在线公司域名中“jiayou”拼音字母后的数字为“9”，家有购物公司商标中“jiayou”拼音字母后为“go”。可见，数字“9”与拼音字母“g”差异极小，在隔离状态下观察，一审法院认定家有在线域名的主要部分“jiayou9”与家有购物公司“jiayougo”注册商标构成近似。第三，根据《最高人民法院关于审理涉及计算机网络域名民事纠纷案件适用法律若干问题的解释》第五条第一款第二项，有证据证明被告是为商业目的注册、使用与原告的注册商标、域名等相同或近似的域名，故意造成与原告提供的产品、服务或者原告网站的混淆，误导网络用户访问其网站或其他在线站点的，人民法院应当认定其具有恶意。本案家有在线公司成立于 2015 年 10 月，其为商业目的注册、使用的域名主要部分“jiayou9”，与家有购物公司早在 2010 年 9 月就已注册的第 6693601 号“jiayougo”商标近似，足以造成相关公众混淆服务来源，且家有在线公司对其注册、使用的该域名主要部分并不享有权益，因此，一审法院认定家有在线公司注册、使用该域名不具有正当性。

关于焦点二，域名具有识别功能，在互联网上代表的是域名注册人，即家有在线公司域名在互联网上代表自己。根据《最高人民法院关于审理注册商标、企业名称与在先权利冲突的民事纠纷案件若干问题的规定》第四条“被诉企业名称侵犯注册商标专用权或者构成不正当竞争的，人民法院可以根据原告的诉讼请求和案件具体情况，确定被告承担停止使用、规范使用等民事责任”的规定，家有在线公司域名经工业和信息化部批准并不能免除其应承担的侵权责任。

关于焦点三，根据《中华人民共和国商标法》第六十三条和《最高人民法院关于审理商标民事纠纷案件适用法律若干问题的解释》第十六条第二款之规定，一审法院综合考虑商标的使用状况、被告注册、使用涉案域名时间等因素，酌情确定被告赔偿原告经济损失2万元。对于家有购物公司主张的合理开支，其为本案支付了律师费1万元，有相应的票据佐证，一审法院予以支持；关于家有购物公司要求家有在线公司向其赔礼道歉并在媒体上登报道歉内容的诉请，因一审法院判决家有在线公司承担的赔偿责任足以弥补家有购物公司损失，且家有购物公司要求登报道歉实际是为了达到消除影响的目的，而本判决生效后将上网公开，足以达到消除影响的效果，故一审法院不再支持其该项主张。

综上，一审法院判决：一、家有在线公司立即停止侵害家有购物公司第6693601号“jiayougo”商标权的行为，注销其“www.jiayou9.com”域名；二、家有在线公司于本判决生效之日起10日内赔偿家有购物公司经济损失2万元；三、家有在线公司于本判决生效之日起10日内赔偿家有购物公司因维权支出的合理费用1万元；四、驳回家有购物公司的其余诉讼请求。案件受理费1300元，由家有在线公司负担。

上诉与答辩

一审宣判后，家有在线公司不服，上诉称：家有在线公司网站是为网络用户所提供服务与家有购物公司第6693601号商标核定使用的服务不构成近似，且“jiayou9”与“jiayougo”在整体外观和隔离状态下观察不构成近似，据此请求二审法院依法改判驳回家有购物公司全部诉讼请求。

二审期间，被上诉人家有购物公司未向法院提交答辩意见。

二审判理和结果

本案二审的争议焦点有两个，一是家有在线公司注册、使用“www.jiayou9.com”网络域名是否侵害家有购物公司第6693601号“jiayougo”注册商标专用权。二是本案一审判决确定的赔偿数额是否合理。

关于争议焦点一，《中华人民共和国商标法》第五十七条第七项规定，给他人的注册商标专用权造成其他损害的，属于侵犯注册商标专用权。《最高人民法院关于审理商标民事纠纷案件适用法律若干问题的解释》第一条第三项规定，将与他人注册商标相同或者相近似的文字注册为域名，并且通过该域名进行相关商品交易的电子商务，容易使相关公众产生误认的，属于商标法规定的给他人注册商标专用权造成其他损害的行为。根据上述规定，结合本案查明的事实和双方当事人的争议情况，认定家有在线公司网络域名是否侵犯家有购物公司商标专用权应先解决以下问题：第一，家有在线公司提供的服务与家有购物公司注册商标核定使用的服务项目是否为相同或近似。第二，家有在线公司“jiayou9. com”域名是否与家有购物公司“jiayougo”商标构成近似并足以造成相关公众误认。

第一，根据一审查明的事实，第6693601号商标核定使用的服务项目为第35类：广告、电视广告、数据通讯网络上的在线广告、商业管理、替他人推销等。本类尤其包括为他人将各种商品归类、以便顾客浏览和购买，这种服务可由零售商店、批发商店、自动售货机、邮购目录或者借助电子媒介提供，如通过网站或者电视购物节目。而家有在线公司作为一家综合性的电商平台，主要以通过网站为顾客提供销售地方农特产品、鲜活农产品、民间工艺品等服务为经营项目。家有在线公司提供的在线电商服务在服务功能和消费对象与家有购物公司核定商标使用的服务是相近似的，两者属于类似服务。关于家有在线公司所称其网站提供的商品购买服务与第6693601号商标核定的广告服务属于不近似服务的理由不成立。

第二，根据《最高人民法院关于审理商标民事纠纷案件适用法律若干问题的解释》第九条第二款“商标法第五十二条第（一）项规定的商标近似，是指被控侵权的商标与原告的注册商标相比较，其文字的字形、读音、含义或者图形的构图及颜色，或者其各要素组合后的整体结构相似，或者其立体形状、颜色组合近似，易使相关公众对商品的来源产生误认或者认为其来源与原告注册商标的商品有特定的联系”之规定，将第6693601号商标“jiayougo”与涉案域名主要组成部分“jiayou9”相对比，两标识主要由拼音、字母和数字组成。从读音上对比分析，两标识的主要组成部分“jiayou”读音相同，但“jiayou”这一拼音词组是日常中相对固定的词组，本身固有的显著性并不强，其读音可以使人产生很多联想，如“加油”“佳友”等的读音都与“jiayou”相同，因此在商标权利人没有举证证明其涉案商标的读音通过使用具有显著性情况下，商标权利人不能因注册“jiayougo”的商标而垄断对“jiayou”的读音。“jiayougo”只有作为一个整体被呼唤时才与汉字“家有购”的读音有对应关系，因“go”与“9”的读音明显不同，故当“jiayougo”与“jiayou9”被整体呼唤时，两者并不构成近似。从含义上对比分析，“jiayougo”是一个汉语拼音和英文单词的混合词组，其中的英文单词“go”即有去、进行、尝试等中文含义，又有与“家有购”中“购”谐音相同的意思，这也是该商标具有独创性的地方，而“jiayou9”是一个汉语拼音与阿拉伯数字的混合词组，其中的“9”作为数字使用并无实际含义，故两者含义对比并不近似；从字形上分析，第6693601号商标“jiayougo”中的“go”与“jiayou9”中的“9”，一个是字母组合一个是阿拉伯数字，“g”与“9”两者在视觉有一定的共同点，当把“jiayougo”与“jiayou9”在隔离状态下进行整体观察，有一定的近似性。但“jiayougo”与“jiayou9”两标识字形的近似程度客观上是否足以使相关公众产生混淆还需要综合考虑。首先，被控侵权域名与涉案商标相比较，两者在字形上虽然有一定的近似性，但并不属于高度近似。在互联网环境下网络域名之间任何一点符号的细微差别都会产生完全不同的结果，因此一般互联网用户在通过网络域名识别商品或者服务来源时会施以较高的注意义务。其次，商标的首要功能是要区分商品或者服务的来源，一般商标的使用时间越长、知名度越高其识别功能越强，商标也只有通过实际使用才能发挥其识别功能和积累商誉的功能。本案二审争议的注册商标为“jiayougo”，一、二审中家有购物公司没有向法院提交该商标实际使用、宣传情况以及与市场知名度有关的证据，在此情况下，本院认为“jiayougo”注册商标本身的市场识别功能并不强，认定其与其他标识构成近似的范围相对较窄，造成相关公众产生混淆的可能性也较小；再次，判断本案中家有在线公司注册、使用“jiayou9. com”计算机网络域名是否会造成相关公众产生混淆还应考虑作为互联网用户的普通消费者访问特定网站的操作习惯。通常情况下，互联网用户访问特定网站是通过在常用搜索引擎中输入关键词的方式搜索网页链接进入网站主页。本院二审期间，使用本院电脑接入互联网通过在多个搜索引擎中输入关键字的方式操作发现：在多个搜索引擎的搜索栏中输入“jiayou”并不当然自动推送“jiayou9”的网站地址，此外，在百度网、360网、搜狗网、必应中文网中进行搜索，无论输入的关键字是“jiayou”还是“jiayougo”其显示出的搜索结果的前三个页面中都不能找到“www. jiayou9. com”的网站链接；即普通互联网用户通过输入关键词搜索网页链接的方式并不会误导其访问家有在线公司的“www. jiayou9. com”网站。最后，即使网络用户因为记忆混淆将搜索关键词输入为“jiayou9”而进入www. jiayou9. com网站，但www. jiayou9. com网站首页出现的名称是“家有在线”“JIAYOU9. COM”等字样，一般情况下互联网用户在进入网页之后，其关注要素更多的是网页名称等网页版面信息，以互联网用户的一般认知能力很难使相关用户产生该网络域名对应网站的服务来源于“jiayougo”商标注册人的混淆。综上，虽然家有在线公司在近似的服务上使用了与家有购物公司注册商标有一定近似性的网络域名，但由于并不会导致相关互联网用户的混淆，所以并不构成侵权。

关于争议焦点二，因本院认为家有在线公司注册、使用“www.jiayou9.com”网络域名不构成侵害家有购物公司第6693601号“jiayougo”注册商标专用权，故对于本案一审判决确定的赔偿数额是否合理不再论述。

综上所述，上诉人家有在线公司的上诉请求成立，予以支持。依照《中华人民共和国民事诉讼法》第一百七十条第一款第三项规定，判决如下：

一、撤销贵州省贵阳市中级人民法院（2017）黔01民初69号民事判决；

二、驳回家有购物集团股份有限公司的诉讼请求。

本案一审案件受理费1300元、二审案件受理费1300元，共计2600元由家有购物集团股份有限公司负担。

【法官评述】

司法实践中关于网络域名侵犯注册商标专用权的判例及研究数量不多。本案的裁判确立了审理关涉互联网侵权纠纷时运用互联网思维的标准，一方面在特殊环境下充分运用了互联网环境下的用户识记习惯和操作习惯，另一方面也能够与传统商标法理论（尤其是商标混淆的判断）相协调，反映了创新的司法智慧，所确定的裁判规则对处理互联网环境下标识冲突类案件有一定的借鉴意义。

商标法理论一般认为，侵害注册商标专用权主要应从商标是否近似、商品是否类似和相关公众混淆可能性三个方面判断，现行《商标法》第五十七条第一、二项亦作了相同规定。而根据《最高人民法院关于审理商标民事纠纷案件适用法律若干问题的解释》（以下简称商标法司法解释）第一条第三项的规定，将与他人注册商标相同或者相近似的文字注册为域名，并且通过该域名进行相关商品交易的电子商务，容易使相关公众产生误认的，属于给他人注册商标专用权造成其他损害的行为。分析该条规定可见，对于网络域名侵犯注册商标专用权的判断实际上与通常商标侵权的判断是极为类似的。

本案的争议焦点主要涉及两个问题。一是涉案网络域名与注册商标是否构成相同或者近似；二是注册、使用与注册商标相近似的网络域名是否会引起相关公众的混淆。

关于商标近似，商标法司法解释将其表述为“将与他人注册商标相同或者相近似的文字注册为域名”，显然这里所称的与注册商标相同或近似的“域名”主要是指完整网络地址中具有识别力和显著性的部分，即省略掉网址前缀、后缀的中间部分，该核心部分在一定意义上也等同于我们所称的“关键词”。本案涉案网络域名主要识别部分即“jiayou9”与“jiayougo”注册商标相对比，一审法院认为二者拼音字母“jiayou”完全相同，不同点在于被告域名中“jiayou”拼音字母后的数字为“9”，原告商标中“jiayou”拼音字母后为“go”，而数字“9”与拼音字母“go”差异极小，在隔离状态下观察，两者构成相似。二审法院认为，根据商标法司法解释第九条第二款之规定，要结合读音、含义、字形几个方面对两标识进行综合比对分析，同时考虑以下几方面：第一，在认定两标识整体是否构成近似时，要排除两者完全相同部分“jiayou”对相似性认定影响。“jiayou”这一拼音词组是日常相对固定词组，本身显著性不强，可以使人产生“加油”“佳友”等很多联想，在商标权利人没有举证证明其涉案商标“jiayou”通过使用具有显著性情况下，商标权利人不能因注册“jiayougo”的商标而垄断对“jiayou”的使用。因此，不能将注册商标“jiayougo”这一拼音组合分成“jiayou”和“go”两部分分别进行比对。第二，充分考虑注册商标具有独创性的地方，并作为比对重点。“jiayougo”注册商标只有作为一个整体被呼唤时才与汉字“家有购”的读音有对应关系，“go”即有去、进行、尝试等中文含义，又有与“家有购”中“购”谐音相同的意思，这是该商标具有独创性的地方，而“jiayou9”是一个汉语拼音与阿拉伯数字的混合词组，“9”作为数字使用并无实际含义。综上，二审法院得出“jiayougo”与“jiayou9”两者之间只在字形方面有一定近似性，但不属于十分近似。

关于混淆可能性，一审法院依据网络域名与注册商标构成近似且商标注册在先的情况，直接认定家有在线公司使用“www.jiayou9.com”域名会足以造成相关公众混淆，推理过程简单，说理不充分。二审法院认为，要充分考虑被控侵权域名与涉案商标近似程度、相关用户通过网络域名识别商品或者服务来源时的注意义务、注册商标本身的市场识别性以及互联网环境下的用户思维和操作习惯等方面。因为，在实际使用互联网时，一般用户在对域名中的核心词汇不熟悉、记忆不准确的情况下，往往会基于模糊记忆输入关键词，利用搜索引擎或者浏览器的地址栏填充功能进行相应检索，因此这一检索结果对用户是否会混淆商标与域名起着十分重要的影响。本案中二审法院使用本院电脑接入互联网操作发现：在百度、搜狗、360等多个搜索引擎的搜索栏中输入“jiayou”并不当然自动推送“jiayou9”的网站地址，此外，在百度网、360网、搜狗网、必应中文网地址栏中进行搜索，无论输入的关键字是“jiayou”还是“jiayougo”其显示出的搜索结果的前三个页面中都不能找到“www. jiayou9. com”的网站链接；综上，结合两标识各自的显著性和知名度均不高的情况，最终可以认定互联网一般用户对被诉侵权域名指向的服务提供者和涉案注册商标指向服务来源间的关系不易产生混淆。

编写人：贵州省高级人民法院　秦娟　许文艳

拉菲罗斯柴尔德酒庄诉上海保醇实业发展有限公司、保正（上海）供应链管理股份有限公司侵害商标权纠纷案

——阅读提示：未注册驰名商标受侵害时是否可以获得赔偿？

【裁判要旨】

《商标法》及相关司法解释虽未规定未注册驰名商标受侵害时可以获得赔偿，但对于恶意使用未注册驰名商标的行为人，可以类推适用《商标法》第三十六条关于恶意使用未准予注册商标应当赔偿的规定，判决其承担赔偿责任。

【案号】

一审：上海知识产权法院（2015）沪知民初字第518号

【案情与裁判】

原告：拉菲罗斯柴尔德酒庄（CHATEAU LAFITE ROTHSCHILD）

被告：上海保醇实业发展有限公司（简称保醇公司）

被告：保正（上海）供应链管理股份有限公司（简称保正公司）

起诉与答辩

原告诉称：原告是世界闻名的葡萄酒制造商，在中国消费者群体中具有极高的知名度。1997年10月28日，原告在葡萄酒商品上的“LAFITE”商标在中国获准注册。“拉菲”作为“LAFITE”的音译，经过在中国的大量宣传和使用，已经与原告以及其所生产的葡萄酒商品形成稳定的、唯一的对应关系，法院应予以认定“拉菲”为原告的未注册驰名商标。2015年5月，原告发现两被告在进口、销售原告所产葡萄酒的同时，自2011年起持续进口、销

售带有“拉菲特庄园”“CHATEAU MORON LAFITTE”标识的葡萄酒，且保正公司为保醇公司的侵权行为提供物流、仓储等便利条件，帮助其实施侵权行为，两被告的行为共同侵犯了原告就涉案注册商标“LAFITE”和未注册驰名商标“拉菲”享有的合法商标权益，应承担连带赔偿责任。此外，“拉菲”商标虽现已获准注册，但本案被诉侵权行为发生在此之前，故仍有必要对被诉侵权行为发生时未获注册的“拉菲”商标作为未注册驰名商标予以认定。因此，原告于2015年7月27日向上海知识产权法院提起诉讼，请求判令：1. 两被告停止使用与“拉菲”近似的“拉菲特”标识；2. 两被告停止使用与原告注册商标“LAFITE”近似的“LAFITTE”标识；3. 两被告连带赔偿原告经济损失以及为制止侵权行为支付的合理支出共计人民币500万元（其中合理支出为10万元，包括律师费5万元、公证费5万元，以下币种未注明的均为人民币）；4. 两被告在《中国工商报》上刊登声明，为原告消除影响。

被告保醇公司、保正公司共同辩称：1. “拉菲”远未达到未注册驰名商标的程度，原告要求认定“拉菲”为驰名商标的主张不能成立，法院对此不应亦没有必要予以认定。2. 被诉侵权葡萄酒瓶贴上使用的标识，与原告主张权利的“LAFITE”和“拉菲”均不相同也不近似，不会使消费者对商品的来源产生混淆，不构成对原告商标权的侵犯。3. 保正公司仅为保醇公司提供运输和仓储服务，两被告的业务完全独立，保正公司不存在侵权行为。4. 即使法院认定保醇公司构成侵权，原告主张的赔偿金额亦过高。综上，两被告请求法院驳回原告的诉讼请求。

法院审理查明

1997年10月28日，原告的“LAFITE”商标经国家商标局核准注册，商标注册号为第1122916号，核定使用商品为第33类含酒精饮料（啤酒除外）。经多次续展，该商标有效期至2027年10月27日。

法国酒商“吉娜斯酒庄”于2000年3月15日、2001年3月19日、2001年6月25日向圣皮尔公司销售“LAFITE”葡萄酒。原告自1999~2005年向鸣特公司、美夏公司等销售多批拉菲古堡、拉菲珍宝、SAGA、拉菲传奇、拉菲传说等葡萄酒。长沙海关法规司2016年5月9日出具的证明显示：自2005年以来，鸣特公司、美夏公司、圣皮尔公司3家公司从上海海关进口“拉菲”或“LAFITE”葡萄酒的相关报关单记录共3391条。

1983~2014年期间，《酿酒科技》等期刊杂志刊载了涉及“LAFITE”

“拉菲”的相关介绍或报道；1995~2014年期间，《南华早报》等报纸刊载了涉及“LAFITE”“拉菲”的相关报道；1999~2012年期间，《红葡萄酒鉴赏手册》等书籍记载有涉及“LAFITE”“拉菲”的相关介绍。上述介绍或报道共计170余篇。1998~2015年的相关国内外电影中也涉及“LAFITE”“拉菲”的相关介绍。2004年以来，人民网、新浪网、搜狐网等多家网站亦对“拉菲”或“LAFITE”商品进行了报道。

湖南省高级人民法院在（2011）湘高法民三终字第55号民事判决中认定：“拉菲”为原告“LAFITE”葡萄酒的特有名称。该案入选最高人民法院公布的2011年知识产权保护十大案件，并收录于《最高人民法院公报》2012年第7期。四川省成都市中级人民法院在（2012）成民终字第1149号民事判决中认定：“拉菲”为原告“LAFITE”葡萄酒商品的特有名称。山东省济南市中级人民法院在（2014）济民三初字第879号民事判决中认定：“拉菲”为原告“LAFITE”葡萄酒知名商品的特有名称。最高人民法院在（2016）最高法行再34号行政判决中认定：“LAFITE”商标在2005年4月1日前在我国具有较高的知名度、为相关公众所知悉，我国相关公众通常以“拉菲”指代原告的“LAFITE”商标，并且“拉菲”已经与原告的“LAFITE”商标之间形成了稳定的对应关系。

1855年法定分级体系确认了拉菲酒庄一级酒庄之首的地位；2010年1月，法国波尔多葡萄酒行业协会（CIVB）出具声明载明：1855年波尔多酒进行了官方正式的评比分类，自此，LAFITE酒庄的声誉得到了进一步提高。原告在1868年成为罗斯柴尔德家族的产业，从那时起LAFITE葡萄酒一直被认为是最好的葡萄酒之一。

2015年4月23日，原告通过公证取证，购买了“拉菲特庄园干红葡萄酒2011”三瓶，取得了《上海增值税普通发票》《收据》《上海保醇实业销售确认单》各一张、名片一张、宣传册两本，并对购买地点的门头标识、现场情况、购买物品以及上述取得的发票等资料进行拍照。北京市东方公证处出具的（2015）京东方内民证字第4760号公证书以及所附照片打印件、公证实物等显示：1.“拉菲特庄园干红葡萄酒2011”的瓶贴正标下半部分从上至下分五排标注“CHATEAU”“MORON LAFITTE”“BORDEAUX SUPERIEUR”“APPELLATION BORDEAUX SUPERIEUR CONTROLEE”“2011”字样，其中“MORON LAFITTE”字体最大；瓶贴背标标注了“保醇酒业——进口葡萄酒直通商”“拉菲特庄园干红葡萄酒”“法国酒庄原瓶进口”“原产地：法国”

“产区：波尔多”“进口商：上海保醇酒业发展有限公司”等字样。2.《上海保醇实业销售确认单》上记载货物名称为“拉菲特庄园干红葡萄酒”的单价为108元；《上海增值税普通发票》载明销售方为“上海保醇实业发展有限公司”，并加盖了该公司的发票专用章。3. 公证取证的地点陈列有大量葡萄酒，其中包括原告的“CARRUADES de LAFITE”（拉菲古堡干红葡萄酒）。4. 宣传册中关于被告保醇公司的简介为：上海保醇实业发展有限公司成长于中国葡萄酒进口的最前沿——上海外高桥保税区，依托于母公司上海保正国际物流有限公司“全程物流，集成服务”的强大全球采购物流优势，与法国、意大利、西班牙、智利、美国等国国内酒庄建立了广泛的合作联盟……。5. 宣传册中展示的法国名庄品系（GCC1855）葡萄酒中包括原告的“CARRUADES de LAFITE”（拉菲古堡干红葡萄酒）和“CHATEAU LAFITE ROTHSCHILD”（拉菲古堡副牌干红葡萄酒）；展示的法国拉菲特品系葡萄酒中包括“拉菲特庄园干红葡萄酒”（葡萄年份：2008/2009）。

两被告提交的采购合同、进口货物报关单、卫生证书等证据显示，被告保醇公司2011～2014年进口被诉侵权葡萄酒的数量共计25200瓶，单价1.20～1.85欧元/瓶。本案审理中，原、被告一致确认，被诉侵权葡萄酒所使用的瓶贴正标、背标，除根据葡萄年份不同，分别使用2008、2009、2011、2012字样外，其余标注的内容均相同。根据两被告提交的销售协议及网络销售页面截屏，被告保醇公司对外销售被诉侵权葡萄酒时，批发单价为75元/瓶，零售单价为388～389元/瓶。

判理和结果

被诉侵权行为发生于原告取得“拉菲”商标专用权之前，故有必要认定当时“拉菲”是否属于未注册驰名商标。根据本案事实，足以证明我国相关公众通常以“拉菲”指代“LAFITE”，两者之间已形成稳定的对应关系，“拉菲”可以被认定为未注册驰名商标。

被诉侵权葡萄酒酒瓶瓶贴正标上突出使用的“MORON LAFITTE”标识在我国侵犯了原告的“LAFITE”注册商标专用权，背标上使用的“拉菲特”标识侵犯了原告未注册驰名商标“拉菲”的商标权利。被告保醇公司进口并销售侵权葡萄酒的行为构成商标侵权，且主观恶意明显。被告保正公司明知被告保醇公司的侵权事实，仍为其提供物流、仓储等便利条件，构成帮助侵权。因此，两被告依法应当承担停止侵权、消除影响、赔偿损失等民事责任。

关于侵权赔偿数额。根据《商标法》第三十六条第二款的规定，经审查异议不成立而准予注册的商标，商标注册申请人取得商标专用权的时间自初步审定公告三个月期满之日起计算。自该商标公告期满之日起至准予注册决定做出前，对他人在同一种或者类似商品上使用与该商标相同或者近似的标志的行为不具有追溯力；但是，因该使用人的恶意给商标注册人造成的损失，应当给予赔偿。该条法律规定对商标最终是否能被准予注册不确定期间，因使用人的恶意给商标注册人造成的损失提供了救济途径。而本案侵权行为发生的时间早于原告取得“拉菲”商标专用权的时间，商标法及其相关司法解释虽未规定未在我国注册的驰名商标受侵害时可以获得赔偿，但被告保醇公司对“拉菲特”标识的使用主观恶意明显，结合上述《商标法》第三十六条第二款规定的立法本意以及对未注册驰名商标的侵害确实也给权利人造成损失的实际情况，两被告应自其侵权行为发生时起根据商标法的相关规定对原告予以赔偿。本案中，原告因被侵权所受到的实际损失、两被告因侵权所获得的利益以及注册商标许可使用费均难以确定，故法院结合原告未注册商标的驰名程度及其显著性、两被告实施侵权行为的主观恶意、两被告的侵权持续时间、侵权规模、侵权商品的销售情况、侵权商品进口单价与销售价格之间的差价，以及原告为本案诉讼所支出的合理费用等因素，酌情确定赔偿数额。

上海知识产权法院依照《涉外民事关系法律适用法》第五十条，《侵权责任法》第八条、第九条，《商标法》第十三条第一款、第二款、第十四条第一款、第三十六条第二款、第四十八条、第五十七条第二项、第三项、第六项、第六十三条第一款、第三款，《关于审理商标民事纠纷案件适用法律若干问题的解释》第九条、第十条，《最高人民法院关于审理涉及驰名商标保护的民事纠纷案件应用法律若干问题的解释》第一条、第二条第一项、第五条第一款、第三款，判决：一、被告保醇公司、保正公司立即停止对原告享有的第1122916号“LAFITE”注册商标专用权的侵害；二、被告保醇公司、保正公司立即停止使用与“拉菲”近似的“拉菲特”标识；三、被告保醇公司、保正公司应于判决生效之日起三十日内在《中国工商报》上刊登声明，消除因商标侵权行为对原告造成的影响（声明内容须经法院核定）；四、被告保醇公司、保正公司应于判决生效之日起十日内共同赔偿原告包括合理费用在内的经济损失人民币200万元；五、驳回原告的其余诉讼请求。宣判后，各方当事人均未提出上诉，判决已发生法律效力。

【法官评述】

本案系上海法院首例认定未注册驰名商标的案件，主要涉及未注册驰名商标认定必要性的判断、认定标准，以及侵害未注册驰名商标是否承担赔偿责任等问题。本案除了对“拉菲”商标属于未注册驰名商标作出准确认定以外，在《商标法》及相关司法解释并未规定未注册驰名商标受侵害时可以获得赔偿的情况下，类推适用《商标法》第三十六条关于恶意使用未准予注册商标应当赔偿的规定，判决恶意使用未注册驰名商标的行为人承担赔偿责任。

一、商标法及相关司法解释对于侵犯驰名商标权的相关法律责任规定

《商标法》第十三条第二款规定，就相同或者类似商品申请注册的商标是复制、摹仿或者翻译他人未在中国注册的驰名商标，容易导致混淆的，不予注册并禁止使用。第三款规定，就不相同或者不相类似商品申请注册的商标是复制、摹仿或者翻译他人已经在中国注册的驰名商标，误导公众，致使该驰名商标注册人的利益可能受到损害的，不予注册并禁止使用。《最高人民法院关于审理商标民事纠纷案件适用法律若干问题的解释》（以下简称若干解释）第一条第二项规定，复制、摹仿、翻译他人注册的驰名商标或其主要部分在不相同或者不相类似商品上作为商标使用，误导公众，致使该驰名商标注册人的利益可能受到损害的行为属于《商标法》第五十二条第五项（对应现行《商标法》第五十七条第七项）规定的给他人注册商标专用权造成其他损害的行为。第二条规定，依据《商标法》第十三条第一款（对应现行《商标法》第十三条第二款）的规定，复制、摹仿、翻译他人未在中国注册的驰名商标或其主要部分，在相同或者类似商品上作为商标使用，容易导致混淆的，应当承担停止侵害的民事法律责任。根据上述法律及司法解释的规定，对侵犯驰名商标权的法律责任，以驰名商标是否在我国注册为标准作了区分。对于侵犯已经注册的驰名商标的行为，若干解释第一条第二项将其作为侵犯注册商标专用权行为中的一类，因此，行为人承担的法律责任中包括赔偿责任。而对于侵犯未注册驰名商标的行为，若干解释第二条仅规定行为人承担停止侵害的民事责任，并未规定适用赔偿责任等其他民事责任。

二、关于《商标法》第三十六条第二款的类推适用

类推适用，是指法官审理的案件在法律上没有规定时，可以采用类似案

件的法律规则进行裁判。类推适用的依据在于“两个案件之间存在类似性”。

《商标法》第三十六条第二款系2013年《商标法》修改时新增加的条款，对商标公告期满至准予注册决定作出前的商标专用权的效力予以了规定。根据该条法律规定，对于经审查异议不成立而准予注册的商标，一方面规定商标初步审定公告期满之日起至准予注册决定做出前，对他人在同一种或者类似商品上使用与该商标相同或者近似的标志的行为不具有追溯力。但另一方面又在上述有关不具有追溯力的规定的基础上，规定因使用人的恶意给商标注册人造成的损失，应当给予赔偿。该条规定对商标最终是否能被准予注册不确定期间，因使用人的恶意给商标注册人造成的损失提供了救济途径，而该期间所涉商标并未准予注册，其性质亦可视为未注册商标。

就本案而言，原告要求保护的“拉菲”是未注册驰名商标，虽然侵权行为发生时该商标属于未注册商标，但经过长期使用及大量商业推广与宣传，该商标在市场上已享有很高知名度并为公众所熟知，其凝集了较高的商业信誉，甚至具有体现使用者身份与地位的功能。而且被告使用侵权标识的主观恶意明显，其使用行为亦必然占用了未注册驰名商标的商誉，给原告造成了损失。如果在此种情况下，仍基于《商标法》及若干解释关于侵犯未注册驰名商标的法律责任规定，仅判决被告承担停止侵害的民事责任，不承担损失赔偿责任，既不公平，也不合理。

如前所述，本案所涉未注册驰名商标的性质、被告的主观恶意等均与《商标法》第三十六条第二款所规定的恶意使用未准予注册商标应当赔偿的情形存在类似性，故该条规定所体现的法律规则，可以类推适用于本案，被告应当承担赔偿损失的民事责任。

本案是法院积极合理运用类推适用相关法律条款的法律适用方法进行裁判的典型案件，本案判决弥补了法律和司法实践对未注册驰名商标损害赔偿规定的缺失，对于司法实践中未注册驰名商标侵权案件的审理具有一定的指导作用和借鉴意义。同时，本案的处理也有利于规范我国进口葡萄酒市场，引导葡萄酒进口企业的诚信经营行为。

编写人：上海知识产权法院　吴盈喆

汕头市德生食品厂诉广州康赢食品有限公司、济南槐荫金福广调味干果商行侵害商标专用权纠纷案

——阅读提示：恶意注册并提起商标权侵权诉讼的商标权滥用行为是否应当得到保护？

【裁判要旨】

以侵犯他人在先权利的不正当手段注册的涉案商标缺乏合法性基础，违反了商标法规定的诚实信用原则，商标权人以该商标对在先权利人及在先使用人提起侵权之诉，系对商标权的滥用，对其诉讼请求不予支持。

【案号】

一审：山东省济南市中级人民法院（2016）鲁01民初1856号

【案情与裁判】

原告：汕头市德生食品厂（简称德生食品厂）

被告：广州康赢食品有限公司（简称康赢公司）

被告：济南槐荫金福广调味干果商行（简称金福广商行）

起诉与答辩

原告德生食品厂于2016年9月26日向山东省济南市中级人民法院起诉称：德生食品厂是第15018196号图形注册商标的专用权人，上述商标核定使用在第30类等商品上。经过使用，涉案商标在市场上已经享有很高的知名度和美誉度。被告未经许可，在销售的咖喱膏商品外观上突出使用与德生食品厂商标相同的标识，造成消费者的混淆误认，侵害了德生食品厂的注册商标专用权，给其造成经济损失。为此提出诉讼请求：1. 判令二被告立即停止

对第15018196号注册商标专用权的侵害行为；2. 判令被告康赢公司赔偿经济损失100万元、为制止侵权所支出的合理费用人民币10万元。

被告金福广商行辩称，其是康赢公司在山东省的众多经销商之一，康赢公司加工生产产品委托其代为销售。涉案商品是其从2014年下半年到2016年代理销售康赢公司咖喱膏的多批次相同产品中的一批，双方签有销售合同、商品供货单及往来汇款票据等相关证据。其作为经销商已经如实向法院陈述侵权商品的来源，依据《商标法》第六十四条第二款的规定，不应承担赔偿责任。

被告康赢公司辩称：1. 德生食品厂的涉案注册商标侵犯了其在先取得的合法权利，具体体现在：一是侵犯了康赢公司法定代表人崔景茂的外观设计专利权，二是侵犯了康赢公司的著作权。2. 涉案商标的核准时间为2015年8月，晚于康赢公司的"妙多"咖喱膏、咖喱粉瓶装标识的使用时间。3. 德生食品厂曾多次模仿和恶意注册与康赢公司的"妙多"商标标识近似的商标，康赢公司的"妙多"品牌系列产品的质量和管理水平、市场知名度和市场品牌影响力远远高于德生食品厂的同类产品，本案中德生食品厂注册涉案商标的恶意动机十分明显，其目的是搭乘康赢公司的"妙多"品牌，通过不正当手段争得市场份额。4. 德生食品厂向其提出巨额索赔没有合法依据。德生食品厂不能证明此前三年内实际使用过涉案注册商标，也不能证明其因侵权行为受到其他损失，因此即使构成侵权，康赢公司也不负赔偿义务。综上，请求法院依法驳回德生食品厂的全部诉讼请求。

法院审理查明

1. 原告德生食品厂注册涉案商标的相关事实。德生食品厂于2014年7月2日申请并于2015年8月14日注册取得第15018196号图形商标的专用权。该商标核定使用商品为第30类：食用淀粉，食盐，醋，调味品，调味酱汁，酱菜，涮羊肉调料，五香粉，调味酱。根据原告提供的作品登记证书，原告法定代表人高炮德于2015年12月8日将与涉案商标标识相同的图形作为美术作品在国家版权局进行了登记，作品登记证书记载的创作完成时间为2014年7月15日，首次发表时间为2014年9月10日。2014年9月24日，德生食品厂法定代表人高炮德将以涉案商标标识为主要部分的标贴向国家知识产权局申请了外观设计专利，并于2015年3月25日获得授权公告，专利号为ZL201430355607.2。

2. 被告康赢公司使用涉案标识的事实。根据法院向浙江淘宝网络有限公司调取的交易快照信息，在淘宝网上名称为“心灵的静谧”“zwkfc”“tb527510_ 2012”三个网店分别于2014年2月26日、5月23日、3月28日对外销售了标有涉案商标标识的咖喱产品，上述产品标注的生产厂家为康赢公司。2014年1月至2015年1月，康赢公司与厦门、广州、济南、乌鲁木齐等多地经销商签订了“妙多”咖喱系列产品的经销合同。阿里巴巴、淘宝、京东商城上均有多家经销商网店在销售康赢公司生产的使用涉案标识的咖喱产品。

2016年8月9日，德生食品厂的委托代理人肖建峰与山东省济南市泉城公证处公证人员来到山东省济南市槐荫区张庄路“八里桥副食调料批发市场”的被告金福广商行的经营场所，以40元价格购买了标有“Mida's 妙多牌”咖喱粉两瓶，现场取得单据及名片各1张。经当庭拆封，公证保全的实物为康赢公司生产的咖喱粉两瓶，其瓶贴正面使用的标识与涉案商标相同，并在上半部分标有“Mida's 妙多牌咖喱粉 CURRY POWDER”的标识，生产日期为2016年6月3日。上述咖喱粉系金福广商行于2014年10月11日向康赢公司采购。康赢公司认可上述商品为其生产、销售。

3. 康赢公司委托设计涉案标识及申请外观设计专利的事实。2012年6月16日，被告与广州市花都区新华诺盈办公用品经营部（简称诺盈经营部）签订平面设计合同，合同约定：康赢公司委托诺盈经营部对妙多牌咖喱粉、咖喱膏瓶装标贴进行包装设计，设计日期为10个工作日，康赢公司将委托设计的所有费用结算完毕后，诺盈经营部将作品的著作权转让给康赢公司。合同附页中的设计图主体部分与涉案商标标识相同。2016年11月7日，诺盈经营部在广州公证处作出声明，确认该经营部及设计人骆永尧已将上述合同附图作品的著作权转让给康赢公司，同意康赢公司自2012年6月28日起拥有该设计作品的著作权。

2014年4月4日，北京中北知识产权代理有限公司代理康赢公司进行了外观设计专利申请，其申请的外观设计产品名称为香料瓶（妙多牌咖喱粉），外观设计图片或照片为与被控侵权咖喱产品相同的商品照片，通过其中的左视图可以观察到该商品左侧标签下方标注有“生产日期2014/02/10”字样。在中华人民共和国国家知识产权局2014年7月3日作出的《第一次审查意见通知书》中记载有“申请人提交的左视图中显示产品生产日期2014年2月10日，其早于本申请的申请日……不能授予专利权”的表述。该外观设计专利至今仍未被授予专利权。上述外观设计专利申请文件及所附照片在中华人民共和国国家知识产权局及北京中北知识产权代理有限公司均有存档。

判理和结果

山东省济南市中级人民法院经审理认为：

1. 康赢公司在先使用涉案标识并取得了广泛影响力及知名度。康赢公司至少在2014年2月即存在网络销售商销售康赢公司生产的带有涉案标识的咖喱产品的网上交易纪录，证明康赢公司使用涉案标识的时间早于德生食品厂申请商标注册的时间，并且与众多经销商签订了供货合同，在淘宝、京东、阿里巴巴等互联网交易平台上进行广泛销售，足以证明康赢公司使用涉案商标标识作为瓶贴的咖喱产品销售范围及影响力已遍及全国。

2. 康赢公司就涉案标识享有在先的著作权对涉案标识的创作过程，康赢公司提供了平面设计合同，证明涉案标识系康赢公司委托他人创作的事实，该合同中明确约定了委托作品的著作权归康赢公司享有，其使用涉案标识有合法性的权利基础。德生食品厂涉案商标的注册日为2015年8月14日，德生食品厂为证明其涉案商标标识的创作时间，提供了其法定代表人高炮德在国家版权局登记的作品登记证书，该证书记载的作品登记时间为2015年12月8日，创作完成时间为2014年7月15日，而康赢公司已于2014年4月4日向国家知识产权局就涉案标识申请外观设计专利，申请照片中商品标签标注的生产日期为2014年2月10日，均早于涉案商标注册时间，也早于德生食品厂提供的作品登记证书中记载的创作、发表时间。

2. 德生食品厂申请注册涉案商标违反了诚实信用原则。《商标法》第三十二条规定："申请商标注册不得损害他人现有的在先权利，也不得以不正当手段抢先注册他人已经使用并有一定影响的商标。"德生食品厂与康赢公司的经营领域存在竞争关系，康赢公司使用涉案商标标识的时间长、影响范围广，德生食品厂不可能不知情，在此情况下仍然将康赢公司享有在先著作权、在先使用并有一定影响的标识抢先注册为商标，其行为有违诚实信用，不具有正当性基础，其提起侵权之诉系对注册商标权的滥用，不予保护。

山东省济南市中级人民法院依照《中华人民共和国商标法》第七条第一款、第三十二条、第五十九条第三款，《中华人民共和国民事诉讼法》第一百四十四条规定，作出如下判决：驳回原告汕头市德生食品厂的诉讼请求。

【法官评述】

由于我国实行商标注册取得的制度，通过将他人享有在先权利或者在先使用并有一定影响的商业标识恶意抢注商标，然后向包括在先权利人和在先使用人在内的其他人提起商标侵权之诉，以达到获取非法利益之目的的行为已成为不可忽视的现象。2013 年修订后的《中华人民共和国商标法》将诚实信用确立为商标注册和使用的基本原则，能够对恶意抢注行为进行有效的遏制。

一、商标在先使用抗辩限制恶意注册行为的有限性

《商标法》第五十九条第三款规定，商标注册人申请商标注册前，他人已经在同一种商品或者类似商品上先于商标注册人使用与注册商标相同或者近似并有一定影响的商标的，注册商标专用权人无权禁止该使用人在原使用范围内继续使用该商标，但可以要求其附加适当区别标识。因此，使用人通过援引在先使用抗辩，可以在一定程度上保护在先使用人的利益，但是这种保护是有限的，一是仅限于在先使用人的保护，不涉及对在先的著作权人等权利人的保护；二是这种保护也是有限度的，要求只能在原有使用范围内继续使用，并且商标权人可以要求其附加区别标识；三是这种保护是有条件的，要求在先使用必须产生了一定的影响。因此，《商标法》规定的在先使用抗辩制度仅能够在一定程度上对于恶意注册的商标滥用行为进行制约。

二、贯彻诚实信用原则，打击商标权滥用

2013 年修订后的《商标法》第七条增加了“申请注册和使用商标，应当遵循诚实信用原则”的规定，正式将诚实信用这一民法的基本原则确立为商标法的基本原则。对于以缺乏正当性而恶意注册商标并向他人提起商标侵权之诉的行为，虽然商标法没有作出明确规定，但是这种使用行为因其欠缺正当性基础，以这种违背诚实信用而注册取得的商标进行维权，构成权利滥用而不能受到法律保护，也是在商标法领域贯彻诚实信用原则的应有之义。以恶意注册行为构成商标权滥用为由对其不予保护，能够有效遏制、打击商标恶意注册行为。在审理此类案件时，应当首先审查被诉侵权人的有无合法的在先权利基础或者在先使用的事实，包括著作权、外观设计专利权、企业名称权等。其次，被诉侵权人的使用行为是否系基于该合法的权利基础。对此，可以从使用方式、使用者有无攀附注册商标商

誉的主观意图等方面进行判断。最后，商标权人是否存在损害他人合法利益的恶意，是决定商标注册行为是否具有正当性的关键。明知他人对相关标识享有在先权利，仍然申请注册为商标的行为损害了他人的正当权益，即便他人没有通过无效宣告程序宣告该商标无效，这种行为主观上存在损害他人合法权益的恶意，相关诉讼主张不应得到法律的保护和支持。

编写人：山东省济南市中级人民法院　颜峰

田任月诉张家界市永定区胖嫂打鼓皮餐馆、胡金英侵害商标权纠纷案

——阅读提示：本地知名菜式名称被作为商标注册后，他人使用是否构成侵犯商标权？他人如何使用该菜式名称可视为正当使用？

【裁判要旨】

本地知名菜式名称作为商标注册后，他人主张正当使用的，必须符合以下两个条件：1. 该菜式名称获得较高知名度，不是经商标注册人使用或宣传所致。2. 他人使用该菜式名称应为非商标性、善意使用，使用意图应仅在于昭示服务内容而非服务来源。

【案号】

湖南省张家界市中级人民法院（2017）湘08民初18号

【案情与裁判】

原告：田任月

被告：张家界市永定区胖嫂打鼓皮餐馆（简称胖嫂打鼓皮餐馆）

被告：胡金英

起诉与答辩

原告田任月于2017年6月1日向张家界市中级人民法院提起诉讼，请求法院判令：1. 两被告立即停止侵犯原告注册商标专用权，拆除含有“打鼓皮”字样的店牌、广告牌，删除广告中的“打鼓皮”字样；2. 被告赔偿原告因侵权受到的损失100万元；3. 被告更改企业名称并消除影响；4. 被告承担本案诉讼费用及相关费用。被告胖嫂打鼓皮餐馆辩称：并未侵犯原告的注

册商标专用权。答辩人使用的名称字号为“胖嫂”，字号中所使用的“打鼓皮”仅是商品类名称；答辩人使用“打鼓皮”招牌，早于原告注册申请时间；答辩人使用的餐馆名称已经过工商部门依法核准登记，属于合法使用该字号。被告胡金英辩称，其做“打鼓皮”这道菜的时间早于原告。

法院审理查明

胡金英长期在张家界市火车北站广场旁经营“胖嫂餐馆”，并以“胡金英——张家界火车站广场”的名称办理了个体工商户营业登记。第一次迁址后，胡金英在其餐馆旁边设置了较为醒目的“北站正宗打鼓皮”广告牌，并在广告牌上标明了“原胖嫂餐馆”字样以及胡金英的手机号码。再次迁址后，以“张家界永定区胖嫂打鼓皮餐馆”为经营名称办理了个体工商户营业登记，并在餐馆门头上安装了醒目的“北站胖嫂正宗打鼓皮”的招牌；经营期间，还使用印有“北站胖嫂打鼓皮”字样的名片招揽生意。田任月原在“胖嫂餐馆”对面经营小超市，在“胖嫂餐馆”第一次迁址后，随即盘下该门面经营餐馆，设置了“北站打鼓皮餐馆”招牌，并将“张家界市永定区北站打鼓皮饭庄”作为字号进行了工商登记，还注册了“打鼓皮”商标。两人经营的餐馆内，均有一道名称为“打鼓皮”火锅的主菜，其食材、做法大体一致。田任月认为胖嫂打鼓皮餐馆、胡金英侵害了自己的注册商标专用权，遂诉至法院。

判理和结果

鉴于张家界部分餐馆将“打鼓皮”三字作为名称字号的部分内容、有相当一部分餐馆向顾客提供“打鼓皮”菜式，以及张家界公众对该菜的了解，“打鼓皮”已经成为当地一道较为出名的乡土菜式名称。“打鼓皮”三个字也相应具有了对菜式的主要食材、特点进行描述的功能和含义，因而，“打鼓皮”作为注册商标在区别商品和服务来源方面的显著性较弱。现有证据不能证明该菜式名称获得较高知名度是经原告的使用或宣传所致，“打鼓皮”作为一种菜式名称系公共领域资源。被告对“打鼓皮”三字的使用意图在于告知顾客其餐馆提供这道菜式服务，其并非将“打鼓皮”三字作为商标使用，亦不会使相关公众产生误认，故认定被诉侵权行为系正当使用。依照《商标法》第四十八条、第五十九条第一款之规定，判决：驳回原告田任月的诉讼请求。

【法官评述】

本案中，“打鼓皮”是张家界一道知名菜式名称，“打鼓皮”三个字也是对该菜式的主要食材、特点的描述和体现，故“打鼓皮”作为注册商标在区别商品和服务来源方面的显著性较弱。目前，没有证据证明“打鼓皮”菜式名称获得较高知名度是经原告的使用或宣传所致，实际上“打鼓皮”作为一种菜式名称已经进入了公共领域，法律对这类注册商标的保护范围相对有限，注册商标人对这类注册商标是无权禁止他人正当使用的。另外，两被告使用“打鼓皮”三字系正当使用。根据商标法的规定，商标的首要功能是区分商品或服务的来源，防止混淆和误认。那么，判定使用他人注册商标是否构成商标侵权，其前提就应该看这种使用行为是否为商标性使用，是否会造成混淆和误认。本案中，两被告对“打鼓皮”三字的使用是对张家界本地菜式名称的使用，意图在于告知顾客其餐馆提供这道菜式服务，并非将“打鼓皮”三字作为其餐馆字号即服务来源使用，其工商注册名称、店面门头、广告宣传牌、宣传名片上起标识作用的是“胖嫂”二字，不存在借用原告商标信誉的意图，相关公众一般也不会误认为两被告的胖嫂餐馆就是原告开的餐馆。相反，从两被告始终在其餐馆标志、宣传名片上标明具有显著性区别的“胖嫂”二字以及在“北站正宗打鼓皮”广告牌上标明“原胖嫂餐馆”的情况来看，其意图恰恰在于是想与原告开的餐馆相区分，防止相关公众将原告开的餐馆混淆和误认为是两被告开的餐馆，毕竟原告是在两被告之后，而且是在两被告“胖嫂餐馆”原址开餐馆。故应认定两被告对“打鼓皮”三字的使用是一种非商标意义上的使用，是一种正当、善意的使用，不构成对原告注册商标权的侵犯。

目前，以已经进入当地公共领域的资源申请商标注册的案例频繁出现，这种现象在一定程度上妨碍了本土优良民俗文化的传承、发展。本案判决后，双方当事人服判息诉，在当地也获得了较好的社会效果。本案对将公共领域资源注册为商标后权利保护范围进行了界定，将社会公众正当使用公共资源排除在商标权保护范围之外。

编写人：湖南省张家界市中级人民法院　刘雪飞

哥伦比亚运动服装公司诉石河子市联邦阿迪服装店侵害商标权纠纷案

——阅读提示：涉诉商品属于侵权商品的举证责任是否应当由原告承担？原告如何举证证实涉诉商品属于侵权商品？如何认定涉诉商品侵犯了注册商标专用权？

【裁判要旨】

被控侵权商品使用的标识与原告哥伦比亚公司请求保护的注册商标标识相同，但被控侵权商品质地及标示制作粗糙、无水洗标牌及合格证，与原告公司商品不符，经原告鉴别并非原告或授权的任何一家公司生产的商品。被控侵权商品侵犯了原告商标专用权。被告虽辩称其在不知情的情况下进的货，但不能说明被控侵权商品的进货来源，其辩解理由不能成立。

【案号】

一审：新疆生产建设兵团第八师中级人民法院（2016）兵08民初50号

【案情与裁判】

原告：哥伦比亚运动服装公司（Columbia Sportswear Company）（简称哥伦比亚公司）

被告：石河子市联邦阿迪服装店（简称联邦阿迪服装店）

起诉与答辩

哥伦比亚公司诉讼请求：1. 判令被告立即停止销售侵犯原告注册商标专用权的商品；2. 判令被告赔偿原告经济损失以及为制止侵权行为所支出的合理费用共计50000元；3. 由被告承担本案的诉讼费用。事实与理由：“Columbia”是美国最大的户外用品品牌之一。原告系第5288009号“Columbia”商标、第

1236702 号“”商标、第 2004499 号“TITANIUM”含变形字母商标、第 5288005 号“ Columbia Sportswear Company”字母与图形组合商标的合法持有人，核定使用商品包括服装、鞋、帽等系列产品，上述商标均在有效期内。原告经调查发现，被告在位于石河子市北三路一家门头标示为“aosbec 联邦阿迪”的店内大量销售假冒原告第 5288009 号“Columbia”字母商标、第 1236702 号“”图形商标、第 5288005 号“ Columbia Sportswear Company”字母与图形组合商标的户外服装等用品。原告遂委托代理人向石河子市工商行政管理局进行投诉。2016 年 4 月 26 日，石河子市工商行政管理局执法人员与原告代理人一同前往被告上述经营场所，对被告销售的假冒冲锋衣等产品进行了查扣。被告擅自销售假冒原告注册商标专用权的商品，构成对原告注册商标专用权的侵犯。为保护原告享有的知识产权，故向法院提起诉讼。

被告联邦阿迪服装店辩称：对侵权本身没有异议，对查封扣押的情况也没有异议。但我们在不知情的情况下进的货，没有销售掉，没有对原告造成损失。

法院审理查明

原告哥伦比亚公司系第 5288009 号“Columbia”字母商标、第 1236702 号“”图形商标、第 2004499 号“TITANIUM”含变形字母组合商标、第 5288005 号“ Columbia Sportswear Company”字母与图形组合商标等注册商标的商标权人，上述商标权均在有效期内。上述商标在 25 类商品上使用，核定使用商品包括服装、鞋、帽等系列产品。原告发现被告店内销售假冒原告上述商标的商品后，遂向石河子市工商行政管理局进行投诉。2016 年 4 月 26 日，石河子市工商行政管理局执法人员与原告代理人一同前往被告经营场所，对被告销售的假冒冲锋衣等产品进行了查扣。被告对此无异议，认可当天查扣服装 1 件。

2016 年 11 月 7 日，新疆维吾尔自治区昌吉市公证处出具（2016）新昌证字第 9379 号公证书，该公证书记载：2016 年 8 月 11 日，公证员赵欣毅与公证处工作人员马菲娅与哥伦比亚公司的代理人邱雨龙、张超、新疆巨臣律师事务所工作人员徐清伟来到石河子市北三路门头标示为“联邦阿迪”的店内，邱雨龙、张超以普通消费者的名义购买了标有“ Columbia Sportswear Company”“Columbia”“TITANIUM”“ Columbia”等标示的冲锋衣一件，付款后，销售人员出具了“联邦阿迪国际（中国）有限公司”票据、POS签购单各一张。随后，在公证人员现场监督下对所购物品进行了拍照、粘封，封存后的物品由公证处保存。公证人员持手机使用照相功能对上述购物和密封的过程进行了拍照。

庭审中，在双方当事人共同确认商品实物封存完好的情况下，进行了拆封。被告不能提供证据证明其销售的被控侵权商品的合法来源。原告认为被告侵害了其注册商标专用权。

原告哥伦比亚公司为购买被控侵权商品支出人民币380元，为证据保全支出公证费1000元。2016年8月22日，哥伦比亚公司代理人董春光与新疆巨城律师事务所签订《聘请律师合同》，合同约定：哥伦比亚公司聘请新疆巨城律师事务所肖跃丽、郑永慧律师为与联邦阿迪服装店侵害商标权纠纷案件的代理人；约定支付律师费为人民币4800元（含前期调查与取证的法律服务费人民币1800元、诉讼程序的律师代理费3000元）。

判理和结果

法院认为，本案的争议焦点为：一、被告联邦阿迪服装店销售被控产品是否侵害了原告哥伦比亚公司的注册商标专用权；二、如侵权，赔偿数额如何确定。

原告哥伦比亚公司享有第5288009号“Columbia”字母商标、第1236702号“”图形商标、第2004499号“TITANIUM”含变形字母组合商标、第5288005号“ Columbia Sportswear Company”字母与图形组合商标等注册商标专用权，上述商标专用权尚在有效期内，依法应受保护。《中华人民共和国商标法》第五十七条第一项、第三项规定未经商标注册人的许可，在同一种商品上使用与其注册商标相同的商标的行为，销售侵犯注册商标专用权的商品的行为，均属于侵犯注册商标专用权的行为。原告哥伦比亚公司享有的上述商标专用权核定使用商品包括服装、鞋、帽等系列产品，被控侵权商品为服装，与涉案商标核定使用产品构成同种商品。经当庭在隔离的状态下进行比对，被控侵权商品使用的标示与原告哥伦比亚公司享有的上述注册商标相同，但被控侵权商品质地及标示制作粗糙、无水洗标牌及合格证，与原告公司商品不符，经原告鉴别并非原告或授权的任何一家公司生产的商品。本院认为，被控侵权商品侵犯了原告商标专用权。被告虽辩称其在不知情的情况下进的货，但不能说明被控侵权商品的进货来源，其辩解理由不能成立。

关于赔偿数额。《中华人民共和国商标法》第六十三条第一款、第三款规定："侵犯商标专用权的赔偿数额，按照权利人因被侵权所受到的实际损失确定；实际损失难以确定的，可以按照侵权人因侵权所获得的利益确定；权利人的损失或者侵权人获得的利益难以确定的，参照该商标许可使用费的倍数合理确定。对恶意侵犯商标专用权，情节严重的，可以在按照上述方法确定数额的一倍以上三倍以下确定赔偿数额。赔偿数额应当包括权利人为制止侵权行为所支付的合理开支"，"权利人因被侵权所受到的实际损失、侵权人因侵权所获得的利益、注册商标许可使用费难以确定的，由人民法院根据侵权行为的情节判决给予三百万元以下的赔偿。"本案中，因原告未向法院证明因被告侵权所遭受的损失，也无证据证明被告的获利情况，本院结合哥伦比亚公司注册商标的知名度、被告的侵权情节、主观过错程度以及哥伦比亚公司为制止侵权所支出的合理费用等因素，确定被告赔偿原告哥伦比亚公司经济损失人民币 20000 元。依照《中华人民共和国商标法》第五十七条第一项、第三项、第六十三条，《最高人民法院关于审理商标民事纠纷案件适用法律若干问题的解释》第九条、第十条、第十六条、第十七条规定，判决：一、被告石河子市联邦阿迪服装店于判决生效之日起立即停止销售侵犯原告哥伦比亚运动服装公司 5288009 号注册商标、第 1236702 号注册商标、第 2004499 号注册商标、第 5288005 号注册商标专用权商品的行为；二、被告石河子市联邦阿迪服装店于判决生效之日起十日内赔偿原告哥伦比亚运动服装公司经济损失人民币 20000 元；三、驳回原告哥伦比亚运动服装公司其他诉讼请求。

【法官评述】

本案中，对外国法人拥有本国商标权利的审查是审理本案的第一步程序。本案中涉诉商品属于侵权商品的举证责任应当由原告承担，人民法院应当在原告提供注册商标商品正品的同时，要求原告说明商品真伪的鉴别方法，并具体指出涉诉商品与正品之间的差异，以便于人民法院进行实质性审查。原告如何举证证实涉诉商品属于侵权商品，人民法院如何认定涉诉商品侵犯了注册商标专用权都是审理该类案件需要把握的核心内容。原告在初步证明被诉侵权商品与其商品不同时，被告需提供证据证明其销售的侵权商品系从他人处合法取得，在被告无法证明被诉商品的合法来源时，可以认定被告实施了侵犯原告注册商标专用权的行为。石河子市联邦阿迪服装店实施了侵害注册商标专用权的行为，应承担侵权责任。

编写人：新疆生产建设兵团第八师中级人民法院　陈宏坚

法国轩尼诗公司诉蓬莱酒业有限公司侵害商标权纠纷案

——阅读提示：如何判断三维标志与平面要素组合的立体商标的显著性？

【裁判要旨】

组合立体商标的专用权范围由三维标志和平面要素的显著性决定。当两要素均有显著性时，且三维标志相对于平面要素，视觉冲击力更大，特征更明显时，相关公众能够第一时间通过该三维标志识别商品来源，对立体商标的保护范围更具影响。

【案号】

一审：重庆市渝北区人民法院（2016）渝0112民初17407号

【案情与裁判】

原告：法国轩尼诗公司

被告：蓬莱酒业有限公司

起诉与答辩

法国轩尼诗公司诉称：法国轩尼诗公司是世界著名酒类生产企业，其生产的“Hennessy”系列酒品成为世界著名的法国名酒品牌。就法国轩尼诗公司生产的V. S. O. P系列酒品而言，其圆柱形的酒瓶下微宽上微窄，瓶子底部较窄，瓶肩部有一个特定的弧度，瓶颈较短。该三维立体形状具有较强的显著性，作为立体商标在中国商标局获准注册，注册号为4842349号。蓬莱酒业有限公司先后在重庆、成都的展会上销售其生产的白兰地酒，上述酒使用的酒瓶形状与法国轩尼诗公司的立体商标高度近似，侵害了法国轩尼诗公司享有的商标权。请求判令：1. 蓬莱酒业有限公司停止侵害法国轩尼诗公司第4842349号注册商标专用权的行为，即停止销售侵权产品，并停止对其销售的葡萄酒产品使用与第4842349号注册商标相同或相似的酒瓶和包装；2. 蓬莱酒业有限公司赔偿法国轩尼诗公司经济损失3000000元（包括法国轩尼诗公司因追究蓬莱酒业有限公司侵权责任而支出的律师费90000元，检索费用5752元）。

蓬莱酒业有限公司辩称：涉案商标不具有显著性，酒瓶本身与酒不能分离，酒装入酒瓶并在酒瓶上贴上正标、背标和颈标等装潢都是通常甚至标准做法。因此，法国轩尼诗公司商标所起到的是容器的作用，大量在先案例充分说明，仅凭立体商标中的瓶装是无法使消费者对商品来源作有效区分的，属于使商品具有实质性价值的普通形状，无权禁止他人正当使用。法国轩尼诗公司在其酒瓶标识内容上突出的是“人身、马身”对接结合的怪异和极其独特的图形，突出的“Hennessy”、“REMY MARTIN”等，这是消费者认读和识别的最主要部分，也是法国轩尼诗公司商品的显著性部分，而被控侵权产品在标示内容中，突出的是“万事好”、“WATERWALL”、两个狮子的图形、五个五角星和“金奖白兰地”；而“WATERWALL”和上部的一个小图形是蓬莱酒业有限公司的注册商标。在标识的基底颜色更是明显不同，除V. S. O. P这一标志相似之处，其他任何部分不存在任何一处的关联和相似，V. S. O. P则是白兰地产品的质量等级标准。蓬莱酒业有限公司在被控侵权产品的正、背标上还明确注明了蓬莱酒业有限公司企业名称、地址、联系电话，产品性能、成分、标准、贮存条件等信息，故被控侵权产品与法国轩尼诗公司商品存在极其显著的差异，不相似，不会导致消费者混淆和误认，不构成对法国轩尼诗公司商标的侵权。综上，请求驳回法国轩尼诗公司诉讼请求。

一审审理查明

法国轩尼诗公司系第4842349号立体商标的商标专用权人，核定使用商品为葡萄酒等，目前该商标仍处于有效期内。商标注册证上的图片显示该立体商标的特征为：整体为透明圆形玻璃瓶形状，由瓶盖、瓶颈、瓶身和底座构成；瓶颈较窄，上裹有深色塑料瓶贴，该瓶贴并与瓶盖相连；瓶身较宽，上部接近瓶颈处印有呈扁平状的椭圆形瓶贴，该瓶贴上有“VSOP”字样；该椭圆形瓶贴的正下方有方形瓶贴，位于瓶身的中下部，上有“Hennessy”

字样，瓶身背面也有方形瓶贴；瓶身的底部向内略凹陷并与底座相连，底座呈矮圆台形状，从底面向上看，底座圆形边缘有一个缺口。轩尼诗 VSOP 酒的外观造型与该立体商标特征一致。根据梅花网广告监测数据显示，2003 年至 2015 年间，关于“轩尼诗 VSOP”酒在全国报刊刊登有近 300 条广告。

蓬莱酒业有限公司生产销售的“万事好金奖白兰地”酒的外形特征为：酒呈暗红色，放在一个透明的圆形玻璃瓶内，玻璃瓶由瓶盖、瓶颈、瓶身和底座组成；瓶颈裹有深色塑料贴，塑料贴与瓶盖相连；瓶身上部有呈近似扁平椭圆形的瓶贴，上有“V·S·O·P”字样，该瓶贴正下方为近似正方形的瓶贴，上有“Waterwall”、“V·S·O·P”及“万事好金奖白兰地”字样；瓶身背面有方形瓶贴，上载有产品名称——“万事好金奖白兰地”、产品介绍——“万事好白兰地完全按法国古老传统工艺酿制而成……”、生产日期、产地、生产者——“蓬莱酒业有限公司”、地址、联系方式等信息；底座相对于瓶身呈略微凹陷的矮圆台形状。

一审判理和结果

法院认为：商标的保护范围应当以商标注册证上显示的商标特征为准，具体到立体商标，商标的保护范围应当以商标注册证上的图形或照片为准。具体到本案，第 4842349 号注册商标的核定使用商品为酒类商品，商标注册证上的照片共计 6 幅，分别为正视图 1 幅，侧视图 2 幅，后视图 1 幅，上视图 1 幅和下视图 1 幅，由以上照片看，第 4842349 号立体商标的特征不仅包含商品的立体形状，还包括附着于该商品的装潢的形状及所处位置，即既包含具有独特形状、比例的立体瓶型，还包括附着于瓶型的瓶贴的形状及所处的位置。上述特征的组合，区别于一般的酒瓶，具有显著特征，能够识别商品来源，共同构成该商标的特征。且涉案立体商标经过原告的广泛宣传使用，具有较高的知名度，相关公众已将该立体商标——尤其是立体商标中的立体形状与原告建立了稳定的联系，该立体商标中的立体形状已不仅仅是商品的容器，其已经起到识别商品来源的作用。

本案中，第 4842349 号注册商标的核定使用商品为酒类商品，与原告公证购买的商品属于同种类别，故判断是否侵权的关键在于上述商品使用的立体标识是否与第 4842349 号注册商标相同或近似。被控侵权商品使用的瓶型以及瓶型上使用的瓶贴的形状及位置均高度相似，尤其是相对于瓶身呈略微凹陷的矮圆台形状的底座，扁平椭圆形的瓶贴位于瓶身上部，下方有近似正方形的瓶贴。在上述立体标识已具有较高知名度的前提下，即使瓶贴内容有所差别，涉案商品使用上述组合特征的立体标识，也易使相关公众对商品来源产生误认，故涉案商品上使用的立体标识与第4842349号注册商标构成近似，被告在涉案商品上使用上述立体标识的行为构成侵权。

关于被告辩称原告注册商标中平面要素部分与被告使用不近似，不会导致消费者混淆和误认。法院认为，首先，一个商品上可以同时存在多个注册商标，相关消费者可以通过任何一个注册商标来识别该商品的来源。故原被告商品上是否使用其他标识，均不影响对被告使用涉案立体标识是否构成侵权的评价。其次，涉案立体商标经过原告的广泛宣传使用，已经与原告建立较强的稳定的联系，相关公众以一般的注意力为标准容易对被告生产的产品产生误认，或认为与原告具有某种关联。最后，被告作为酒类生产商，在涉案商标具有较高知名度的前提下，被告仍在同类酒产品上使用与原告涉案商标近似的立体标识，被告即使在相似的立体标识上增加其他标识，仍会导致相关公众产生混淆误认。

综上，依照《中华人民共和国商标法》第五十六条、第五十七条第二项；《最高人民法院关于审理商标民事纠纷案件适用法律若干问题的解释》第九条、第十条的规定，判决如下：一、被告蓬莱酒业有限公司立即停止在其生产的商品上使用与第4842349号商标相同或近似的酒瓶及瓶贴；二、被告蓬莱酒业有限公司于本判决生效之日起十日内赔偿原告法国轩尼诗公司经济损失及合理费用共计150 000元；三、驳回原告法国轩尼诗公司的其他诉讼请求。

【法官评述】

在我国，立体商标作为可注册的商标类型是在《商标法》2001年修改时予以明确的。根据现行《商标法》第八条规定，任何能够将自然人、法人或者其他组织的商品与他人的商品区别开的三维标志，以及三维标志与其他平面要素的组合，均可以作为商标申请注册。国家工商行政管理总局商标局及商标评审委员会于2016年12月修订的《商标审查及审理标准》第四部分“立体商标审查标准”中明确载明：立体商标，是指仅由三维标志或者含有其他要素的三维标志构成的商标。但司法实践中立体商标侵权案件较少，理论上和实践中的关于涉及立体商标的法律适用问题探讨也较少，诸如三维标志与平面要素组合的立体商标，其显著性如何判断，是以三维标志的显著性为准，还是以平面要素的显著性为准等问题，均有待解决。

一、组合立体商标的专用权范围

《商标法》第五十六条规定，注册商标的专用权，以核准注册的商标和核定使用的商品为限。故注册商标的专用权范围大小以商标注册证上显示的商标特征为准；专用权范围的强弱与核定使用的商品类别为准。《商标法实施条例》第十三条规定，以三维标志申请商标注册的，应当提交能够确定三维形状的图样。具体到组合立体商标，商标权保护范围大小应当以商标注册证上的图形或者照片为准，图形或照片展示的所有特征构成的整体形象是该组合立体商标的形象特征。商标权保护范围强弱与其他注册商标一致，均以商标注册证上核定使用的商品类别为准。

二、组合立体商标的显著性判断

商标的基本功能在于将不同企业生产或经销的相同商品或类似商品区别开来。显著性是所有标志获得商标注册，享有商标专用权的核心要件，立体商标也不例外，不具有显著特征的立体形状、商品自身的立体形状、行业通用或常用包装物的立体形状，均不具有显著性，不能获得商标注册，不能产生商标专用权，但是通过使用获得显著性的除外。

根据构成要素的不同，立体商标可以分为两种类型：一是单纯的立体形状；二是立体形状上附带其他要素的组合标志。由单纯立体形状构成的立体商标专用权范围就是该立体形状的整体特征，商标权人有权禁止他人在相同类似商品上使用与该立体形状相同或近似的立体形状。立体形状上附带其他要素的组合标志的专用权范围与其单个构成要素的显著性均有关。当三维标志和平面标志均具有显著性时，上述两个构成要素的特征均构成立体商标专用权保护范围，即该立体商标的保护范围由两部分组成，使用任何一部分特征均构成商标侵权；相应的，当三维标志和平面标志仅有一个具有显著性时，立体商标的保护范围与具有显著性的三维标志或者平面标志保护范围重合。需要注意的是，当三维标志不具有显著性，而是平面标志有显著性时，该立体商标事实上已与普通平面商标无异，且该立体商标在初步审定公告和商标注册证上会对上述显著性情况予以明确。当然，上述显著性均包括固有显著性和获得显著性。

当引证立体商标经过权利人的长期广泛宣传使用，具有较高的知名度时，相关公众已将该立体商标——尤其是立体商标中的立体形状与原告建立了稳定的联系。即便该三维标志具有功能性，但一旦其能够识别产品来源时，就可以作为商标使用。因为相关公众对商品来源的认知，既可通过商标来识别，也可通过包装装潢、企业名称、域名等其他商业外观来识别。该立体商标中的立体形状已不仅仅是商品的容器或者商品的外包装，其已经起到识别商品来源的作用。立体形状的功能性并不排除其可以造成相关公众识别商品来源的效果。

三、组合立体商标的侵权认定

针对立体形状与平面要素均具有显著性的情况，由于三维标志相对于附在其上的平面要素，给相关公众的视觉冲击力更大，特征更明显，故相关公众能够第一时间从三维立体形状中获得商品的整体特征并通过该三维标志识别商品来源，这也是三维标志受商标法保护的根本原因。另外，一个商品上可以同时存在多个标志，相关公众可以通过任何一个标志来识别该商品的来源。当被控侵权商品使用的立体形状与引证组合立体商标中的三维标志相同时，即使被控侵权商品上还使用了与引证组合立体商标中的平面要素不相同也不近似的其他平面标志表明商品的来源，被控侵权商品仍构成商标侵权。被控侵权商品上是否使用其他平面标识，均不影响对被控侵权商品使用涉案三维标志是否构成侵权的评价。

编写人：重庆市渝北区人民法院　余博

曾红云诉梦工厂动画影片公司确认不侵害商标权及网络域名权属、侵权纠纷案

——阅读提示：域名注册在先是否必然不构成侵权？长期未使用与他人商标近似的域名会导致何种法律后果？

【裁判要旨】

域名注册在先并非域名持有者不构成侵权的抗辩理由；若与他人商标相同、近似的域名注册之时无正当理由，注册之后未长期使用并致域名足以能与他人的商标相区分，则持有者仍构成侵权并应将域名转移给商标权人。

【案号】

福建省厦门市思明区人民法院（2015）思民初字第4746号

【案情与裁判】

原告（反诉被告）：曾红云

被告（反诉原告）：梦工厂动画影片公司（DreamWorks Animation L. L. C.，又译为梦工场动画影片公司，简称为梦工厂动画公司）

起诉与答辩

原告曾红云于2015年3月18日向福建省厦门市思明区人民法院起诉，并提出诉讼请求：1. 确认域名orientaldreamworks. com和shanghaidreamworks. com为曾红云所有；2. 确认曾红云持有及使用域名orientaldreamworks. com和shanghaidreamworks. com的行为对梦工厂动画不构成侵权；3. 依法撤销WIPO仲裁与调解中心的D2014－0171裁决。

被告梦工厂动画公司答辩称，曾红云的诉讼请求没有任何事实基础和法

律依据，请求法院驳回其全部诉讼请求，并向法院提出反诉请求：1. 曾红云立即停止商标侵权和不正当竞争行为，并将域名 orientaldreamworks. com 和 shanghaidreamworks. com 无条件转移给梦工厂动画所有；2. 曾红云赔偿梦工厂动画公司经济损失及为制止侵权而支付的合理费用共计人民币（下同）10 万元；3. 曾红云承担本案诉讼费。

法院审理查明

（一）梦工厂动画公司所取得的相关权利的情况。

梦工厂动画公司于 1995 年 3 月 6 日在美国组建成立，公司英文全称为 DreamWorks Animation L. L. C. ，该公司名称使用于全球经营活动中。1999 年底，中国大陆媒体中开始出现关于梦工厂动画公司及其出品的动画片的报道，梦工厂动画公司亦在中国大陆推出了《小鸡快跑》《功夫熊猫》等知名动画电影，同时也推出了书籍、平板电脑等众多电影衍生商品。

自 1995 年起，梦工厂动画公司在全球上百个国家和地区取得包含“DREAMWORKS”的共计 248 个文字、图形商标。1997 年 1 月 21 日至 2014 年 6 月 14 日期间，梦工厂动画公司在中国大陆成功注册了包含“DREAMWORKS”“ORIENTAL DREAMWORKS”“梦工厂”“梦工场”的一系列英文、中文、图形商标，同时将上述商标在电影、书籍等产品上使用并进行了广泛的宣传。

自 1995 年 3 月 9 日起至 2012 年 2 月 14 日期间，梦工厂动画公司先后注册取得域名 dreamworks. com、dreamworks. net、dreamworksanimation. com、dreamworks. cn、dreamworkstv. com、orientaldreamworks. cn、oriental - dreamworks. cn。梦工厂动画公司的全球官方网站网址为 www. dreamworksanimation. com，在中国大陆，梦工厂动画公司则使用中文网站 www. oriental - dreamworks. com 对其制作出品的影片进行宣传。基于梦工厂动画公司在中国的投资计划，自 2011 年 9 月起，媒体纷纷报道“梦工厂动画计划来中国上海开设动画片厂”的消息。

（二）曾红云所取得的相关权利的情况。

2011 年 11 月 22 日，曾红云通过域名注册服务商易名公司注册取得 orientaldreamworks. com、shanghaidreamworks. com 两个域名，因涉及争议，审理期间涉案两个域名处于锁定状态，持有人仍为曾红云。据易名公司的海外经纪人陈幼娟称，2013 年 10 月 9 日，曾有匿名购买者就域名 orientaldreamworks. com 进行询价，该经纪人将询价情况告知域名持有人曾红云，持有人亦进行了报价。2013 年 12 月 2 日登录“orientaldreamworks. com”网站时，站内公告显示：访问的域名可以转让，交易方式为通过易名中国（ename. com）中介交易域名服务商。2013 年 12 月 24 日，曾红云在工业和信息化部的 ICP/IP 域名信息备案管理系统中对 www. orientaldreamworks. com（备案名称：东方筑梦阁）进行备案。而 2016 年 10 月 10 日，登录 www. orientaldreamworks. com 网站点击单词测试系统时，则显示从 2016 年 10 月 1 日至 10 月 31 日均没有数据。2017 年 8 月 17 日，登录该网站显示：“友情提示：本网站与美国梦工厂没有任何关联，如需访问美国梦工厂的中国官方网站请登录 www. oriental - dreamworks. com”。另查明，自 2009 年起，曾红云注册持有 200 余个域名。案件双方亦一致确认另一涉案域名 shanghaidreamworks. com 注册后并未使用。

（三）双方争议解决过程

2013 年 12 月 9 日，梦工厂动画公司就使用涉案两个域名的情况致函曾红云，认为曾红云注册及使用域名带有恶意。2013 年 12 月 17 日，曾红云回函称其注册在先，并未侵犯梦工厂动画公司的权利。由于涉案域名的注册服务商易名公司属于 ICANN 认可的注册服务商、曾红云注册域名时亦遵循《统一域名争议解决政策》的规定，梦工厂动画公司向 WIPO 仲裁中心提出投诉，双方在 WIPO 仲裁中心争议解决框架下进行了申诉、答辩，并由 WIPO 仲裁中心作出了裁决。2014 年 5 月 2 日，曾红云收到 WIPO 仲裁中心的《裁决书》，该裁决指令曾红云将涉案域名转让至梦工厂动画公司。收到裁决后，2014 年 5 月 12 日曾红云就其与梦工厂动画公司关于涉案两个域名的争议向厦门市中级人民法院提起诉讼，厦门市中级人民法院于 2015 年 3 月 18 日将本案移送厦门市思明区人民法院审理。

判理和结果

法院认为，本案涉及域名与商标、域名与域名、域名与企业名称之间的权利冲突，结合《中华人民共和国商标法》《中华人民共和国反不正当竞争法》《最高人民法院关于审理涉及计算机网络域名民事纠纷案件适用法律若干问题的解释》（以下简称《域名司法解释》）第四条、第五条规定，曾红云注册、持有涉案域名侵犯了梦工厂动画公司的商标权并构成不正当竞争，理由具体分析如下：

（一）梦工厂动画公司享有在先合法权益。梦工厂动画公司1995年成立，“dreamworks”是其企业名称中最具有识别性的部分，公司自1995年起亦在全球注册了众多包含“dreamworks”及其对应中文“梦工厂”“梦工场”的商标。早在涉案域名注册（2011年11月22日）前，梦工厂动画公司就已在全球广泛使用含有“dreamworks”企业名称、在中国使用“东方梦工厂”称谓，而上述商标也在梦工厂动画公司的产品宣传中进行了广泛使用，已经具有了较高知名度，显然对“dreamworks”“梦工厂”“梦工场”，梦工厂动画公司是具有在先合法权益的。

（二）曾红云并未享有在先合法权益或使用涉案域名致其产生一定知名度。涉案域名shanghaidreamworks. com注册后未使用，对此双方予以确认。对另一个涉案域名orientaldreamworks. com，曾红云虽提供软件开发合同、ICP备案资料等证明其于2014年11月着手建立网站，但公证显示，在orientaldreamworks. com域名上建立的网站2016年10月整个月均无使用信息。本案中曾红云提供的证据难以证明其注册域名前有取得与域名主要识别部分相关的在先合法权益，即使之后其在涉案域名上建立了“东方筑梦阁”网站，也并未证明其利用涉案域名建立的网站已经达到了一定的知名度并足以与梦工厂动画公司的在先权益进行区分。

（三）曾红云注册使用涉案域名与梦工厂动画公司的在先权益构成近似，足以造成相关公众误认。两个涉案域名中，“oriental”意思是“东方的”，“shanghai”是地点，从构词及词义角度看，两个涉案域名的主要识别部分都是“dreamworks”。由前述可知，梦工厂动画公司对带有域名主要识别部分“dreamworks”及其中译文“梦工厂”“梦工场”的商标、标识、名称已使用多年并具有了一定知名度。曾红云提出，中文“东方的”一般会译成“eastern”而非“oriental”，将“东方的”译为“oriental”是其根据“东方筑梦阁”的名称进行的独有选择，含有“oriental”“shanghai”前缀就足以将涉案域名与梦工厂动画公司的相关权益相区分。对此，本院认为，早在涉案域名注册前，梦工厂动画公司就已在中国大陆使用“东方梦工厂”的中文称呼，且“东方梦工厂”的译法也是“orientaldreamworks”而非“easterndreamworks”，故曾红云的辩解并不足以说明“oriental”“shanghai”的前缀足以使涉案域名具有显著的标识性，从而与梦工厂动画公司的在先权益相区分。“orientaldreamworks”翻译为“东方梦工厂”，shanghai系“上海”的拼音，表明位置信息，同时涉案域名orientaldreamworks. com与梦工厂动画公司的中文网站 oriental - dreamworks. com 更是只有一个横杠符号之差。在梦工厂动画公司于中国上海设立合资公司、使用“东方梦工厂”称谓、使用相似网站的背景之下，公众极有可能将涉案两域名与梦工厂动画公司相关联，从而造成混淆和误认。

（四）曾红云曾欲高价出售的行为。曾红云 2011 年 11 月 22 日即注册取得涉案域名，2013 年 10 月，针对有购买意向者通过中介进行的询价，曾红云亦进行了反馈并报价人民币 6 位数。而直至 2013 年 12 月 2 日，经公证登录 orientaldreamworks. com 时，网站公告仍显示域名处于出售状态。从上述证据看，在 2011 年 11 月 22 日至 2013 年 12 月 2 日两年多的时间里，涉案 orientaldreamworks. com 域名未被使用，且曾红云在该期间也不排斥将涉案域名出售。对此，曾红云抗辩称其并非主动出价，本院认为，《域名司法解释》第五条第一款第三项规定“曾要约高价出售、出租或者以其他方式转让该域名获取不正当利益”，但该条款并非单规定“要约”一种形式，同时也规定了“其他方式”，因此，条款的主要目的是强调通过域名转让获取不正当利益，而非强调“要约”及持有人主动。2013 年 12 月 2 日网站公告已经显示曾红云出售域名的意思表示，结合其对询价的回复以及名下注册持有 200 余个域名的事实，足见其注册并欲出售域名获取利益的主观意图。

综上，本院认为，梦工厂动画公司对“dreamworks”企业名称、包含涉案域名主要识别部分“dreamworks”及中译文“梦工厂”“梦工场”的商标进行了广泛的使用和宣传，具有合法的在先权益。曾红云在域名注册前未取得相关合法在先权益，域名注册后长时间内未使用并欲高价出售，同时也未充分使用域名使其具有一定的知名度而足以与梦工厂动画公司的在先权益进行区分。综合《商标法》《反不正当竞争法》《域名司法解释》的相关规定，曾红云注册、使用域名的行为侵犯了梦工厂动画公司的合法权益，构成不正当竞争。依据《域名司法解释》第八条，曾红云应承担停止侵权、赔偿损失并将涉案域名转移给梦工厂动画公司注册使用，故对反诉原告梦工厂动画公司提出的要求曾红云停止侵权及不正当竞争、赔偿损失的反诉诉求，本院予以支持，对原告曾红云要求确认其行为不侵害梦工厂动画公司商标权、撤销 WIPO 仲裁中心裁决书并将涉案域名归其所有的主张，本院不予支持。关于赔偿数额，鉴于梦工厂动画公司未能证明曾红云因侵权所获得的利益或其因被侵权所受到的损失，本院将综合考虑涉案企业、商标知名度及侵权行为的性质、后果、侵权人的主观过错程度等因素，对梦工厂动画公司请求的赔偿数额在法定赔偿额限度内酌情予以确定。公证费、翻译费属为制止侵权行为支付的合理费用，且本案中有相应票据证明，本院将在合理范围内酌情予以支持。

法院认为，依照《中华人民共和国商标法》第五十二条、第五十六条，《中华人民共和国反不正当竞争法》第五条，《最高人民法院关于审理涉及计算机网络域名民事纠纷案件适用法律若干问题的解释》第四条、第五条、第八条，《中华人民共和国民事诉讼法》第六十四条第一款规定，判决如下：1. 反诉被告曾红云应立即停止侵权，并于判决生效之日起十日内将域名 orientaldreamworks. com、shanghaidreamworks. com 转移给反诉原告梦工厂动画影片公司注册使用；2. 反诉被告曾红云应于本判决生效之日起十日内赔偿反诉原告梦工厂动画影片公司经济损失及合理费用10000元；3. 驳回原告曾红云的诉讼请求；4. 驳回反诉原告梦工厂动画影片公司的其他诉讼请求。

【法官评述】

随着互联网行业的不断发展，域名越来越受到重视，作为一种无形财产的价值也不断得到提升。近几年，涉及国内、国际域名注册、转让、使用等的民事纠纷呈逐年上升的趋势。本案是较为典型、完整的域名侵权案件，判决集中体现对以下几个焦点问题的看法：

一、注册在先原则的不适用。在域名申请注册领域，谁先注册则由谁享有域名所有权，但当域名与其他权益（如商标权）存在冲突时，注册在先原则并非当然适用，域名注册、使用必须具备正当性的前提。从《域名司法解释》第四条、第五条的规定我们可以看出，这种正当性包括域名注册者对该域名或其主要部分享有一定的权益，如注册域名前就已经拥有与域名主要部分相同、相似的商标、企业字号、名称等，或者具备其他正当理由。如果不具有这种正当性，即使域名注册取得的时间比商标或其他权利取得的时间早，仍然可能构成对在后权利的侵害或不正当竞争。本案中，曾红云注册域名 orientaldreamworks. com 及 shanghaidreamworks. com 的时间早于梦工厂动画公司取得“orientaldreamworks”商标的时间，但从曾红云提供的证据看，其注册域名时，对域名的主要部分“orientaldreamworks”或“dream works”并没有包括商标、企业名称等其他在先权益。

二、冲突领域利益的平衡。本案系域名是否侵害商标权及构成不正当竞争的纠纷，实质上体现了域名与商标、企业字号等权益之间的冲突。最高人民法院《域名司法解释》第四条、第五条规定试图对这种冲突提供一种解决的思路，在二者之间实现一种平衡。这种冲突的平衡体现为正反两方面，正面是商标、字号等其他权利人的持有是合法的，并且持续进行了使用，使得商标、字号等具有了一定的影响力，从而产生合法的权利，足以对抗域名；反面是如果域名的注册、使用者通过对域名的持续使用已经使域名具有一定影响力，足以与商标、字号持有者的产品、服务相区分，或者域名的使用与商标、字号等所使用的商品服务种类不同，不会构成误认，那么，域名注册、持有就是合法的。本案中，梦工厂动画公司对“梦工厂”“dream works”等商标的使用历时久远，通过其制作的影片也产生广泛的影响，反观域名持有者曾红云，在取得域名之后长期闲置，甚至挂出销售公告，可见其对域名并没有进行较好的利用进而让其产生相应的影响力。

三、鼓励域名使用的原则。域名是一种稀缺资源，与特定商标、企业字号相同的域名更是唯一、不可替代的，但现实中，域名领域囤积、待价而沽的行为却长期存在，甚至域名投资、投机行为成为市场常态。域名作为网站建立的基石，必须投入开发、使用才能真正发挥出其效果，《域名司法解释》第五条将“要约高价出售、出租或者以其他方式转让该域名获取不正当利益”“注册域名后自己并不使用也未准备使用，而有意阻止权利人注册该域名”的行为定性为恶意，而将“纠纷发生前其所持有的域名已经获得一定的知名度，且能与原告的注册商标、域名等相区别”认定为非恶意，体现的就是法律“鼓励域名使用”的原则。本案中，经查询，曾红云名下注册持有各类未使用域名200余个，这些域名有的还是相近的字母段的域名，由此也可以看出曾红云持有域名的非使用意图。

域名争议极具特殊性，具有不同于其他法律领域的特点，但我国关于域名的法律仅有最高人民法院的一个司法解释，并没有专门的规定，属于法律的空白点。本案系域名与商标、企业字号冲突的案件，既涉及《最高人民法院关于审理涉及计算机网络域名民事纠纷案件适用法律若干问题的解释》《中华人民共和国商标法》《中华人民共和国反不正当竞争法》法律规定存在交叉的问题，又涉及域名纠纷仲裁后的处理、域名与商标权的冲突、域名确认不侵权诉讼等多个方面，较完整地体现了域名领域纠纷的特点，是比较典型的域名争议案例，既提供了域名与其他权利冲突时的法律解决思路，又对进一步规范域名纠纷的解决、完善域名法律体系具有一定的借鉴意义。

编写人：福建省厦门市思明区人民法院　李缘缘

（三）侵害著作权纠纷案件

北京中航智成科技有限公司诉深圳市飞鹏达精品制造有限公司侵害著作权纠纷案

——阅读提示：从原物等比例缩小而来的模型，在不具有独创性的情况下，不构成受我国著作权法保护的模型作品

【裁判要旨】

根据《中华人民共和国著作权法实施条例》（简称实施条例）第二条的规定，我国著作权法保护的作品必须同时具备以下三个要件：一是必须属于文学、艺术和科学领域内的智力创作；二是具有独创性；三是能以有形的形式复制。在判断是否构成受我国著作权法保护的模型作品时，首先要判断该模型是否同时具备上述三要件，而不能将实施条例第四条第十三项的规定与实施条例第二条的规定割裂开来适用。即仅仅满足实施条例第四条第十三项的规定，在不能同时满足实施条例第二条规定的三要件的情况下，尚不能认定构成受我国著作权法保护的模型作品。

【案号】

一审：北京市第一中级人民法院（2013）一中民初字第7号

二审：北京市高级人民法院（2014）高民（知）终字第3451号

申请再审：最高人民法院（2015）民申字第3004号

再审：最高人民法院（2017）最高法民再353号

【案情与裁判】

原告（上诉人、被申请人）：北京中航智成科技有限公司（简称中航

智成公司）

被告（被上诉人、再审申请人）：深圳市飞鹏达精品制造有限公司（简称飞鹏达公司）

起诉与答辩

一审法院于2012年12月21日受理中航智成公司提起的侵害著作权之诉，中航智成公司请求判令：1. 飞鹏达公司立即停止生产、销售歼十飞机模型并销毁生产被诉侵权产品的全部模具、设备和库存的侵权产品及半成品；2. 飞鹏达公司在《中国航空报》上公开道歉、消除影响；3. 飞鹏达公司赔偿中航智成公司经济损失500万元；4. 飞鹏达公司赔偿中航智成公司为本案所支出的合理开支33360元（其中公证费2500元、律师费30000元、购买侵权产品费用860元）。

飞鹏达公司辩称，1. 歼十飞机图纸及其模型构成作品，歼十飞机本身并不属于著作权法意义上的作品。2. 歼十飞机及其相关知识产权属于国防资产，根据相关法律规定，其知识产权应归属国家，中航智成公司并没有获得合法的授权，故中航智成公司并非本案适格原告。3. 飞鹏达公司生产、销售的飞机模型与中航智成公司主张的歼十飞机图纸及模型不构成实质性近似。4. 飞鹏达公司生产的涉案飞机模型具有案外人的合法授权。请求法院驳回中航智成公司的全部诉讼请求。

法院审理查明

1. 关于中航智成公司主体资格的事实。2007年2月11日，国务院授予中国航空工业集团公司成都飞机设计研究所（简称成飞所）承担的"歼十飞机工程"项目获国家科学技术进步奖，等级为特等。2007年10月10日，成都飞机工业（集团）有限责任公司（简称成飞公司）出具《模型制作授权书》，该授权书载有歼十系列飞机和枭龙系列飞机由成飞公司制造、生产，成飞公司授权中航智成公司为制作上述两款飞机模型的唯一供应商、生产商。同日，成飞公司（甲方）与中航智成公司（乙方）签订《关于模型制作授权协议》，其中第3条规定："如有未经甲方授权的第三方在上述范围内制作飞机模型，乙方有权以乙方名义向侵权方提起权利主张或诉讼，甲方应支持乙方，赔偿所得归甲乙双方共同所有。"2007年11月16日成飞所亦出具了与上述授权书相似内容的《模型制作授权书》，并于同日与中航智成公司签订了与上述授权协议相同内容的《关于模型制作授权协议》。2. 与中航智成公司主张的权利基础相关的事实。中航智成公司提交了以下证据用以证明成飞所或中航智成公司对其主张的涉案的作品享有著作权：（1）落款为2003年9月21日、设计单位为成飞所的设计图纸原件，用以证明其成飞所对该设计图纸享有著作权：该设计图纸上显示有三张飞机外观图。（2）源于央视国际等网站于2007年1月5日在网络上公开的歼十飞机照片网页打印件，用以证明成飞所对歼十飞机享有著作权。（3）中航智成公司声称的由其制作的歼十飞机模型及其设计的图纸原稿，用以证明中航智成公司对该飞机模型享有著作权。中航智成公司一审庭审过程中明确表示其在本案中主张的作品类型分别为：歼十飞机设计图纸构成图形作品及美术作品。歼十飞机为实用艺术品，构成美术作品。歼十飞机模型构成模型作品。中航智成公司还表示其设计及生产的歼十飞机模型为按照歼十飞机的一定比例缩小制作而成。3. 中航智成公司指控的飞鹏达公司涉嫌侵害其著作权的相关事实。2011年9月1日，中航智成公司的委托代理人在公证员的陪同下在飞鹏达公司北京办事处公证购买了由飞鹏达公司制造、销售的被诉侵权的歼十飞机模型产品，并主张飞鹏达公司的制造、销售的被诉侵权产品的行为侵害其对上述作品所享有的复制权及发行权。4. 其他相关事实。中航智成公司提交的货运单等用以证明其在先销售歼十飞机模型的最早时间为2010年8月3日。案外人鄢兆飞于2007年8月27日、2011年11月29日分别申请了两个名称为飞机模型（歼十）的外观设计专利，授权公告日分别为2008年10月1日、2012年5月30日。鄢兆飞与飞鹏达公司分别于2011年6月1日、2012年5月30日签署了授权书。

一审判理和结果

一审法院认为：成飞所已出具相应的授权书并与中航智成公司签订了相应的授权协议，中航智成公司有权以自己的名义提起诉讼，故飞鹏达公司关于中航智成公司不具备主体资格的主张缺乏事实及法律依据。1. 关于歼十飞机是否构成受著作权法保护的作品、飞鹏达公司的行为是否侵害中航智成公司的著作权。中航智成公司主张歼十飞机体现了动感、和谐等美感，属于艺术方面，但在飞机尤其是战斗机的研发、制造过程中，性能参数均更优为设计者或制造者所主要追求的目标。飞机设计完成后所产生的艺术方面仅为其设计过程中的附带产物，必然体现实用功能，其艺术与实用方面并非相互独立，故中航智成公司关于飞鹏达公司侵害其对歼十飞机所享有著作权的主张缺乏依据。2. 关于中航智成公司主张的歼十飞机模型是否构成受著作权法保护的作品、飞鹏达公司的行为是否侵害中航智成公司的著作权。模型作品属于对物体的形状和结构，按照一定的比例制成的立体作品，其目的在于展示、试验或者观测等。但是，根据实施条例第二条规定的著作权法意义上的作品，必须具有独创性。中航智成公司所主张的歼十飞机模型是根据歼十飞机等比例缩小制作而成，其所主张的飞机模型及图纸是对歼十飞机的精确复制，并非由中航智成公司独立创作而成，不符合著作权法关于作品之独创性的要求，故其不属于著作权法意义上的作品。即便中航智成公司所主张的飞机模型早于歼十飞机产生，其亦无法获得著作权的保护。因歼十飞机的艺术性与实用性无法分离而难以获得著作权保护。对于等比例制作而成的歼十飞机模型，无论其产生早于或晚于歼十飞机，二者均属于同一表达的不同表达方式，故中航智成公司关于飞鹏达公司侵害其对歼十飞机模型所享有的著作权的主张缺乏依据。3. 关于中航智成公司主张的设计图纸是否构成受著作权法保护的作品、飞鹏达公司的行为是否侵害中航智成公司的著作权。图形作品与美术作品的区分主要在于图形作品的表达对象一般属于科学领域，而美术作品的表达对象一般属于艺术领域。中航智成公司主张的设计图纸由特定的线、面等要素组成，体现了一定的科学之美。但该设计图纸为按照特定的制图规范绘制的歼十飞机的侧视图、后视图及俯视图，属于为制造歼十飞机而绘制的产品设计图。由于图形作品保护的是科学之美，不包含其体现的技术方案等思想因素，故图形作品之复制权的权利范围仅限于“平面到平面”的复制，故中航智成公司的上述主张亦不能成立。综上，一审法院判决：驳回中航智成公司的全部诉讼请求。一审案件受理费47057元，由中航智成公司负担。

上诉与答辩

中航智成公司不服一审判决，向二审法院提起上诉称：歼十飞机造型、模型及设计图纸均属于著作权法保护客体，歼十飞机造型构成美术作品，歼十飞机模型构成模型作品，均应当受著作权法保护，飞鹏达公司制造、销售歼十飞机模型的行为侵害了中航智成公司的相关著作权。

飞鹏达公司服从一审判决，其针对中航智成公司的上诉答辩称：中航智成公司不具备权利主体资格。歼十飞机造型、模型及设计图纸均不构成著作权法意义上的作品。飞鹏达公司制造、销售歼十飞机模型，得到了歼十飞机模型外观设计专利权人鄢兆飞的授权，不是侵权行为。飞鹏达公司制造、销售的歼十飞机模型与真实的歼十飞机不完全相同，体现了飞机模型的独特性，属于新作品。

二审审理查明

中航智成公司在二审诉讼中向二审法院提交了由成飞所出具的《关于模型制作授权协议的说明》，其中记载：凡是涉及侵害歼十系列飞机造型本身及相关模型知识产权行为的，成飞所授权中航智成公司代为行使相关权利，中航智成公司在侵权诉讼中独立提出主张。央视国际（www. cctv. com）2007年1月5日报道，中国航空工业第一集团于该日上午十时在北京钓鱼台国宾馆举行新闻发布会，推出、介绍我国的歼十飞机，并为歼十飞机模型揭幕。中航智成公司在2015年1月12日接受二审法院询问过程中，明确表示其在二审诉讼中仅主张歼十飞机造型及其模型的著作权，不再主张飞机设计图纸的著作权。中航智成公司另主张，歼十飞机模型作品的完成时间早于歼十飞机生产时间。

二审判理和结果

二审法院认为，根据成飞所与中航智成公司签订的授权协议，中航智成公司有权以自己的名义提起诉讼以制止第三方在协议授权范围内制作歼十飞机模型。1. 关于歼十飞机造型是否构成美术作品以及飞鹏达公司制造、销售被诉侵权产品的行为是否侵害中航智成公司对该作品享有的复制权及发行权。飞机研发设计所产生的特殊飞机造型，一般主要由飞机的性能即实用功能决定，该造型成分与飞机的功能融为一体，物理上、观念上均无法分离。中航智成公司主张歼十飞机造型为美术作品，应当举证证明或者合理说明歼十飞机造型中除了飞机性能决定的造型成分之外可独立于飞机性能的纯粹艺术表达。中航智成公司未尽举证责任，无法认定歼十飞机造型构成美术作品。2. 关于歼十飞机模型是否构成模型作品以及飞鹏达公司制造、销售被诉侵权产品的行为是否侵害中航智成公司对该作品享有的复制权及发行权。二审期间，中航智成公司主张其据以主张权利的歼十飞机模型作品的完成时间早于歼十飞机的生产时间。根据实施条例的规定，模型与原物的近似程度越高或者越满足实际需要，其独创性越高。根据央视国际的报道，成飞所完成的歼十飞机模型于2007年1月5日已公开发布。虽然该模型是歼十飞机造型的等比例缩小，但根据实施条例的规定，该模型的独创性恰恰体现于此，其已构成模型作品，应当受到著作权法的保护。因此，一审法院关于歼十飞机模型系对歼十飞机的等比例缩小和精确复制故而无论模型产生时间早晚均不具有独创性的认定有误。中航智成公司制造、销售歼十飞机模型是歼十飞机的等比例缩小，实际上是对成飞所完成的歼十飞机模型的复制。虽然中航智成公司一审时主张其制造、销售的歼十飞机模型构成模型作品，但实际上其据以主张权利的基础应当是成飞所完成的歼十飞机模型作品。成飞所公开发表歼十飞机模型作品的时间早于鄢兆飞申请歼十飞机模型外观设计专利权和飞鹏达公司制造、销售歼十飞机模型。经观察对比被诉侵权产品与中航智成公司制造、销售的歼十飞机模型，二者构成高度近似。歼十飞机模型作品在先公开发表，飞鹏达公司具有接触该作品的高度可能性，应当认定飞鹏达公司制造、销售歼十飞机模型的行为侵害了成飞所对歼十飞机模型作品享有的复制权及发行权。3. 关于责任承担。飞鹏达公司的制造、销售歼十飞机模型的行为构成侵权，应当承担相应的侵权责任。中航智成公司未提交证据证明其因飞鹏达公司的侵权行为所遭受的损失，亦未证明飞鹏达公司因侵权行为所获得的收益，故二审法院结合本案的具体情况，在法定赔偿范围内酌情确定赔偿数额为40万元。中航智成公司为本案支出费用尚属合理，应予支持。二审法院判决：1. 撤销一审判决；2. 飞鹏达公司于判决生效之日起立即停止制造、销售歼十飞机模型的行为；3. 飞鹏达公司于判决生效之日起十日内赔偿中航智成公司经济损失40万元及合理费用支出33360元；4. 驳回中航智成公司的其他诉讼请求。一审、二审案件受理费各47057元，分别由中航智成公司负担2万元，飞鹏达公司负担27057元。

申请再审理由与答辩

飞鹏达公司申请再审称，中航智成公司并非本案适格的诉讼主体，其对本案诉讼缺乏基本的诉权。依据《国防法》等相关法律规定，对涉及国家安全、国家利益的科研项目研究成果及其形成的知识产权，归国家所有，故歼十飞机的所有知识产权均归国家所有，而不应归成飞所所有。中航智成公司二审期间补充提交的证据与原协议内容存在明显冲突，不属于新的证据。中航智成公司一审期间明确其主张的诉讼权利包括三大项：歼十飞机、设计图纸及其模型的复制权、发行权。关于飞机模型，中航智成公司自述歼十飞机与其模型的关系，是先有飞机，后有模型，且歼十飞机模型是中航智成公司根据歼十飞机及其设计图纸进行等比例缩放形成。一审法院据此认定歼十飞机模型仅为精确复制，缺乏独创性，不构成著作权法意义上的作品。中航智成公司二审期间全盘否定其在一审中的陈述，主张歼十飞机模型的完成时间早于飞机本身的生产时间，但未提供任何证据证明。中航智成公司二审中提交的2007年1月5日央视国际关于“歼十飞机模型揭幕”的新闻报道，仅能证明2007年1月5日才出现歼十飞机模型，而歼十飞机于1998年3月便已首飞，足以证明中航智成公司反言后的陈述违反客观事实。二审法院将中航智成公司主张模型作品的权利基础变更为成飞所2007年1月5日的歼十飞机模型，超出中航智成公司一审诉讼主张。即使二审期间引入成飞所2007年1月5日的歼十飞机模型，鉴于成飞所的歼十飞机模型晚于飞机本身，且是按照歼十飞机等比例缩小制成，该飞机模型是对歼十飞机的立体复制，亦缺乏独创性。中航智成公司所主张的歼十飞机及其模型均非属著作权法意义上的作品。鄢兆飞是歼十飞机模型外观设计的合法专利权人，飞鹏达公司生产、销售歼十飞机模型获得了鄢兆飞的授权。歼十飞机设计图纸具有涉密性，无论是鄢兆飞还是飞鹏达公司均未接触过歼十飞机设计图纸。综上，请求依法撤销二审判决；判决驳回中航智成公司的全部诉讼请求。

再审审理查明

再审另查明：中航智成公司再审期间明确表示本案中仅主张其制造、销售的歼十飞机模型构成受著作权法保护的作品，飞鹏达公司生产、销售歼十飞机模型的行为构成侵害中航智成公司模型作品的著作权。2007年1月5日，人民网发表题为《中国一航歼十飞机新闻发布会实录》的文章显示：“歼十飞机终于揭开神秘面纱，在世人面前展露出壮丽容颜，为了纪念歼十飞机首次公开亮相，《中国航空报》今天出版了歼十飞机的专版号外……最早出现的可能是歼十的照片，是1991年航空工业部出版社出版的《中国航空工业四十年》图文集。该书中有一张‘1990年2月李鹏总理听取林宗棠部长关于新机研制的汇报’的照片，照片中在歼八型原型机模型旁有一架采用带鸭翼的战斗机模型，被认为是歼十最早的机型……歼十在发展过程中不得不做了过多修改，以适应中国空军不断改变和提高了的战术需要。这无疑导致了歼十战斗机最后的外形与早期设计有脱胎换骨的变化，歼十也从最初设计的一种单纯的空中优势战斗机演变为一种多用途战斗机……直到2002年后，国内媒体公开报道歼十，而军方已默许解密。民间有关歼十的消息愈来愈多。2002年4月4日举行的第三届国防电子展上，有参展商的海报上更出现了一幅歼十图片。随后歼十将会在珠海航展上公开亮相的消息像长了翅膀一样广为传播开来。歼十的首架原型机可能于1996年中期就首飞了，而中国官方报道的首飞日期是1998年3月23日。但实际上，在后一个日子上天的是经过重大改进的3号原型机。”该报道中附有关于“1990年2月李鹏总理听取林宗棠部长关于新机研制的汇报”的图片。2007年1月7日，新京报做了题为“歼十正式解密”的报道。再审期间，中航智成公司确认其根据歼十飞机制造模型，同时又主张其在本案中要求保护的歼十飞机模型是《中国航空工业四十年》中图片报道“1990年2月李鹏总理听取林宗棠部长关于新机研制的汇报”上的模型，且歼十飞机系由该模型生产而来，其从成飞所获得授权制造、销售的歼十飞机模型与2007年1月5日央视国际公开的模型以及1990年2月听取汇报图片上的歼十飞机模型完全相同。中航智成公司针对《中国航空工业四十年》发表的意见为，该画册是绝密资料，不是公开发行的，后来搜索到是在公开以后。歼十飞机模型真正公开是2007年珠海航展阅兵，才在新闻联播公布。不排除还有更早的，但是涉密没有公开。中航智成公司还表示，制造飞机不是一开始就确定方案，而是根据设计师对产品的构思和设计，将想法落实到图纸或模型上，然后做一些选择，可能做了100个作品，最后只能有5~6个形成产品……跟绘画作品等一样，可能提交一个作品，其他也许没有提交，也可能画坏了……被择优选择掉的没有定下来的就不是歼十飞机。中航智成公司对其在一审和二审期间主张权利基础不同的解释是，该公司一审期间误以为其根据成飞所的歼十飞机图纸和飞机本身制造的模型可以产生著作权，著作权归其享有，飞鹏达公司生产的模型侵害其著作权，所以提出该主张，后来发现著作权归成飞所享有。

再审判理和结果

最高人民法院再审认为：1. 关于中航智成公司是否为本案适格原告的问题。首先，根据一审法院查明的事实，成飞所与中航智成公司于2007年11月16日签订《关于模型制作授权协议》，成飞所授权中航智成公司为歼十系列飞机和枭龙系列飞机模型的唯一供应商、生产商，如有未经成飞所授权的第三方在协议约定的范围内制作飞机模型，中航智成公司有权以自己的名义向侵权方提起权利主张或诉讼，成飞所应支持中航智成公司，赔偿所得归成飞所与中航智成公司双方共同所有。二审期间，中航智成公司补充提交由成飞所出具的《关于模型制作授权协议的说明》显示，双方在签订上述协议时达成如下共识：凡是涉及侵害歼十系列飞机造型本身及相关模型知识产权行为的，成飞所授权中航智成公司代为行使相关权利，中航智成公司有权在侵权诉讼中独立提出主张。鉴于中航智成公司再审期间明确表示其在本案中仅主张飞鹏达公司生产、销售歼十飞机模型的行为构成侵害其歼十飞机模型作品的著作权，中航智成公司提起本案诉讼获得了歼十飞机模型设计者成飞所的授权，其有权以自己的名义提起本案诉讼，享有本案原告的主体资格。飞鹏达公司关于中航智成公司不属于本案适格原告的再审主张不成立，应不予支持。其次，飞鹏达公司再审期间主张根据《国防法》《武器装备研制合同暂行办法》《关于国家科研计划项目研究成果知识产权管理的若干规定》等相关法律规定，对涉及国家安全、国家利益的科研项目研究成果及其形成的知识产权，归国家所有。鉴于飞鹏达公司未提交证据证明本案歼十飞机涉及国家安全、国家利益和重大社会公共利益，属于上述法律法规调整的范围，故飞鹏达公司关于歼十飞机的研究成果归国家享有、成飞所无权授权中航智成公司制造、销售飞机及模型并提起诉讼的再审主张缺乏事实和法律依据，应不予支持。2. 关于中航智成公司主张保护歼十飞机模型作品的权利基础应如何确定的问题。根据民事诉讼法的规定，起诉必须符合四个条件，且当事人在一审起诉时必须有明确具体的诉讼请求和事实、理由，当事人变更诉讼请求的，应当在一审法庭辩论结束前提出诉讼请求变更的申请。(1) 关于歼十飞机与模型的形成过程及其相互关系。首先，关于歼十飞机及其模型的形成过程。从人民网发表《中国一航歼十飞机新闻发布会实录》的内容及中航智成公司再审期间的陈述，结合一审、二审、再审期间查明的事实，可以认定歼十飞机及其模型的形成过程：设计师先将其对歼十飞机的构思和设计体现在图纸或模型上，“1990 年 2 月李鹏总理听取林宗棠部长关于新机研制的汇报”上显示的模型为最早的歼十飞机模型，经过多次修改形成近百个图形或模型，选择 5 ~ 6 个图纸或模型形成产品，科研人员在此期间进行了风洞试验等不同的科学测试，根据最终确定的图纸或模型制作成歼十飞机（歼十飞机的首架原型机可能于 1996 年中期首飞，后又进行重大改进，制作成 1998 年首飞的歼十飞机）。2007 年

1月5日，歼十飞机模型首次公开亮相，该模型是成飞所完成的歼十飞机的等比例缩小。2007年11月16日，中航智成公司从成飞所获得制造、销售歼十飞机模型的授权后，开始根据成飞所提供的原始设计图纸及歼十飞机设计等比例模型，该模型亦为歼十飞机的等比例缩小。其次，关于不同阶段产生的歼十飞机模型之间的相互关系。如前所述，歼十飞机根据生产前最终确定的图纸或模型制造，故歼十飞机与该飞机产生前最终确定的模型外观造型相同。2007年1月5日央视国际报道公开的歼十飞机模型、2007年11月16日中航智成公司获得授权制造、销售的模型均由歼十飞机等比例缩小而来，与歼十飞机的外观造型相同，故上述模型外观造型亦相同。上述模型的产生时间和设计生产者存在以下区别：歼十飞机生产前最终确定的模型产生于歼十飞机之前，设计生产者为成飞所及成飞公司；2007年1月5日央视国际报道公开的模型产生于歼十飞机之后，设计生产者亦为成飞所及成飞公司；2007年11月16日中航智成公司获得授权的模型产生于歼十飞机之后，该模型由中航智成公司根据成飞所的设计图纸及歼十飞机设计，生产者为中航智成公司。上述模型与最初的歼十飞机的模型，即1990年2月听取汇报图片上歼十飞机模型的外观造型相比，存在脱胎换骨的变化。（2）关于中航智成公司在不同诉讼阶段主张保护歼十飞机模型作品的权利基础。关于中航智成公司一审主张的权利基础。中航智成公司一审起诉主张保护的模型作品是该公司于2007年11月16日从成飞所获得许可后，根据成飞所的歼十飞机原始设计图纸及歼十飞机设计相应的等比例模型，中航智成公司经成飞所授权有权制造、销售上述歼十飞机模型。中航智成公司在本案中主张保护歼十飞机模型作品的权利基础在一审起诉时已经明确，且至一审法庭辩论结束前未提出权利变更申请。中航智成公司要求保护的模型作品，由歼十飞机原始设计图纸及歼十飞机等比例缩小而来，故该模型应当产生于歼十飞机之后。因此，应确定中航智成公司在本案中要求保护的权利基础为该公司于2007年11月16日从成飞所获得许可的根据歼十飞机等比例缩小而制作的歼十飞机模型。关于中航智成公司二审主张的权利基础。中航智成公司二审期间主张其要求保护的歼十飞机模型作品的完成时间早于歼十飞机的生产时间。即中航智成公司二审期间将其要求保护的模型作品的完成时间变更至歼十飞机生产日之前。中航智成公司与飞鹏达公司均确认歼十飞机的首飞时间是1998年3月，故中航智成公司二审期间要求保护的是1998年3月之前由成飞所完成的模型。如前所述，成飞所在歼十飞机生产日之前完成了近百个模型，中航智成公司二审期间将其主张保护的权利基础变更为歼十飞机生产前成飞所完成的模型，但并未明确要求保护歼十飞机生产前不断改进过程中的具体哪一个模型造型，故中航智成公司二审要求保护模型作品的权利基础并不明确。在此情况下，二审法院认定中航智成公司要求保护的歼十飞机模型是2007年1月5日央视国际报道公开的由成飞所完成的从歼十飞机等比例缩小而来、产生于歼十飞机之后的模型作品，变更了中航智成公司一审主张的权利基础，也与中航智成公司二审要求保护产生于歼十飞机之前模型的主张不符。关于中航智成公司再审主张的权利基础。再审期间，中航智成公司变更其一审主张的权利基础，主张其要求保护的歼十飞机模型是《中国航空工业四十年》中“1990年2月李鹏总理听取林宗棠部长关于新机研制的汇报”图片报道上的模型，并主张歼十飞机造型与该模型造型一致。中航智成公司变更其诉讼请求，未在一审法庭辩论结束前提出，对其变更权利基础的主张，应不予支持。从《中国一航歼十飞机新闻发布会实录》报道的内容看，“1990年2月李鹏总理听取林宗棠部长关于新机研制的汇报”照片上的歼十飞机，被认为是歼十最早的机型，此后为适应战术需要做了多次修改，歼十飞机最后的外形与其早期设计具有脱胎换骨的变化。即中航智成公司从成飞所获得授权制造、销售的歼十飞机模型、2007年1月5日央视国际报道公开的模型、歼十飞机生产前最终确定的模型，以及1998年3月首飞的歼十飞机造型，与1990年2月听取汇报图片上所显示最早的歼十飞机模型之间存在较大区别，故中航智成公司再审期间主张歼十飞机是从1990年2月听取汇报图片上的模型生产而来，其从成飞所获得授权制造、销售的模型与1990年2月听取汇报图片上的模型完全相同的主张与客观事实不符，且该主张与中航智成公司关于其从成飞所获得授权制造、销售的歼十飞机模型系从歼十飞机等比例缩小而来的主张相矛盾，应不予采信。即便中航智成公司在本案中要求保护的是1990年2月听取汇报图片上最早的歼十飞机模型，因其再审期间自认发表该图片的《中国航空工业四十年》属于非公开发行的绝密资料，无法证明飞鹏达公司存在接触该模型图片的可能，故即便该模型构成模型作品，仍不能认定飞鹏达公司的被诉侵权行为构成侵害该模型作品的著作权。3. 关于中航智成公司要求保护的歼十飞机模型是否构成受我国著作权法保护模型作品的问题。从实施条例第二条的规定看，我国著作权法保护的作品必须具有三个要件，故仅满足实施条例第四条第十三项的规定，在不能同时满足实施条例第二条规定的三要件的情况下，尚不能认定构成受我国著作权法保护的模型作品。作为上述三要件之一的作品的独创性，指作者在创作作品的过程中投入了某种智力性劳动，创作出来的作品具有最低限度的创造性，且作品是由作者独立思考并独立完成的，体现了作者的精神劳动和智力判断。中航智成公司一审起诉要求保护的歼十飞机模型作品，是其从成飞所获得授权制造、销售的歼十飞机模型，该模型是歼十飞机的等比例缩小，故歼十飞机产生在先，中航智成公司在本案中要求保护的歼十飞机模型产生在后。中航智成公司主张飞鹏达公司生产、销售的歼十飞机模型侵害其对歼十飞机模型享有的模型作品著作权，应当对其获得授权制造、销售的歼十飞机模型构成受我国著作权法保护的模型作品负有举证责任。中航智成公司在本案中要求保护的歼十飞机模型与歼十飞机相比，除材质、大小不同外，外观造型完全相同。因此，无论中航智成公司在将歼十飞机等比例缩小的过程中付出多么艰辛的劳动，中航智成公司均未经过自己的选择、取舍、安排、设计、综合、描述，创作出新的点、线、面和几何结构，其等比例缩小的过程仅仅只是在另一载体上精确地再现了歼十飞机原有的外观造型，没有带来新的表达，属于严格按比例缩小的技术过程。在中航智成公司不能证明其根据歼十飞机等比例缩小而制造的歼十飞机模型具有独创性的情况下，该过程仍然是复制，产生的歼十飞机模型属于歼十飞机的复制件，不构成受我国著作权法所保护的模型作品。即便按二审法院认定的事实，中航智成公司制造、销售的歼十飞机模型是对成飞所完成的歼十飞机模型的复制，因二审法院认定由成飞所完成的歼十飞机模型，亦为歼十飞机的等比例缩小，故基于与上述同样的理由，该成飞所完成的模型亦不具有独创性，不受我国著作权法的保护。因此，二审法院关于“模型与原物的近似程度越高，其独创性越高”的认定，违背我国著作权法的基本原理，应予以纠正。又鉴于我国著作权法只保护作品的表达，不延及思想、工艺、操作方法或数学概念，且我国著作权法保护的表达是具有文学、艺术和科学审美意义的智力成果，不保护为满足人们实际生活需要的实用性和功能性的表达，因此，二审法院关于“模型越满足实际需要，其独创性越高”的认定，也违背我国著作权法的立法本意，应予以纠正。综上，飞鹏达公司申请再审的主要理由成立，应予以支持。依照《中华人民共和国民事诉讼法》第二百零七条第一款、第一百七十条第一款第二项的规定，判决如下：1. 撤销二审判决；2. 维持一审判决。本案一审、二审案件受理费各47057元，合计94114元，由北京中航智成科技有限公司负担。

【法官评述】

根据实施条例第二条的规定，我国著作权法保护的作品必须同时具备以下三个要件：一是必须属于文学、艺术和科学领域内的智力创作；二是具有独创性；三是能以有形的形式复制。该案的典型意义在于，明确在判断是否构成受我国著作权法保护的模型作品时，首先要判断该模型是否同时具备上述三要件，而不能将实施条例第四条第十三项的规定与实施条例第二条的规定割裂开来适用。即仅仅满足实施条例第四条第十三项的规定，在不能同时满足实施条例第二条规定的三要件的情况下，尚不能认定构成受我国著作权法保护的模型作品。该案中，中航智成公司一审起诉要求保护的歼十飞机模型作品，是其从成飞所获得授权制造、销售的歼十飞机模型，该模型是歼十飞机的等比例缩小，故歼十飞机产生在先，中航智成公司在该案中要求保护的歼十飞机模型产生在后。中航智成公司主张飞鹏达公司生产、销售的歼十飞机模型侵害其对歼十飞机模型享有的模型作品著作权，应当对其获得授权制造、销售的歼十飞机模型构成受我国著作权法保护的模型作品负有举证责任。中航智成公司在该案中要求保护的歼十飞机模型与歼十飞机相比，除材质、大小不同外，外观造型完全相同。因此，无论中航智成公司在将歼十飞机等比例缩小的过程中付出多么艰辛的劳动，中航智成公司均未经过自己的选择、取舍、安排、设计、综合、描述，创作出新的点、线、面和几何结构，其等比例缩小的过程仅仅只是在另一载体上精确地再现了歼十飞机原有的外观造型，没有带来新的表达，属于严格按比例缩小的技术过程。在中航智成公司不能证明其根据歼十飞机等比例缩小而制造的歼十飞机模型具有独创性的情况下，该过程仍然是复制，产生的歼十飞机模型属于歼十飞机的复制件，不构成受我国著作权法所保护的模型作品。即便按二审法院认定的事实，中航智成公司制造、销售的歼十飞机模型是对成飞所完成的歼十飞机模型的复制，因二审法院认定由成飞所完成的歼十飞机模型，亦为歼十飞机的等比例缩小，故基于与上述同样的理由，该成飞所完成的模型亦不具有独创性，不受我国著作权法的保护。因此，二审法院关于“模型与原物的近似程度越高，其独创性越高”的认定，违背我国著作权法的基本原理。又鉴于我国著作权法只保护作品的表达，不延及思想、工艺、操作方法或数学概念，且我国著作权法保护的表达是具有文学、艺术和科学审美意义的智力成果，不保护为满足人们实际生活需要的实用性和功能性的表达，因此，二审法院关于“模型越满足实际需要，其独创性越高”的认定，也违背我国著作权法的立法本意。

编写人：最高人民法院　李嵘

李艳霞诉吉林市永鹏农副产品开发有限公司侵害著作权纠纷案

——阅读提示：未经许可将作品作为商标使用侵害著作权的损害赔偿应当如何计算？

【裁判要旨】

考察侵害作品著作权的损害，应着眼于权利人因作品被侵权使用遭受的损失，或者侵权人因侵权使用作品而增加的收益。不同的侵权行为，可以采取多种方式计算。如根据权利人因侵权所造成复制品发行减少量或者侵权复制品销售量与权利人发行该复制品单位利润乘积计算；以报刊、图书出版或者类似方式侵权的，参照国家有关稿酬的规定计算；参照合理的许可使用费计算等。

本案所涉作品为剪纸美术作品。如果是将美术作品用于宣传其他商品，如用于广告、装饰装潢等，商品利润与作品价值之间并无直接的因果关系，不宜将商品利润直接作为作品损失。侵权行为的收益往往表现在未支付应当支付的成本，即著作权许可费用。本案所涉侵权行为系擅自将他人作品用作商标的行为。对于作品权利人而言，当作品被他人擅自用作商标，丧失的既非出版稿酬损失，也非美术品损失，而是许可他人用作商标的费用与机会损失。因此，二审法院认为，不宜以标有商标的包装袋数量作为侵权复制品的数量，应以作品授权许可费用作为标准计算本案损失，符合法律规定。

本案中，作品被复制侵权的第一使用人系南关区本源设计工作室，其通过为永鹏公司设计商标获取的费用，是其使用涉案作品获得的直接利益，可以作为衡量作品损失的参考标准。一般认为，侵权复制者的成本较低，其授权作品的价格可能低于合法授权作品的价格，因此，可在参考该费用的基础上，考虑侵权行为的性质、影响等因素，乘以适当倍数，进行计算。

【案号】

一审：吉林省吉林市中级人民法院（2015）吉中民二知初字第52号

二审：吉林省高级人民法院（2016）吉民终545号

申请再审：最高人民法院（2017）最高法民申2348号

【案情与裁判】

原告（上诉人、再审申请人）：李艳霞

被告（上诉人、被申请人）：吉林市永鹏农副产品开发有限公司（简称永鹏公司）

第三人：南关区本源设计工作室（简称本源工作室）

起诉与答辩

李艳霞诉称：李艳霞为首批“吉林省工艺美术大师”。2008年9月，吉林珲春高速公路主办方经征得李艳霞同意，将其署名的剪纸作品《老爷岭的传说》的“鹿献灵芝”“为鹿疗伤”“人鹿和谐”三幅连环画形式的系列剪纸和130字配文制作成剪纸石雕。中央网络电视台、吉林电视台、吉林日报等媒体先后登载过剪纸石雕《老爷岭的传说》，后来又改名为《老爷岭的故事》。该剪纸原件和石雕收录在吉林大学出版社出版的《剪纸话关东》一书中（第218页）及吉林人民出版社出版的《剪纸话吉林》一书中（第288页）。李艳霞因此作品荣获了“松花湖文艺奖”和“吉林市社会科学成果奖”。

2015年8月，李艳霞偶然发现永鹏公司产品上的注册商标图案就是其创作的“人鹿和谐”的剪纸作品，且通过调查发现永鹏公司侵犯其著作权已长达3年之久。永鹏公司侵权商标所涉及的商品品种多达78种。所涉商品在淘宝网、京东及全国各地超市2000多家老爷岭杂粮农产品专柜出售。侵权商标仅在“东北大米”“东北绿色大米”“东北有机大米”的包装上2015年印数就达300万枚。基于上述事实，李艳霞认为永鹏公司已经构成著作权侵权，应当承担侵权赔偿责任。请求法院判令：1. 永鹏公司立即停止侵权行为、消除影响、赔礼道歉；2. 永鹏公司赔偿李艳霞经济损失210万元（以300万枚侵权包装袋为计算基数按每枚0.7元计算），律师费20万元。

永鹏公司辩称：1. 涉案剪纸作品系民间文学艺术作品，著作权属于特定民族、族群或社群，不属于李艳霞。民间文学艺术作品的著作权不属于某一传承人。2. 永鹏公司所用的商标图案系本源工作室设计所形成的新作品。永鹏公司与设计方在合同中约定此新作品的著作权归本源工作室所有。所以即使构成侵权，也应是本源工作室侵权，而非永鹏公司。3. 假设永鹏公司构成侵权，但因所用图案、文字来源合法，且使用前已经尽到了注意义务，故也仅系善意侵权，不应承担赔偿责任。4. 本案权利人无经济损失，故赔偿损失的请求不应得到支持。剪纸的获利渠道与商标的获利渠道不同，两者不存在冲突，不会因商标的使用导致李艳霞的剪纸销售额降低。如果说永鹏公司的商标使用行为会对李艳霞的经济利益造成影响，因商标附着于商品上，那么也只能造成李艳霞经济利益的提高而非损失。5. 即使构成侵权，永鹏公司也无违法所得。6. 根据《著作权法》第六条规定，剪纸属于民间文学艺术作品，其保护由国务院另行规定，不应适用《著作权法》第四十九条之规定确定赔偿额。7. 律师费不应支持。综上请求人民法院驳回李艳霞的诉讼请求。

第三人南关区本源设计工作室未到庭参加诉讼，亦未提交书面陈述意见。

一审审理查明

一审法院吉林省吉林市中级人民法院审理查明，李艳霞（笔名李侠）多年从事民间剪纸创作，被评为吉林省优秀民间艺术家，系“乌拉满族民俗剪纸”传承人，其剪纸作品曾获多项“金奖”和“松花湖文艺奖”等荣誉。2008 年 9 月，李艳霞创作完成“鹿献灵芝”“为鹿疗伤”“人鹿和谐”等作品的铅笔画稿，并根据画稿创作形成连环画形式的系列剪纸作品，取名为《老爷岭的传说》，后改名为《老爷岭的故事》。经李艳霞授权，该系列剪纸作品在吉林珲春高速公路旁形成剪纸石雕作品，石雕上刻有“李侠剪纸”字样。该系列剪纸作品在 2009 年 2 月出版的《剪纸话吉林》、2012 年 2 月出版的《剪纸话关东》《中华剪纸》等多种书刊上进行过公开发表。

永鹏公司设立于 2002 年 2 月，经营范围为大米加工、其他粮食加工品加工、蔬菜制品、食用植物油（半精炼）分装、水果制品（水果干制品）分装、饰品批发兼零售等。2012 年 6 月 13 日，永鹏公司与南关区本源设计工作室签订《本源设计项目委托合同书》，约定的设计项目内容为 1kg 塑料袋、400kg 抽真空袋、500kg 站立袋、5kg 手提普通米袋、5kg 手提绿色米袋、5kg 有机米袋，设计费为 1.5 万元。同时合同第五条约定“乙方（永鹏公司）委托甲方（南关区本源设计工作室）设计项目完成后，知识产权中使用权归乙方所有，其著作权归甲方所有。”合同签订后，南关区本源设计工作室向永鹏公司提供了产品外包装的设计图，永鹏公司如约支付设计费。2012年10月，永鹏公司申请将该设计图中的“人鹿图案”注册为商标，并于2014年3月14日取得商标注册证，注册号为11602762。永鹏公司将该商标用于多种粮食产品的外包装上进行销售经营。

一审判理和结果

一审法院认为，本案双方当事人争议的焦点是：1. 李艳霞对诉争的“人鹿和谐”剪纸图案是否享有著作权，永鹏公司注册并在产品外包装上使用人鹿图案的商标（注册号11602762）是否构成著作权侵权；2. 李艳霞主张赔偿210万元损失并支付20万元律师费的请求是否成立。

本案中，李艳霞所举证据能够证明涉案剪纸图案的作者是其本人。著作权是指作者对其创作的作品所享有的专有权利，而我国著作权法意义上的作品是指在文学、艺术和科学领域内，具有独创性并能以某种有形形式复制的智力创造成果。本案所涉的剪纸图案是由李艳霞根据民间流传的故事，经过独立构思先行绘制草图，后运用我国民间传统剪纸技法剪制而成。虽然在创作过程中，李艳霞使用了民间传统艺术中“剪纸”的表现形式，但并非对既有同类题材作品的简单照搬或模仿，体现了作者的审美情趣，表现了独特意象空间，凝聚了作者的智力劳动，既是对民间文学艺术的传承，又是借鉴民间文学艺术表现形式创作形成的新作品，具有独创性，符合作品的特征，属于民间文学艺术作品，应受著作权法保护。永鹏公司因著作权法规定“民间文学艺术作品的著作权保护办法由国务院另行规定”而认为对民间文学艺术作品的保护不适用著作权法的规定属于法律认知错误。

永鹏公司注册并在产品外包装上使用的“人鹿图案”商标采用了一个采药老人手拿烟袋，身旁伴有一站一卧两只梅花鹿和小姑娘的图案，与李艳霞创作的“人鹿和谐”剪纸作品中的人、鹿形象高度相似，只是人鹿位置相反，并添加了简单的背景山以及麦穗外环。李艳霞的“人鹿和谐”剪纸作品已公开发表且通过石雕形式公之于众，而永鹏公司提供的现有证据不足以证明其注册并使用的“人鹿图案”商标具有合法独立创作来源或授权，应认定该“人鹿图案”商标系对李艳霞享有著作权的剪纸作品的复制和修改，构成著作权侵权，应当承担停止侵权、赔礼道歉、赔偿损失的法律责任。因李艳霞明确表示在本案中不要求南关区本源设计工作室承担法律责任，而永鹏公司系侵权商标的注册和实际使用人，故其主张注册商标所用图案系南关区本源设计工作室提供的设计成果不能构成免责的有效抗辩，但可另行追偿。

关于李艳霞请求永鹏公司赔偿210万元及承担律师代理费20万元的诉讼请求应否支持问题。李艳霞未能举证证明具体损失数额，亦未能证明永鹏公司因侵权而获利的数额，而企业宣传数据并非实际销售和收入数据，且现有证据也不能证明永鹏公司的所有经营收入均为使用李艳霞剪纸作品进行包装和宣传所得，故其主张的损失赔偿计算方式，缺乏合理合法依据，诉请赔偿损失210万元，数额明显过高，综合考虑涉案作品价值、独创性程度、侵权情节、主观过错程度及诉讼合理支出等因素，本院酌定赔偿数额为8万元。因李艳霞未能提供律师代理费的实际支付凭证，不能证明系实际发生的合理维权费用，故本院不予支持。

综上，依照《中华人民共和国著作权法》第十条第一款第三项、第四项及第五项、第四十七条第四项、第四十八条、第四十九条、第五十三条，《中华人民共和国民事诉讼法》第六十四条第一款、第一百四十四条，《最高人民法院关于审理著作权民事纠纷案件适用法律若干问题的解释》第二十五条第一款、第二款的规定，判决如下：一、被告吉林市永鹏农副产品开发有限公司于本判决生效后立即停止对原告李艳霞剪纸作品的侵权行为、消除影响，并向原告李艳霞赔礼道歉；二、被告吉林市永鹏农副产品开发有限公司于本判决生效后十日内赔偿原告李艳霞经济损失8万元（含合理维权支出）；三、驳回原告李艳霞的其他诉讼请求。

上诉与答辩

李艳霞上诉称：一审法院采用随意估计的做法象征性地判决赔偿8万元错误。理由如下：首先，永鹏公司2015年在中国供应商网、搜了网、阿土伯网公布的粮食数量1254万袋。李艳霞索赔取300万袋，只占四分之一。按照“发行减少量难以确定的，按照侵权复制品市场销售量确定”。300万袋取自永鹏公司官网发布的信息，是符合客观事实的。一审法院主观片面否认“企业宣传数据”与“实际销售和收入数据”不一致，观点错误。另外，按照销售米袋上的重量计算，300万袋，按5公斤，折合总量为1500万公斤。其次，李艳霞曾向永鹏公司提出停止侵权，但永鹏公司却大量上市印有侵权剪纸图案的商标产品，打产品广告，现在吉林市区的各超市、老爷岭专卖店、永鹏专卖店还在销售带有侵权图案的商品。再次，只要永鹏公司违法侵权使用了李艳霞“人鹿和谐”剪纸图案作为其商品商标，其所销售的商品经营收入价值中，就应当含有剪纸作品的附加值。更为重要的是从索赔到现在，李艳霞从没有索要过永鹏公司的所有经营收入，只是象征性索要使用剪纸的费用。永鹏公司印了多少剪纸商标的包装袋子，李艳霞就受多少损失。李艳霞主张每个被侵权的剪纸作品包装袋赔偿 0.70 元符合市场价格，合情合理合法。律师代理费一项，有委托代理合同，具有真实性、合法性、关联性，应予以支持。永鹏公司使用“人鹿和谐”剪纸图案作为商标严格伤害了李艳霞的合法权益和创作热情，应当对永鹏公司进行惩罚性赔偿。

永鹏公司上诉称，撤销一审法院（2015）吉中民二知初字第 52 号民事判决，驳回李艳霞的诉讼请求。理由如下：永鹏公司没有主观侵权意愿，也没有事实上的侵权收益。永鹏公司 2013 年委托南关区本源设计工作室设计品牌包装图标，图标被采纳后依约交付设计提纲并投入生产宣传，2014 年注册为商标。对比诉争图标和未被采纳图标的效果，足以论证诉争图标的采纳对销量和收益的影响可以忽略。永鹏公司没有损害李艳霞的权益，南关区本源设计工作室违反基本诚实信用原则，为真正的著作权侵权人，应由其承担侵权责任。永鹏公司是南关区本源设计工作室著作权侵权中的受害人，判令承担赔偿责任有违最基本的公平正义原则。

二审判理和结果

二审法院吉林省高级人民法院审理查明的事实与一审审理查明的事实相同。

二审法院认为，本案的争议焦点主要为永鹏公司是否因将诉争剪纸图案作为商标使用而赔偿李艳霞经济损失及具体赔偿数额问题。

诉争剪纸图案是“李艳霞根据民间流传的故事，经过独立构思先行绘制草图，后运用我国民间传统剪纸技法剪制而成。虽然在创作过程中，李艳霞使用了民间传统艺术中‘剪纸’的表现形式，但并非对既有同类题材作品的简单照搬或模仿，体现了作者的审美情趣，表现了独特意象空间，凝聚了作者的智力劳动，既是对民间文学艺术的传承，又是借鉴民间文学艺术表现形式创作形成的新作品，具有独创性，符合作品的特征”，享有著作权，应受著作权法保护。一审法院认定为民间文学艺术作品欠妥，应予纠正。永鹏公司依据民间文学艺术作品的上诉理由不能成立，本院不予支持。

永鹏公司注册并在产品外包装上使用的“人鹿图案”标识与李艳霞创作的“人鹿和谐”剪纸作品中的人、鹿形象高度相似。永鹏公司现有证据不足以证明其注册并使用的“人鹿图案”标识具有合法独立创作来源或者授权，构成对李艳霞诉争剪纸图案著作权侵权。永鹏公司主张其注册及使用的标识图案系南关区本源设计工作室提供的理由，不能构成有效的免责抗辩，其上诉理由不能成立，本院不予支持。但永鹏公司可对南关区本源设计工作室另行行使追偿。

一审法院综合考虑涉案作品价值、独创性程度、侵权情节、主观过错程度及诉讼合理支出等因素，酌定赔偿数额为 8 万元并无不妥，应予维持。李艳霞与永鹏公司的上诉理由不能成立，本院不予支持。现分别阐述如下：

李艳霞认为其因诉争剪纸图案所受到的损失即是永鹏公司的获利，并举证证明永鹏公司在 300 万袋包装袋上印有诉争剪纸图案，按每袋 0.70 元计算，主张其损失为 210 万元。损失计算依据为 0.70 元/袋 × 300 万袋。从著作权侵权赔偿角度看，其从侵权复制品数量主张似乎合理，但实际上与著作权侵权赔偿计算方式不同。著作权侵权赔偿计算方式有三种情形，一是著作权人的损失，二是侵权人的获利，三是法定赔偿。

从第一种著作权人的损失看，永鹏公司对该商标标识的侵权使用行为与著作权侵权使用行为分属不同领域，对著作权人著作权行使影响不大，未造成实质损失，只是对李艳霞诉争剪纸图案著作权的未来商标许可造成实质影响。故李艳霞主张侵权复制品的计算方式显然不适用著作权赔偿计算方式的第一种情形。

从第二种侵权人的获利看，永鹏公司将诉争剪纸图案作为商标使用，其获利体现在商品营利附加值部分，而该商标标识无论在使用时间、商标标识与商品之间关联度上均无法通过李艳霞主张的赔偿计算方式得以明确体现。故李艳霞的主张显然不适用著作权赔偿计算方式的第二种情形。

第三种法定赔偿是一审法院酌定赔偿的法律依据。从本案角度看，一审法院综合考虑诉争剪纸图案作品价值、独创性程度、侵权情节、主观过错程度及诉讼合理支出等因素，酌定赔偿数额为 8 万元并无不妥。

综合以上论述，李艳霞及永鹏公司关于赔偿数额的上诉理由均不能成立，本院不予支持。

李艳霞上诉还提出，请求价格鉴定或“剪纸使用价格鉴定”。一方面从法律规定的三种赔偿计算方式上，可以实现依法赔偿；另一方面本案即使适用鉴定亦为主观观点评价，与法院依法定赔偿所作的酌定在性质和评价上系同一。故该上诉理由不能成立，本院不予支持。

在经济社会和谐有序发展的时代，永鹏公司完全可以通过合法授权许可的方式培育、发展、宣传企业商标品牌，壮大企业经营；李艳霞可以通过理性方式进行合理维权，与永鹏公司化干戈为玉帛。既可以将自己的著作权转化为商标品牌获得经济利益，亦可以为企业发展做出贡献，避免重复劳动和资源浪费。对于停止侵权，是本院不愿看到的，相信也不是双方当事人的原意。对此，本院希望双方当事人能够客观、理性地为社会进步、文化繁荣、经济发展做出更大的贡献。

综上，一审判决认定事实清楚，适用法律正确。审判程序合法，应予维持。依照《中华人民共和国民事诉讼法》第一百七十条第一款一项之规定，判决如下：驳回上诉，维持原判。

申请再审理由与答辩

李艳霞申请再审称：李艳霞向原审法院提供了调查永鹏公司市场销售价格、侵权商标印数和索赔依据等侵权的所有客观证据。一审判决认为李艳霞未能举证证明具体损失数额，亦未能证明永鹏公司因侵权而获利的数额。李艳霞索赔数量仅为 300 万枚，每个装袋按 7 角计算，主张的赔偿额应当得到支持。二审判决认为永鹏公司对该商标标识的侵权使用行为与著作权侵权使用行为分属不同领域，对著作权人著作权行使影响不大，未造成实质损失，不符合客观事实。一审、二审法院不顾当事人具体损失，按权利人的实际损失或者侵权人的违法所得不能确定的说法判决本案，判决酌定赔偿 8 万元，令人难以接受。一审、二审判决的赔偿额没有事实和法律根据。请求再审本案。

申请再审判理和结果

最高人民法院申请再审审查查明，确认一审查明的事实。

最高人民法院经审查认为，本案争议焦点是：本案判决的赔偿额是否有事实和法律依据。

《中华人民共和国著作权法》第四十九条规定，侵犯著作权或者与著作权有关的权利的，侵权人应当按照权利人的实际损失给予赔偿；实际损失难以计算的，可以按照侵权人的违法所得给予赔偿。赔偿数额还应当包括权利人为制止侵权行为所支付的合理开支。权利人的实际损失或者侵权人的违法所得不能确定的，由人民法院根据侵权行为的情节，判决给予五十万元以下的赔偿。

考察侵害作品著作权造成的损害，应着眼于权利人因作品被侵权使用遭受的损失，或者侵权人因侵权使用作品而增加的收益。由于作品的使用方式多样，所涉及的著作权权利亦不相同，因此，就同一件作品而言，不同的侵权行为，可以采取多种方式计算。如根据权利人因侵权所造成复制品发行减少量或者侵权复制品销售量与权利人发行该复制品单位利润乘积计算；以报刊、图书出版或者类似方式侵权的，参照国家有关稿酬的规定计算；参照合理的许可使用费计算等。

本案所涉作品为剪纸美术作品。就美术作品而言，如果侵权行为系出版行为，可按照权利人因此遭受的稿酬损失计算；如果侵权行为系复制美术品的方式，一般应按照侵权人的市场利润即复制品数量与单位利润计算，因为作品是侵权复制品定价的核心，侵权复制品的获利应当视为来自作品的全部贡献或主要贡献。如果是将美术作品用于宣传其他商品，如用于广告、装饰装潢等，商品利润与作品价值之间并无直接的因果关系，不宜将商品利润直接作为作品损失。侵权行为的收益往往表现在未支付应当支付的成本，即著作权许可费用。

本案所涉侵权行为系擅自将他人作品用作商标的行为。作品被用作商标，一般有两种情况，一种是通过许可使用合同获得已有作品的授权，一种是自行或委托他人创作。在使用许可合同中，作品的独创性可能对商标显著性有影响，作品的知名度对商标的知名度有贡献，均可作为作品价值的参考要素，体现在许可使用费中。如果是自行创作或委托创作，一般分为两阶段，商标设计制作和商标交付使用阶段。在商标设计制作阶段，设计人使用的是作品，其通过创作作品获得相应报酬，因此商标设计费是作品被用作商标的对价。在商标使用过程中，使用人主要使用的是商标而非作品，其产生的价值应当主要属于商标价值而非作品价值了。无论上述哪种情况，对于作品权利人而言，当作品被他人擅自用作商标，丧失的既非出版稿酬损失，也非美术品损失，而是许可他人用作商标的费用与机会损失。因此，二审法院认为，不宜以标有商标的包装袋数量作为侵权复制品的数量，应以作品授权许可费用作为标准计算本案损失，符合法律规定。

本案当事人并未授权他人将作品用作商标，未举证证明许可使用费的数额，也未举证类似作品的授权情况。依据著作权法的规定，一审、二审法院据此认为本案属于损失和违法所得均无法确定的情况，符合法律规定。

依据《最高人民法院关于审理著作权民事纠纷案件适用法律若干问题的解释》第二十五条第二款的规定，人民法院在确定赔偿数额时，应当考虑作品类型、合理使用费、侵权行为性质、后果等情节综合确定。本案中，作品被复制侵权的第一使用人系南关区本源设计工作室，其通过为永鹏公司设计商标获取的费用，是其使用涉案作品获得的直接利益，可以作为衡量作品损失的参考标准。一般认为，侵权复制者的成本较低，其授权作品的价格可能低于合法授权作品的价格，因此，可在参考该费用的基础上，考虑侵权行为的性质、影响等因素，乘以适当倍数，进行计算。有鉴于此，一审、二审法院综合考虑涉案作品价值、独创性程度、侵权情节、主观过错程度及诉讼合理支出等因素，酌定赔偿数额为8万元并无不妥，应予维持。李艳霞关于赔偿数额没有事实和法律依据的申请再审理由不能成立，本院不予支持。

依照《中华人民共和国民事诉讼法》第二百零四条第一款，《最高人民法院关于适用〈中华人民共和国民事诉讼法〉的解释》第三百九十五条第二款规定，裁定如下：驳回李艳霞的再审申请。

【法官评述】

侵害著作权的损害赔偿额是著作权审判实践中的难题。著作权法和司法解释对侵害著作权损害赔偿均作出了相应的规定。《著作权法》第四十九条规定，侵犯著作权或者与著作权有关的权利的，侵权人应当按照权利人的实际损失给予赔偿；实际损失难以计算的，可以按照侵权人的违法所得给予赔偿。赔偿数额还应当包括权利人为制止侵权行为所支付的合理开支。权利人的实际损失或者侵权人的违法所得不能确定的，由人民法院根据侵权行为的情节，判决给予五十万元以下的赔偿。《最高人民法院关于审理著作权民事纠纷案件适用法律若干问题的解释》第二十五条规定，权利人的实际损失或者侵权人的违法所得无法确定的，人民法院根据当事人的请求或者依职权适用《著作权法》第四十八条第二款的规定确定赔偿数额。人民法院在确定赔偿数额时，应当考虑作品类型、合理使用费、侵权行为性质、后果等情节综合确定。当事人按照本条第一款的规定就赔偿数额达成协议的，应当准许。特别是该解释第二十四条对实际损失作出了解释，即权利人的实际损失，可以根据权利人因侵权所造成复制品发行减少量或者侵权复制品销售量与权利人发行该复制品单位利润乘积计算。发行减少量难以确定的，按照侵权复制品市场销售量确定。该规定指出了常见的侵害著作权行为计算权利人实际损失的一般方法，但是否适用于所有的作品类型及侵权行为，将作品用作商标时能否以商标所附着商品的利润计算对作品的赔偿，长期以来存在模糊不清之处。

本案的典型意义在于，裁定指出在考察侵害著作权行为的损害时，必须关注作品类型，关注作品的不同使用方式。

一、关于被侵害的作品类型

本案中，李艳霞主张保护的是剪纸作品。《著作权法》第三条规定了文字作品、美术作品、音乐作品等八类作品。《著作权法》第六条同时规定民间文学艺术作品的著作权保护办法由国务院另行规定。永鹏公司在一审中主张李艳霞的剪纸应为民间文学艺术作品。民间文学艺术作品是由不特定人在长期的传承中共同创作的一种类型的体现民间文学艺术特色的作品。在分析判断民间文学艺术作品时，必须将民间文学艺术作品与具有民间文学艺术作品特色、风格或元素的特定作品区分开来，本案中，李艳霞主张保护的作品有明确的表现形式、明确的作者与明确的完成时间，且独创性明显，属于特定作者的特定作品。该作品由特定线条组成，具有美感，根据《著作权法》第三条的规定，属于该条第四项规定的美术作品。

二、关于美术作品的使用方式

就美术作品而言，权利人可通过多种方式使用美术作品。《著作权法》第十条规定了对作品以复制、发行、出租、展览、表演、放映、广播、信息网络传播、摄制、改编、翻译、汇编等方式的使用，其中有些方式适用于美术作品，有些并不适用。对美术作品最常见的使用有以下几种情况：一是将作品通过出版的方式包括汇编出版的方式使用；二是将作品通过展览的方式使用；三是将作品以复制的方式使用，如制作为复制件销售，还有是将作品通过信息网络传播。对美术作品的使用还可以依据其他的要素进行区分。如将美术作品以美术作品原样的方式复制使用，即用以视觉欣赏，并作为视觉欣赏的主体。另一种是将作品以装饰、装潢的方式使用，即美术作品仅作为其他作品或产品的一部分，且仅为宣传辅助的部分。

三、关于不同使用方式对损害赔偿的影响

对美术作品的不同使用方式，包括是否作为主体使用，还是补充性的使用，均会对作品使用的价格产生重大影响。特别是美术作品，我们知道美术作品的原件与复制件间存在着巨大的价格差距，将作品作为主体使用还是仅作为配图使用也在相当程度上影响着作品的价格。如果侵权行为系出版行为，权利人的损失可按照权利人因此遭受的稿酬损失计算；如果侵权行为系复制美术品的方式，一般应按照侵权人的市场利润即复制品数量与单位利润计算，因为作品是侵权复制品定价的核心，侵权复制品的获利应当视为来自作品的全部贡献或主要贡献。如果是将美术作品用于宣传其他商品，如用于广告、装饰装潢等，商品利润与作品价值之间并无直接的因果关系，不宜将商品利润直接作为作品损失。侵权行为的收益往往表现在未支付应当支付的成本，即著作权许可费用。

四、商标使用方式的赔偿计算

对于本案而言，恰恰属于将作品用作商标的情形，在这种使用中，商标本身的作品价值不能说对商标的价值不无影响，但是其间的联系实在微小。作品被使用作商标后，其所体现的价值与作品价值基本上无关，而是商业宣传和使用的价值，是商标所附着商品的影响的体现。商标所使用的包装袋也不应被等同于美术画册，或者等同于小幅的美术作品，按照包装袋的数量，以发行量作为计算的依据，脱离开了该作品被实际使用的具体情形，是没有现实依据的。本案裁定进一步分析了将作品用作商标的几种情形，根据不同情形指出实际损失所在。本案所涉侵权行为系擅自将他人作品用作商标的行为。作品被用作商标，一般有两种情况，一种是通过许可使用合同获得已有作品的授权，另一种是自行或委托他人创作。在使用许可合同中，作品的独创性可能对商标显著性有影响，作品的知名度对商标的知名度有贡献，均可作为作品价值的参考要素，体现在许可使用费中。如果是自行创作或委托创作，一般分为两阶段，商标设计制作和商标交付使用阶段。在商标设计制作阶段，设计人使用的是作品，其通过创作作品获得相应报酬，因此商标设计费是作品被用作商标的对价。在商标使用过程中，使用人主要使用的是商标而非作品，其产生的价值应当主要属于商标价值而非作品价值了。无论上述哪种情况，对于作品权利人而言，当作品被他人擅自用作商标，丧失的既非出版稿酬损失，也非美术品损失，而是许可他人用作商标的费用与机会损失。因此，二审法院认为，不宜以标有商标的包装袋数量作为侵权复制品的数量，应以作品授权许可费用作为标准计算本案损失，符合法律规定。本案中，作品被复制侵权的第一使用人系本源工作室，其通过为永鹏公司设计商标获取的费用，是其使用涉案作品获得的直接利益，可以作为衡量作品损失的参考标准。一般认为，侵权复制者的成本较低，其授权作品的价格可能低于合法授权作品的价格，因此，可在参考该费用的基础上，考虑侵权行为的性质、影响等因素，乘以适当倍数，进行计算。有鉴于此，一审、二审法院综合考虑涉案作品价值、独创性程度、侵权情节、主观过错程度及诉讼合理支出等因素，酌定赔偿数额为8万元并无不妥，应予维持。

本案的裁判结果对著作权赔偿规则回归作品和使用行为本身，倡导在赔偿问题上对作品和使用行为进行具体细分，实现著作权赔偿规则的逐步细化具有重要意义。

编写人：最高人民法院　马秀荣

北京代代读图书有限公司诉北京方正阿帕比技术有限公司、国家图书馆著作权侵权纠纷案

——阅读提示：在合法授权期间内售出的数字图书数据库，在数据库供应商授权合同解除后，公益性买受人（公立图书馆）是否有权继续使用数字图书数据库资源？特定形式的信息网络传播权能否适用“权利用尽原则”？

【裁判要旨】

“权利用尽原则”是对权利人行使知识产权的重大限制。根据该原则，知识产权所有人控制知识产权产品的生产、使用以及销售的权利，随着产品首次合法进入流通领域而丧失殆尽。在著作权领域，权利用尽原则主要适用于发行权权利限制。合法获得该作品原件或复制件所有权的人可以不经著作权人许可将其再次出售或赠与。对于独立购置并在本地安装数据库资源的“数字图书馆”产品，特定数字图书资源并不会脱离阅读环境被独立传播，且本案中，涉案图书的授权方曾同意数据库供应商永久使用涉案图书资源。加之，国家图书馆通过自有服务器向读者提供有限制的在线服务，属于免费公共服务，满足社会公共利益需求。综上，在本案特定情形下，在合法授权期间内售出的数字图书数据库，在数据库供应商授权合同解除后，公益性买受人（公立图书馆）仍有权继续向特定公众传播数字图书数据库资源。这种对信息网络传播权的限制适用类似于“权利用尽原则”。

【案号】

一审：北京市海淀区人民法院（2015）海民（知）初字第26904号

【案情与裁判】

原告：北京代代读图书有限公司（简称代代读公司）

被告：北京方正阿帕比技术有限公司（简称阿帕比公司）

被告：国家图书馆

起诉与答辩

代代读公司向法院提出诉讼请求：要求阿帕比公司和国家图书馆停止侵权、赔偿损失 11200 元。事实和理由：代代读公司主张阿帕比公司未经许可将涉案电子图书销售给国家图书馆，并提供互联网在线阅读服务，损害了其公司依法对该书享有的信息网络传播权。

阿帕比公司辩称：其公司自代代读公司的关联主体河北天鹿公司处依法获得涉案电子图书永久使用权，代代读公司继受了该合同义务。2012 年 10 月 24 日，国家图书馆自阿帕比公司处采购数字图书数据库时，阿帕比公司与代代读公司之间的合作合同尚未解除，故其公司并未侵犯代代读公司对涉案图书的信息网络传播权。

国家图书馆辩称，其单位属于公益性事业单位，为公众提供图书阅读等免费文化服务，其单位自阿帕比公司处购买的电子图书数据库，其单位收到代代读公司律师函后，已经将涉案电子图书下架，但并不认为涉及侵权。

一审审理查明

2009 年 5 月 8 日，河北天鹿公司（甲方）与阿帕比公司（乙方）签订《方正阿帕比（apabi）数字出版合作协议》（以下简称《合作协议》）。《合作协议》约定"数字资源购买者对其购买的数字资源将享有永久合法使用权""本协议有效期为十年"。授权作品包含杨洪涛所著《一分钟读懂幸福书》。

2011 年 7 月 2 日，杨洪涛（作者）签署《授权书》，授权代代读公司享有"授权作品目录"所涉及图书独占专有信息网络传播权及转授权、制作、复制和销售电子出版物等以数字化制品的方式使用作品的权利，许可他人合法使用所对应的上述权利。授权期限：2011 年 7 月 2 日至 2031 年 7 月 1 日。《授权书》下方附有"授权作品目录"包含涉案图书《一分钟读懂幸福书》。

2011 年 12 月 31 日，阿帕比公司（甲方）、代代读公司（乙方）及河北天鹿公司（丙方）签署《关于合同主体变更的三方协议》（以下简称《变更协议》）。约定将《合作协议》履行主体由丙方变更为乙方，除主体变更外，合同其余条款仍按照原合同执行。

2012年10月，国家图书馆（甲方）与阿帕比公司（乙方）签订《国图电子图书采购合同》。合同主要内容为国家图书馆以买断授权的方式向阿帕比公司集中购买10万种中文电子图书，镜像于国家图书馆，国家图书馆可在其内部局域网上使用合同产品，经认证的持卡读者可在国家图书馆IP地址范围外远程访问使用合同产品，馆外访问使用权限等同于馆内权限。电子图书清单中包含涉案图书。

2014年5月，代代读公司与阿帕比公司协议解除《合作协议》及《变更协议》。

2015年3月15日，代代读公司申请公证机关进行证据保全，主要公证步骤为：登录网址"nlc. gov. cn"（国家图书馆官网），在页面中点击"查找更多数字资源"，进入页面后点击"方正电子图书"并登录用户账户，在显示页面中点击"apabi 阿帕比"项下的"方正电子图书"，检索"一分钟读懂幸福书"并进行浏览，显示有涉案图书信息。公证书显示公证过程中未曾跳转链接至阿帕比公司网址，域名始终在国家图书馆本地IP。

阿帕比公司称，国家图书馆使用的阿帕比数字资源平台是其公司开发的软件系统平台，为本地使用平台，并非其公司提供的在线服务，本地使用平台与其公司服务器并未联网，其公司系将图书数据库销售给客户，以供客户本地使用，其公司系2012年10月24日向国家图书馆销售图书数据库，包含有涉案图书，该时间在其公司与代代读公司的合作协议期限内，属于合法使用，并未侵犯代代读公司的合法权益。国家图书馆称，2015年5月8日收到代代读公司的律师函后，其单位已经下架了涉案图书，但该行为并非认可侵权，其单位属于河北天鹿公司与阿帕比公司签订的《合作协议》中约定的"数字资源购买者"，对购买的数字资源享有永久合法使用权。

此外，代代读公司要求阿帕比公司赔偿维权合理费用支出即公证费1100元，并就此提交了公证费发票为证。

上述事实，有双方当事人陈述、《合作协议》、《变更协议》、《授权书》、（2015）京东方内民证字第2949号公证书、（2015）京东方内民证字第6937号公证书、《方正 Apabi 数字资源产品供货合同》及法院开庭笔录等证据材料在案佐证。

一审判理和结果

法院认为，《一分钟读懂幸福书》作者杨洪涛将该书独占专有信息网络传播权及转授权利等授予代代读公司，则代代读公司在授权期限内依法享有该书的相关著作权权利。

此外，《合作协议》与《变更协议》均为合同当事人依法自愿签订，未违反强制性法律规定，属于当事人的真实意思表示，合法有效。从《合作协议》与《变更协议》的前后承继关系及权利义务约定内容来看，在合作期间，阿帕比公司自代代读公司处获得了涉案图书的合法使用授权。鉴此，自协议签署开始，截至2014年5月协议解除期间，阿帕比公司在数字资源平台软件销售项目中，对涉案图书的销售行为应视为合法使用，并不涉及侵犯代代读公司关于涉案图书的相关著作权权利。

国家图书馆通过合法途径获得包含涉案图书的阿帕比数字资源平台软件，属于《合作协议》所约定的"数字资源购买者"，其在内部局域网内使用合同产品，并供认证持卡读者远程访问使用合同产品，符合合同约定内容及社会公共利益，属于合法使用，未侵犯代代读公司的著作权权利，代代读公司要求国家图书馆承担侵权赔偿责任，缺乏依据，法院不予支持。关于第一项诉请内容，代代读公司当庭撤回，法院不再另行处理。

综上所述，法院依照《中华人民共和国合同法》第四十四条、第七十七条，《中华人民共和国民事诉讼法》第六十四条第一款，《最高人民法院关于适用〈中华人民共和国民事诉讼法〉的解释》第九十条之规定，判决如下：

驳回代代读公司的全部诉讼请求。

【法官评述】

本案处理重点主要在于代代读公司与阿帕比公司的授权合同解除后，阿帕比公司已经出售给国家图书馆的数字图书数据库能否继续合法使用。

一、"权利用尽原则"在著作权法领域的适用

权利用尽原则（The Exhaustion Doctrine）是对权利人行使知识产权的重大限制。根据这个原则，知识产权所有人依据知识产权控制知识产权产品的生产、使用以及销售的权利，将随着产品首次合法进入流通领域而丧失殆尽，即在这种情况下，知识产权权利人控制这些产品的权利已经被

“用尽”或者“耗尽”了。

权利用尽原则在专利权、商标权和著作权领域均有适用。权利用尽原则最早出现在美国最高法院1873年关于Adams诉Burke案的判决中，该案为涉及专利权的案件。在该案中，法官指出“如果专利权人或者其他合法权利人销售一个机器或者设备的价值是在于该机器或者设备的使用，他得承认对方有权使用这个机器或者设备，由此他也必须放弃限制使用这个机器或者设备的权利。”在美国此后的相关案件中，更进一步明确为，权利人既然售出了专利产品，他就应当允许他人使用或者转售这个产品。

该原则在商标权领域的适用，主要针对商标商品的平行进口问题，即如果两个或者两个以上不同国别企业合法持有特定商标的专用权，且这些商标来自同一渊源，则任何企业都不能利用其商标专用权阻止另一企业产品进入本国市场。

在著作权领域，权利用尽原则主要适用于发行权权利限制，又被称为“发行权一次用尽原则”或“首次销售原则”。该原则的含义是，虽然著作权人享有以所有权转移方式向公众提供作品原件或者复制件的发行权，但作品原则和经授权合法制作的作品复制件经著作权人许可，首次销售或赠与之后，著作权人就无权控制该特定原件或复制件的再次流转了。合法获得该作品原件或复制件所有权的人可以不经著作权人许可将其再次出售或赠与。也就是说，著作权人对特定作品原件或复制件的发行权在该特定原件或复制件首次被合法销售或赠与后即“用尽”了。发行权针对的是有形载体的作品或复制件，主要目的是为了防止他人出售作品的非法复制件，而并非限制合法售出的作品原件或复制件的使用、处置权利。

二、特定形式的信息网络传播权能否适用“权利用尽原则”

著作权领域“权利用尽”原则的适用基础是前网络时代作品和其有形载体的不可分性，通过对作品有形载体的使用权利作出规制，具有物理空间和现实操作的可控性。网络改变了作品的传播方式，公众无需通过转移有形载体就可以获得作品的复制件。当网络经营者或网络用户将作品以数字化文件的方式上传至向公众开放的网络服务器时，其他用户就可以通过网络将数字化文件下载至值机的本地存储空间，从而获得作品的复制件。

这一过程与传统的传播途径的根本区别是，不会导致作品有形载体在物理意义上的转移。从这个意义上来看，由于信息网络传播不会导致作品有形载体所有权或占有的转移，通过网络向公众传播作品的行为并不能构成“发行”，自然也不受发行权的控制。而且，数字作品在网络上的“转移”，并非伴随有形物质载体的转移，本身就是一种复制过程。也就是说，即便是合法获得的数字作品复制件，对外的后续“转移”也伴随着再次复制，而再次复制，恰恰是原始权利人想要控制、限制的行为；同时，从技术上来看，数字化文件可以无成本、无数量限制复制，即便是合法取得数字作品复制件的主体，其潜在的可供后续传播的文件数量也是难以控制的。所以，从一般意义上来看，在信息网络传播领域难以适用“权利用尽原则”。

但本案的情况比较特殊。其一，独立购置并在本地安装的数字图书数据库存在一定意义上的物理载体，有相配套的软硬件条件，包括特定的服务器存储设备以及固化的软件系统，该软件系统存在技术限制措施，很难整体复制安装。涉案数据库使用阿帕比数字资源平台，为阿帕比公司开发的软件系统平台，由国家图书馆建立本地数据库镜像，通过自有服务器提供在线服务。其二，该本地安装的数字图书软件系统作为数据库资源，对其内部包含的子文件具有技术上的“捆绑”关联功能，即以特定图书为内容样本的子文件无法脱离阅读环境被独立传播。这种技术特性决定了对子文件的传播在一定意义上具有限定性，并不会因无序复制而严重侵扰原始权利人对作品的合法使用权利。其三，涉案图书的授权方曾同意阿帕比公司永久使用涉案图书资源，而阿帕比公司对包含涉案图书在内的数字图书数据库的销售，为买断授权的方式建立本地数据库镜像形式，并非有期限的授权使用。从权利角度上原始权利主体类似于实体形式的“发行权一次用尽”。其四，国家图书馆对涉案数字图书数据库的购置用途，并非仅为自读，其用途为提供给公众借阅。实际上，双方合同也明确，由国家图书馆建立本地数据库镜像，通过自有服务器提供在线服务，由读者通过国家图书馆内部局域网进行浏览阅读，认证持卡读者也可远程访问使用数据库资源，所以向限定用户提供涉案作品传播，属于合同的约定内容和实际用途的应有之义。其五，国家图书馆通过自有服务器向读者提供有限制的在线服务，属于免费公共服务，满足社会公共利益需求，应从平衡公众利益角度对涉案数字图书资源的使用进行保护。综上，在本案特定情形下，虽然代代读公司与阿帕比公司的授权合同已经解除，但阿帕比公司合法出售给国家图书馆的数字图书数据库，国家图书馆仍然有权继续合法使用，该种合法使用的依据，类似于实体发行情形下的“权利用尽原则”。

编写人：北京市海淀区人民法院　张江洲

北京金铠星科技有限公司诉大连市机动车污染管理处、深圳市安车检测股份有限公司侵害计算机软件著作权纠纷案

——阅读提示：计算机软件功能相同能否推定程序相同从而认定著作权侵权？法院应否依职权对软件程序比对情况启动鉴定程序？

【裁判要旨】

计算机软件著作权保护的客体是计算机程序及其有关文档，其中的思想、概念、原理、处理过程和运行方法等并非创作者思想的表达，不受著作权法保护。而且，计算机软件作为一种具有实用性的作品，功能是否相同不能成为判断计算机程序是否相同的依据。虽然能够实现相同的功能，但只要是该程序系他人使用不同的代码独立编写而成，就不构成著作权侵权。软件程序比对情况属于当事人应当举证证明的案件事实，不属于人民法院依法应当调查收集的证据，法院不应依职权启动鉴定程序。

【案号】

一审：辽宁省大连市西岗区人民法院（2015）西审民初字第67号

二审：辽宁省大连市中级人民法院（2016）辽02民终5082号

【案情与裁判】

原告（二审上诉人）：北京金铠星科技有限公司（简称金铠星公司）

被告（二审被上诉人）：大连市机动车污染管理处（简称管理处）

被告（二审被上诉人）：深圳市安车检测股份有限公司（简称安车公司）

第三人：大连市环境保护局（简称环保局）

起诉与答辩

2014年6月19日，金铠星公司向法院提起诉讼称：金铠星公司是机动车排放污染物汽车简易瞬态工况法检测系统和设备生产商，拥有此类专有技术秘密权，并享有在上述技术设备中使用的计算机软件著作权。2007年12月19日，金铠星公司与管理处签订关于采购安装尾气检测线系统的《协议书》，在上述系统中使用金铠星公司享有著作权的计算机软件。后金铠星公司在其与管理处合同纠纷案件仲裁庭审中得知，安车公司对管理处运行的上述设备中的计算机软件进行了修改、复制及更改署名。管理处及安车公司未获得金铠星公司许可，擅自修改计算机软件的行为，侵犯了计算机软件著作权。故诉请判令：1. 管理处、安车公司删除金铠星公司所提供的在管理处使用的简易工况法尾气检测线系统中二被告修改并替换的侵权软件，恢复软件及署名，并且在全国性报纸杂志上消除影响、公开赔礼道歉；2. 管理处、安车公司连带赔偿直接损失1000990元。

被告管理处辩称：管理处依法取得安车公司研发的具有自主知识产权的检测软件及管理软件，并依约支付了合理的相关软件购买费用，系软件的合法使用人。金铠星公司通过技术手段违法单方锁止管理处已经支付全部费用的计算机软件，根据权利用尽原则，即便安车公司向管理处提供的计算机软件系在金铠星公司计算机软件基础上修改而成，管理处亦有权继续使用软件。管理处作为公共服务机构，有权采取合理的自助行为维护自身及社会的公共利益，保证大连市机动车检测工作得以顺利进行。

被告安车公司辩称：安车公司是国内机动车检测领域整体解决方案的主要提供商，多年来一直从事机动车安全性能检测系统、环保性能检测系统等软硬件开发工作。安车公司于2008年5月12日就开发完成了“机动车排气污染信息管理系统V1.0”软件，于2009年1月1日开发完成了“机动车工况法排放检测系统软件V6.0”。安车公司在管理处系统中使用的软件是完全独立、自主开发的，两套软件不存在任何雷同之处。安车公司没有任何侵犯金铠星公司计算机软件著作权的行为。

第三人环保局述称：环保局仅是作为管理处的上级主管部门签订的协议书，案涉软件设备的实际使用人为管理处，与第三人无关。管理处依法购买了金铠星公司的硬件与软件，属于合理使用。

一审审理查明

2007 年 12 月，金铠星公司通过大连市政府招投标程序中标“大连市机动车尾气检测设备采购与安装项目”。2007 年 12 月 19 日，金铠星公司与管理处签订了《协议书》，约定了大连市机动车尾气检测线设备采购与安装项目，具体包括：1. 简易瞬态工况法汽油车排放测试系统，型号和规格为 JKX－VMAS－P，制造厂为金铠星公司；2. 轻型在用柴油车加载减速烟度检测系统，型号和规格为 JKX－LUGDOWN－P＋，制造厂为金铠星公司；3. 重型在用柴油车自由加速排放检测系统，型号和规格为 JKX－CZYJS，制造厂为金铠星公司等内容。协议履行过程中，因质保金问题，2010 年 9 月 13 日金铠星公司向管理处发出《关于长期拖欠货款停止服务及对检测线运行程序锁止的告知函》，其后金铠星公司锁止了案涉检测设备，导致程序无法继续运行。

2011 年 4 月 2 日，管理处（环保局下设的事业单位法人）以第三人环保局的名义通过招投标形式与安车公司签订协议。案涉软件设备的实际使用人为管理处。协议约定：项目名称为“大连市环境保护局简易工况法尾气检测系统改造及维修维护项目”，合同总价款为 1177000 元，管理处分三个阶段支付给安车公司；安车公司向管理处开放前述项目中所涉及的“重新开发检测软件并搭建管理系统框架平台”相关软件程序，包括涉及的软件系统源代码、数据库模型等相关技术文档。合同签订后，双方均按照约定履行了上述义务，且安车公司于 2011 年 4 月 12 日取得安车机动车工况法排放检测系统软件 V6.0 计算机软件著作权登记证书，上述计算机软件于 2009 年 1 月 1 日开发完成，于 2009 年 7 月 1 日首次发表。上述“简易工况法尾气检测系统”目前正常运行。

2012 年，金铠星公司作为申请人到大连仲裁委员会申请仲裁，申请被申请人管理处支付货款 4440000 元并承担逾期付款利息 620000 元，合计 5060000 元。管理处反请求金铠星公司赔偿损失 1170000 元及相应利息。大连仲裁委员会于 2014 年 4 月 8 日作出（2012）大仲字第 376 号裁决书，裁决管理处支付金铠星公司剩余质量保证金 3073806.96 元及逾期支付期间的利息；驳回申请人金铠星公司的其他仲裁请求；驳回被申请人管理处的仲裁反请求。

诉讼中经释明，金铠星公司不申请对案涉计算机软件是否被侵权进行鉴定。

一审判理和结果

一审法院认为，计算机软件著作权属于软件开发者，其相关权利受法律保护。金铠星公司已提供证据能够证明其对该计算机软件享有著作权，而从金铠星公司与管理处签订的《协议书》及其提供的其他证据均无法证明金铠星公司与管理处合作期间金铠星公司提供给管理处的检测设备上运行的是案涉被侵权计算机软件。管理处与安车公司建立合同关系的直接原因系金铠星公司通过技术手段单方锁止其向管理处提供的管理处已经支付全部购买费用的计算机软件，而大连仲裁委员会（2012）大仲字第 376 号裁决书已经认定金铠星公司无权锁止管理处向其购买的检测软件。金铠星公司主张管理处、安车公司在未获得其同意和许可的情况下在管理处运行的设备中对金铠星公司早前向管理处提供的计算机软件擅自进行了修改、复制、更改署名，金铠星公司对此不申请进行计算机软件程序的侵权比对鉴定，故应由金铠星公司承担举证不能的法律后果。

综上，依据《中华人民共和国民法通则》第一百一十八条、《中华人民共和国著作权法》第二条第一款、《最高人民法院关于审理著作权民事纠纷案件适用法律若干问题的解释》第七条、《最高人民法院关于适用〈中华人民共和国民事诉讼法〉的解释》第九十条、《计算机软件保护条例》第九条之规定，判决如下：驳回金铠星公司的诉讼请求。

上诉与答辩

金铠星公司上诉请求：撤销一审判决，依法改判支持其诉讼请求。事实和理由：1. 一审法院举证责任分配错误。金铠星公司已经举证证明安车公司在金铠星公司生产的检测系统硬件设备上使用配套软件，而该设备引进了马哈公司底盘测功机技术秘密，只有将该技术秘密写入软件中，才能实现对检测设备的软件控制。因此，安车公司安装的能够与检测线硬件设备配套使用的软件必然包含金铠星公司的软件内容。金铠星公司已经完成举证义务，举证责任应当转移至安车公司，由其提供软件并与金铠星公司的软件进行比对，证明其软件不是修改、复制、抄袭金铠星公司的软件。2. 在金铠星公司没有申请鉴定的情况下，一审法院认为需要鉴定的，应当有责任委托具备资格的鉴定人进行鉴定。而一审法院不但没有安排委托鉴定，反而因此错误认定金铠星公司不申请进行侵权比对鉴定，而由金铠星公司承担举证不能的法律后果，违反法律规定。

管理处辩称，1. 金铠星公司应证明其向管理处提供了检测软件，依法享有计算机软件著作权，继而证明其是被侵权人。金铠星公司未能完成初步举证责任，应依法驳回。2. 金铠星公司没有证据证明安车公司侵犯其软件著作权。一审法院举证责任分配合理，金铠星公司无权滥用民事诉讼法关于法院依职权进行司法鉴定的规定。

安车公司辩称，1. 一审法院的举证责任分配正确，金铠星公司主张计算机软件著作权侵权，就应申请法庭对两份软件进行鉴定比对。金铠星公司放弃了权利，就应承担举证不能的后果。2. 金铠星公司认为其把来源于其供应商的通信协议编辑到自己的软件中，而通信协议属于商业秘密的范畴。从著作权角度来讲，通信协议应当没有任何修订地复制在软件中，并不是金铠星公司具有独创性的作品内容。

环保局述称，同意管理处的答辩意见。

二审审理查明

2014 年 7 月 3 日，一审法院应金铠星公司的证据保全申请对管理处十一号检测线上一台电脑中安装的相关软件进行了复制，其中包含金铠星公司与安车公司的程序文件。

二审判理和结果

本案的争议焦点是管理处和安车公司是否实施了侵犯金铠星公司计算机软件著作权的行为。认定著作权侵权的判断标准是“接触加实质性相似”。由于管理处与安车公司均认可并未卸载金铠星公司为管理处安装的计算机软件，在一审法院保全取得的证据中亦包含金铠星公司的软件程序，且安车公司完成被控侵权软件开发并取得著作权登记证书的时间均晚于金铠星公司取得软件著作权的时间，可以认定二者具有接触金铠星公司软件的条件。关于软件的“实质性相似”主要是比对被控侵权软件与著作权人软件的源程序代码、目标程序代码是否相同或实质性相似。金铠星公司应当就此节侵权事实承担举证责任，需要提交己方软件和被控侵权软件的源程序、目标程序等以及二者的对比情况。在法院已经对管理处检车线上的被控侵权软件成功采取证据保全措施，金铠星公司不仅没有将已取得的被控侵权软件程序及文档作为证据向法庭提交，且在两级法院均向其释明是否申请侵权比对鉴定时，金铠星公司亦明确表示不申请鉴定。而鉴定意见作为一种证据类型，申请鉴定是当事人履行举证责任的一种重要方式。被控侵权软件与金铠星公司软件的侵权比对鉴定，并不属于人民法院依职权调查收集证据的事实范围。因此，一审法院未予主动启动鉴定程序，并不违反法律规定。

金铠星公司仅以计算机软件著作权登记证书以及《技术秘密转让合同书》等证据，主张被控侵权软件系在其提供的底盘测功机等设备上运行，只有在取得设备专有通讯协议的基础上才能开发出软件实现设备运行，而通讯协议系其从案外人德国马哈机器哈尔登旺有限公司独家授权取得，从而推定安车公司采用非法手段获得通信协议或者破坏金铠星公司技术措施，获得与编制软件的关键源代码，并对金铠星公司的软件实施了修改及更改署名的侵权行为，该推论并无事实依据。而且，金铠星公司仅对其在编制源程序过程中的创造性智力活动成果享有著作权，即使其需要将德国马哈机器哈尔登旺有限公司的通信协议写入程序中，其对该通信协议本身亦不享有软件著作权，对于通信协议所要求的实现与硬件设备兼容的特定代码亦不享有著作权。因此，金铠星公司未能提供证据证明安车公司软件的源程序与其相同，仅凭硬件设备正常运行的事实不足以证明安车公司及管理处实施了侵犯其计算机软件著作权的行为，应当承担举证不能的法律后果。判决如下：驳回上诉，维持原判。

【法官评述】

计算机软件作为传统著作权法伴随新技术发展而产生的一类新型作品，其与一般文学艺术作品存在着本质不同，属于具有高度功能性的一类智力成果。为满足用户的实际需求和使用习惯，计算机软件作为一种实用性工具，必然会与其他同类软件在功能和操作方法上具有较大的相似性。此时，传统著作权法理论中关于“思想”和“表达”的区分，在认定计算机软件保护客体和侵权判定上的作用尤显重要。

一、计算机软件功能相同能否推定软件程序相同

《计算机软件保护条例》第二条规定，本条例所称的计算机软件是指计算机程序及其有关文档。该条例第六条规定，本条例对软件著作权的保护不延及开发软件所用的思想、处理过程、操作方法或者数学概念等。因此，受著作权保护的计算机软件仅指计算机程序及其文档等对思想的表

达，而计算机软件中的思想、概念、原理、处理过程和运行方法等并非表达，不受著作权法保护。而且，计算机软件作为一种具有实用性的作品，同类软件在功能和操作方法上往往具有较大的相似性，不同的计算机软件程序可以实现相同的功能，因此功能是否相同不能成为判断程序是否相同的依据。虽然能够实现相同的功能，但只要是该程序系使用了不同的代码独立编写而成，也不构成著作权侵权。由于硬件设备与软件程序之间并不存在一一对应的绝对关系，仅根据安车公司的软件能够与金铠星公司的软件同样实现驱动底盘测功机等硬件设备的功能，并不能由此推断安车公司的软件必然使用了与金铠星公司相同的源程序。

二、法院应否依职权对软件程序比对情况启动鉴定程序

《最高人民法院关于适用〈中华人民共和国民事诉讼法〉的解释》第一百二十一条第三款规定，符合依职权调查收集证据条件的，人民法院应当依职权委托鉴定，在询问当事人的意见后，指定具备相应资格的鉴定人。因此，人民法院依职权启动鉴定的，性质上属于人民法院依职权调查收集证据的行为，应当满足依职权调查收集证据的条件。结合该司法解释第九十六条的规定，人民法院认为审理案件需要的证据仅限于涉及可能损害国家利益、社会公共利益的事实，涉及身份关系的事实，涉及程序性事项等情形，其他情形应当依照当事人的申请进行。

本案中，对于被控侵权软件与金铠星公司软件的侵权比对鉴定，并不属于前述人民法院依职权调查收集证据的事实范围。鉴定意见属于证据的一种类型，申请鉴定是当事人履行自己举证责任的一种方式。当需要通过鉴定意见证明自己的主张时，如当事人未申请鉴定，应当自行承担举证不能的法律后果。尽管金铠星公司取得被控侵权软件存在举证困难，但法院已经根据其申请对管理处检车线上的被控侵权软件采取证据保全措施并取得了被控侵权软件程序及文档，金铠星公司在法院向其释明是否申请侵权比对鉴定时，明确表示不申请鉴定，由此导致败诉结果，不能归咎于法院未能依职权启动鉴定程序。

三、本案的启示

本案原告从被控侵权软件能够在其提供的底盘测功机等设备上运行，实现相同功能的角度主张被告软件构成著作权侵权。法院结合著作权关于思想与表达两分法的基本原理以及“接触加实质性相似”的著作权侵权判

断标准，并考虑到计算机软件作为实用性作品的特性，准确区分计算机软件的保护客体，正确分配举证责任，在原告经释明仍不就已采取证据保全措施取得的被控侵权软件程序文档进行侵权比对的情形下，判令原告承担举证不能的法律后果。上述处理方法，一方面通过积极采取证据保全措施，正确行使释明权，充分保障了计算机软件著作权人的诉讼权利，表达出对著作权强烈的司法保护意愿；另一方面通过对举证责任的正确分配，防止著作权人滥用诉讼权利，保障其他软件开发者的合法权益，从而实现各方利益的平衡。

编写人：辽宁省大连市中级人民法院　王立媛

宝高（南京）教育玩具有限公司、熙华世（南京）科技有限公司诉晋江市东兴电子玩具有限公司、南京金宝莱工贸有限公司著作权侵权纠纷案

——阅读提示：积木拼装玩具的整体造型是否属于受著作权保护的作品？积木拼装玩具的拼装颗粒是否申请过外观设计专利以及专利权是否失效对积木拼装玩具整体造型的著作权是否具有影响？被控侵权人生产、销售的是积木拼装玩具的拼装颗粒，是否构成侵犯积木拼装玩具整体造型的著作权？

【裁判要旨】

积木拼装玩具的整体造型属于受著作权法保护的作品，权利人提供的平面设计图、造型图片等只是该类作品的表现形式，积木拼装玩具的拼装颗粒是否申请过外观设计专利以及专利权是否失效对积木拼装玩具整体造型的著作权并不产生影响。

被控侵权人虽然生产及销售的产品是积木拼装玩具的拼装颗粒，但由于该拼装颗粒均是成套出售的，如果其拼装之后的立体造型与权利人作品一致，则属于权利人作品的复制件，故被控侵权人生产被控侵权产品的行为属于对权利人作品的复制，其销售被控侵权产品的行为属于对权利人作品的发行。

【案号】

一审：江苏省南京市中级人民法院（2015）宁知民初字第126号

二审：江苏省高级人民法院（2016）苏民终482号

【案情与裁判】

原告（上诉人）：宝高（南京）教育玩具有限公司（简称宝高公司）

原告（上诉人）：熙华世（南京）科技有限公司（简称熙华世公司）

被告（上诉人）：晋江市东兴电子玩具有限公司（简称东兴公司）

被告（原审被告）：南京金宝莱工贸有限公司（简称金宝莱公司）

起诉与答辩

宝高公司、熙华世公司一审诉称：东兴公司原是宝高公司的合作伙伴，双方《合作生产积木玩具协议》解除后，东兴公司非法占有宝高公司的玩具生产模具，大量生产侵犯涉案知识产权的玩具产品，并擅自授权金宝莱公司经销，以及在2013年中国玩具展上、官方网站上公开销售，严重侵犯了宝高公司、熙华世公司的合法权益。请求法院判令东兴公司、金宝莱公司：1. 停止侵权行为；2. 连带支付宝高公司、熙华世公司赔偿金500万元；3. 共同赔偿宝高公司、熙华世公司为制止侵权行为合理开支124543.8元。

东兴公司、金宝莱公司一审辩称，宝高公司、熙华世公司不享有涉案玩具的知识产权，东兴公司、金宝莱公司亦不存在侵权行为，请求法院驳回宝高公司、熙华世公司的诉讼请求。

法院审理查明

宝高公司、熙华世公司设计了涉案“老式火车站”等19款积木拼装玩具，并将其设计稿等文件进行了公证。宝高公司、熙华世公司就其涉案积木拼装玩具的部分拼装颗粒还曾经申请过外观设计专利，现已失效。

宝高公司与东兴公司原系合作伙伴，双方曾于2010年6月签订合作生产协议，约定：宝高公司提供生产模具并委托东兴公司加工生产塑料积木玩具产品，宝高公司负责包销其委托定制的塑料积木玩具产品；东兴公司不得向除宝高公司以外的第三方交付和宝高公司相同类型的产品，否则需承担违约责任，赔偿宝高公司500万元。后双方在协议履行过程中发生矛盾，经另案法院生效判决确认，双方的合作协议于2012年2月23日解除。合作协议解除后，东兴公司仍然继续生产相关玩具产品，并在中国玩具展以及其官方网站上公开销售涉案玩具产品以及授权金宝莱公司经销涉案玩具产品。

一审判理和结果

一、宝高公司享有涉案19款玩具的著作权

宝高公司、熙华世公司提供的经公证的《声明书》、玩具实物以及玩具包装盒上的标注日期均早于现有证据中被控侵权图片和产品的日期，在无相反证据的情况下，应当认定宝高公司、熙华世公司享有涉案“老式火车站”等19款玩具的著作权。宝高公司、熙华世公司主张其对其余5款玩具享有著作权的证据不足，不予采信。东兴公司、金宝莱公司提交乐高公司产品图册以及产品实物，主张宝高公司、熙华世公司涉案玩具系抄袭乐高公司玩具，但因乐高产品图册以及产品实物大部分均没有显示形成时间，其余显示形成时间的乐高公司玩具的造型与宝高公司、熙华世公司涉案玩具的造型存在较大的差异，故对东兴公司、金宝莱公司该主张不予采信。

二、金宝莱公司、东兴公司涉案行为侵害了宝高公司涉案玩具的著作权

东兴公司生产和以图示宣传涉案玩具产品的行为，构成对宝高公司涉案19款玩具的复制。金宝莱公司、东兴公司销售被控侵权产品，向不特定的公众提供宝高公司作品的复制件，构成对宝高公司作品的发行行为。两公司上述行为未经著作权人宝高公司的许可，构成侵权。宝高公司、东兴公司之间《合作生产塑料积木玩具协议》纠纷，已经法院生效判决处理，东兴公司以消化库存为由否认其侵权，不予采信。

三、金宝莱公司、东兴公司应承担停止侵权，赔偿损失的民事责任

宝高公司未能提交充分证据证明其因侵权所受损失，以及金宝莱公司、东兴公司因侵权所得利益，故依法定赔偿确定赔偿额。生效判决确认《合作生产塑料积木玩具协议》已于2012年2月23日解除，根据宝高公司、熙华世公司所举证据本案侵权行为均发生于合同解除之后，故宝高公司、熙华世公司直接依据该合同条款主张东兴公司、金宝莱公司赔偿500万元，不予支持。鉴于该合同条款体现了宝高公司、东兴公司对于含涉案作品在内的宝高公司著作权价值的认识，以及侵害著作权所造成损失的预判，该合同条款可以作为本案确定赔偿额的参考因素之一。同时考虑金宝莱公司与东兴公司的主观过错、侵权规模、被诉侵权产品的价格以及制止侵权合理开支等因素，酌情确定赔偿额。

据此，依照《中华人民共和国著作权法》第二条第一款、第十条第一款第五、六项、第四十七条第一项、第四十八条，《中华人民共和国著作权法

实施条例》第六条，《中华人民共和国民事诉讼法》第一百四十二条之规定，一审法院判决：一、金宝莱公司、东兴公司于判决生效之日起立即停止侵害宝高公司涉案作品著作权的行为；二、金宝莱公司于判决生效之日起十日内赔偿宝高公司经济损失及制止侵权合理开支共计50万元；三、东兴公司于判决生效之日起十日内赔偿宝高公司经济损失及制止侵权合理开支共计400万元；四、东兴公司对判决第二项判令金宝莱公司承担的赔偿义务负连带责任；五、驳回熙华世公司的诉讼请求。一审案件受理费47585元。宝高公司负担3785元，金宝莱公司负担8800元，东兴公司负担35000元。

上诉与答辩

东兴公司上诉称，宝高公司、熙华世公司涉案玩具与知名品牌“乐高”产品高度近似，不具有独创性；宝高公司曾对涉案玩具的拼装颗粒申请过外观设计专利但相关专利已经失效，不应再受著作权法保护；宝高公司的作品充其量只是平面图片作品，而东兴公司生产的玩具颗粒拼装后是立体实物，不构成对宝高公司作品的复制、发行；宝高公司、熙华世公司主张的赔偿额没有事实和法律依据。请求撤销一审判决，依法改判驳回宝高公司、熙华世公司的诉讼请求。

宝高公司、熙华世公司上诉称，宝高公司、熙华世公司对涉案全部玩具均享有著作权，请求撤销一审判决第五项，依法改判，并增加赔偿损失649698.8元。

二审判理和结果

首先，宝高公司创作的涉案玩具整体造型具有独创性，应受我国著作权法的保护。东兴公司提供的“乐高”产品图册与实物，绝大部分没有载明形成时间，不能用于否认宝高公司涉案作品的独创性。而“乐高”1966年、1967年火车产品与宝高公司作品1明显不同，“乐高”1989年海盗船产品虽然与宝高公司作品20在船的基本轮廓上近似，但在构成海盗船造型的具体元素上，存在一定的区别，显然并没有达到“实质性相似”的程度。

其次，宝高公司在本案中主张的是涉案玩具整体造型的著作权，而非单个拼装颗粒的著作权。涉案玩具部分拼装颗粒是否申请过外观设计专利以及专利权是否失效对宝高公司涉案玩具整体造型的著作权并不产生影响。况且，对于专利权失效后的外观设计是否不受著作权法保护，我国法律并没有明确规定。故东兴公司提供相关外观设计专利权失效的证据与本案东兴公司生产被控侵权产品是否侵害宝高公司著作权无关。

再次，宝高公司受著作权法保护的作品是涉案玩具的整体造型，平面设计图等只是该些作品的表现形式，而东兴公司被控侵权产品拼装之后的立体造型与宝高公司涉案作品一致，属于宝高公司的复制件，故东兴公司生产被控侵权产品的行为属于对宝高公司享有著作权作品的复制，其销售被控侵权产品的行为属于对宝高公司享有著作权作品的发行。

最后，东兴公司应赔偿宝高公司、熙华世公司经济损失及制止侵权合理开支共计400万元。本案中双方合作协议中约定的知识产权赔偿额500万元，反映了双方对于宝高公司著作权商业价值的认识，属于宝高公司著作权受到侵害所受损失的预判，可以作为人民法院确定本案赔偿额的参考因素，而且本案中东兴公司侵权规模大，侵权过错明显。

综上，依照《中华人民共和国民事诉讼法》第一百七十条第一款第一项之规定，二审法院判决，驳回上诉，维持原判。二审案件受理费53096.99元，由宝高公司、熙华世公司负担10296.99元，由东兴公司负担42800元。

【法官评述】

近年来，积木拼装玩具以其巧妙的创意、新颖的设计深受消费者的喜爱，与此同时，积木拼装玩具行业的知识产权竞争亦日益激烈。关于积木拼装玩具的知识产权保护，以往的司法实践中权利人很少以拼装玩具的整体造型主张著作权保护。在英特莱格公司与可高（天津）玩具有限公司等侵害著作权纠纷（1999年起诉）中，北京市第一中级人民法院、北京市高级人民法院认定英特莱格公司主张权利的涉案部分拼装积木块（拼装颗粒）具有独创性，并作为实用艺术作品给予了著作权保护；在乐高公司与广东小白龙动漫玩具实业有限公司等侵害著作权纠纷（2010年起诉）一案中，北京市第一中级人民法院、北京市高级人民法院、最高人民法院认定乐高公司主张权利的涉案积木块不具有独创性，不能作为美术作品受到著作权保护；在株式会社万代与汕头市澄海区泓利电子玩具实业有限公司侵害著作权纠纷（2010年起诉）一案中，北京市第一中级人民法院、北京市高级人民法院认定株式会社万代主张权利的玩具外包装图案和玩具使用手册构成美术作品和汇编作品，给予著作权保护。事实上，对于积木拼装玩具而言，新颖、美观的整体造型是吸引消费者的首要因素，也是玩具设计者创造性劳动的集中体现，应当作为美术作品受到著作权保护。至于反映该造型的平面设计图、造型图片等只是该类作品的表现形式，并非独立的作品。而作为积木拼装玩具的组成部分的拼装颗粒，如果其本身即具有独创性和艺术美感，当然可以作为美术作品受到著作权保护，至于其是否申请外观设计专利以及专利权是否失效对积木拼装玩具整体造型的著作权并不会产生影响。

本案中，东兴公司生产、销售的只是成套的拼装颗粒，而非拼装后的造型成品，因此有一种观点认为，对同一套拼装颗粒，消费者可以自由发挥，可能会将其组合成各种各样的造型，不一定侵害相关作品的著作权。但是我们注意到，积木拼装玩具的生产商将其产品对外销售，都会在产品外包装盒上印制玩具整体造型的图片，并在包装盒内附有如何将拼装颗粒组合成造型成品的说明书，以此吸引消费者和指导消费者组合成造型成品，实质上当然属于复制相关作品的行为。

编写人：江苏省高级人民法院　罗伟明

（四）不正当竞争、合同纠纷案件

河北养元智汇饮品股份有限公司诉河北六仁烤饮品有限公司、金华市金东区叶保森副食店擅自使用知名商品特有包装、装潢纠纷案

——阅读提示：在知识产权民事侵权案件中，对于涉及市场统计调查的公证书证据的审查认定需要遵循什么原则？

【裁判要旨】

对涉及市场统计调查的公证书证据的审查认定，应当具体审查该市场统计调查的客观性、科学性、适法性等有关情况，不能仅因该调查经过公证就当然采信。

【案号】

一审：浙江省金华市中级人民法院（2016）浙07民初778号

二审：浙江省高级人民法院（2017）浙民终165号

申请再审：最高人民法院（2017）最高法民申3918号

【案情与裁判】

原告（被上诉人、被申请人）：河北养元智汇饮品股份有限公司（简称养元公司）

被告（上诉人、再审申请人）：河北六仁烤饮品有限公司（简称六仁烤公司）

一审被告：金华市金东区叶保森副食店（简称叶保森副食店）

起诉与答辩

原告养元公司向浙江省金华市中级人民法院起诉称，其是中国目前最大的核桃饮品生产基地，集研发、生产、销售于一体。养元公司的“六个核桃”核桃乳饮品，采用自创的生产工艺，品质优良，由著名主持人鲁豫担任形象代言人，并在央视等多家媒体进行广告宣传推广，连续多年在全国销量领先。养元公司先后获得多项荣誉，还专门设计了独特的产品包装、装潢，并进行了作品版权登记。六仁烤公司未经许可，在其生产的核桃乳产品上使用了与养元公司相似的包装、装潢，使普通消费者误认为上述产品系养元公司生产或与其存在特定联系，已构成不正当竞争。请求：1. 要求两被告停止在其产品包装上使用与原告产品相似包装、装潢的不正当竞争行为；2. 要求两被告共同赔偿经济损失及为制止侵权所支出的合理费用共计20万元整；3. 要求两被告在《知识产权报》等媒体上刊登声明，消除影响；4. 本案诉讼费用由两被告承担。

六仁烤公司辩称，其商标与原告的商标明显不同，且原告使用的注册商标自注册之日起到起诉之日尚且不满三年，根据规定该商标不可能成为驰名商标，相应的产品也自然不可能成为知名商品。被控侵权产品的名称、包装、装潢与原告产品特有的名称、包装、装潢存在显著区别，不会在消费者中产生混淆和误认。六仁烤公司自2011年开始使用该包装，一直沿用至今，且于2016年申请了外观设计专利。综上所述，被告的行为不构成不正当竞争，请求驳回原告的诉请。

被告叶保森副食店未作答辩。

法院审理查明

养元公司于1997年9月24日成立，经营范围为生产饮料（蛋白饮料）、生产罐头、核桃仁及机械设备的进出口、核桃仁预处理。养元公司于2010年12月被中国诚信万里行活动委员会授予“诚信示范单位”荣誉证书。2011年起，原告对其生产的“六个核桃”核桃乳饮品，通过中央电视台的综合、综艺、电视剧、新闻等频道，天津卫视等电视媒体陆续投放广告，提高该产品、品牌的知名度。其“六个核桃”核桃乳饮品于2012年10月被认定为河北知名商品、“消费者信赖的知名品牌”；其“植物蛋白饮料”产品获2012年河北省名牌产品称号；其“六个核桃”植物蛋白饮料产销2013年、2014

年在全国同行业中排名分别为第三位、第一位。“六个核桃”商标于2012年12月被认定为河北省著名商标，于2015年6月5日被认定为驰名商标。

2016年4月11日，养元公司在叶保森副食店公证购得“核桃露”一箱，并取得盖有叶保森副食店印章、号码为0195726的收款收据一张。浙江省台州市东海公证处为此出具了（2016）浙台东证字第2461号公证书。经一审当庭拆封，第2461号公证书项下产品由里及外使用易拉罐、包装盒、手提袋，其上均有形象代言人张倩影的图像。箱内有20罐“莱得旺核桃露”植物蛋白饮料。易拉罐、包装盒上均标注有“莱得旺”标识，制造商：六仁烤公司，厂址：晋州市循环经济工业园区，电话：0311－84324012等信息。手提袋上标注有“莱得旺”标识，制造商：石家庄市泉粥道饮品有限公司（原石家庄市三得利食品饮料厂），厂址：晋州市工业路，电话：0311－84324012等信息。

另查明，被告六仁烤公司前身为石家庄市三得利食品饮料厂，后升级登记为石家庄市泉粥道饮品有限公司，2015年7月15日变更为六仁烤公司，住所地由晋州市工业路变更为河北省石家庄市晋州市循环经济工业园区，经营范围为饮料、罐头加工销售。

一审判理和结果

一审法院认为：

（一）原告养元公司生产、销售的“六个核桃”核桃乳饮料包装装潢属于知名商品特有的包装装潢。首先，根据本案查明的事实可以认定养元公司的“六个核桃”核桃乳产品在市场上已经建立起了品牌信誉和竞争优势，销售数量大，依法应认定为知名商品。其次，原告生产的“六个核桃”核桃乳产品的手提袋整体以蓝红作为主色调，包装盒的装潢以蓝白为主色调，饮料罐整体也以蓝白为主色调，罐体前后中部各有一个底色蓝色的如挂画飘起的图形，图形中间为白色字体，整体色调鲜明，视觉特征突出。通过大量的使用和宣传，上述包装和装潢已经在相关消费者心中与养元公司建立起紧密联系，形成了显著的整体形象。故可认定养元公司的“六个核桃”核桃乳产品使用的上述包装、装潢为知名产品特有包装、装潢，具有识别其商品来源的作用，应依法予以保护。

（二）被告六仁烤公司生产、销售被控侵权产品的行为构成不正当竞争。从本案情况看，原告的产品为核桃乳，公证购买的产品名称为“核桃露”，均属于同类商品；以相关公众的一般注意力为标准，将两者进行隔离比对，两者的包装、装潢在外部形状、设计风格、颜色搭配、文字内容和图形的排列方式、所占比例等方面均构成近似，视觉上基本无差别。在养元公司产品已具有良好的商品声誉的前提下，相关公众施以一般注意力，就容易对六仁烤公司“核桃露”的来源产生误认并导致混淆。六仁烤公司属同业竞争者，其对养元公司的涉案商品知名情况应当知悉，却仍在同类商品上使用与养元公司“六个核桃”核桃乳产品包装、装潢近似的包装、装潢，明显存在攀附和利用养元公司商誉的主观故意，其行为已构成不正当竞争。

（三）两被告应承担民事责任。鉴于被控侵权产品与养元公司“六个核桃”核桃乳产品特有包装、装潢相近似，足以造成相关公众对被控侵权产品的来源产生混淆并误认，故养元公司要求判令被告六仁烤公司、叶保森副食店停止侵权、赔偿损失的诉讼请求，应予支持。具体的赔偿数额，参照确定侵犯注册商标专用权的损害赔偿数额的方法进行。由于现有证据无法确定养元公司的损失或两被告在侵权期间因侵权所获得的利润，一审法院依据品牌的商业价值、六仁烤公司的过错程度、侵权行为性质及情节、六仁烤公司经营规模以及原告为制止侵权行为的合理开支等因素，酌定六仁烤公司赔偿原告经济损失12万元。被告叶保森副食店经合法传唤无正当理由拒不到庭参加诉讼，亦没有提供相应的证据证明其销售的被控侵权产品有合法的来源，应当承担赔偿责任，综合其主观过错、侵权持续时间等因素，酌定赔偿原告经济损失5000元。原告养元公司要求两被告在《知识产权报》等媒体上刊登声明、消除影响的诉讼请求，因其未举证证明两被告的侵权行为已损害了原告的商誉，且通过停止侵权、赔偿损失的责任承担方式已能够补救侵权行为所产生的损害，故对该项诉讼请求不予支持。

综上，一审法院判决：1. 六仁烤公司立即停止生产、销售使用，叶保森副食店立即停止销售使用与养元公司知名商品“六个核桃”核桃乳饮品相近似的包装、装潢的产品；2. 六仁烤公司赔偿养元公司经济损失及为制止侵权支付的合理费用合计12万元；3. 叶保森副食店赔偿养元公司经济损失及为制止侵权支付的合理费用合计5000元。4. 驳回养元公司的其他诉讼请求。

上诉与答辩

六仁烤公司不服一审判决，提起上诉。

二审判理和结果

二审法院认为，根据查明的事实，养元公司的“六个核桃”核桃乳饮品符合知名商品的认定条件，其“六个核桃”核桃乳饮品手提袋、包装盒、罐体的包装、装潢具有区别于其他同类产品的显著区别性特征，形成特有的包装、装潢风格，属于知名商品特有包装、装潢。被诉侵权商品的包装装潢与养元公司“六个核桃”核桃乳饮品包装、装潢在外部形状、设计风格、色彩搭配、设计要素和各要素之间的位置关系、所占比例等方面基本相同，两者包装、装潢构成近似。在养元公司产品已具有较高市场知名度的前提下，六仁烤公司使用被诉侵权包装、装潢容易导致相关公众对被诉侵权产品来源产生混淆和误认。六仁烤公司作为注册地同在河北省的同业竞争者，应当知悉养元公司“六个核桃”核桃乳饮品的知名度并予以合理避让，但其仍在同类商品上使用与之近似的包装、装潢，存在攀附和利用养元公司商誉的主观故意，其行为违背了诚信原则和商业道德，构成不正当竞争，应当承担停止侵权、赔偿损失的民事责任。一审法院依据养元公司知名商品特有包装、装潢的商业价值、六仁烤公司的经营规模、侵权行为性质及情节、过错程度以及养元公司为制止侵权行为的合理开支等因素，酌定六仁烤公司赔偿养元公司经济损失12万元，属于一审法院自由裁量范围，并无不当。综上，二审法院判决驳回上诉，维持原判。

申请再审理由

六仁烤公司申请再审称：（一）原判决认定事实错误。1. 养元公司实际使用的第10833322号商标至提起本案诉讼时注册尚不满三年，根据有关规定该商标不属于“驰名商标”，使用该商标的相应商品自然也不是知名商品。2. 六仁烤公司在一审诉讼中提交的证据（2016）晋证经字第498号公证书（以下简称第498号公证书），可以证明消费者对该两种商品不会产生混淆误认。3. 原判决判令六仁烤公司赔偿12万元，没有事实依据，缺乏证据证明。（二）原判决适用法律错误。1. 养元公司提交的公证书证据严重违反法定程序，公证人员跨省执业违反有关规定，有关公证书应是无效证据。2. 六仁烤公司对其被诉侵权的商品包装、装潢享有先用权，公司自2011年4月3日起就持续使用该包装、装潢并进行商业宣传。3. 六仁烤公司对其被诉侵权的商品包装、装潢享有外观设计专利权，相关使用行为合法，不构成对养元公司的侵权。4. 反不正当竞争法的立法宗旨是为了防止市场竞争中的垄断，不能因为养元公司用了罐体包装以及女性代言人等包装、装潢的元素，就禁止同为核桃乳生产企业的六仁烤公司以及其他公司使用相同元素。综上，六仁烤公司申请再审，请求撤销原审判决，依法对本案再审。

再审判理和结果

最高人民法院认为：（一）原判决认定的基本事实是否缺乏证据证明。首先，关于六仁烤公司所称第10833322号商标不是驰名商标故相应商品不是知名商品一节，根据《最高人民法院关于审理不正当竞争民事案件应用法律若干问题的解释》第一条与第二条的规定，知名商品是指在中国境内具有一定知名度，为相关公众所知悉的商品，与驰名商标的认定没有必然联系。根据已查明的事实，养元公司自2011年起在中央电视台等媒体持续播放“六个核桃”饮品广告，该饮品销量在2013年、2014年均位居全国前列，并先后获得“河北省著名商标”“消费者信赖的知名品牌”等荣誉，结合国家工商行政管理总局商标局认定养元公司第5127315号“六个核桃”商标为驰名商标的事实，原判决认定养元公司生产的“六个核桃”饮品为知名商品并无不当。养元公司在本案中请求保护的“六个核桃”饮品包装、装潢呈现为以下外观：商品的手提袋整体以蓝红作为主色调，包装盒的装潢以蓝白为主色调，饮料罐整体也以蓝白为主色调，罐体前后中部各有一个底色为蓝色的如挂画飘起的图形，图形中间为白色字体，整体色调鲜明。由上述元素组合形成的该包装、装潢整体并非核桃乳商品所通用，具有较为显著的区别性特征，原判决认定其为知名商品特有的包装、装潢并无不当。其次，关于六仁烤公司所称第498号公证书可以证明其商品包装、装潢与养元公司商品包装、装潢不近似，不会使消费者产生混淆误认一节，第498号公证书涉及市场统计调查，对该项证据应否采信，应当具体审查该市场统计调查的客观性、科学性、适法性等有关情况，不能仅因该调查经过公证就当然采信。第498号公证书所记载的市场统计调查，由六仁烤公司设计、提供相关表格，并派员参与调查过程，非由中立第三方独立完成，故其客观性存疑；从调查表格的设计来看，一张调查表同时记录多名受访人的意见，每名受访人均能看到其他受访人的选择结果，不是在不受外界影响的状态下独立作出判断，易出现从众效应，故不具有科学性；调查过程中，对两种商品的隔离摆放，不符合法律对隔离比对的要求，每名受访人均能同时看到两种商品；从问卷问题的设计来看，直接询问受访人是否发生实际混淆，没有考虑混淆可能性。因此，原审法院对第498号公证书不予采信并无不当。再次，原审法院依据涉案知名商品特有包装、装潢的商业价值、六仁烤公司的经营规模等因素，酌定六仁烤公司赔偿养元公司12万元，并无不当。综上，六仁烤公司该项申请再审理由不能成立。（二）原判决适用法律是否错误。首先，虽然有关公证的法律法规有关于公证执业地域的规定，但该规定属于管理性规定，违反该管理性规定并不当然影响该公证行为客观记载的相关事实的真实性。并且，养元公司提交公证书是为了证明其购买的被诉侵权产品由六仁烤公司生产，对此事实六仁烤公司在原审诉讼中予以认可。其次，关于六仁烤公司主张先用权抗辩一节，其在原审诉讼中就此提交了火爆食品饮料招商网于2015年7月出具的合作招商证明材料以及河北省质量技术监督局于2011年8月发给石家庄市三得利食品饮料厂的《全国工业产品生产许可证》。该两证据仅能证明六仁烤公司2011年以后从事食品饮料的生产经营活动，不能证明其自2011年起就开始使用被诉侵权的商品包装、装潢。再次，六仁烤公司在本案中的被诉侵权行为，并不因其外观设计专利获得授权而具有合法性。最后，关于六仁烤公司所称防止市场垄断一节，最高人民法院认为，对知名商品特有包装、装潢的保护，是基于一般消费者对商品包装、装潢整体视觉效果的判断，对于构成包装、装潢的颜色、图案、材料等通用元素，各市场经营主体均可以自由使用，但不能在整体视觉效果上与他人知名商品特有的包装、装潢近似，从而使消费者对商品来源产生混淆、误认。因此，六仁烤公司该项申请再审理由不能成立。

综上，最高人民法院裁定驳回六仁烤公司的再审申请。

【法官评述】

本案的一大亮点是明确了在知识产权民事侵权案件中对公证文书的审查判断问题，特别是明确了对于涉及市场统计调查的公证书证据的审查认定和判断的规则。在知识产权民事侵权诉讼中，权利人往往采用公证的方式去收集被告人的侵权证据，如公证购买侵权产品、公证侵权人的侵权网页等，对于这类证据的使用及审查判断已经较为常见了。本案中，被告人亦采用公证的方式进行问卷调查，并由公证处对问卷调查行为和结果出具公证书，用以证明其商品包装、装潢与养元公司商品包装、装潢不近似、不会使消费者产生混淆误认。这种类型的公证在诉讼中还是比较少见的，如何审查判断这类证据，需要明确一些规则。

公证书因公证行为所具有的公信力而在诉讼中具有特殊的地位和效力。在专利民事侵权诉讼中，对公证书证据的审查和判断需要注意几个问题。首先，公证书证据是证据的一种，需要符合民事诉讼法对证据的规定，需要具备证据的“三性”，即应当具备证据客观性、关联性和合法性，否则就不具备证据能力，不能作为证据使用。其次，公证书证据并不具有当然采信的法律效力，需要审查判断其证明能力。对公证书证据的审查判断离不开该证据所要证明的内容。以本案为例，被告人委托公证机关出具的第498号公证书要证明的内容是其商品包装、装潢与养元公司商品包装、装潢不近似、不会使消费者产生混淆误认，其采取的方法是让消费者在现场填写问卷进行比对，从而得出是否混淆的结论。我们认为，商品包装装潢是否混淆是一个司法判断的范畴，是司法者以“一般消费者”的角度所作的判断，姑且不论是否可以通过公证问卷调查这种方式进行证明，仅就该公证书证据本身而言，其公证的内容其实是对消费者进行市场统计调查的行为，用以证明统计调查的真实性，至于统计调查结果是否可信、科学、准确则不在公证行为的证明之列。因此，本案在审查该公证书证据时重点分析了该市场统计调查的客观性、科学性、适法性等有关情况，从而否定了该证据的证明力。

编写人：最高人民法院　毛立华

陕西白水杜康酒业有限责任公司诉洛阳杜康控股有限公司商业诋毁纠纷案

——阅读提示：对来源于传统文化的注册商标的保护应当注意哪些因素？片面陈述真实事实是否构成商业诋毁？

【裁判要旨】

来源于传统文化的商标，拥有特殊的历史形成过程和商誉，在确定权利与义务、保护的力度与方式时应当考虑这些特殊的历史因素。是否构成商业诋毁，其根本要件是相关经营者之行为是否以误导方式对竞争对手的商业信誉或者商品声誉造成了损害，并不仅以虚伪事实为限。即使某一事实是真实的，如果对其进行了片面的陈述，引人误解，仍会对竞争者的商誉造成损害，并构成商业诋毁。

【案件索引】

一审：渭南市中级人民法院（2016）陕05民初23号

二审：陕西省高级人民法院（2017）陕民终154号

【案情与裁判】

原告（上诉人）：陕西白水杜康酒业有限责任公司（简称白水杜康公司）

被告（上诉人）：洛阳杜康控股有限公司（简称洛阳杜康公司）

起诉与答辩

白水杜康公司于2016年1月向一审法院起诉请求：1. 判令洛阳杜康公司立即停止侵犯白水杜康公司商业信誉、商品声誉的行为；2. 判令洛阳杜康公司在全国范围内对白水杜康公司公开赔礼道歉、消除影响、恢复信誉、恢复声誉；3. 诉讼费及其他费用由洛阳杜康公司承担；4. 判令洛阳杜康公司承担因其侵权行为给白水杜康公司造成的损失200万元。

法院审理查明

白水杜康公司系915685号“白水杜康”商标的商标权人。洛阳杜康公司使用的第152368号、第9718179号、第9718151号、第9718165号商标系其子公司伊川杜康酒祖资产管理有限公司授权许可使用，并授予维护商标权的权利。

杜康是中华酿酒始祖。20世纪70年代，河南伊川杜康酒厂、河南汝阳杜康酒厂及陕西白水杜康酒厂均生产杜康酒，但均未以“杜康”作为商标注册，仅作为酒的特定名称使用。1980年国家工商行政管理总局、轻工业部、商业部联合发布《关于改进酒类商品商标的联合通知》，伊川、汝阳、白水三家酒厂均提出注册申请。后经国家工商行政管理局、河南省人民政府、陕西省人民政府及相关部门协调，决定由伊川杜康酒厂注册“杜康”商标，汝阳杜康酒厂和白水杜康酒厂共同使用。1981年12月15日核准了伊川杜康酒厂的注册申请。1983年10月25日，河南省伊川县杜康酒厂与陕西省白水县杜康酒厂签订了《关于“杜康牌”商标使用合同协议书》，伊川杜康酒厂同意白水杜康酒厂继续使用“杜康牌”商标。在共用“杜康”商标的十多年间，包括汝阳杜康酒厂在内的三家酒厂通过在商品包装上注明企业名称的方式以示区分。

1992年9月1日，“杜康”商标进入续展注册期，白水、伊川、包括汝阳三家酒厂，因商标归属和使用问题再起争端。最终，工商总局同意白水杜康酒厂可以注册带有地名的杜康商标，并于1996年12月14日核准了白水杜康酒厂申请的第915685号“白水杜康”商标。2001年，第152368号“杜康”商标的商标权人河南省伊川杜康酒厂，以915685号“白水杜康”商标与152368号“杜康”商标构成近似商标为由，提出撤销第915685号“白水杜康”商标的申请。商标评审委员会对第915685号商标的注册予以维持。法院维持了该裁定。

2015年，白水杜康公司在市场上发现洛阳杜康公司在其生产、销售的50

度一品杜康鉴品酒外包装上印制有“杜康商标唯一持有企业”，并于2016年1月13日在“1919”酒类直供陕西渭南临渭区乐天大街店购得该产品一件。

自2015年开始，洛阳杜康公司以白水杜康公司产品侵犯其注册商标专用权为由进行投诉，导致白水杜康公司产品在天津、北京、内蒙古多地被工商行政管理部门扣押、查封、封存、停止销售。2016年10月31日，陕西省工商行政管理局复函天津市市场和质量监督管理委员会，认为在判断商标是否近似时，应以普通消费者的一般注意力为标准，如果两个商标不会导致消费者对商品来源产生混淆和误认，则不应判断为近似商标。

一审判理和结果

一审法院认为，洛阳杜康公司在明知杜康商标产生发展的历史事实的情况下，在其产品外包装上印制“杜康商标唯一持有企业”，必然导致消费者误以为白水杜康公司当初使用第152368号“杜康”商标是无权使用的侵权行为，对白水杜康公司的商业信誉、商品声誉造成负面影响。共用“杜康”商标期间是杜康品牌发展的重大历史阶段，在此期间，企业名称才是区分各自产品的方式。国家工商行政管理总局商标局同意并核准了带有白水地名的杜康商标，根据北京市第一中级人民法院生效判决的认定，国家工商行政管理局商标局对“白水杜康”商标的理解和认识是“带有地名的杜康商标”。综上，洛阳杜康公司在其产品上印制“杜康商标唯一持有企业”的行为，构成商业诋毁。

关于洛阳杜康公司在各地工商行政管理部门的投诉行为是否构成对白水杜康公司的商业诋毁。首先，面对存在复杂历史因素，高度相似且争议由来已久的商标的使用问题，洛阳杜康公司在投诉时应尽到较一般商标更高的注意义务。其次，各地工商行政管理部门对白水杜康公司是否侵害洛阳杜康公司的商标专用权的意见也是存在分歧的。故洛阳杜康公司在此后依然继续投诉白水杜康公司产品侵犯其商标专用权的行为显然欠妥。但因对行政处罚决定不服，法定的救济途径规定包括提起行政复议和提起行政诉讼，故对该部分在本案中不予涉及。

一审法院判决：一、洛阳杜康控股有限公司于本判决发生法律效力之日起立即停止在产品包装上印制“杜康商标唯一持有企业”广告语，并立即销毁或更换现有的印制该广告语的产品包装。二、洛阳杜康控股有限公司于本判决发生法律效力之日起三十日内在《法制日报》刊登声明（持续时间一个月），消除影响，恢复陕西白水杜康酒业有限责任公司商业信誉、商品声誉。（内容需经一审法院审定，费用由洛阳杜康公司承担。）三、洛阳杜康控股有限公司于本判决发生法律效力之日起十五日内赔偿因商业诋毁行为给陕西白水杜康酒业有限责任公司造成的损失人民币50万元。四、驳回陕西白水杜康酒业有限责任公司的其他诉讼请求。

二审判理和结果

双方均不服，上诉至陕西省高级人民法院（以下简称陕西高院）。陕西高院二审认为，本案的争议焦点在于洛阳杜康公司在其产品外包装上印制“杜康商标唯一持有企业”的语句是否构成商业诋毁。

商业诋毁行为是指经营者针对竞争对手的营业活动、商品或者服务进行虚假陈述而损害其商品声誉或者商业信誉的行为。既包括全部或部分事实的虚伪和对真实情况的歪曲，也包括片面陈述真实事实而容易引人误解的情形。后者较之前者更具有隐蔽性，其判定应以是否足以导致相关消费者对相关商品产生错误认识，进而影响消费者的选择为标准。

杜康在中国历史文化中经常用来指代酒，因而杜康二字作为商标使用的巨大商誉，是无法以普通的宣传方式所能取得的，亦绝非某一家企业的创制之功。而之所以形成如今几家企业分别注册有“杜康”或含有“杜康”的商标的局面，在一定程度上也是在有关行政机关协调下几家企业相互妥协的结果。在判定涉案行为是否构成商业诋毁时，应当考虑上述特殊因素。

洛阳杜康公司是“杜康”注册商标的授权许可商标专用权人，其在产品上印制“杜康商标唯一持有企业”的宣传语，单从字面上来看，其陈述的是真实的事实。但是，由于本案“杜康”商标的形成是一个复杂的历史过程，伊川、汝阳、白水三家杜康酒厂均曾生产过“杜康”酒，且经历了相当长的三家杜康酒厂共同使用“杜康”商标的阶段。白水杜康公司持有的“白水杜康”商标虽然在杜康前加了白水二字，但这是出于历史的原因才进行区分的，而不是对“白水杜康”中含有的“杜康”二字的限制，亦不意味着“白水杜康”的商标权利小于或弱于“杜康”商标。“杜康商标唯一持有企业”中的“唯一”足以令相关消费者感知到这句话是在市场上的相关竞争者所持商标中进行比较的含义的，实际上是将其他持有含“杜康”二字商标的经营者与杜康之间的渊源割裂开来，极易使相关消费者认为只有该产品的生产企业与“杜康”商标拥有关系，进而使消费者产生白水杜康公司及其商品与杜康没有关系的错误认识。而洛阳杜康公司对此是明知的，主观上存在过错。因此，洛阳杜康公司使用“杜康商标唯一持有企业”语句的行为，构成商业诋毁。

关于本案中涉及的洛阳杜康公司在各地工商行政管理部门的投诉行为是否适当的问题，白水杜康公司并未提供充分证据证明其主张，且对行政行为的合法性的认定可以通过其他法定途径救济，故一审法院对白水杜康公司的该部分诉讼请求并未支持并无不当。

由于“杜康”二字在酒类商品中的特殊含义及其巨大的商誉，一审法院根据本案的实际情况确定了五十万元的损害赔偿并无不当。但洛阳杜康公司在本案中的行为较之直接捏造、虚构事实的商业诋毁行为程度为轻，较短的期限足以达到消除影响，恢复商业信誉的目的。一审判决洛阳杜康公司持续一个月刊登声明消除影响略显失当，予以纠正，确认以十天为限。

综上，陕西高院二审除将一审判决第二项的登报时间变更为十天外，维持了原判决。

【法官评述】

一、“杜康”的历史渊源及围绕“杜康”而形成的商标权与商誉

杜康，古为人名。在《辞源》和《辞海》对杜康的注释中都直接将杜康作为酒的代称。而历代众多文学作品中亦经常以杜康指代酒。这既是文化的传承，也是民族的记忆，而非专属于某一人、某一地。

由于杜康二字在中国文化中的特殊意义，因而受到过中国传统文化熏陶的人不难在“杜康”与酒之间建立思想与意识上的联系。杜康二字作为商标使用在酒类产品上的巨大价值以及商誉是无法以普通的宣传方式所取得的，这也是本案中双方当事人诉争的深层次的原因。同时，本案中所涉的杜康是商标法意义上的杜康，审视本案中的竞争行为，确定双方的权利义务，判断法律行为的效力，必须是从现行商标法与竞争法的角度出发，此法律意义之“杜康”与彼传统文化意义之“杜康”的内涵及承载的权利义务并不同一。而今日几家企业分别注册有“杜康”或含有“杜康”的商标的局面，也是相互妥协的结果。因此，在确定本案中当事人权利与义务、商业诋毁行为的构成、保护的力度与保护的方式时应当考虑这些特殊因素。

白水杜康公司与洛阳杜康公司分别是“白水杜康”商标和“杜康”商

标的权利人，两者对各自的注册商标均享有相应的权利。杜康的商誉不仅只及于洛阳杜康所使用的“杜康”这一商标，“白水杜康”这样经依法注册的包含“杜康”的商标也享有受法律保护的与“杜康”有关的相应商誉，而对该商誉造成损害的行为在法律上可以构成商业诋毁行为等不正当竞争行为。

二、本案竞争关系中商业诋毁行为的判定

白水杜康公司与洛阳杜康公司之间存在商业竞争关系。洛阳杜康公司在其产品外包装上印制了“杜康商标唯一持有企业”这一广告语，而该企业是“杜康”注册商标的权利人，这样的说法从字面来看是一个真实的事实。但由于商标注册中先申请原则的限制，不可能出现两个只包含“杜康”二字的商标，当不针对其他竞争者时，“杜康商标唯一持有企业”的说法并无实质意义。在目前市场中“杜康”注册商标与含有“杜康”二字的注册商标均合法存在的前提下，这句话真正的含义在于暗示消费者该产品的生产企业与“杜康”商标拥有最亲近的关系，其产品是最正宗的“杜康”牌酒。而这一意义只有在与其他含有“杜康”二字的商标进行比较时才会产生，在这里的“唯一”是隐含了在所有含有“杜康”字样的酒类商标中进行比较的含义的。由于前述的“杜康”的历史渊源、该商标的历史形成过程及不同企业均在使用含有“杜康”两字的商标的现状，这样的比较虽然没有指明比较对象，但一般同业人员或普通消费者是可以轻易推知的。而该比较是以削弱竞争对手的市场竞争能力，并谋求自己的市场竞争优势为目的的，是一种名为宣传自己，实为贬低他人的行为。在信息时代，良好的商誉形成困难，毁损却十分容易，修复和挽回的代价巨大。“杜康商标唯一持有企业”会传递误导性的信息，同虚假宣传一样容易引人误解，并对竞争对手的商业信誉产生负面影响，足以导致相关消费者产生错误认识，进而影响消费者的选择，损害竞争者的利益。

洛阳杜康公司明知其他酒厂在使用包含“杜康”二字的注册商标，也明知围绕“杜康”的争议的来龙去脉，但其仍在商品外包装上使用“杜康商标唯一持有企业”，可以推定其主观上明知自己的行为会发生损害他人商誉的结果，但希望或者放任这种商誉毁损的危害结果的发生。

商业诋毁行为不仅侵犯了商誉主体的利益，也损害了正常的竞争秩序。竞争关系中的善良经营者应当合理地行使自己的权利，并尊重竞争对手的权利。纵然市场竞争激烈，然而法律也绝不允许无限制的竞争。无序的竞争不仅可能损害竞争对手的商誉，误导消费者，客观上也会导致企业必须以更高的投入去防范竞争对手的不可预计的行为，这样所造成的经营成本提升的后果是由全社会来承担的。健康的竞争秩序不仅带给消费者更优质的产品或服务，也会有效地减少无序竞争行为，降低企业乃至社会的成本。因此，商业诋毁不仅是违背商业道德的行为，也是不符合经济规律的行为。

三、本案对于审判实践的意义

本案审理之时，适用的仍是1993年颁布施行的《中华人民共和国反不正当竞争法》第十四条："经营者不得捏造、散布虚伪事实，损害竞争对手的商业信誉、商品声誉。"该条仅规定了虚伪事实，并未对本案这样的存在真实性的商业诋毁行为的认定做出明确规定。本案于2017年6月作出裁判。2017年11月4日经过全国人大常委会修订的《中华人民共和国反不正当竞争法》第十一条规定："经营者不得编造、传播虚假信息或者误导性信息，损害竞争对手的商业信誉、商品声誉。"① 增加了对误导性信息的规定。回顾新法的修订过程，2017年2月国务院提交全国人大常委会审议的反不正当竞争法（修订草案）中第十三条仍规定为："经营者不得捏造、散布虚伪事实，损害竞争对手的商业信誉、商品声誉。"但在2017年8月的二次审议稿中第十一条的规定已经变为："经营者不得编造、传播虚假信息，或者传播误导性信息，损害竞争对手的商业信誉、商品声誉。"增加了对传播误导性信息这一行为的规制，而这恰巧是在本案二审裁判作出之后。虽不能确定本案的裁判对立法者修订法律提供了参考，但本案的合议庭面对法条的规定不足以涵盖诉争民事行为的情形时，在旧法的字面意思之外，依照法条所蕴含的法律规范的内在含义，做出了合乎法律解释和时代发展的理解和适用，对商业诋毁行为的法律规制提供了有价值的实例，也对法院面对此类问题时应如何进行裁判作出了有益的探索。

编写人：陕西省高级人民法院　常宝堂

① 2019年《反不正当竞争法》再次经历修改，第十一条未作改动。

黑龙江省克东腐乳有限公司诉哈尔滨市福龙食品酿造厂不正当竞争纠纷案

——阅读提示：商标权人使用与他人在先的知名商品特有名称相同或近似的注册商标是否构成反不正当竞争法上的擅自使用？注册商标专用权与在先的知名商品特有名称权冲突时如何判断是否构成不正当竞争？

【裁判要旨】

认定注册商标权与在先知名商品特有名称权及企业名称权冲突是否构成不正当竞争时，一般应根据诚实信用原则及商标权人是否规范使用注册商标的行为判断其是否构成擅自使用并导致混淆误认。

对于商标权人依法规范使用自己合法取得的注册商标，其使用形式和内容与注册商标一致，并未在包装、装潢上突出使用他人在先知名商品名称，不应认定构成擅自使用，且同时在包装显著位置标注商品来源出处的，不会导致相关公众对商品来源产生误认的，不足以认定商标权人具有攀附知名商品商誉的故意，其行为不构成不正当竞争。

【案号】

一审：黑龙江省齐齐哈尔市中级人民法院（2015）齐知民初字第 22 号

二审：黑龙江省高级人民法院（2017）黑民终 55 号

【案情与裁判】

原告（被上诉人）：黑龙江省克东腐乳有限公司（简称克东腐乳公司）

被告（上诉人）：哈尔滨市福龙食品酿造厂（简称福龙酿造厂）

起诉与答辩

原告克东腐乳公司于 2015 年 9 月向齐齐哈尔市中级人民法院起诉称：克

东腐乳公司原为黑龙江省克东腐乳厂，后于1997年3月28日改制成为黑龙江省克东腐乳有限公司，企业字号为“克东腐乳”。公司主要生产、销售发酵性豆制品，商品名称亦为“克东腐乳”。该公司于2008年被中华人民共和国国内贸易部授予“中华老字号”称号。克东腐乳公司的“克东腐乳”字号和“克东腐乳”商品名称被中国公众广泛知晓，具有显著性。被告福龙酿造厂未经克东腐乳公司许可，擅自在腐乳类产品（发酵性豆制品）上使用“哈克东”腐乳（或臭豆腐）字样，与“克东腐乳”字号及商品特有名称相混淆，亦与克东腐乳公司生产的“克东腐乳”商品名称相混淆，误导消费者，容易造成消费者对产品出处的误认，福龙酿造厂的行为构成不正当竞争，故克东腐乳公司诉至一审法院，请求：一、福龙酿造厂立即停止使用“哈克东”商标；二、福龙酿造厂赔偿克东腐乳公司经济损失150万元；

被告福龙酿造厂答辩：“哈克东”是福龙酿造厂申请的注册商标，且在核定使用范围内的商品中使用该注册商标，是合法行为。从“克东腐乳”的词语构成分析，“克东”是黑龙江省的地名，表明商品产地，而“腐乳”是商品的通用名称，所以两个词汇结合而成的“克东腐乳”并不具有显著性，亦不是克东腐乳公司经营商品的特有名称。“克东腐乳”不符合商号的条件，不应作为企业名称被核准。福龙酿造厂没有使用克东腐乳公司的企业名称，在福龙酿造厂的商品包装上使用的是其注册商标“哈克东”，并且显著标明生产厂家是福龙酿造厂。因此，克东腐乳公司的诉讼请求没有事实和法律依据，请求法院驳回其诉讼请求。

法院审理查明

克东腐乳公司原为黑龙江省克东腐乳厂，后于1997年3月28日改制成为黑龙江省克东腐乳有限公司，企业字号为“克东腐乳”。公司主要生产、销售发酵性豆制品，商品名称亦为“克东腐乳”。该公司于2008年被中华人民共和国国内贸易部授予“中华老字号”称号。克东腐乳公司的“克东腐乳”字号和“克东腐乳”商品名称被中国公众广泛知晓，具有显著性。

福龙酿造厂系于2000年7月28日注册成立的个体工商户，经营者为余贤辉，经营范围为“加工腐乳、臭豆腐、酱菜等”。余贤辉于2005年11月10日提出“哈克东”商标注册申请，该商标于2008年9月14日被中华人民共和国国家工商行政管理总局商标局核准为注册商标，核定使用商品（第29类）为：“腌制蔬菜；咸菜；脱水菜；腐乳；肉；鱼制食品；蔬菜罐头；果酱；食用油；豆腐制品”，注册有效期限自2008年9月14日至2018年9月13日。福龙酿造厂将“哈克东”商标在本厂生产的腐乳类商品上使用并在黑龙江省内进行销售。

被告福龙酿造厂被诉侵权产品与原告克东腐乳公司知名商品对比照片：

原告克东腐乳公司产品

被告福龙酿造厂产品

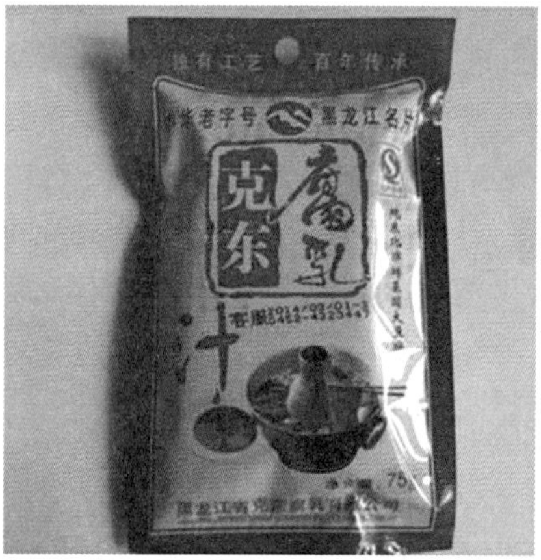

原告克东腐乳公司产品

被告福龙酿造厂产品

一审判理和结果

一审法院认为，克东腐乳公司举示了相关证据证明其生产的“克东腐乳”商品生产、销售时间较长，销售范围较广，该公司通过多种媒体对商品进行了持续宣传，使“克东腐乳”这一商品名称得到了相关公众的普遍认可，在国内市场具有一定的知名度，虽然其中“克东”为克东县行政区划名称，“腐乳”为通用名称，但根据克东腐乳公司提交的证据，足以认定“克东腐乳”四个文字的整体组合经过克东腐乳公司长期使用，已经具有特定的标识作用，相关公众消费者已将“克东腐乳”四个字与克东腐乳公司生产的腐乳类商品设立了特定联系，“克东腐乳”已成为克东腐乳公司生产的腐乳这种知名商品特有的名称。虽然福龙酿造厂申请获得了“哈克东”注册商标专用权，但其注册商标的名称包含“克东”二字，该厂的生产地址为黑龙江省哈尔滨市，主要经营范围亦在黑龙江省内，其生产销售的哈克东牌大块腐乳（包装、标识为哈克东大块腐乳）足以造成相关公众对商品的来源产生误认，即将福龙酿造厂生产销售的“哈克东大块腐乳”误认为系克东腐乳公司的产品，或者误认为产品系克东腐乳公司在哈尔滨市所生产销售，其行为属于擅自使用与知名商品近似的名称，造成和他人的知名商品相混淆，使购买者误认为是该知名商品的行为，故福龙酿造厂对带有“克东腐乳”字样的“哈克东大块腐乳”的生产销售已经对克东腐乳公司构成不正当竞争行为，给克东腐乳公司的相同种类产品经营造成了损害。关于福龙酿造厂应赔偿的损失数额问题。本案中，对于克东腐乳公司起诉要求福龙酿造厂赔偿150万元的诉讼请求数额，在权利人的实际损失及侵权人的违法所得不能确定的情况下，考量侵权人侵权行为的性质，结合不正当竞争行为人系个体工商户类别档次的生产能力和规模、销售能力和范围、销售时间以及克东腐乳公司为制止侵权所支出的必要和合理的费用等因素，综合酌定福龙酿造厂赔偿克东腐乳公司包括诉讼合理支出在内的经济损失8万元。关于克东腐乳公司要求福龙酿造厂停止使用“哈克东”注册商标的诉讼请求，因该注册商标系福龙酿造厂业主佘贤辉合法注册取得，故对该诉讼请求不予支持。综上，依照《中华人民共和国反不正当竞争法》第五条第二项、第二十条①之规定，判决：一、福龙酿造厂自一审判决生效之日起立即停止在其生产销售的腐乳类别的商品名称、包装、装潢等处使用“克东腐乳”字样或者含有“克东腐乳”的字样；二、福龙酿造厂于一审判决生效之日起10日内赔偿克东腐乳公司经济损失8万元（包括诉讼合理支出）；三、驳回克东腐乳公司其他诉讼请求。

上诉与答辩

福龙酿造厂上诉请求：撤销一审判决，改判驳回克东腐乳公司的全部诉讼请求。事实和理由：1. 一审判决“克东腐乳”系知名商品存在错误，“克

---

① 此处为《反不正当竞争法》2017年修订前的条文。

东腐乳”并非是克东腐乳公司商品的特有名称；2. 一审判决认定福龙酿造厂擅自使用与知名商品近似的名称而构成不正当竞争行为存在明显错误：首先，福龙酿造厂具有使用“哈克东”商标的权利；其次，福龙酿造厂合理使用自己的注册商标，不构成不正当竞争行为。福龙酿造厂没有连体使用“克东腐乳”，“哈克东”与“大块腐乳”也是分开使用，并在其商品的包装上显著标注了生产厂家“哈尔滨市福龙食品酿造厂”，不会造成与其他公司生产的产品相混淆。综上，请求二审法院在查清事实的基础上，依法支持福龙酿造厂的上诉请求。

克东腐乳公司辩称，1. “克东腐乳”是克东腐乳公司的企业字号及知名商品特有的名称；2. 福龙酿造厂在商品上使用“‘哈克东’腐乳”字样，与“克东腐乳”相混淆。“哈克东”腐乳极容易让人误认为“哈尔滨的克东腐乳”，造成消费者对产品来源的混淆，误认为是克东腐乳公司生产的产品；3. 克东腐乳公司享有“克东腐乳”的企业名称权、知名商品特有的名称权，福龙酿造厂使用的注册商标文字侵犯了克东腐乳公司的“企业名称权”“知名商品特有的名称权”，福龙酿造厂应当依法承担不正当竞争的侵权责任。综上，请求二审法院依法认定福龙酿造厂实施了不正当竞争行为，驳回福龙酿造厂的上诉请求。

二审判理和结果

二审法院认为，本案争议焦点一是“克东腐乳”是否系知名商品；二是福龙酿造厂在其腐乳商品上使用“哈克东®”商标是否构成擅自使用，是否侵犯了克东腐乳公司的企业名称权及“克东腐乳”知名商品特有名称权，是否构成不正当竞争行为。

关于“克东腐乳”是否系知名商品问题。根据《最高人民法院关于审理不正当竞争民事案件应用法律若干问题的解释》第一条的规定，反不正当竞争法所指的知名商品，是在中国境内具有一定市场知名度，为相关公众所知悉的商品。人民法院认定知名商品，应当考虑该商品的销售时间、销售区域、销售额和销售对象，进行任何宣传的持续时间、程度和地域范围，作为知名商品受保护的情况等因素，进行综合判断。本案一审判决依据“克东腐乳”销售时间较长，销售范围较广，公司通过多种媒体进行持续宣传及“克东腐乳”系列商品多次获得国家及省市授予的各种荣誉称号的基本事实，认定“克东腐乳”属于在中国境内相关市场具有较高知名度的知名商品正确。

“克东腐乳”四个文字的整体组合经过克东腐乳公司长期使用、销售和宣传，已经具有了与同类商品相区别的显著特征，“克东腐乳”已成为克东腐乳公司生产的腐乳这种知名商品特有的名称。福龙酿造厂关于一审判决认定“克东腐乳”系知名商品错误的上诉主张不能成立。

关于福龙酿造厂在其腐乳商品上使用“哈克东®”商标是否构成擅自使用，是否侵犯了克东腐乳公司的企业名称权及“克东腐乳”知名商品特有名称权，是否构成不正当竞争行为的问题。本案系克东腐乳公司诉福龙酿造厂不正当竞争纠纷，克东腐乳公司一审提起诉讼的理由即福龙酿造厂未经其许可，擅自在腐乳类商品上使用“哈克东®”字样商标，与其企业字号及生产的“克东腐乳”知名商品名称相混淆，误导消费者，造成对产品出处的误认。可见本案纠纷产生的主要原因是克东腐乳公司认为福龙酿造厂后取得的“哈克东®”文字注册商标中的“克东”二字与其在先取得的“克东腐乳公司”企业名称冲突，同时认为侵犯了其“克东腐乳”知名商品特有名称权。克东腐乳公司在一审诉讼理由中明确主张福龙酿造厂侵犯了其两项权利，一是其企业名称权，二是其知名商品特有名称权。《反不正当竞争法》对以上这两项权利的保护集中体现在该法第五条[①]第二项“擅自使用知名商品特有名称……造成和他人的知名商品相混淆，使购买者误认为是该知名商品”及第三项“擅自使用他人的企业名称或者姓名，引人误认为是他人的商品”的规定中。这两项规定中所确定的不正当竞争行为的构成条件有两个，一是擅自使用，二是造成混淆误认，只有两个条件同时具备才构成侵权。关于以上规定中的“擅自使用”，应为使用人无权使用、滥用或未经权利人许可而自行使用的情形。本案中，福龙酿造厂所使用的“哈克东®”商标具有合法的权利来源，系其经依法申请，由商标主管机关核准而取得的注册商标，该商标核定使用商品类别为第29类（包括腐乳、豆腐制品等），注册有效期限自2008年9月14日至2018年9月13日。在“哈克东®”注册商标有效期内，福龙酿造厂有权在其核定的腐乳商品上使用该注册商标，不存在需要任何其他权利人许可才能使用的问题。本案福龙酿造厂在其生产销售的腐乳商品包装上标注使用的“哈克东®”注册商标，其使用的形式和内容均与所注册的商标一致，不存在任何以拆分、重新组合等形式突出使用“克东”二字混淆

① 对应2019年《反不正当竞争法》第六条。

产品来源和出处的情形，且福龙酿造厂在其腐乳商品包装的显著位置上标注生产厂家为“哈尔滨市福龙食品酿造厂”，产品来源及出处明确，使用商标的行为规范，不存在滥用注册商标的情形。故福龙酿造厂的行为并未侵犯克东腐乳公司的企业名称权及“克东腐乳”知名商品特有名称权，不构成不正当竞争。一审判决认定福龙酿造厂对带有“克东腐乳”字样的“哈克东大块腐乳”的生产销售已经对克东腐乳公司构成不正当竞争并判决赔偿的处理结果不当，本院予以纠正。福龙酿造厂关于一审判决认定其构成不正当竞争行为存在明显错误的上诉理由成立。

综上所述，福龙酿造厂的部分上诉理由虽然不当，但其上诉请求成立，本院予以支持。依照《中华人民共和国民事诉讼法》第一百七十条第一款第二项规定，判决如下：

一、撤销黑龙江省齐齐哈尔市中级人民法院（2015）齐知民初字第22号民事判决；

二、驳回黑龙江省克东腐乳有限公司的诉讼请求。

【法官评述】

在审理涉及商标权与知名商品特有名称权冲突的不正当竞争纠纷时，法官在认定是否构成《反不正当竞争法》第五条第二项①的不正当竞争行为时，应着重把握侵害知名商品特有名称权构成不正当竞争行为的构成要件及认定标准，“擅自使用”为前提要件，“引人误认”是结果要件，二者缺一不可，商标权利人规范、正当使用其享有注册商标专用权的商标，相关公众不会对商品来源产生误认的，不构成我国《反不正当竞争法》规定的不正当竞争行为。2017年11月4日《反不正当竞争法》修订后，第六条规定：“经营者不得实施下列混淆行为，引人误认为是他人商品或者与他人存在特定联系：（一）擅自使用与他人有一定影响的商品名称、包装、装潢等相同或者近似的标识；（二）擅自使用他人有一定影响的企业名称（包括简称、字号等）、社会组织名称（包括简称等）、姓名（包括笔名、艺名、译名等）；（三）擅自使用他人有一定影响的域名主体部分、网站名称、网页等；（四）其他足以引人误认为是他人商品或者与他人存在特定联

① 此处为《反不正当竞争法》为2017年修订前的条文规定。

系的混淆行为”，结合新旧法律条文对比来看，2017年修订后的《反不正当竞争法》对于不正当竞争行为构成要件的认定主要有如下变化，一是放宽了混淆误认的认定标准，即由“误认商品”放宽到“误认为是他人商品或者与他人存在特定联系”，扩大了不正当竞争行为的认定的范围，同时对于“擅自使用”的对象范围也做了拓宽修订，即由与“知名商品特有的名称、包装、装潢”相同或近似修订为与“他人有一定影响的商品名称、包装、装潢”相同或近似，进一步放宽了不正当竞争行为的认定标准。2017年修订后的《反不正当竞争法》将“引人误认为或与他人存在特定联系”作为核心的判断标准，但需要注意的是，2017年修订后的《反不正当竞争法》对于“擅自使用”这一前提要件没有改变，即对于经营者规范、合理、正当地使用自己享有权利的商标或其他标识，不会引人误认是他人商品（对商品来源造成混淆）或与他人存在特定联系的，不应认定构成不正当竞争行为。本案中福龙酿造厂对于在其商品上所使用的“哈克东”商标依法享有注册商标专用权，在使用中并不存在拆分、突出文字以及改变字体或形状等不规范使用商标的行为，且在商品上标注生产者为福龙酿造厂，不会造成购买者将其与原告克东腐乳公司商品的混淆与误认，被告的行为不构成不正当竞争行为。

本案件对于厘清和界定关于侵犯他人企业名称权及知名商品特有名称权等不正当竞争行为的构成要件具有典型意义，平衡了不同权利客体权利人之间的合法利益。黑龙江省高级人民法院判后适时向当事人发出司法建议函，建议克东腐乳公司作为权利人应进一步提高维护知识产权的意识，有效运用企业的品牌优势及无形资产价值，全方位加强对企业商标等知识产权的运用管理，尤其应注意避免因权利休眠造成该知名商品特有名称及商标被通用化的现象发生，有效地指导企业从自身品牌发展战略角度适时合理地维护权利。

编写人：黑龙江省高级人民法院　才桂平

恩智浦半导体股份公司等诉无锡市晶源微电子有限公司等擅自使用知名商品特有名称纠纷案

——阅读提示：集成电路的型号能否构成知名商品“特有名称”？

【裁判要旨】

判断集成电路商品的型号是否属于知名商品“特有名称”，首先要区分集成电路型号命名系使用行业惯用代码的模式命名，还是企业采用自己特定代码或自行编制代码的模式命名。只有使用企业特有规则命名的型号，且经使用具有区别来源和指代商品名称特征的，方可认定为知名商品的“特有名称”。在生产、销售的同种商品上使用与他人知名集成电路商品特有型号相同的型号，造成消费者混淆或误认的，构成擅自使用他人知名商品特有名称的不正当竞争，应承担停止侵权、赔偿损失的法律责任。

【案号】

一审：深圳市福田区人民法院（2015）深福法知民初字第88号

二审：深圳市中级人民法院（2017）粤03民终835号

【案情及裁判】

原告（被上诉人）：恩智浦半导体股份公司（简称恩智浦半导体公司）

原告（被上诉人）：NXP股份有限公司（简称NXP公司）

原告（被上诉人）：恩智浦半导体荷兰有限公司（简称恩智浦半导体荷兰公司）

原告（被上诉人）：恩智浦（中国）管理有限公司（简称恩智浦中国公司）

被告（上诉人）：无锡市晶源微电子有限公司（简称晶源公司）

被告（上诉人）：无锡友达电子有限公司（简称友达公司）

被告（上诉人）：深圳市亿达微电子有限公司（简称亿达公司）

起诉与答辩

原告恩智浦半导体公司、NXP公司、恩智浦半导体荷兰公司、恩智浦中国公司诉称：恩智浦半导体公司是个多国集团公司，总部位于荷兰，总称为NXP家族。NXP公司是恩智浦半导体公司的全资子公司，代表恩智浦半导体公司拥有和管理NXP家族的知识产权等。恩智浦半导体荷兰公司、恩智浦中国公司是NXP公司的全资子公司，从NXP公司获得商标等知识产权许可，负责代表恩智浦半导体公司进行全球产品销售和服务提供。“TEF”是原告出品的一款半导体系列芯片之特有名称，在全球以及中国的汽车音响领域享有较高的知名度和美誉度，尤其是“TEF6621T”这款产品被业界认为是NXP在汽车音响领域的代表作之一。被告晶源公司、友达公司也是半导体公司，共同制造和销售半导体芯片产品，亿达公司是晶源公司、友达公司设置在深圳的销售公司。原告发现三被告未经原告许可，擅自制造与原告“TEF6621T”功能类似的半导体芯片产品，并使用“TEF6621T”名称对外进行推广和销售，利用原告及其知名产品的商誉牟取不当利益，使消费者产生混淆，侵犯原告的合法权利，违反《反不正当竞争法》的规定，依法应当承担停止侵权、赔偿损失、消除影响的责任。请求判令：1. 晶源公司、友达公司、亿达公司停止在其汽车音频/收音芯片产品上使用原告汽车音频/收音芯片产品知名商品特有名称（TEF，TEF66××，TEF6621T）相同或者相近似的产品名称/型号（如TEF6621T）；2. 晶源公司、友达公司、亿达公司连带赔偿原告50万元；3. 晶源公司、友达公司、亿达公司连带赔偿原告因制止不正当竞争而支出的合理费用（包括但不限于律师费、公证费、调查费、翻译费、诉讼费等）147969元；4. 晶源公司、友达公司、亿达公司在《广州日报》《经济日报》《扬子晚报》上发布道歉声明以消除不良影响（内容需经法院审核）；5. 本案诉讼费用由晶源公司、友达公司、亿达公司共同承担。

被告晶源公司、友达公司、亿达公司辩称：原告主张其“TEF”系列和“TEF6621T”系知名商品特有名称，缺少证据支持。被告的“TEF6621T”半导体芯片未导致与原告的“TEF/TEF6621T”产品造成混淆、误认。被告自有的“TEF6621T”产品同样经过使用已取得知名度。原告主张赔偿人民币

50万元以及合理支出14万多元没有事实和法律依据。请求驳回原告的诉讼请求。

法院审理查明

恩智浦半导体公司、NXP公司、恩智浦半导体荷兰公司、恩智浦中国公司的“NXP”品牌为最受中国市场欢迎的半导体品牌之一，在国内半导体领域荣获多项荣誉和奖项。“TEF66××”型号系列是恩智浦半导体公司、NXP公司、恩智浦半导体荷兰公司、恩智浦中国公司在“音频/收音机”项下“单芯片调谐器/ASP（汽车收音机）”产品型号，其中型号“TEF6621T”的模拟调谐器为“音频/收音机”项下的“调幅/调频收音机和音频”产品。恩智浦半导体公司、NXP公司、恩智浦半导体荷兰公司、恩智浦中国公司提交的百度搜索结果、经销商证明函、相关论文、文章等证据显示，“TEF6621T”汽车音频/收音芯片在中国境内经销商众多，销售区域广，销售量大，具有一定影响与知名度，相关公众已将“TEF6621T”与原告涉案芯片建立起特定联系。

2014年5月14日，恩智浦半导体公司、NXP公司、恩智浦半导体荷兰公司、恩智浦中国公司委托代理人来到友达公司，购买了500只编号为“TEF6621T”的电子芯片，芯片上印有“TEF6621T”字样，所附发票、送货单及收据的开具单位均为晶源公司。芯片说明书载明该产品型号为“TEF6621T”，页眉处标有“”标志及“晶源微电子”字样，末页标有晶源公司、亿达公司的名称、联系方式，并注明亿达公司为销售公司。《产品手册》中产品目录列有多种型号的集成电路产品，其中汽车音响集成电路项下的车载专用收音电路产品的编号为“CSC6621”，功能为“内置PLL系统的AM/FM车载收音电路”，兼容型号为“TEF6621”。

2014年6月11日，恩智浦半导体公司、NXP公司、恩智浦半导体荷兰公司、恩智浦中国公司委托代理人来到亿达公司，购买印有“TEF6621T”字样的芯片三个和其他规格物品四个，现场取得的《送货单》所盖印章为“无锡友达电子有限公司合同专用章”。晶源公司确认其于2013年下半年开始生产销售型号为“TEF6621T”的上述芯片，销售金额共计为20多万元。

经比对，恩智浦半导体公司、NXP公司、恩智浦半导体荷兰公司、恩智浦中国公司的芯片本体上印有“NXP”商标及“TEF6621T”字样；晶源公司芯片本体上印有“TEF6621T”字样，未印有任何商标标识，产品外包装盒上亦未印有任何商标标识，标贴上印有“半导体器件品名：TEF6621T”字样。

一审判理和结果

深圳市福田区人民法院一审认为，恩智浦半导体公司、NXP 公司、恩智浦半导体荷兰公司、恩智浦中国公司在其汽车音频/收音芯片中使用型号“TEF6621T”，经过多年的经营，该型号产品已经具有一定的知名度，“TEF6621T”在汽车音频/收音芯片产品上已与原告产生了特定的联系，足以起到识别商品来源的作用，构成知名商品的特有名称。恩智浦半导体公司、NXP 公司、恩智浦半导体荷兰公司、恩智浦中国公司在本案同时主张型号“TEF”“TEF66××”为知名商品的特有名称，证据不足，不予认定。晶源公司、友达公司、亿达公司与原告为同业经营者，明知原告“TEF6621T”芯片的存在却不作合理避让，仍在同一种产品上使用与原告商品相同的名称，具有明显攀附他人商誉恶意，客观上造成混淆，构成擅自使用他人知名商品特有名称的不正当竞争行为，应承担停止侵权、赔偿损失的法律责任。恩智浦半导体公司、NXP 公司、恩智浦半导体荷兰公司、恩智浦中国公司未举证证明其商誉因涉案侵权行为受到损害，故对其诉请晶源公司、友达公司、亿达公司公开登报以消除影响，不予支持。依照《反不正当竞争法》第五条[①]第二项，《关于审理不正当竞争民事案件应用法律若干问题的解释》第一条第一款、第二条、第六条第一款、第七条，《民事诉讼法》第六十四条第一款、第一百四十二条之规定，判决：一、晶源公司、友达公司、亿达公司应立即停止在其汽车音频/收音芯片产品上使用“TEF6621T”字样；二、晶源公司应于判决生效之日起十日内赔偿恩智浦半导体公司、NXP 公司、恩智浦半导体荷兰公司、恩智浦中国公司经济损失及为制止侵权的合理开支共计 15 万元；三、友达公司、亿达公司应于判决生效之日起十日内赔偿恩智浦半导体公司、NXP 公司、恩智浦半导体荷兰公司、恩智浦中国公司经济损失及为制止侵权的合理开支共计 5 万元；四、驳回恩智浦半导体公司、NXP 公司、恩智浦半导体荷兰公司、恩智浦中国公司的其他诉讼请求。

---

① 对应现行《反不正当竞争法》第六条。

上诉与答辩

晶源公司、友达公司、亿达公司不服一审判决提起上诉称：一审关于恩智浦半导体公司、NXP 公司、恩智浦半导体荷兰公司、恩智浦中国公司主张的“TEF6621T”构成汽车音频/收音集成电路芯片知名商品特有名称的事实认定错误，证据不足。晶源公司、友达公司、亿达公司的产品上无“NXP”标记，本领域的相关购买人在明知“NXP”为知名商标的情况下，不可能仅依据型号而混淆、误认，晶源公司、友达公司、亿达公司没有实施不正当竞争行为。

恩智浦半导体公司、NXP 公司、恩智浦半导体荷兰公司、恩智浦中国公司辩称：现有证据足以证明恩智浦半导体公司“TEF6621T”芯片在中国销售持续时间长，销售地域广，销售量大，具有一定知名度和美誉度。“TEF6621T”在集成电路商品上，唯一指向恩智浦半导体公司的涉案芯片，能起到识别商品来源的作用，一审认定“TEF6621T”构成知名商品特有名称具有事实和法律依据。晶源公司、友达公司、亿达公司生产、销售的商品与恩智浦“TEF6621T”商品功能相同，两者可以互相兼容，两者使用相同的型号名称，相关公众极易混淆误认，构成擅自使用知名商品特有名称的不正当竞争。

二审判理和结果

深圳市中级人民法院二审认为，恩智浦半导体公司、NXP 公司、恩智浦半导体荷兰公司、恩智浦中国公司提交证据证实，其自 2009 年起研发、生产、销售“TEF6621T”汽车音频/收音芯片，该芯片在中国境内经销商众多，销售区域广，销售量大，在半导体集成电路领域具有一定影响和知名度。结合恩智浦企业与品牌的知名度，可认定恩智浦半导体公司、NXP 公司、恩智浦半导体荷兰公司、恩智浦中国公司的“TEF6621T”汽车音频/收音芯片为知名商品。“TEF6621T”为恩智浦半导体公司、NXP 公司、恩智浦半导体荷兰公司、恩智浦中国公司生产、销售的汽车音频/收音芯片的型号，一般只具区分企业自己不同规格产品的功能，判断该芯片的型号是否符合法律规定的知名商品“特有名称”，关键在于该型号经过使用是否具有区别商品来源和指代商品名称功能的显著性特征。集成电路商品种类繁多，各企业对不同商品型号命名时除了代表类型、工作温度范围、封装形式等行业惯用代码，企业一般会在编制型号时加入代表自己企业的特定代码或使用企业自行编制的商品类别代码，使得商品的型号具有一定区别来源的“特有”性。“TEF6621T”系恩智浦半导体公司、NXP公司、恩智浦半导体荷兰公司、恩智浦中国公司根据企业自己商品型号命名规则命名，非国家或行业的通用型号名称，且经恩智浦半导体公司、NXP公司、恩智浦半导体荷兰公司、恩智浦中国公司的长期使用，相关公众已将“TEF6621T”与恩智浦半导体公司、NXP公司、恩智浦半导体荷兰公司、恩智浦中国公司生产、销售的涉案汽车音频/收音芯片建立起特定的联系。“TEF6621T”已在相关公众中起到识别商品或服务来源的作用，构成知名商品特有名称。晶源公司、友达公司、亿达公司为关联公司，其与恩智浦半导体公司、NXP公司、恩智浦半导体荷兰公司、恩智浦中国公司为同业经营者。晶源公司、友达公司、亿达公司明知恩智浦半导体公司、NXP公司、恩智浦半导体荷兰公司、恩智浦中国公司生产、销售的“TEF6621T”汽车音频/收音芯片具有一定的知名度，仍在其生产、销售的同种商品上使用了与“TEF6621T”相同的型号名称，且对其该命名无法提供合理解释，攀附他人知名商品美誉的意图明显，这也使相关公众对晶源公司、友达公司、亿达公司生产、销售的涉案芯片来源产生混淆或误认，扰乱了市场竞争秩序，其行为构成擅自使用他人知名商品特有名称的不正当竞争，应承担停止侵权、赔偿损失的法律责任。一审判决认定事实清楚，适用法律正确。依据《民事诉讼法》第一百七十条第一款第一项的规定，判决：驳回上诉，维持原判。

【法官评述】

本案是擅自使用知名商品特有名称纠纷案件，其争议焦点主要是具有一定知名度的集成电路商品型号是否符合法律规定的知名商品“特有名称”问题。目前，集成电路型号命名既有相对统一的通用模式，又有区别来源特征的“特有”模式，审理的关键在于该非通用模式型号经过使用是否具有区别商品来源和指代商品名称功能的显著性特征，而相关判例在我国尚不多见。

商品型号，一般只具备区分企业自己不同规格产品的功能。集成电路商品种类繁多，对其型号的命名国际上没有统一的标准，但在行业上型号命名形成了代表类型、工作温度范围、封装形式等惯用代码，故集成电路型号在行业内一定程度上也起到检索、识别商品功能、用途等作用。型号命名除了使用上述惯用代码模式，国际上的一些集成电路生产企业包括我国的一些生产企业，会在编制型号时加入代表自己企业的特定代码或使用企业自行编制的商品类别代码，使得集成电路的型号具有一定区别来源的“特有”性。本案“TEF6621T”系恩智浦半导体公司、NXP公司、恩智浦半导体荷兰公司、恩智浦中国公司根据企业自己商品型号命名规则命名的型号，非国家或行业的通用型号名称。经过恩智浦半导体公司、NXP公司、恩智浦半导体荷兰公司、恩智浦中国公司的长期使用，相关公众已将“TEF6621T”与恩智浦半导体公司、NXP公司、恩智浦半导体荷兰公司、恩智浦中国公司生产、销售的涉案汽车音频/收音芯片建立起特定的联系。如恩智浦半导体公司、NXP公司、恩智浦半导体荷兰公司、恩智浦中国公司提交的证据显示，百度搜索“TEF6621T”结果前两页的信息包括经销商的商品信息、网络销售平台的商品信息等均指向恩智浦半导体公司、NXP公司、恩智浦半导体荷兰公司、恩智浦中国公司的涉案芯片，结合行业对该芯片介绍的相关文章以及该芯片知名度等证据，“TEF6621T”已在相关公众中起到识别商品来源和指代商品名称的作用，判决据此认定“TEF6621T”构成知名商品特有名称。

晶源公司、友达公司、亿达公司与恩智浦半导体公司、NXP公司、恩智浦半导体荷兰公司、恩智浦中国公司为同业经营者。晶源公司、友达公司、亿达公司明知恩智浦半导体公司、NXP公司、恩智浦半导体荷兰公司、恩智浦中国公司生产、销售的“TEF6621T”汽车音频/收音芯片具有一定的知名度，不但不作合理避让，反而放弃其产品手册上自己原有的型号命名规则，在其生产、销售的同种商品上使用了与“TEF6621T”相同的名称，攀附他人知名商品美誉的意图明显，这也使相关公众对晶源公司、友达公司、亿达公司生产、销售的涉案芯片来源产生混淆或误认，扰乱了市场竞争秩序，损害了恩智浦半导体公司、NXP公司、恩智浦半导体荷兰公司、恩智浦中国公司的合法权益，其行为构成擅自使用他人知名商品特有名称的不正当竞争，应承担停止侵权、赔偿损失的法律责任。

本案纠纷发生与审理在《反不正当竞争法》2017年修订之前，2017年修订后的《反不正当竞争法》第六条第一项规定，经营者不得实施下列混淆行为，引人误认为是他人商品或者与他人存在特定联系：“（一）擅自使用与他人有一定影响的商品名称、包装、装潢等相同或者近似的标识。”2017 年修订后法律将原规定“知名商品特有的名称、包装、装潢”修改为“有一定影响的商品名称、包装、装潢”，扩大了保护范围，充分体现了鼓励和保护公平竞争、制止不正当竞争行为的立法本意。

编写人：深圳知识产权法庭　丘庆均

北京万岩通软件有限公司诉北京恰行者科技有限公司等侵犯商业秘密案

——阅读提示：对于存在长期稳定合作关系的特定客户（单一客户），有关该客户的特定信息能否构成商业秘密？员工离职后自营竞争公司，如何判定构成侵犯商业秘密？

【裁判要旨】

对于存在长期稳定合作关系的特定客户（单一客户），虽然该客户部分相关信息能够通过互联网等公开渠道查询获得，包括客户名称及历史项目简介等，但该公开信息并不包括该客户负责相关业务的具体联系人及联系方式，并非促成与该客户缔约的关键性信息。同时，特定客户中石油管道公司系石油系统企业，考虑其交易的市场化程度，并非一般企业能掌握其交易习惯、交易倾向、需求偏好以及价格承受能力等信息，故上述信息均不为所属领域的相关人员普遍知悉。因此，涉案单一客户名单具有秘密性。高管员工离职后，利用在职期间掌握的商业机密，自营竞争公司，与原用人单位抢夺客户，构成侵犯商业秘密。

【案号】

一审：北京市海淀区人民法院（2016）京0108民初字第7465号

二审：北京市知识产权法院（2017）京73民终字第1776号

【案情与裁判】

原告（被上诉人）：北京万岩通软件有限公司（简称万岩通公司）

被告（上诉人）：北京恰行者科技有限公司（简称恰行者公司）

被告（上诉人）：石浩田

被告（上诉人）：陈辉（一审兼被告恰行者公司委托诉讼代理人）

起诉与答辩

原告万岩通公司提出诉讼请求：1. 请求法院判令三被告停止侵害原告商业秘密的行为；2. 请求法院判令三被告公开向原告赔礼道歉、消除影响；3. 请求法院判令三被告共同赔偿原告经济损失50万元及合理费用2万元，并承担本案诉讼费用。事实和理由：被告陈辉、石浩田曾是原告公司员工，在职期间担任高级顾问职务和技术工程师职务，并被派往原告客户中石油管道公司工作。被告陈辉和石浩田在还未从原告公司离职时，就于2014年5月7日成立了被告恰行者公司，经营范围与原告公司基本相同。2014年6月陈辉和石浩田离职原告公司正式入职被告恰行者公司后，利用其掌握的原告商业秘密，采用不正当竞争手段向原告客户中石油管道公司销售相同技术服务。

被告恰行者公司、石浩田、陈辉共同辩称：不同意原告的诉讼请求，三被告没有侵害原告的商业秘密。原告的客户名单是在网站上公开展示的，没有采取相应的保护措施，所以不属于商业秘密。

一审审理查明

北京市海淀区人民法院经公开审理查明：陈辉、石浩田原系万岩通公司员工。陈辉2012年7月入职万岩通公司，担任项目经理，负责软件项目管理；石浩田2012年7月入职万岩通公司，从事软件开发工作。二人在职期间，均受万岩通公司指派，参与了与中石油管道公司项目合作，涉及移动应用平台项目。2014年5月7日，陈辉与石浩田成立恰行者公司。2014年6月，陈辉、石浩田自万岩通公司离职。后，陈辉、石浩田以恰行者公司名义与中石油管道公司开展合作，2014年12月，中石油管道公司与恰行者公司签订《中国石油企业移动应用平台项目平台更新功能完善技术服务合同》。2015年11月，中石油管道公司信息中心出具《中国石油企业移动应用平台项目系统运维与用户支持技术服务工作任务书》，邀请恰行者公司作为单一来源方谈判采购，恰行者公司进行了三轮报价，第三轮报价为2350000元。关于恰行者与中石油管道公司合作项目，被告称实际履行合同仅有《中国石油企业移动应用平台项目平台更新功能完善技术服务合同》，合同利润仅为10%左右，约为9万元。

一审判理和结果

北京市海淀区人民法院经审理认为：本案主要争议焦点为：原被告竞争关系的认定、商业秘密的认定、被告涉案行为是否构成侵犯商业秘密以及被告构成侵犯商业秘密的责任承担四方面。

一、竞争关系的认定

从万岩通公司和恰行者公司的经营范围来看，两公司的经营业务范围均包括技术（软件）开发、技术服务，经营范围存在重合。同时，从服务对象来看，双方特定客户中均包含中石油管道公司，且均为该特定公司提供相关软件开发、软件服务工作，在服务对象上具有重合。鉴此，两公司具有竞争关系。

二、商业秘密的认定

《反不正当竞争法》第十条①第三款规定，本条所称的商业秘密，是指不为公众所知悉、能为权利人带来经济利益、具有实用性并经权利人采取保密措施的技术信息和经营信息。据此可知，商业秘密作为一项法定权利，应当符合法定的构成要件，即秘密性、价值性、保密性。

本案中，原告万岩通公司主张应作为商业秘密保护的涉案客户名单，系与其保持长期稳定合作关系的特定客户中石油管道公司，包括客户交易习惯、需求、价格承受能力、项目负责人的性格特点、联系方式、地址等信息，上述信息不同于公开领域中的一般客户资料。首先，虽然客户的部分相关信息如名称、联系地址可能能够通过互联网等公开渠道查询获得，但并不包括该客户负责相关业务的具体联系人及联系方式。此外，涉案特定客户中石油管道公司与万岩通公司有过长期业务关系，其过往的交易记录等信息一定程度上反映了客户的交易习惯、交易倾向、需求偏好以及价格承受能力等，同时，中石油管道公司系石油系统企业，考虑其交易的市场化程度，并非一般企业能掌握其交易习惯、交易倾向、需求偏好以及价格承受能力等信息，故上述信息均不为所属领域的相关人员普遍知悉。因此，涉案客户名单具有秘密性。涉案客户名单中的特定客户与万岩通公司存在业务关系，对万岩通公司来讲，具有应用价值，能够为其带来经济利益和竞争优势，具有价

① 对应2019年《反不正当竞争法》第九条。

值性。在涉案客户名单具有秘密性和价值性的情况下，采取保密措施亦是其能够作为商业秘密受到法律保护的必要条件。保密措施应当是相关信息的合法拥有者根据有关情况所采取的合理措施。这种保密措施应当同时具备主、客观两个因素。主观上，权利人应当有将相关信息作为商业秘密保护的意识，其所采取的保密措施应当能够使第三人在施以正常注意力的情况下，知道权利人有对相关信息予以保密的意图。客观上，权利人应当采取体现其主观意识的管理行为和管理措施。本案中，万岩通公司与员工（包括陈辉、石浩田）签订有劳动合同、竞业限制协议、员工知识产权承诺协议以及保密协议等书面文本，采用多重书面形式，明确保守商业秘密（含客户名单）的要求，可以认定万岩通公司主观上有将涉案客户名单作为商业秘密保护的意识，客观上亦采取了相应的保密措施，在一般情况下能够防止客户信息的泄漏。综上所述，法院认定万岩通公司主张权利的涉案特定客户名单符合商业秘密的法定条件，属于《反不正当竞争法》保护的商业秘密。

三、被告涉案行为是否构成侵犯商业秘密

《反不正当竞争法》第十条[①]第一、二款规定：（一）以盗窃、利诱、胁迫或者其他不正当手段获取权利人的商业秘密；（二）披露、使用或者允许他人使用以前项手段获取的权利人的商业秘密；（三）违反约定或者违反权利人有关保守商业秘密的要求，披露、使用或者允许他人使用其所掌握的商业秘密。第三人明知或者应知前款所列违法行为，获取、使用或者披露他人的商业秘密，视为侵犯商业秘密。首先，陈辉、石浩田在万岩通公司任职期间，受万岩通公司指派，长期参与与中石油管道公司项目合作，涉及移动应用平台项目，担任重要岗位，应知悉该特定客户的交易习惯、交易倾向、需求偏好以及价格承受能力等信息，并应清楚万岩通公司对于上述商业秘密的保密要求以及上述商业秘密对万岩通公司的重要性。其次，陈辉、石浩田在万岩通公司离职前夕创办恰行者公司，恰行者公司与万岩通公司主营业务基本相同，两公司存在直接竞争关系。同时，陈辉、石浩田自万岩通公司离职后，以恰行者公司名义与涉案特定客户开展合作，并在短期内即与该特定客户签订技术服务合同。该技术服务合同内容涉及的移动应用平台项目，恰为陈辉、石浩田在万岩通公司任职期间从事项目。由此可见，被告陈辉、石浩

---

① 对应2019年《反不正当竞争法》第九条。

田具有使用涉案商业秘密的主观谋划以及利用该商业秘密短期内实现竞争优势的客观行为，上述行为显然有违诚实信用的原则和公认的商业道德。同时，涉案商业秘密的形成时间具有特定性，从恰行者公司与中石油管道公司合作时间来看，恰行者公司对中石油管道公司特定客户信息的利用，显然接续陈辉、石浩田在万岩通公司近两年的工作经历。鉴此，恰行者公司作为同业竞争者，应当知道陈辉、石浩田利用职务便利获取并向其披露的万岩通公司特定客户信息这一行为的不当性和违法性，仍为谋取竞争优势而非法使用该商业秘密并牟取不正当利益。综上，法院据此认定陈辉、石浩田与恰行者公司共同侵犯了万岩通公司的商业秘密。

四、被告构成侵犯商业秘密的责任承担。

万岩通公司要求三被告停止侵害、赔偿损失的诉讼请求，于法有据，应予支持。考虑原告经营损失及被告侵权利润均难以具体量化，故法院根据三被告的侵权情节、后果、主观恶意程度及商业利益损失等因素酌情确定三被告应支付的经济损失的赔偿数额，不再全额支持原告的诉讼请求。关于原告主张的律师费，属于维权合理支出，法院对该诉请内容予以支持。关于原告主张的其他费用，缺乏证据佐证，不予支持。此外，因万岩通公司主张的权益，不适用赔礼道歉的民事责任承担方式，故对此项请求，法院不予支持。关于原告要求消除影响一项，三被告应在恰行者公司网站首页刊登声明，就涉案不正当竞争行为为原告消除影响。

北京市海淀区人民法院依照《中华人民共和国反不正当竞争法》第二条、第十条、第二十条①，《最高人民法院关于审理不正当竞争民事案件应用法律若干问题的解释》第九条、第十条、第十一条之规定，判决如下：

一、恰行者公司、陈辉、石浩田于判决生效之日立即停止侵害原告北京万岩通软件有限公司涉案商业秘密的行为；

二、恰行者公司、陈辉、石浩田于判决生效之日起十日内共同赔偿原告北京万岩通软件有限公司经济损失200000元；

三、恰行者公司、陈辉、石浩田于判决生效之日起十日内共同赔偿原告北京万岩通软件有限公司为制止侵权支付的律师费16000元；

四、恰行者公司、陈辉、石浩田于判决生效之日起三十日内，在北京恰

---

① 分别对应2019年《反不正当竞争法》第二、九、二十四条。

行者科技有限公司网站刊登声明，消除影响（声明内容须经法院审核，逾期不履行，法院将根据原告北京万岩通软件有限公司申请，在相关媒体公布判决主要内容，费用由三被告共同承担）；

五、驳回万岩通公司的其他诉讼请求。

上诉与答辩

上诉人（原审被告）恰行者公司、陈辉、石浩田诉称：撤销一审判决第一、二、三、四项，改判驳回被上诉人的诉讼请求。被上诉人（原审原告）万岩通公司辩称：网上能查到的信息不包括项目信息、审批资金来源、前期服务的运营标准、相关负责人联络方式、项目验收标准等深度信息。

二审审理查明

北京市知识产权法院经审理查明：在本案二审程序中，法院询问和补充查明了以下事实：

1. 恰行者公司于2014年12月12日签订的《中国石油企业移动应用平台项目平台更新功能完善技术服务合同》的合同性质，服务对象。

2. 陈辉、石浩田在万岩通公司就职期间的工作情况。万岩通公司称在与管道公司的商务谈判中，万岩通公司总经理杨仕敏带队，陈辉、石浩田都在场。陈辉称其商务谈判时在场，负责技术答疑。

案件其他事实与一审法院查明的事实无异。

二审判理和结果

北京市知识产权法院经审理认为：本案主要争议焦点有三个：1. 对于存在长期稳定合作关系的特定客户，有关该客户的特定信息能够构成商业秘密；2. 恰行者公司、陈辉、石浩田的行为是否构成侵犯商业秘密；3. 一审判决确定的赔偿数额是否适当。

一、关于本案商业秘密的认定

第一，关于秘密性。管道公司作为中石油系统的企业，所属领域的相关人员通过公开渠道无从得知具体项目内容、审批资金来源、前期服务的运营标准、项目验收标准、价格承受能力等核心信息，也无从知晓相关负责人联络方式、性格特点、交易习惯、交易倾向等深度信息。

第二，关于价值性。陈辉、石浩田在万岩通公司任职期间，作为核心人员长期参与万岩通公司与管道公司之间的移动平台运维项目，完全有机会通过参加相关商业谈判、审查合同中的技术细节等渠道接触上述信息。

第三，关于保密性。万岩通公司称其与管道公司签订的商业合同等信息，限制在本公司一定范围内的人员知悉，结合陈辉、石浩田的主观状态与客观行为，法院认定万岩通公司对涉案商业秘密基本上采取了相适应的保密措施。

二、恰行者公司、陈辉、石浩田的行为是否构成侵犯商业秘密

管道公司作为中石油系统的项下企业，对客户资质、能力有较为严格的要求。恰行者公司作为一个刚成立不久、规模有限的小型公司，在当时并不具备单一来源谈判资格的情形下，却在成立后不久迅速与管道公司签订了大额合同，且在该合同中管道公司的相关工作人员与陈辉、石浩田离职前所负责项目的管道公司工作人员高度重合。显然这不是由恰行者公司通过对客户有针对性的开发、研究，付出人力、物力、财力和时间，而产生的正当竞争力。

通过以上事实可知，陈辉、石浩田作为实际控制人发起成立恰行者公司之后，接续其在万岩通公司的工作经历，利用其作为核心人员掌握的万岩通公司与管道公司之间的具体项目内容、服务运营标准、价格承受能力、相关负责人联络方式、性格特点、交易习惯、交易倾向等深度信息，抢夺万岩通公司与管道公司的交易机会，挤占万岩通公司的市场空间，其行为违背公认的商业秩序与商业道德，构成对万岩通公司商业秘密的侵犯。

三、一审法院判定的赔偿数额是否适当

一审法院综合考虑涉案侵权行为的情节、后果、主观恶意程度及商业利益损失等因素酌情确定的赔偿数额，并无不当，故对一审法院所做的自由裁量予以确认。

北京市知识产权法院依据《中华人民共和国民事诉讼法》第一百七十条第一款第一项之规定，判决如下：

驳回上诉，维持原判。

【法官评述】

本案涉及单一客户名单是否构成侵犯商业秘密的认定问题。单一客户名单是否构成商业秘密，在司法实践中一直存在认定难点：虽然有从商业秘密

的“三性”：秘密性、价值性、保密性来循序认定的一般司法逻辑，但实践中，认定标准过于严苛，可能不利于企业商业秘密的保护，无法有效规制相关不正当竞争行为；认定标准过于宽泛，又会给后发初创企业增加竞争压力，并挤压其生存空间。本案即涉及石油系统单一客户名单的商业秘密认定问题。本案的典型意义在于，明确了特定行业商业交易的市场化程度影响单一客户名单作为商业秘密的认定。本案中，中石油管道公司系石油系统企业，考虑其商业交易的市场化程度，并非一般企业能掌握其交易习惯、交易倾向、需求偏好以及价格承受能力等深度信息，上述信息均不为所属领域的相关人员普遍知悉，达到单一客户名单秘密性方面的单项要求。

陈辉、石浩田作为实际控制人发起成立恰行者公司之后，接续其在万岩通公司的工作经历，利用其作为核心人员掌握的万岩通公司与中石油管道公司之间的深度商业合作信息，抢夺万岩通公司与中石油管道公司的交易机会，挤占了万岩通公司的市场空间，其行为违背公认的商业秩序与商业道德，构成对万岩通公司商业秘密的侵犯。承上，用人单位前员工离职后利用在职期间掌握的商业秘密（单一客户名单）自营竞争公司，侵害原用人单位商业利益，也是本案案情特色之一。

编写人：北京市海淀区人民法院　张江洲

阳朔县东院弥香客栈诉阳朔县玉山居客栈、张超擅自使用知名商品特有名称、包装、装潢纠纷案

——阅读提示：同业竞争者中，在后装修的旅店使用与在前装修的旅店相近似的装潢是否构成不正当竞争行为？

【裁判要旨】

旅店装潢的品质优劣以及独具特色的服务内容等因素，是区别于同行业者竞争实力的重要内容和组成部分，其与旅店的整体经营不可分割，能为旅店的经营者带来商业利益。被控侵权人在同一地域范围内，未经权利人许可，擅自模仿、使用与权利人享有权益的极为近似的在前使用的旅店特有装潢，足以造成消费者混淆误认、妨碍市场公平竞争的，结合被控侵权人的其他客观行为表现，足以反映其攀附在前特有装潢的明显主观故意的事实，则应推定在前的旅店装潢具有市场知名度和影响力。权利人对该特有装潢享有知识产权，应受法律保护，他人不得随意模仿使用。

【案号】

一审：广西壮族自治区桂林市叠彩区人民法院（2017）桂0303民初214号

【案情与裁判】

原告：阳朔县东院弥香客栈（简称东院弥香）

被告：阳朔县玉山居客栈（简称玉山居）

被告：张超

起诉与答辩

原告东院弥香诉称：原告于2015年6月3日注册登记。为使自身具有特

色，吸引游客入住，原告花费巨额投入，聘请知名公司对客栈进行设计装修，并约定设计成果归原告所有。原告装修完毕后，其独特的设计风格和舒适的居住环境，吸引了大量中外游客入住，并被新闻媒体宣传报道，网上排名位居前列，已具有了较高的市场知名度。2016 年 7 月，原告发现在距原告客栈 20 米处的被告玉山居，其装修设计风格与原告的完全一致。原告认为，原、被告同样经营客栈，且仅距 20 多米，二被告在其客栈的装修设计上恶意模仿原告的设计成果，误导消费者，混淆原告的市场经营。故原告诉至法院，要求判定二被告的行为构成不正当竞争，并停止侵权、赔礼道歉。

被告玉山居、张超共同辩称：旅店的内部装潢系附着在不动产上的物，不是一种独立的商品，其不具有独立交易的商品属性。二被告虽与原告从事同样的客栈旅店经营，但二被告在经营中并未作虚假宣传、误导消费者、扰乱市场秩序。因原告的旅店经营并非知名商品（服务），故二被告的行为未侵害原告的任何权益。请求法院驳回原告的诉讼请求。

一审审理查明

广西壮族自治区桂林市叠彩区人民法院经公开审理查明：2014 年 12 月 12 日，原告的经营者孙东纯与北京王和祁景观规划设计有限公司签订《设计合同》，约定由该公司对原告客栈进行装修设计，设计费报价为 60 万元。设计主题为“LOFT 工业风”，即利用原素材及原料，将工业风格与阳朔当地的生态、文化和自然相结合，形成一个适合年轻背包游客集中交流共居的大空间。客栈一楼的公共空间，少围墙、用玻璃这种通透的空间设计便于年轻背包客的交流。后院空间部分，采用原生态的石凳、石桌与自然环境相结合。利用阳朔当地的旧门板做成前台、书柜、展示柜、房间门、床还有公共区域的桌面。利用竹子做成外墙装饰及围墙通道。为突出简朴设计的理念，所有天花板都不做任何过分修饰，室内地面都是水泥结构，涂上少量清漆涂料。客栈的墙面，特意表现其粗犷的效果，不做过分修饰。客栈的内部大量利用当地的各种日常生活用具，如斗笠、鱼篮、虾篮、竹篮、木凳等作为装饰点缀。

2015 年 11 月，为东院弥香设计装修的设计公司的设计师获得 2015 师客莱德空间设计奖“最佳酒店空间设计师”称号。东院弥香开业半年后，东院弥香获 2015 年“Booking 最具潜力合作伙伴”荣誉。2016 年，东院弥香及其经营者孙东纯对客栈的经营故事被拍摄成宣传片，入选桂林市旅游发展委员会桂林十大故事。《中国日报》海外版对孙东纯及其客栈进行采访并拍摄成宣传视频发布在其官网上。2017 年 1 月，东院弥香在 Tripadvisor. com 网站上，阳朔县 396 家酒店排名第 4 位；在 Booking. com 网站上，阳朔县 271 家酒店排名第 13 位；在 Hostelworld. com 网站上，阳朔县排名第 2 位。

原告与被告玉山居均坐落于广西阳朔县阳朔镇神山村路上，由南向北，被告玉山居与原告同位于马路右边，被告玉山居位于原告北面，目测二者相距约 80 米，中间无任何建筑物间隔。被告张超与原告的经营者孙东纯于 2014 年在阳朔县相识，二人在原告装修期间常就装修事宜进行交流、讨论。被告张超曾入住原告客栈。

经比对，被告玉山居客栈在设计风格、整体外观、空间布局、门店招牌、一楼大厅、前台接待、客房内饰等方面均与原告东院弥香的装潢极为近似。

一审判理和结果

根据《反不正当竞争法》（1993 年 12 月 1 日起施行）第五条①第二项规定：经营者不得擅自使用知名商品特有的名称、包装、装潢，或者使用与知名商品近似的名称、包装、装潢，造成和他人的知名商品相混淆，使购买者误认为是该知名商品。

本案中，原告的经营者通过一段时间的实地考察，充分了解当地的人文风情，并聘请专业的设计公司，斥巨资对原告客栈进行整体装饰设计，体现了原告经营者对该客栈进行“量身定制”的强烈主观意图。从原告客栈的整体装潢成果看，与当地同性质、同规格的旅社客栈相较，其进行区别的个性化特征十分明显。故原告客栈的装潢具有明显的个性特征，属于“特有装潢”。本案中，原、被告的住所地、经营范围均相同，原告请求保护的装潢使用在先，被告玉山居的装潢使用在后，二者的装潢十分相似。在前使用的装潢被在后使用的装潢擅自模仿，足以造成消费者混淆误认。另外，被告张超作为被告玉山居的实际经营者之一，其在庭审中亦自认，其与原告的经营者孙东纯在原告客栈开业前就已相识，且在原告客栈的装修过程中，被告张超经常参与原告客栈装修的交流、讨论，并曾入住原告客栈，其对原告客栈

① 对应 2019 年《反不正当竞争法》第六条。

的内部装潢结构十分熟悉。被告玉山居与原告客栈位于同一条街道，且相距仅约80米，二被告具有模仿原告客栈装潢的明显主观故意。原告主张保护的客栈装潢，通过原告的客栈经营运作，在阳朔旅游住宿业内为相关公众所知悉，具有一定的市场知名度，属于知名商品（服务）。

在隔离状态下，施以一般注意力，被告玉山居内部装潢中的装修风格、空间布局、门店招牌、前台接待、房间布置等的相同要素足以使普通消费者将其客栈与原告的客栈相混淆，产生误认其与原告客栈的经营具有特定商业联系的联想。二被告的行为违反了诚实信用原则和公认的商业道德，侵害了原告对其客栈特有装潢所享有的合法权益，应承担停止侵权的法律责任。但本案原告作为一客栈，非自然人，并不享有人身权，且原告亦未举证证明二被告的不正当竞争行为给其客栈的商誉造成了不良的负面影响。故对原告要求二被告登报赔礼道歉、消除影响的诉讼请求，法院则不予支持。

依照《侵权责任法》第二条、第八条、第十五条，《反不正当竞争法》（1993年12月1日起施行）第五条第二项，《最高人民法院关于审理不正当竞争民事案件应用法律若干问题的解释》第一条第一款、第二条、第三条、第四条之规定，判决：一、被告玉山居、张超使用与原告东院弥香相近似的装潢进行市场经营的行为构成对原告东院弥香的不正当竞争；二、被告玉山居、张超于本案判决生效之日起立即停止使用与原告东院弥香装潢相近似的客栈装潢，变更原有与原告东院弥香相近似的装潢，以避免与原告东院弥香相混淆；三、被告玉山居、张超于本案判决生效之日起立即停止通过图片、视频等形式宣传玉山居与原告东院弥香相近似的装潢的行为；四、驳回原告东院弥香的其他诉讼请求。案件受理费1000元，由被告玉山居、张超负担。

【法官评述】

本案涉及酒店旅社装潢的特有性、知名度及影响力认定的相关法律问题。商品（服务）的法律属性、其在市场经营中是否具有特有性、知名与否、是否具有一定程度的影响力等属于事实问题，对其的认定因个案的不同，评判的标准也并非绝对统一。本案在对原告客栈内部装潢是否具有无形财产的属性、是否具有知名度和影响力以及二被告的行为是否构成不正当竞争的判定上，充分兼顾了市场公平竞争与公共商业道德的内在要求。

本案纠纷主要涉及以下几个问题：

一、酒店旅社的装潢是否具备无形财产的法律属性

商品是用于交换的劳动产品，商品的基本属性包括使用价值和价值。其中使用价值是指商品能够满足人们某种需要的属性，商品的价值则是指凝结在商品中无差别的人类劳动。消费者购买商品的目的是为了获得商品的使用价值，而销售者在市场中的经营目的则是为了实现商品的价值。酒店旅社并非字面理解意义上的商品，其所提供给消费者的使用价值在于它的商业服务功能。酒店旅社的经营者在进行经营时必须对其进行装潢，基本功能性的装潢足以使其实现基本的商业服务功能。但随着社会物质生活水平的不断提升，消费者对酒店旅社的服务条件及内容的个性化需求也不断提高，其商业价值不仅仅局限于实现基本的居住、餐饮、娱乐等功能。具有个性化特征，以及优质、多元化服务内容的酒店旅社经营，在市场经营中更能受到消费者青睐，能够获取更多的商业利益，此种商业利益的获得并非基于装潢作为物本身的价值，而是基于由其客观表现形式所映射的酒店旅社的经营理念、管理模式、营销手段、消费服务等吸引消费者入住欲望的无形资产，其能够为经营者所支配，故其具备法律意义上无形财产的商品属性，应受法律保护。

二、酒店旅社的特有性及知名度、影响力如何判定

（一）特有性的判定情形

根据国家工商行政管理局《关于禁止仿冒知名商品特有的名称、包装、装潢的不正当竞争行为的若干规定》第三条第二款的规定："本规定所称特有，是指商品名称、包装、装潢非为相关商品所通用，并具有显著的区别性特征。"本案中，原告客栈的总体设计是将"LOFT"工业风格与阳朔当地的生态环境相结合，秉持简约、环保的理念，最大限度地使用自然材料，创意性地改造利用旧物，进行人性化的细节处理，体现朴素、秀美的独特意境。原告客栈的装潢从理念设计、风格确定、建筑选材、空间布局、家具饰物的选取、搭配等排列组合看，具有明显的个性特征，属于我国法律规定的"特有装潢"。关于特有性，除单纯地从主观视觉上进行审视外，借助其他客观事实亦可进行辅助判断。诚如本案，原告的经营者为了该客栈的经营，在其开业前期对阳朔县进行了较长时间的实地考察，针对当地的同业经营情况以及风土人情进行了充分了解，并斥巨资聘请专业设计公司对该客栈进行装潢设计，可谓是"私人度身定制"。故而，从

最终的装潢成果看，与阳朔县当地同等级、同类别的旅店客栈相比，其特有性自然十分显著。

（二）知名度及影响力的判断标准

因本案审理结案时，2017年修订后的《反不正当竞争法》还未施行(2018年1月1日起施行)，本案判决适用的是2017年修订前的《反不正当竞争法》，其中第五条关于仿冒行为的判定前提是，需对争议商品（服务）的知名度进行认定，即只有知名商品才存在被仿冒的情形。而2017年修订后的《反不正当竞争法》第六条则修改为“经营者不得实施下列混淆行为，引人误认为是他人商品或者与他人存在特定联系：（一）擅自使用与他人有一定影响的商品名称、包装、装潢等相同或者近似的标识……”笔者认为，2017年修订后的《反不正当竞争法》中“有一定影响力”的规定仍失之抽象，其判断标准与“知名”的判断标准亦存在重合的情形。故而无论是“知名”，抑或是“有一定影响力”，都需要权利人提供证据证明其商品（服务）在市场经营中具有“为相关公众所广泛知悉”的客观表现，诸如经营时间、经营规模、销售量、市场占有率、广告宣传、获奖情况、行业排名等。本案原告为证明其客栈的市场知名度，提供了设计获奖证书、行业网络排名、媒体广告宣传等证据，但权威性及广泛度尚显薄弱。此种情形下，鉴于对原告知识产权保护的考量，法院从审查被控侵权人的客观行为表现方面，对原告主张的知名度进行补强认定。

经过比对，本案二被告经营的玉山居客栈的内部装潢与原告客栈的装潢极为近似，但二被告辩称，其仅仅是在装修风格上与原告的风格一致，装修所使用的建材、装饰家具、点缀饰物等都广泛存在，且在市场上均可轻易购买取得，所以不存在模仿原告客栈装潢的情形。笔者认为，单从风格格调上看，原、被告客栈的装修风格均为“LOFT”工业风，该风格的特点之一即为简约、环保、朴素。就装修风格而言，不能为原告所独享，二被告当然可选取“LOFT”工业风格作为其客栈的装修基调，但在具体的细节处理上，二被告对其客栈的装潢则尽显模仿痕迹，比如整体布局、店铺招牌、接待台面、客房布置、装饰物品等的设计、用料、色彩、放置位置等都与原告客栈的装潢几近相同，这样的近似极易造成消费者的混淆，进而产生误认。这样的“照搬”很难让人相信仅仅只是巧合而已。通过庭审查明的事实显示，被告玉山居的经营者张超早与原告客栈的经营者孙东纯相识，被告张超在原告客栈装修期间就经常与孙东纯讨论装修细节，并曾入住原告客栈，其对原告客栈的内部装潢结构十分熟悉。而二被告在原告客栈仅经营一年后，便在与原告客栈同一街道相距不足百米，且二者之间无任何建筑物间隔处，装修经营与原告客栈装潢极为近似的客栈，其"搭便车"的主观故意十分明显。根据国家工商行政管理局《关于禁止仿冒知名商品特有的名称、包装、装潢的不正当竞争行为的若干规定》第四条第一款的规定："商品名称、包装、装潢被他人擅自作相同或者近似使用，足以造成购买者误认的，该商品即可认定为知名商品"。笔者认为，认定商品（服务）是否知名也包括"在后使用的名称、包装、装潢擅自模仿在前使用的，足以造成误认"的情形。故本案通过审查二被告的被控侵权行为，其擅自模仿原告客栈的内部装潢，具有明显的攀附原告客栈知名特有装潢的主观故意，客观上足以造成消费者的混淆、误认，妨碍了正常的市场公平竞争秩序，应认定原告客栈的在前使用装潢具有市场知名度和影响力。

《反不正当竞争法》第二条第一款规定："经营者在生产经营活动中，应当遵循自愿、平等、公平、诚信的原则，遵守法律和商业道德。"故本案的裁判宗旨目的主要侧重于规制被控侵权人的不当经营行为，即向社会公众传达的司法理念为，通过否定二被告的不正当竞争行为，警示市场经营者不可为谋取自身的商业利益，而通过"搭便车"的方式直接利用他人经过努力劳动所获得的市场经营成果，此为公认的商业道德。市场经营主体需秉持诚信经营、自主创新的基本理念，自觉维护知识产权权利人的合法权益，以保障、维系公平、正当的良性市场竞争环境。

编写人：广西壮族自治区桂林市叠彩区人民法院　曾臻

附部分原告、被告客栈装潢对比照片：

原告　　　　　　　　被告

USINE

渝中区晓宇老火锅诉渝北区林峰晓宇餐饮店不正当竞争纠纷案

——阅读提示：关联企业间近似标识的知名度及商誉能否共享？如果能够共享，认定共享应考虑哪些因素？

【裁判要旨】

具有较紧密关联关系的企业使用近似标识，且上述标识使用在同种或类似商品服务上，如果其中一个标识经过使用获得一定知名度后，会导致相关公众认为另一标识与其存在特定联系，那么该标识的知名度及其承载的商誉可以正向传导到另一标识。

【案号】

一审：重庆市渝北区人民法院（2017）渝0112民初7238号

【案情与裁判】

原告：渝中区晓宇老火锅

被告：渝北区林峰晓宇餐饮店

起诉与答辩

渝中区晓宇老火锅诉称：2010年7月5日，经营者张平注册成立“渝中区晓宇老火锅”，经营场所为重庆市渝中区枇杷山正街86号附1号，经营范围为火锅。原告成立伊始使用的店招即为“晓宇火锅”，2014年11月28日之后加“渝味”二字改为“渝味晓宇火锅”。2012年3月22日，“晓宇火锅”在重庆商报社联合大渝网、天涯重庆、重庆一百度举办的“寻找重庆火锅50强”活动中被评为“重庆火锅50强”。2013年夏天，中央电视台著名美食栏目《舌尖上的中国》第二季栏目组选中“晓宇火锅”作为节目素材之一，对渝中区晓宇老火锅进行了采访。“晓宇火锅”被评为“重庆火锅50强”之后，张平及其关联企业开始对“晓宇火锅”“渝味晓宇火锅”进行品牌运营。截至目前，已有包括原告（总店）在内的直营店、连锁店、联营店覆盖了重庆、江苏、广东、成都、内蒙古、新疆等的几十个城市。2013年至2016年期间，“晓宇火锅”“渝味晓宇火锅”分别获得“晓宇火锅2013年重庆最牛火锅”“晓宇火锅重庆十大正宗老火锅”等多项荣誉。2016年7月7日，王微向工商行政部门申请注册成立“渝北区林峰晓宇餐饮店”经营地址为重庆市渝北区双龙湖街道北湖路87号1幢1-6。渝北区林峰晓宇餐饮店在经营过程中使用“晓宇老火锅”作为自己火锅店的名称，并在户外广告、订餐卡、点菜单、楼梯贴纸、店内宣传贴等宣传载体上使用“晓宇老火锅”“晓宇火锅”字样。渝中区晓宇老火锅认为，“渝中区晓宇老火锅”是其企业名称，“晓宇”系其知名商号，“晓宇火锅”“渝味晓宇火锅”系其知名服务特有名称。渝北区林峰晓宇餐饮店的经营范围与其相同，在工商登记的名称中使用了“晓宇”字样，且在店招、订餐卡、点菜单等使用“晓宇”字样，上述行为足以让消费者产生误解，构成不正当竞争。请求判令：1. 渝北区林峰晓宇餐饮店在餐饮服务上立即停止使用带有“晓宇”字样的店面招牌以及其他任何使用“晓宇”字样进行经营活动的不正当竞争行为；2. 渝北区林峰晓宇餐饮店变更企业名称中的字号，变更后不得含有与“晓宇”相同或近似字样；3. 渝北区林峰晓宇餐饮店在《重庆晨报》《华龙网》上公开消除影响并向原告赔礼道歉；4. 渝北区林峰晓宇餐饮店赔偿原告损失407865元（包含为制止侵权产生的费用，即公证费2000元、律师服务费及差旅费5500元、餐费238元、照片冲洗费127元）。

渝北区林峰晓宇餐饮店辩称：个体工商户字号不属于《反不正当竞争法》第五条①第三项规定的企业名称，渝中区晓宇老火锅没有提供证据证明“晓宇”的知名度，“晓宇”不属于知名字号，不受反不正当竞争法保护。即使晓宇属于知名字号，其权利人应该是张平个人。“林峰晓宇”商标已向国家工商总局商标局申请注册在第43类服务上，“林峰晓宇”是合法登记的字号，渝北区林峰晓宇餐饮店不存在主观恶意。渝北区林峰晓宇餐饮店店面情况与渝中区晓宇老火锅具有较大不同，不会造成混淆误认。企业名称的知名度会随着时间变化而变化，渝中区晓宇老火锅2014年后就没有使用“晓宇”

① 对应2019年《反不正当竞争法》第六条。

字号，故其没有较高知名度。“晓宇”二字专有权属于贵州晓宇酒店管理有限公司。综上，请求驳回原告诉讼请求。

一审审理查明

2010 年 7 月 5 日，经营者张平以其妻子熊孝禹的名字谐音“晓宇”为名注册成立“渝中区晓宇老火锅”个体工商户。2012 年 3 月 22 日，《重庆商报》刊登《期待多年，重庆火锅 50 强出炉》《吃货必备：重庆火锅 50 强地图》，排名不分先后，“晓宇火锅”在第一个位置。2013 年 4 月，张平作为大股东投资成立重庆宇晓餐饮文化管理有限公司，2015 年 12 月更名为重庆晓宇餐饮文化管理有限公司（以下简称晓宇公司）。该公司对外发展加盟店。2014 年 5 月，《舌尖上的中国 2》播出，在第 5 集中介绍重庆火锅时，多处出现张平及渝中区晓宇老火锅店的镜头。2014 年 8 月，张平注册“渝味晓宇”文字商标，核准使用在第 43 类餐馆等。2017 年 1 月，“渝味晓宇”被重庆市工商局认定为重庆市著名商标。“晓宇火锅”或“渝味晓宇火锅”在 2013 年至 2016 年间获得多项荣誉，但大部分是颁发给晓宇公司的。关于百度推广、轨道交通车身广告、公交车身广告、公交站牌广告等均是以晓宇公司名义签订。渝北区林峰晓宇餐饮店在店招上使用“林峰晓宇老火锅”字样，且“晓宇”二字突出显示。该店的玻璃墙上张贴有“晓宇老火锅”字样的宣传广告，店内点菜单、楼梯贴纸、店内宣传贴上均有“晓宇火锅”字样。

一审判理和结果

法院认为：虽然涉案奖项被授予主体并不完全是原告，也有其关联公司晓宇公司，但原告的经营者与该关联公司的法定代表人均为张平，该关联公司的主营业务是推广“晓宇火锅”“渝味晓宇火锅”品牌，且原告是该关联公司的直营店，双方均是经营“晓宇火锅”“渝味晓宇火锅”品牌的主体，故原告与其关联公司是具有紧密联系的民商事主体，上述品牌所获荣誉以及积累的商誉原告亦可以享有。原告在实际经营过程中先后使用了“晓宇火锅”和“渝味晓宇火锅”，两者起识别作用的均为“晓宇”二字，两者的区别仅在于后者比前者多了“渝味”两个字，而“渝味”通常理解为“重庆味道”，后者与前者是包含与被包含关系，故原告并未放弃使用“晓宇火锅”，原告使用“渝味晓宇火锅”应视为对“晓宇火锅”连续持续的使用。原告在经营过程中使用的店招始终有“晓宇”二字，且起主要识别作用的亦是“晓宇”。原告对“渝味晓宇火锅”的宣传使用应当视为对“晓宇火锅”的宣传使用，且在“晓宇火锅”“渝味晓宇火锅”经过广泛宣传使用，具有一定知名度的前提下，“晓宇”二字已经凝聚了原告的商誉，故“晓宇火锅”“渝味晓宇火锅”属于《反不正当竞争法》规定的知名服务的特有名称，“晓宇”属于受反不正当竞争法保护的企业名称。被告在店面门头上突出使用“晓宇”字样侵害了原告享有的企业名称权，被告在店内玻璃墙、点菜单、订餐卡、预结单、宣传贴、楼梯贴纸上使用“晓宇”字样侵害了原告享有的知名服务特有名称权利。综上，依照《中华人民共和国反不正当竞争法》（1993 年版）第二条、第五条第二款、第三款、第二十条第一款的规定，作出如下判决：1. 被告渝北区林峰晓宇餐饮店立即停止使用带有“晓宇”字样的店面招牌以及其他任何使用“晓宇”字样进行经营活动的不正当竞争行为；2. 被告渝北区林峰晓宇餐饮店于本判决生效之日起十日内变更登记其企业名称，变更后的企业名称中不得使用“晓宇”二字；3. 被告渝北区林峰晓宇餐饮店于本判决生效之日起十日内在《华龙网》上刊登声明以消除影响；4. 被告渝北区林峰晓宇餐饮店于本判决生效之日起十日内赔偿原告渝中区晓宇老火锅经济损失 70000 元；5. 驳回原告渝中区晓宇老火锅的其他诉讼请求。

【法官评述】

商誉的纵向积累和沉淀是商誉保护的应有之义，但关于关联企业之间先后使用近似标识，两种标识之间的关系以及标识的知名度及其承载的商誉能否共享在司法实践中有较大争议，本案梳理了能够认定知名度商誉共享考虑的因素，对类似案例具有较强借鉴意义。

本案原告是一个个体工商户，经过发展，原告经营者又成立公司开展特许经营业务，并将原告定位为该特许经营的直营店，原告与该公司形成较为紧密的关联关系。由于原告以及其关联公司发展过程中积累的商誉是由原告以及其关联公司共同完成的，该商誉是一个整体，故该商誉应由原告及其关联公司共同享有。本案中，商誉的载体为原告主张的“知名服务的特有名称”，而原告起初使用“晓宇”，后使用“渝味晓宇”，其关联公司的字号也为“渝味晓宇”，后以“渝味晓宇”开展经营业务并进行宣传。“晓宇火锅”“渝味晓宇火锅”品牌所获荣誉以及积累的商誉原告亦可以享有。虽然“晓宇”和“渝味晓宇”并不完全相同，但“渝味晓宇”中起主要识别作用的仍是“晓宇”，“渝味”通常理解为“重庆味道”，指代服务的地域来源。故结合原告及关联企业先后对“晓宇火锅”及“渝味晓宇火锅”的宣传使用，且“晓宇火锅”和“渝味晓宇火锅”指向的均为同一个服务，故可以认定“晓宇火锅”的知名度及商誉与“渝味晓宇火锅”的知名度及商誉具有共生关系，“晓宇火锅”和“渝味晓宇火锅”均构成知名服务特有名称。

本案解决了一个企业“纵向横向立体发展”过程中的商誉积累和商标保护问题，对支持和保护我国民营企业的发展具有重要作用。通常情况，一个企业经过纵向的发展，其使用的商标承载的商誉在不断使用中进行正向的积累，从而形成一定的声誉和知名度。而一个个体企业发展成一个集团企业，其集团内关联企业对外从事宣传和经营或多或少会使用相同或近似标识，上述标识承载的商誉同样经过正向积累产生一定知名度，而上述相同或近似标识在相同类似商品服务上使用，易使相关消费者对商品服务来源产生混淆，或认为二者具有关联，故上述相同或近似标识承载的商誉和知名度可以相互传导。

编写人：重庆市渝北区人民法院　余博

上海珂兰商贸有限公司诉天津那是生活文化传播有限公司知识产权合同案

——阅读提示：如何界定衍生品授权开发合同的性质和目的？如何判定衍生品授权开发合同中的根本违约？

【裁判要旨】

衍生品授权开发合同作为内容资源与商品跨界融合的一种新型合作方式，判断其是否因违约致合同目的不能实现而应予解除，要在准确理解和界定合同目的基础上，审查违约行为是否存在，并充分考量违约行为对合同目的实现的影响程度及相关领域的特点及商业惯例等因素，合理平衡合同双方的权利义务关系。对于合同目的，在合同约定不明的情况下，应根据合同的性质、合同约定的具体内容及合同订立的背景等予以综合判断。

【案号】

一审：天津市第二中级人民法院（2016）津02民初491号

二审：天津市高级人民法院（2017）津民终489号

【案情与裁判】

原告（被上诉人）：上海珂兰商贸有限公司（简称珂兰公司）

被告（上诉人）：天津那是生活文化传播有限公司（简称那是公司）

起诉与答辩

珂兰公司2016年7月15日诉至天津市第二中级人民法院称：2016年6月7日，珂兰公司与那是公司签署《衍生品开发授权合同》，双方就“那式生活相关品牌元素授权”一事达成共识，就合同目的等进行了约定。那是公司未能提供合同约定的素材致合同目的无法实现、那是公司的行为构成根本违约，要求确认该合同于2016年7月14日解除，判令那是公司返还珂兰公司一次性授权金1000000元并赔偿珂兰公司损失110325.19元。

那是公司辩称，其已依约授权珂兰公司使用“那式生活”的三个商标，已履行合同项下的全部义务。请求法院依法驳回珂兰公司的全部诉讼请求。

法院审理查明

2016年6月7日那是公司与珂兰公司签订的《衍生品开发授权合同》第2条约定的授权范围为那是公司所有的“那式生活”相关品牌元素，授权种类为排他性许可使用，具体为那是公司授权珂兰公司根据合同约定的素材进行首饰类系列产品的设计、制造、售卖。《衍生品开发授权合同》签订后，那是公司将“那式生活”相关品牌元素（尚在申请注册阶段的三个商标）授权珂兰公司使用；珂兰公司于2016年6月29日前，分两次向那是公司支付授权金共计1000000元。根据那是公司提供的NASING品牌元素，珂兰公司设计、生产了第一批衍生品款式产品，并于2016年6月29日交由那是公司审核，双方就产品的设计及做工等问题进行了沟通。2016年7月5日双方就中国好声音节目授权问题，那是公司明确表示因中国好声音版权存在争议不能取得节目授权，双方也未就宣传推广替代方案达成一致。

一审判理和结果

一审法院认为，那是公司应承担合同未能全部履行的相应违约责任，珂兰公司亦负有一定责任。结合双方主观过错、实际损失情况及未能履行的原因情节等因素，酌情确定由那是公司返还珂兰公司800000元。

一审法院依照《中华人民共和国合同法》第六十条第一款、第九十一条第二项、第九十七条、第一百零七条规定，判决：一、珂兰公司与那是公司签订的《衍生品开发授权合同》已到期解除，那是公司返还珂兰公司授权金及赔偿经济损失共计800000元；二、驳回珂兰公司的其他诉讼请求。

上诉与答辩

那是公司不服一审判决，提起上诉称：那是公司已履行合同项下的全部义务，附件二的内容是那是公司对珂兰公司的赠与，珂兰公司无权因附件二行使解除权，其提出解除合同属于违约解除，那是公司不应返还一次性授权金。

珂兰公司辩称，那是公司的上诉请求没有依据，应予驳回。

二审判理和结果

本案争议的主要问题为那是公司与珂兰公司签订的《衍生品开发授权合同》是否应当解除。涉案《衍生品开发授权合同》是否应当解除，即合同解除的条件是否成就，应从以下几方面综合考虑：

一、关于涉案《衍生品开发授权合同》的目的

在合同约定不明的情况下，应根据合同约定的具体内容及合同订立的背景等予以综合判断。

1. 合同的性质及双方的权利义务

涉案合同为衍生品开发授权合同，根据合同约定，那是公司不仅需将其拥有权利且与那英相关联的“那式生活”品牌元素授权珂兰公司用于设计、生产、销售系列饰品，亦应提供其所掌握的那英及中国好声音节目相关元素用于合同产品的宣传推广，合同附件 2 就珂兰公司在宣传中可获得权益的主题、分类、明细等内容作出了详尽具体的约定。双方约定的目标销售额完成后，对超额部分按比例分账。

2. 合同的订立背景及双方的合作基础

首先，那是公司 2016 年 5 月 23 日成立，其与珂兰公司在 2016 年 6 月 7 日即签订涉案《衍生品开发授权合同》。那是公司授权珂兰公司排他性使用的“那式生活”相关品牌元素本身的价值，并非合同订立的主要考量因素。

其次，中国好声音节目自 2012 年在浙江卫视开播，经过四季的成功播出，已成为在中国乃至全球范围内具有较高知名度和影响力的综艺节目，那英是唯一一位连续四季担任导师的艺人，具有较高的人气，珂兰公司看中的主要也是作为知名艺人那英的明星效应，特别是其作为导师参与的中国好声音节目资源，希望通过双方的合作，依托中国好声音节目开发“那式生活”品牌元素饰品，并借助该节目的强势传播及线上平台、新媒体等多种渠道实现对相关衍生品的有效宣传，以此吸引消费者的关注并带动产品的销售。珂兰公司正是出于上述商业利益的考虑才与那是公司订立涉案合同并以 4800000 元的保底授权金加超额比例分成的模式确定相应的授权费用，那是公司也愿意通过此种合作将其掌握的那英及其在中国好声音节目期间的商业价值进行充分挖掘和利用，实现双方的互利共赢。

再次，从合同的履行期限看，涉案合同所约定珂兰公司在产品宣传中可获得相关权益的授权期间基本覆盖了中国好声音节目的播出档期，说明该综

艺节目对双方合同的订立具有重要影响，也可以进一步佐证双方合作的真实意愿。

二、关于违约行为是否导致合同目的无法实现

1. 那是公司是否存在违约行为

涉案《衍生品开发授权合同》签订后，珂兰公司已按合同约定的时间节点履行了相应义务。而那是公司仅履行了部分合同义务，包括将“那式生活”相关品牌元素授权珂兰公司使用等。但截至节目首播的前一日，那是公司仍未能解决中国好声音节目的授权问题，与节目配套的同期宣传推广无法进行。经珂兰公司多次催告，那是公司明确表示不能提供中国好声音节目授权并提出不建议宣传页面使用中国好声音相关素材，双方也未能就可行的替代解决方案达成一致。

2. 那是公司违约行为对合同目的实现的影响

首先，作为授权开发相关衍生产品的品牌商，那是公司在与下游制造商珂兰公司的合作中，理应掌握上游资源，获得并提供中国好声音节目的授权，涉案合同中亦就珂兰公司在产品宣传中可获相关权益进行了明确的约定，那是公司应履行该项合同义务。

其次，综艺节目类衍生品的宣传推广与上市销售具有较强的时效性。在双方合作基础已经动摇的情况下，继续履行原合同，特别是珂兰公司如果依照合同约定履行支付剩余授权金的义务，将导致双方权利义务的严重失衡，故珂兰公司可以依法解除合同。

通过上述分析，那是公司违反合同约定造成珂兰公司合同相关权益无法获得，致使合同目的无法实现，已构成根本违约，故珂兰公司于2016年7月15日通过诉讼解除合同，条件已经成就。

依照《中华人民共和国合同法》第九十四条第四项、第九十七条，《中华人民共和国民事诉讼法》第一百七十条第一款第二项规定，判决：1. 变更一审判决第一项为珂兰公司与那是公司签订的《衍生品开发授权合同》于2016年7月14日解除，那是公司返还珂兰公司授权金800000元；2. 维持一审判决第二项及案件受理费部分。

【法官评述】

涉案《衍生品开发授权合同》是在内容产业高速增长、衍生品市场开

发潜力巨大的环境下，依托明星与综艺节目的影响力等合作开发周边产品的一种新型合作方式，该行业目前在我国发展势头强劲但尚不成熟，实践中相关合同的签订与履行仍不规范，争议时有发生。相较于一般合同，涉及无形财产的知识产权合同，特别是实践中出现的这类新类型知识产权合同，在合同性质和目的的确定、违约行为的认定及是否构成根本违约而解除合同等方面，都存在一定的特殊性，需要在个案中根据具体情况加以判断。本案的争议焦点为合同是否应予解除，审理的关键与思路主要体现在以下方面：

一、准确界定涉案衍生品授权开发合同的性质与目的

根据合同严守理论和鼓励交易原则，有效成立的合同具有法律拘束力，当事人应予遵守、不得擅自变更或解除。合同成立后，有时会因主客观情况的变化，使得合同的履行成为不必要或者不可能，合同解除制度在这一特定情形下即可适用，但应以一定的要件为限定，以免因解除权的滥用而影响社会经济流转秩序。我国《合同法》第九十四条严格限制了合同法定解除的事由，其中第四项从违约结果的严重性角度，对部分履行这种违约情形下法定解除权的基本条件进行了规定，即只有当违约方违反合同义务的行为足以导致合同目的不能实现，构成根本性违约时，守约方才能行使合同解除权。因此，准确理解和界定合同目的，是判断根本违约成立与否的前提和基础。在合同没有明确约定情况下，对于合同目的的认定，应考虑以下因素：

1. 把握合同订立背景。不同于一般意义上的商标许可使用，案件所涉及的衍生品授权开发模式，系从具有一定影响力或商业潜力的内容资源中挖掘可衍生元素，通过商业化手段开发周边产品投入市场，实现影视作品、综艺节目、文化艺术等与商品的跨界融合。利用影视作品、娱乐节目里的角色形象、场景、道具、标识等开发的产品，包括日常用品、玩具、服装、饰品、游戏甚至主题公园等都属于衍生品范畴。随着消费者消费能力的不断提高和对各类文化娱乐领域IP的喜爱，衍生品市场的发展潜力日益凸显，进一步刺激了内容产业的爆发式增长。对涉案合同性质和目的认定，也应基于这种背景因素进行判断。

2. 探究双方合作基础。首先，无论从合同所涉“那式生活”相关品牌元素的注册申请与实际使用角度，还是从那是公司的成立及合同的订立过

程看，珂兰公司与那是公司能够以480万元保底授权金加超额比例分成的模式合作开发、共同经营合同产品，并非基于“那式生活”相关品牌元素本身的市场价值。其次，涉案衍生品授权开发合同，恰是在中国好声音节目经浙江卫视四季成功播出、已享有较高知名度和影响力，而新一季节目开播在即的背景下签订，且合同的授权期限、第一批衍生产品的上市时间、一次性授权金给付的时间节点等合同项下的各履行期限，均与中国好声音节目的播出档期相互呼应，足以说明该节目对双方合同的订立具有重要影响。由此可见，作为多年从事首饰类产品生产经营的珂兰公司与掌握那英及中国好声音节目相关资源的那是公司进行合作，显然是要依托那英特别是其连续四季作为导师参与的中国好声音节目资源，开发“那式生活”品牌元素饰品，并借助该节目的强势传播及多渠道有效宣传吸引消费者的关注并带动相关衍生产品的销售，以实现双方的互利共赢。

3. 明晰合同性质及权利义务。涉案衍生品开发授权合同并非那是公司所主张的商标许可使用合同，作为合同组成部分并加盖有双方公章的附件2与主合同具有同等效力，双方均应受其约束。根据合同约定，珂兰公司经那是公司授权并按照合同的约定足额支付一次性授权金后，那是公司应将其拥有权利的“那式生活”品牌元素授权珂兰公司用于设计、生产、销售系列饰品，那是公司亦应提供其所掌握的那英及中国好声音节目相关元素用于合同产品的宣传推广，合同约定的目标销售额完成后，超额部分双方按比例分账。而且，对于衍生品授权开发合同的授权方来说，获得并提供上游资源方的合法授权本就是其应当履行的主要义务。据此，那是公司关于附件2为其对珂兰公司的赠与及480万元一次性授权金仅是“那式生活”品牌元素所涉三个商标标识使用费的主张，显然不能成立。

综合以上分析可以看出，涉案《衍生品开发授权合同》是以那英作为导师参与的中国好声音节目为基础而设立，合作开发“那式生活”相关品牌元素衍生产品，并利用中国好声音节目的影响力进行宣传推广以实现商品价值最大化及利益共享，这也是双方签订该合同的主要目的。

二、合理确定部分履行情况下根本违约的裁量标准

在合同有效成立，一方未能全部履行且双方通过协商仍无法改定合同，另一方通过诉讼行使解除权的情况下，法官需要面对的不仅在于协调保护守约方与利益均衡之间的关系，还要通过个案纠纷的解决实现规范引

导功能，使社会公众增强遵守秩序和规则的意识，预防和减少纠纷的发生。为此，对于合同能否解除，应在充分理解和准确把握合同目的的前提下，结合具体案情，综合考量未履行部分的重要性、未履行部分是否能够继续履行、违约的后果能否通过其他措施补救、相关领域的特点及商业惯例等因素，据此判断违约行为对合同目的的影响程度，进而得出是否构成根本违约的结论。

通过前述分析可以看出，从有价值的内容资源中发掘可衍生元素、到相关衍生产品的商业化开发并投入市场，衍生品授权开发领域中的品牌商作为衍生产品的授权开发方，是连接上游资源方和下游产品制造方的纽带，能够获得并提供上游资源方的合法授权，既是该产业得以顺利健康发展的核心与前提，也是其应履行的主要合同义务，对合同目的能否实现具有重要影响。同时，综艺节目类衍生品的宣传推广与上市销售具有较强的时效性，从其依托的节目开播到结束的整个档期，加上预热和余热，相关衍生品的生命周期一般只有几个月，其中的黄金售卖期相对更为短暂，随着节目热度的褪去，衍生品的销量必将受到影响。

本案中，合同以附件的形式对那是公司应向珂兰公司提供基于中国好声音节目的相关权益进行了约定，那是公司应依约履行。通过中国好声音节目开播前后及播出期间的多平台集中推广营销，亦是合同双方获取经济收益的重要途径。涉案合同签订后，那是公司仅履行了将“那式生活”相关品牌元素授权珂兰公司使用、提供那英签名照等部分合同义务，但直至中国好声音开播前，那是公司仍未能提供节目授权并提出不建议宣传页面使用中国好声音相关素材，已构成违约。即便在节目开播后，珂兰公司仍可以在合同有效期内使用“那式生活”品牌元素继续开发生产相关衍生产品，但因节目授权问题不能提供，将直接影响合同产品在黄金销售期的宣传推广，客观上已经无法实现借助中国好声音节目播出的影响力带动产品的宣传与销售以实现预期收益的合同目的。这种情况下，合同已不存在继续履行的事实基础，双方亦未能就可行的替代解决方案达成一致，继续履行原合同，将导致双方权利义务的严重失衡，据此可以认定，那是公司的行为构成根本违约，作为守约方的珂兰公司有权主张解除合同。

综上所述，本案生效判决对衍生品授权开发合同的性质、目的、特点等进行了深入浅出的剖析，在此基础上详尽论述了该类合同部分履行情况下根本违约的判断标准，对于类似案件的裁判有较强的借鉴和参考作用，对相关行业的健康规范发展也具有一定的现实意义。

编写人：天津市高级人民法院　刘震岩　王倩

重庆市足下软件职业培训学院诉毛志刚合同纠纷案

——阅读提示：合法性是否是"商业秘密"受到法律保护的前提？当事人是否可以和解协议确认或约定的内容与真实状态不符为由对和解协议的效力提出异议？

【裁判要旨】

《反不正当竞争法》并未明确规定合法性为商业秘密的构成要件，但法律保护的民事权益必须具有合法性是应有之义。非经合法途径获得的自然人个人信息不具合法性，不能作为商业秘密受到法律保护。

当事人为排除争议法律关系的不确定性，相互让步进而对权利基础、行为性质、标的物数量等事项进行确认或约定达成和解协议后，一方以双方确认或约定的事项与权利的真实状态不符为由对和解协议效力提出异议的，不应得到支持。但和解协议所依据的权利基础因违反法律规定或公共利益而不受法律保护的，和解协议应被认定为无效。

【案号】

一审：重庆市沙坪坝区人民法院（2017）渝0106民初3840号

二审：重庆市第一中级人民法院（2017）渝01民终4750号

【案情与裁判】

原告（反诉被告、被上诉人）：重庆市足下软件职业培训学院（简称足下软件学院）

被告（反诉原告、上诉人）：毛志刚

起诉与答辩

2017年2月28日，原告（反诉被告）足下软件学院以被告毛志刚未按约履行双方签订的《和解协议书》为由，提起诉讼，请求判令毛志刚按约定支付赔偿款340000元并给付自2017年2月28日起至款清为止按中国人民银行规定的同期贷款利率的4倍计算的利息损失。

被告（反诉原告）毛志刚答辩并提起反诉称，《和解协议书》是在反诉被告以涉嫌侵犯商业秘密罪向公安机关报警的情况下签订的，系因胁迫而签订，故提起反诉，请求判令撤销双方签订的《和解协议书》及足下软件学院返还毛志刚已支付的赔偿费用及利息损失。

反诉被告足下软件学院辩称，自双方签订《和解协议书》，至今早已超过要求撤销的除斥期间，而且，双方签订协议系自愿，反诉被告并无胁迫行为，不同意反诉原告的诉请。

一审审理查明

毛志刚原系足下软件学院员工。2014年，足下软件学院与毛志刚签订了《和解协议书》，载明：鉴于毛志刚的行为涉嫌侵犯商业秘密罪，足下软件学院报案后，重庆市沙坪坝区公安分局已立案侦查。双方确认毛志刚于2014年6月份通过公司内部系统网站的导入界面盗取足下软件学院约20万条客户信息；毛志刚盗取的客户信息包括广安、泸州、达州、遂宁、合川等10个区域；毛志刚盗取信息后通过邮件将信息转交给了周某。双方约定由毛志刚赔偿足下软件学院经济损失500000元，并对支付时间及方式进行了约定。协议签订后，毛志刚按双方约定支付了80000元并将其享有的重庆某教育咨询有限公司10%股权办理了变更登记。

一审判理和结果

毛志刚因使用不正当手段获取足下软件学院客户信息，被发现后为取得足下软件学院谅解而签订《和解协议书》。毛志刚并未在庭审中举证证明签订协议时对方有何种胁迫行为，使其违背自己真实意思而缔约；即使存在胁迫，自《和解协议书》签订之日，也应推定毛志刚知道或应当知道撤销事由，以此推算，至毛志刚提起反诉时早已超过一年，针对《和解协议书》可能存在的撤销权已经消灭，毛志刚的反诉请求不能成立。

本诉被告毛志刚在履行了部分赔偿义务后明示拒绝履行剩余付款义务，并要求撤销《和解协议书》，表明其根本漠视应负的合同债务，构成预期违约，造成对足下软件学院的利益损害，应当按照《和解协议书》的约定全面履行给付全部赔偿款的义务。足下软件学院另要求被告给付按中国人民银行规定的同期贷款利率4倍计算的利息损失，无合同依据，不予支持。

据此，重庆市沙坪坝区人民法院于2017年5月3日作出判决：一、本诉被告毛志刚立即给付本诉原告足下软件学院赔偿款340000元。二、驳回本诉原告足下软件学院的其他诉讼请求。三、驳回反诉原告毛志刚的诉讼请求。

上诉与答辩

毛志刚向重庆市第一中级人民法院提起上诉称，《和解协议书》中的“商业秘密”主要为应届毕业生名单等信息，这些信息不能够给足下软件学院带来经济利益，也没有采取任何保密措施，不构成商业秘密。且足下软件学院搜集这些学生信息的行为本身违法，其形成的所谓“商业秘密”不构成合法权利，不应受法律保护，据此形成的《和解协议书》无效。且一审判决忽略了毛志刚被欺诈、胁迫的事实，错误认定上诉人“知道或者应当知道”撤销事由的时间。因此，请求：1. 撤销一审判决第一项，改判合同无效，并由被上诉人返还上诉人已支付的赔偿费160000元，并以该160000元为基数，从实际支付之日起按银行同期贷款利率的利息至付清之日止；2. 撤销一审判决第三项；3. 判令被上诉人承担本案一、二审诉讼费用。

足下软件学院辩称，一审判决认定事实清楚，适用法律正确。请求二审法院依法维持一审判决，驳回上诉人的上诉请求。

二审审理查明

重庆市公安局沙坪坝区分局已立案侦查足下软件学院侵犯公民个人信息一案。

庭审中，毛志刚陈述，其曾为足下软件学院信息部的工作人员，其工作内容系将市场部工作人员收集的个人信息进行汇总，并将格式转换成公司统一格式录入公司系统。足下软件学院对于毛志刚的前述陈述予以认可。同时，双方认可《和解协议书》所涉“客户信息”主要为2014年在校高中毕业生的相关信息，数量约为二十万条，涉及广安、泸州、达州、遂宁、合川等十个区域。足下软件学院在庭审中陈述，其市场部工作人员通过发宣传单、巡展的方式搜集在校学生信息，收集的信息只包括姓名、性别、电话号码以及毕业院校，部分还包括QQ号码，但是不包括公民身份证号码、会考号等。

二审判理和结果

本案双方签订的《和解协议书》实质为一种民事合同，即和解合同。和解合同是当事人通过相互让步以终止其争议或防止争议再发生而形成的合意。合同签订后，合同一方又以双方确定或约定的事项与权利的真实状态不符为由，对合同效力提出异议，一般不应得到支持。本案中，双方是基于毛志刚涉嫌侵害足下软件学院“商业秘密”这一争议而缔结合同。在双方确认了足下软件学院享有“商业秘密”权益之后，毛志刚又以涉案的信息不能给足下软件学院带来经济利益，也没有采取任何保密措施为由，主张涉案信息不构成商业秘密，认为涉案合同无效，不应得到支持。

相对于争议法律关系，和解合同具有一定的独立性。但争议法律关系作为双方缔结和解合同的基础，对争议法律关系的确认须在现行法律框架之下，争议法律关系中的权利基础必须为受法律保护的合法权益，否则和解合同将成为规避法律的手段。因此，若争议法律关系中的权利基础本身因违反法律、行政法规强制性规定或公共利益而不受法律保护，那么合同应依据《中华人民共和国合同法》第五十二条之规定被认定为无效。本案中，足下软件学院主张的权益是商业秘密。现行法律将商业秘密界定为不为公众所知悉、能为权利人带来经济利益、具有实用性并经权利人采取保密措施的技术信息和经营信息。但这只是民事主体享有商业秘密相关权益的必要条件，而非充分条件。根据《中华人民共和国民法通则》第五条、《中华人民共和国民法总则》第三条之规定可知，一直以来，民事法律保护的权益都必须具有合法性。由此，尽管法律规定的商业秘密构成要件中并不包括合法性要件，但商业秘密需具备合法性应为应有之义，若其信息本身、形成过程或获取手段违反了法律规定，自不应受法律保护。因此，审查本案和解合同是否应被认定无效，还需审查本案中双方和解合同中所涉争议法律关系中的权利基础是否是法律保护的合法权益。

从本案来看，在争议法律关系中，足下软件学院主张其享有“商业秘密”权益的信息主要为2014年在校应届高中毕业生的信息，数量有二十万条，涉及广安、泸州、达州、遂宁、合川等十个区域。且足下软件学院在二审中认可这些信息包括毕业生的姓名、性别、电话号码以及毕业院校。由此可见，被足下软件学院视为其“商业秘密”的潜在客户名单涉及自然人个人信息。尽管在《中华人民共和国民法总则》施行之前，自然人对其个人信息享有的权益并未作为一种民事权利受到保护，但是将其作为一种民事利益来保护已经得到司法确认。这是由于自然人个人信息涉及的都是自然人的身份、地位等信息，具有人身属性，与自然人的人身、财产安全密切相关。正因如此，对自然人个人信息的收集、处理、利用，应当事先经过自然人的同意。本案中，足下软件学院所称的潜在客户名单所涉自然人信息数量较大、分布区域较广，且，毛志刚举示证据证明公安机关已经对足下软件学院侵犯公民个人信息一案立案侦查。在此情形下，足下软件学院仅声称其通过巡展等方式获得涉案信息而不举示相应证据，难以使人相信其获取、处理、使用涉案个人信息经过所涉自然人的同意。鉴于此种情况，若认可足下软件学院对涉案“商业秘密”享有民事权益，不仅会损害涉案的二十万自然人对其个人信息享有的权益，且会造成社会不良导向，有违社会公共利益。故本院认为足下软件学院不能因其侵权行为获得不正当利益，足下软件学院对涉案信息不享有受法律保护的民事权益。

综上，尽管在和解合同中毛志刚对于足下软件学院所享有的“商业秘密”权益予以认可，但是由于足下软件学院认为其享有“商业秘密”的潜在客户名单涉及大量、广泛的自然人个人信息，足下软件学院没有举示证据证明其获取这些自然人个人信息的合法性，故二审法院认为足下软件学院主张对涉案信息享有权益违反公共利益，双方就侵害足下软件学院所享有的“权益”达成的和解合同，即，《和解协议书》应认定为无效。

综上，重庆市第一中级人民法院判决：一、撤销重庆市沙坪坝区人民法院（2017）渝0106民初3840号民事判决；二、驳回足下软件学院的全部本诉请求。三、足下软件学院于判决生效之日起十日内向毛志刚返还80000元。四、足下软件学院于本判决生效之日起十日内向毛志刚返还重庆爱得思教育咨询有限公司10%股份；若不能返还前述股份，则向毛志刚返还80000元。五、驳回毛志刚其他反诉请求。

【法官评述】

此案案件事实简单明了，看似是因普通的和解协议履行而引发的纠纷，但仔细剖析，却可发现此案中将平日看似不甚相关的诸多法律问题环环相扣：争议法律关系对于和解协议效力是否产生影响；如果产生影响，作为争议法律关系中权利基础的商业秘密，涉及自然人个人信息时，是否需考虑商业秘密与自然人个人信息的权益冲突；如果需考虑权益冲突，本案可否通过审查商业秘密的合法性解决冲突问题。全面阐释前述任何一个问题都是一个系统、复杂的工程，因此，合议庭如何在本案中简要清晰阐明前述问题即本案难点所在。

一、争议法律关系对于和解协议效力的影响

对于和解协议的双方当事人而言，其缔结合同的目的在于解决争议，因此，在双方形成和解这种合同法律关系之前，双方必然还存在一个争议法律关系。既然是有争议的法律关系，那么该争议法律关系本身即具有不确定性，双方正是为排除这种不确定性而在合同中对于权利基础、行为性质、标的物数量等事项进行确认或约定。尤其是争议法律关系是侵权法律关系时，双方必然会对侵权法律关系中的权利基础进行确认才可能有和解协议的签订。双方在签订和解协议时，就应当考虑到双方所确认的内容可能与实际的真实状况不一致，出于解决纠纷的目的，双方都放弃对真实状况的追究。因此，和解协议确定或约定的事项与真实状态不符的风险是双方在和解合同签订之时，双方就已经或应当预见的。在和解协议履行过程中，一方以约定事项与真实状态不符对和解协议效力提出异议，一般不应得到支持。本案上诉人在签订和解协议后，又以被上诉人的“商业秘密”不具备构成要件为由主张协议无效，不应得到支持。

和解协议作为一种民事合同，其效力的认定需受合同效力一般规则的约束，若和解协议损害社会公共利益或违反法律、行政法规强制性规定仍应当认定为无效。由于和解协议是针对争议法律关系而订立，因此，如果和解协议的签订以认可争议法律关系为前提，那么争议法律关系损害社会公共利益或违反法律、行政法规定强制性规定的则必然会影响到和解协议的效力。譬如，以赌债、违禁品买卖等为对象的和解协议就应当被认定为无效，否则，违法行为即会借助和解协议的外衣合法化。本案中，和解协议是针对侵害商业秘密的侵权法律关系而订立，因此，商业秘密本身是否违反公共利益或违反法律、行政法规强制性规定应当审查。

二、商业秘密纠纷案件中是否应当考虑自然人个人信息权益

客户信息、潜在客户信息是现代商业竞争的重要一环，尤其互联网时代，快速、全面掌握客户信息成为商业竞争取胜的关键因素之一，但这些信息包括了自然人个人信息，与自然人人身、财产密切相关，具有人身属

性。然而，在商业秘密相关的案件中，双方当事人通常为享有商业秘密权益的一方与被控侵权的一方，自然人并未参与到案件中来。因此，到底在商业秘密纠纷案件中应否考虑自然人个人信息权益则出现较大争议。一种观点认为，商业秘密纠纷与商业秘密和自然人个人信息权益冲突是两个不同的法律关系，在商业秘密纠纷案件中信息是否能作为商业秘密受到保护，只需考虑法律所规定的商业秘密的构成要件，而不需要考虑商业秘密是否包括自然人个人信息，如果自然人认为商业秘密侵害了其权益，可以另案解决。本案双方当事人已经确认被上诉人享有商业秘密权益，商业秘密是否具备法定的构成要件也无需再行审查。另一种观点则认为，自然人并未参与到案件中来，其可能根本就无从知晓有人搜集或使用了其个人信息，尤其在互联网时代，部分自然人个人信息的搜集和使用相对隐蔽，而在商业秘密纠纷案件中，自然人个人信息的搜集和使用情况则会被披露出来。同时，经营者搜集和使用自然人个人信息的数量通常较大，而知晓个人信息被经营者搜集和使用后，向经营者主张权利的自然人必定是少数，且举证相对困难，因此，若以自然人个人之力促使经营者规范搜集和使用公民个人信息难度较大。如果商业秘密涉及自然人个人信息，如何平衡自然人个人信息权益以及商业秘密权益，是必须要考虑的问题。合议庭最终采取了第二种观点。

三、合法性是否是商业秘密受保护的前提

如前所述，和解协议可因争议法律关系损害公共利益或违反法律法规强制性规定而无效，商业秘密纠纷案件中需考虑自然人个人信息权益的保护，那么未经自然人同意搜集或使用个人信息是否可以成为阻却商业秘密受法律保护的因素，进而导致本案和解协议无效，取决于未经自然人同意搜集或使用个人信息是否具有违法性以及合法性是否是商业秘密受保护的前提。《中华人民共和国民法总则》第一百一十一条已经明确将自然人个人信息的保护列入了基本法中，该法虽未明确规定自然人个人信息的搜集、使用程序，但是各界对于搜集、使用自然人个人信息需经其同意已经取得共识，此处不再赘述。那么合法性是否是商业秘密受保护的前提即成为关键。一种观点认为，无论是反不正当竞争法还是刑法对于商业秘密的界定都仅为秘密性、实用性和保密性三个构成要件，在法律未将合法性列为商业秘密的构成要件之一的情况下，不应对商业秘密取得方式等方面的合法性进行审查。另一种观点则认为尽管法律对于商业秘密的定义中没有明确规定合法性，但是合法性是所有民事权利、民事权益的基本属性，法律保护的是合法的权利和利益，因此，商业秘密作为一种民事权益受到法律保护，合法性是其必须具备的基本条件。合议庭认为第二种观点更符合基本的法律精神。

综上，合议庭最终认为，涉案的商业秘密涉及数量较大的自然人个人信息，而被上诉人未举示证据证明其合法搜集和使用如此大量的自然人个人信息，因此，被上诉人所主张权益的商业秘密不具备合法性且违反公共利益，双方签订的和解协议书应当被认定为无效。同时，为了避免引起不必要的误解，合议庭特别在判决书的最后部分指出，认定涉案合同无效以及足下软件学院应向毛志刚返还相应财物，并不代表法院认为毛志刚盗取涉案的自然人个人信息并转交他人的行为不具可责性，只是毛志刚不应对足下软件学院承担民事责任，其是否应向其他民事主体承担民事责任或是否应承担行政或刑事责任，则不属于本案的审查范围。

编写人：重庆市第一中级人民法院　刘娟娟

（五）侵害植物新品种权、垄断及知识产权诉讼损害责任纠纷案件

江苏省高科种业科技有限公司诉南通市粮棉原种场追偿植物新品种临时保护期使用费纠纷案

——阅读提示：品种权被授予后，在自初步审查合格公告之日起至被授予品种权之日止的期间，品种权人的合法权益如何保护？对未经申请人许可，为商业目的生产或者销售该授权品种的繁殖材料的单位或个人，品种权人如何行使追偿权？追偿临时保护期使用费的数额如何确定？

【裁判要旨】

品种权人依据《中华人民共和国植物新品种保护条例》第三十三条规定行使追偿权，主张在植物新品种申请公布日至授权公告日期间未经申请人许可，为商业目的生产、销售授权品种繁殖材料的单位或个人支付使用费的，人民法院可以参照有关植物新品种实施许可费合理确定。

【案号】

一审：江苏省南京市中级人民法院（2016）苏01民初396号

二审：江苏省高级人民法院（2017）苏民终58号

【案情与裁判】

原告（被上诉人）：江苏省高科种业科技有限公司（简称高科种业公司）

被告（上诉人）：南通市粮棉原种场（简称南通原种场）

起诉与答辩

高科种业公司一审诉称："南粳 9108"品种权人江苏省农业科学院（简称江苏农科院）授权高科种业公司独占实施"南粳9108"植物新品种权，生产和销售"南粳 9108"水稻种子，并有权对"南粳 9108"植物新品种授权前生产和销售该品种繁殖材料的单位和个人进行追偿。南通原种场在"南粳9108"植物新品种权授权前擅自生产和销售了该品种繁殖材料。故于 2016年 3 月 25 日诉至法院，请求判令南通原种场向高科种业公司支付"南粳9108"水稻新品种使用费 30 万元。

南通原种场一审辩称：1. 南通原种场销售"南粳 9108"水稻时，涉案"南粳 9108"水稻植物新品种权尚未被授予。故不构成侵犯涉案水稻植物新品种权。2. 南通原种场所有的"南粳 9108"水稻种子已被没收，且之前仅销售43 斤。在如皋市农业委员会组织调查后，主动纠正错误，未对高科种业公司生产和经营造成任何影响。3. 江苏农科院授权高科种业公司对植物新品种权授权之前的销售、经营的行为追究法律责任，缺乏法律依据。综上，高科种业公司的诉讼请求应予以驳回。

法院审理查明

2010 年 12 月 10 日江苏农科院对其培育的涉案粳稻新品种申请植物新品种权。2011 年 3 月 1 日经初步审查合格并予以公告。2013 年 4 月 10 日获得江苏省农作物品种审定委员会审定通过。2014 年更名为南粳 9108 并公告。2015 年 5 月 1 日被授予植物新品种权并公告。2011 年 4 月 7 日品种权人江苏农科院与高科种业公司订立《独占实施许可合同书》，约定江苏农科院将涉案水稻品种许可高科种业公司独占实施，许可费为450 万元等。合同签订后，高科种业公司支付了上述费用。2015 年 5 月 1 日江苏农科院出具《授权书》，授权高科种业公司独占实施"南粳9108"植物新品种权，生产和销售"南粳9108"水稻种子；其他单位和个人擅自生产、包装和销售"南粳 9108"水稻种子的行为均为侵权行为，高科种业公司有权追究侵权人的法律责任；高科种业公司有权对"南粳 9108"植物新品种权授权前生产和销售该品种繁殖材料的单位和个人进行追偿。

2015 年 7 月 3 日，如皋市农业委员会向南通原种场出具行政处罚决定书。决定书查明，南通原种场现在主要为有生产经营资质的种子公司代繁种子或为米厂生产优质稻米，现有可种植水稻农田面积1033亩，其中用于承接省市试验的试验田面积19亩，用于生产田面积1014亩。2014年度水稻种植农田中，用于南通市品比稻及小面积自繁水稻试验示范田12亩（“南粳5055”和“南粳9108”种子来源于2013南通市品比试验自留及由市面种子经营部购入）。举报反映当事人涉嫌无证生产和销售白皮袋包装的“南粳5055”“南粳9108”等水稻种子。经查，2014年当事人将“南粳5055”“南粳9108”等作为试验田水稻种植，其中“南粳9108”未加工筛选，入库计2227斤，场部领1000斤加工大米723斤，仓库保管员薛某作为种子销售了43斤，销售价格3.5/斤，现有库存1184斤。行政处罚决定：1. 没收“南粳5055”合计1500斤，“南粳9108”1184斤，没收非法所得1064元；2. 罚款1064元。南通原种场履行了上述行政处罚决定。

一审判理和结果

首先，高科种业公司为本案的适格诉讼主体。“南粳9108”品种权所有人江苏农科院以独占方式授权高科种业公司实施，还授权其对侵权人有权提起诉讼，并有权对“南粳9108”植物新品种权授权前生产和销售该品种繁殖材料的单位和个人进行追偿。《最高人民法院关于审理侵犯植物新品种权纠纷案件具体应用法律问题的若干规定》第一条第三款规定：“独占实施许可合同的被许可人可以单独向人民法院提起诉讼……”因此，根据司法解释的规定，高科种业公司可以提起诉讼，且品种权以及基于品种权产生的追偿权是一种债权，可以通过合同的形式进行转让，故根据品种权人的授权（权利让渡），高科种业公司亦可以承继该权利，并行使相关的权利包括诉权。

其次，南通原种场在涉案“南粳9108”品种被初步审查合格公告至品种被授权期间为商业目的生产和销售了该品种的繁殖材料。如皋市农业委员会的行政处罚决定书查明，南通原种场曾在2014年种植若干亩数“南粳9108”水稻种子，在2015年3月份以白皮包装等包装形式对外销售，并受到行政处罚。南通原种场抗辩称，其仅在试验田种植水稻12亩，且以品比试验为目的。一审法院认为，其一，南通原种场将其生产的“南粳9108”以白皮包装的形式在市场上公开销售，这本身就可以证明是一种商业目的而不是科学实验目的。其二，南通原种场应提交证据证明为科学研究目的，但其仅有陈述。其三，根据相关法律规定，制种需要领取生产许可证以获得制种许可并建立种子生产经营档案等，但南通原种场明确表示没有相关证据提交。这说明其没有合法生产经营，有关生产和销售“南粳9108”数量等陈述包括行政处罚决定书中的相关事实描述应该只是陈述，缺乏相应证据证明。

再次，高科种业公司主张按照一年的许可使用费作为品种使用费赔偿的计算方法和标准，对此一审法院认为，第一，高科种业公司被授权实施涉案“南粳9108”品种，支付了许可使用费450万元，相当于在植物新品种权15年保护年限内平均每年支付30万元。第二，高科种业公司实际获得了独占的权利，并为此支付了相应的对价，取得了类似品种权人的法律主体地位。第三，虽然相关法律没有具体规范追偿费用如何计算，但是南通原种场涉案行为的性质被定性为未经许可之为商业目的的生产或者销售，类似于授权后的未经许可之为商业目的的生产或者销售，即是一种类似于侵害植物新品种权的行为。与之相反的合法行为方式是经过许可的为商业目的的生产或者销售，其中许可方式可以是普通许可也可以是其他方式的许可。因此，参考《最高人民法院关于审理侵犯植物新品种权纠纷案件具体应用法律问题的若干规定》第六条相关规定，高科种业公司主张的计算损失的方法和标准有合理依据，南通原种场应支付品种使用费30万元。

上诉与答辩

南通原种场上诉请求：撤销一审判决，依法改判或发回重审。事实和理由：一、一审判决认定高科种业公司主体适格系适用法律不当。追偿权只能由品种权人行使，被许可人不能行使追偿权。本案中，高科种业公司提交的授权书未授权其可以以自己名义提起追偿权诉讼，本案也并非侵犯植物新品种权纠纷案件，关于审理植物新品种权纠纷的相关司法解释不适用本案。二、一审判决南通原种场支付追偿费30万元于法无据。1.《中华人民共和国植物新品种保护条例》及相关司法解释对追偿费用并无明确规定，本案并不是侵犯植物新品种权纠纷，一审法院认为类似侵犯植物新品种权行为，没有法律依据。2. 许可费自2011年4月签订合同之日起计算，加上2015年5月1日被授权后的保护期15年，应为19年，一审判决按照15年的保护期计算年平均使用费明显不当。3. 南通原种场并非为商业目的生产、销售，是为了科学实验。如皋市农业委员会组织调查后，及时改正错误，没有造成社会影响，对高科种业公司未造成损害。同时，销售行为发生在涉案品种被授权前，高科种业公司计算的损失和标准没有合理依据。

高科种业公司二审答辩称：一、高科种业公司的诉讼主体适格。涉案南粳9108在通过江苏省农作物品种审定后，高科种业公司就与申请人江苏农科院签订了独占实施许可合同。高科种业公司生产、销售涉案水稻种子，并进行市场维权，告诫公众不要擅自生产销售。品种权授权后，品种权人又正式授权高科种业公司行使追偿权，故高科种业公司有权行使追偿权。二、一审判决确定的追偿费用并无不当。植物新品种保护期限是15年，但在实践中，市场应用的实际时间一般只有3—5年，表现好的品种最多是8—10年。尤其在江苏，水稻品种雄厚，新品种层出不穷，品种更新周期短。本案按保护期限15年计算许可费实际更有利于南通原种场，更何况其生产销售实际不止一年。综上，请求驳回上诉，维持原判。

二审判理和结果

一、高科种业公司具备本案诉讼主体资格

根据《中华人民共和国植物新品种保护条例》第三十三条规定，品种权被授予后，在自初步审查合格公告之日起至被授予品种权之日止的期间，对未经申请人许可，为商业目的生产或者销售该授权品种的繁殖材料的单位和个人，品种权人享有追偿的权利。因此，品种权人江苏农科院依法享有追偿权。而追偿权系品种权人享有的一种民事权利，其自愿许可高科种业公司行使追偿权，并不违反法律、行政法规的禁止性规定，故作为独占实施许可合同的被许可人高科种业公司可以对涉案植物新品种追偿权纠纷单独提起诉讼，其诉讼主体适格。

二、南通原种场未经许可，为商业目的生产、销售涉案南粳9108的繁殖材料

南通原种场系专门从事种子生产的全民所有制企业法人，并非自繁自用农作物的农民。2014年试验方案中并无涉案南粳9108品种，其主张2014年种植涉案品种系为了实验依据不足。而且，2015年南通原种场将其生产的南粳9108在市场上销售，该行为本身就具有商业目的。因此，根据本案现有证据，可以认定南通原种场为商业目的生产、销售了涉案南粳9108的繁殖材料。

三、一审判决确定南通原种场支付30万元品种使用费并无不当

根据《中华人民共和国植物新品种保护条例》规定，自初步审查合格公

告之日起至被授予品种权之日止是植物新品种的临时保护期，品种权被授予后，可以向在该期间未经许可，为商业目的生产、销售该授权品种繁殖材料的单位或个人予以追偿，但相关法律对于临时保护期内实施的上述行为的性质、实施者如何承担民事责任尚无明确具体的规定。司法实践中，品种权人通常主张参照植物新品种实施许可费支付临时保护期内的品种使用费。对此二审法院认为，临时保护的前提条件是品种被授权，即在品种被授权的情况下，才对此前公布的该品种给予延伸保护。因此，品种授权后，在临时保护期内未经许可为商业目的生产、销售授权品种繁殖材料的单位或个人应向品种权人支付相应的使用费。而根据品种权人的主张，参照许可使用的方式确定该期间的使用费符合鼓励种业科技创新、植物新品种培育的立法精神，也相对公平合理。本案中，高科种业公司主张南通原种场按照一年实施许可费30万元的标准支付使用费，并提供了实施许可合同及支付凭证。在本案中，需要综合考虑以下因素确定涉案品种使用费的具体数额。

首先，根据涉案独占实施许可协议的约定，南粳9108品种权实施许可费总计为450万元，高科种业公司也按约支付了上述款项。自涉案许可合同签订之日起至该品种权保护期终止，许可使用期限为19年，按照19年计算，平均每年的实施许可费约24万元。一审判决按照保护期限15年计算年平均实施许可费不妥，应予以纠正。但实施许可费约定的数额仅作为确定临时保护期内使用费的参考，还需要考虑植物新品种权的类型、市场应用期等多种因素，不宜直接以约定的19年许可使用期限简单地计算出年平均实施许可费标准，进而确定临时保护期内一年使用费的数额。

其次，高科种业公司提供的南通原种场土地使用权证、经营场所证明等证据显示，南通原种场的土地面积约3500亩。作为专门从事种子生产的全民所有制企业法人，其所有土地为国有农业用地，南通原种场完全有能力提供相关证据证明其土地的面积及用途。二审中其提供的有关耕地面积的数据系其单方提供，在无充分证据证明的情况下，仅凭其自述，无法认定实际可种植水稻农田仅为1033亩。同时，根据南通原种场提供的生产加工协议书，可以认定2014年南通原种场分别为南通中江种业公司、如皋市百岁米厂生产加工500—600亩常农粳8号，320亩淮稻5号，但剩余的其他2000余亩土地种植何种农作物，南通原种场未能提供充分证据予以证明。据此，高科种业公司主张南通原种场大面积种植涉案南粳9108繁殖材料具有较高的可信度。

最后，要特别指出的是，涉案品种为粳稻，而粳稻新品种的培育需着重在增产、提升食味品质等诸多方面进行改良创新，倾注了科技工作者的极大心血。同时，粮食种子质量关系到农业生产的安全，关系到农民的切身利益和人民生命健康安全等重大民生问题。因此，我国实行种子许可证制度，并对种子的培植、来源、质量、生产经营等进行严格监督管控。本案中，南通原种场在未经品种申请人许可，也无种子生产经营许可证的情况下，在临时保护期内为商业目的生产、销售涉案南粳9108繁殖材料的行为不宜简单地按照品种权人授权其实施许可的方式予以处理，应酌情提高相应的使用费数额，才能充分激励和提升种业育种创新能力，规范种子生产经营和管理行为，保障国家的粮食安全。

基于上述分析，综合考虑涉案实施许可费的数额、时间、品种类型、南通原种场的经营规模等多种因素，一审判决确定南通原种场支付使用费30万元并无不当，也符合加大植物新品种知识产权司法保护力度的精神。

综上，二审法院判决：驳回上诉，维持原判。二审案件受理费人民币5800元，由南通原种场负担。

【法官评述】

植物新品种权与专利权、商标权、著作权等知识产权相比，既缺乏完备系统的法律制度规范，亦未积累成熟稳定的实践经验。本案系江苏省法院审理的首例追偿植物新品种临时保护期使用费纠纷案件，全国法院的类似在先判例也极少。本案主要涉及临时保护期植物新品种权人的合法权益如何保护问题。虽然《植物新品种保护条例》规定，品种权被授予后，在自初步审查合格公告之日起至被授予品种权之日止的期间，对未经申请人许可，为商业目的生产或者销售该授权品种的繁殖材料的单位和个人，品种权人享有追偿的权利。但对于追偿权如何行使、临时保护期内实施的行为性质如何认定、费用如何确定等问题，相关法律对此均未作出明确具体的规定。这在一定程度上增加了案件的审理难度，但也留下了进一步探索的空间。

法院在综合考虑相关法律规定、立法目的和精神的基础上，在本案判决中确立了以下裁判规则：首先，品种权人可以依法转让追偿权。其次，品种授权后，在临时保护期内未经申请人许可为商业目的的生产、销售授权品种繁殖材料的单位或个人应支付相应的使用费。最后，追偿临时保护期使用费的数额可以参照植物新品种实施许可费合理确定。但对于涉及粮食种子的新品种纠纷案件，应加大司法保护力度，不宜简单地参照许可的方式确定，应酌情提高使用费的数额。本案的判决，充分体现了对品种权人创新和创造的补偿，亦符合鼓励农业科技创新、植物新品种培育，促进农业发展的立法目的和精神。对今后此类案件的审理具有启示意义，对完善植物新品种临时保护法律制度亦具有一定的参考价值。

编写人：江苏省高级人民法院　曹美娟

王丹阳诉北京百度网讯科技有限公司滥用市场支配地位纠纷案

——阅读提示：市场份额是否为判定经营者具有支配地位的唯一指标？认定经营者是否具有市场支配地位的考量因素？如何判定经营者的行为是否构成滥用？

【裁判要旨】

市场份额并不是判定经营者是否具有市场支配地位的准确、可靠、唯一的指标。在存在较强竞争的互联网环境下的中国搜索引擎服务市场，即便百度公司具有较高的市场份额，也不能简单、当然地推定其具有市场支配地位。

【案号】

一审：黑龙江省哈尔滨市中级人民法院（2015）哈知初字第8号

【案情与裁判】

原告：王丹阳

被告：北京百度网讯科技有限公司（简称百度公司）

起诉与答辩

王丹阳向哈尔滨市中级人民法院起诉请求：1. 百度公司立即停止滥用市场支配地位的违法垄断行为，包括但不限于王丹阳被强制安装“百度杀毒”软件等行为；2. 百度公司在国内主要网络媒体及报纸上公开刊登向王丹阳致歉的声明；3. 百度公司赔偿王丹阳电脑维修费200元；4. 诉讼费由百度公司负担。事实与理由：王丹阳是百度公司旗下搜索产品的用户，其在使用百度公司运营的百度搜索（www. baidu. com）过程中，多次发现百度公司在王丹阳不知情的情况下，擅自替代用户选择安装其开发或推广的软件产品。例如，王丹阳在百度搜索中搜索飞信2013安装软件，搜索结果显示的第一项即为百度公司提供的下载文件，但是王丹阳在下载安装后得知，百度公司将其旗下的杀毒软件捆绑并强制安装在王丹阳电脑中，侵犯了王丹阳的选择权和知情权，且在强制安装捆绑的软件时，占用了王丹阳电脑的硬盘空间和内存空间，导致王丹阳在不得已的情况下，对电脑进行了维修并重装系统花费200元（没有票据证明），也丢失了大量重要文件。根据来源于百度文库的、艾瑞咨询公布的《中国搜索引擎行业年度监测报告2011—2012》，百度搜索引擎服务在2011年中国搜索引擎市场营收中的份额为76.8%。依据《中华人民共和国反垄断法》（简称《反垄断法》）第十九条，可以认定百度公司具有市场支配地位。依据《反垄断法》第十七条第一款第五项关于禁止具有市场支配地位的经营者没有正当理由搭售商品的规定，百度公司通过其搜索引擎服务推荐第三方软件下载，故意添加“百度杀毒”软件，限定王丹阳安装“百度杀毒”软件，且在强制王丹阳安装“百度杀毒”软件后侵犯了王丹阳的隐私权和知情权，违反《反垄断法》。

百度公司辩称：一、被诉行为不是垄断行为。1. 被诉强制安装“百度杀毒”软件的行为不是百度搜索引擎所为，而是百度hao123下载平台所为，涉案软件的下载是由“soft. hao123. com”提供的，“hao123. com”是独立域名，经营者是百度公司。（2013）黑哈证内民字第31504号《公证书》显示，在百度搜索引擎空白搜索框中输入“飞信”关键词，点击百度一下，出现搜索结果页，第一条搜索结果是hao123下载平台的飞信下载，网址是“soft. hao123. com”。该网址是百度旗下的网址导航站，是百度网址导航站的二级域名。因此，百度搜索引擎只是提供了搜索结果，被诉强制安装百度杀毒的行为与百度搜索引擎无关。另外，网络上有众多类似“hao123”的下载网站，王丹阳没有举证证明“hao123”网址导航站和“hao123”下载平台具有市场支配地位。根据四川成都奇英科技有限公司诉百度公司不正当竞争纠纷案，王丹阳主张百度公司被诉行为是滥用市场支配地位，是垄断行为，属张冠李戴。2. 所谓的强制安装百度杀毒软件行为不存在违法性和可责备性。中华人民共和国工业和信息化部《规范互联网信息服务市场秩序若干规定》（工信部20号令）第九条规定：“互联网信息服务终端软件捆绑其他软件的，应当以显著的方式提示用户，由用户主动选择是否安装或者使用，并提供独立的卸载或者关闭方式，不得附加不合理条件。”本案被诉行为，在百度“hao123”下载平台下载飞信软件时，推荐安装百度杀毒软件，有关于“安装百度杀毒确保软件安全”的明确提示，并且默认勾选项可以取消；即便安装百度杀毒软件后，也可以卸载，并未剥夺用户的知情权和选择权。被诉行为是行业通行商业模式，是多数网民获得互联网应用软件渠道之一，原因在于当下国内互联网服务产品大多数是免费的。互联网免费产品不同于实体销售中的搭售行为，不会给消费者带来金钱消费负担。并且，网络服务商在向网民提供软件下载服务时，推荐自己或其他第三方软件，不是向网民推销毒品，也不构成强迫网民使用，不存在可责备性和违法性。王丹阳主张被诉行为使其电脑硬盘空间和内存空间被占用，导致其维修电脑并重装系统，丢失大量重要文件，侵害其隐私权的损害事实没有证据支持，不成立。黑龙江省哈尔滨市道里区人民法院（简称道里法院）生效判决已认定，本案被诉行为没有侵害王丹阳的选择权和隐私权，不存在违法性。二、本案属于重复诉讼。王丹阳于2013年针对百度公司以与本案完全相同的事实向道里法院提起诉讼，道里法院判决驳回王丹阳的全部诉讼请求。故应驳回王丹阳的诉讼请求。

一审审理查明

哈尔滨市中级人民法院经审理查明：

一、有关本案涉及的相关市场界定的事实

艾瑞咨询《中国搜索引擎行业年度监测报告简版》（2012—2013年）记载：2012年，中国搜索引擎企业收入规模为281亿元，同比增长48.5%。2013年预期增长为38.4%，将达到388亿元。预期到2016年，中国搜索引擎企业收入规模将达到754亿元。从基本面上来看，搜索引擎具有良好的ROI（投资回报率）及较低的进入门槛，发展前景良好。……但随着移动设备的快速普及以及移动互联网用户的迅速增长，移动搜索市场正处于快速上升阶段。……当前搜索引擎面临着垂直搜索服务和移动互联网的双重分流。

ITBEAR科技信息网、新华网、虎嗅网、和讯网、腾讯网、前瞻网、www.qiwang.cn网7家网站以及新浪博客（WHATSNOE的博客）于2011年12月22日至2015年7月2日登载的《移动互联网需不需要搜索引擎?》《优酷紧跟一淘推搜库垂直搜索冲击综合搜索市场》《搜索引擎，死期已至》《移动互联网：搜索、浏览器终结者》《整合“一搜”阿里UC联合推移动搜索“神马”》《2014年中国搜索引擎用户行为浅析》《移动搜索的三个挑战与机遇》《传统搜索引擎在快速的信息流面前失效了》《垂直服务的发展对搜索引擎的影响》9 篇文章反映出：信息时代的搜索引擎，不仅是指百度、谷歌这类传统的搜索引擎服务商，随着新技术的出现和用户需求的增多，垂直搜索、移动客户端搜索及 APP 软件（手机软件）也成为新的搜索模式。随着垂直类服务商的成长，搜索引擎势必面临着更多的分流压力。

二、有关百度公司是否具有市场支配地位的事实

目前，中国互联网搜索引擎网站数量较多，包括：百度、360 搜索、搜狗搜索、好搜、必应搜索、有道搜索、中搜、中国搜索、宜搜、神马搜索以及谷歌中文搜索和雅虎中文搜索等。

艾瑞咨询《中国搜索引擎行业年度监测报告简版》（2012—2013 年）记载：2012 年全年百度营收 223 亿元，占搜索引擎企业年度总营收的 79.5%，继续占据行业领先地位，优势明显。2012 年全球搜索引擎中，谷歌以超过 80% 的流量份额居首，雅虎走势稳健居次，百度当前位居全球第四大搜索引擎。

虎嗅网、PChome 电脑之家、新浪网、新华网、万博科技网、突袭新闻、比特网、华讯财经、阿里云、91 门户、站长之家、中华网 12 家网站于 2012 年 8 月 22 日至 2015 年 1 月 26 日登载的《360 搜索带来什么裂变效应》《360 搜索上线一周年市场份额超 18%》《腾讯入股搜狗：注资 4.48 亿美元 搜搜并入搜狗》《360 搜索 2014 年剑指 35% 市场份额》《搜狗搜索十年首次换标发布移动搜索 APP》《搜狗十年，欲借微信搜索爆发》《两岁的 360 搜索市场份额超过 30，谁坐不住了?》《360 搜索满 2 周年 市场份额超过 30%》《一张图就能说明百度和 360 的市场份额基本持平》《2014 年搜索引擎市场份额总结》《盘点 2014 年搜索引擎市场份额》《阿里搜索业务快速崛起 占据 20% 市场份额》12 篇文章反映出：中国互联网搜索引擎市场竞争激烈。百度在中国搜索引擎服务行业仍占首位，但其所占份额及市场占有率一直在缓慢下降；360 搜索已占据了搜索引擎服务市场 30% 左右的市场份额，稳步较快增长；腾讯搜搜业务和其他相关资产并入搜狗后，搜狗搜索带来业务量的增加；神马搜索也占据搜索引擎服务市场相对较大的市场份额。

三、有关百度公司是否滥用市场支配地位的事实

王丹阳通过百度网站搜索“飞信”软件，搜索结果首条显示“飞信 2013 最新官方版下载 hao123 软件”，其下方有“安装百度杀毒确保软件安全”可选择勾选项及“该软件已经过百度安全检测，请放心使用。如遇 360 恶意拦截，请忽略并继续安装”的提示；其末端标识“soft. hao123. com”。其中，

"安装百度杀毒确保软件安全"选择框被默认为勾选。王丹阳在其电脑下载并安装"飞信2013"软件后，同时发现其电脑上安装了"百度杀毒1.5"软件。另有多家网站存在下载目标软件同时默认下载并安装其他软件及程序的情况，有公证书为证。

四、有关本案是否构成重复起诉的事实

道里法院于2013年12月2日受理（2013）里民三初字第1953号原告王丹阳与被告百度公司财产损害赔偿纠纷一案。王丹阳在该案中诉称：其于2013年11月20日在使用百度公司运营的百度搜索过程中，搜索飞信下载安装软件时，百度公司将其百度杀毒软件强制捆绑安装在王丹阳电脑中，因该软件错误杀毒，导致王丹阳U盘丢失了大量的文件，包括王丹阳保留的债务人欠王丹阳2万元钱款的电话录音证据。王丹阳不得已对其电脑维修并重装系统，花费100元。王丹阳个人使用的笔记本电脑属于公民的隐私空间，百度公司的行为侵害了王丹阳的选择权、隐私权和财产权，依据《中华人民共和国侵权责任法》第三条、第十九条之规定，请求：1. 百度公司赔偿王丹阳重新安装电脑系统、恢复电脑系统的费用共计100元；2. 百度公司赔偿王丹阳损失2万元；3. 百度公司就其侵犯王丹阳隐私的行为在国内主要网络媒体及报纸上公开刊登向王丹阳致歉的声明；4. 诉讼费由百度公司负担。王丹阳在该案中举示的证明百度公司侵权事实的主要证据与本案相同。道里法院于2015年3月30日作出（2013）里民三初字第1953号民事判决：驳回王丹阳的诉讼请求。

一审判理和结果

哈尔滨市中级人民法院认为：

一、关于王丹阳提起本案诉讼是否构成重复起诉

依据《最高人民法院关于适用〈中华人民共和国民事诉讼法〉的解释》第二百四十七条第一款的规定，（2013）里民三初字第1953号案件与本案诉讼标的不同、所适用的法律不同、诉讼请求也不完全相同，故王丹阳提起本案诉讼不构成重复起诉。

二、关于百度公司是否构成滥用市场支配地位

（一）百度公司是否具有市场支配地位

百度公司主张，本案涉及的相关市场是"中文搜索引擎市场"，包括垂直搜索；王丹阳主张，垂直搜索与百度公司提供的搜索是同种。王丹阳举示

的艾瑞咨询《中国搜索引擎行业年度监测报告简版》（2012—2013年）反映的是中国搜索引擎市场的相关数据，其举示的百度公司的营收份额也是基于中国搜索引擎市场计算得出的。百度公司将本案涉及的相关市场界定为“中文搜索引擎市场”。因此，双方当事人对相关市场的界定并无分歧，哈尔滨市中级人民法院认定本案的相关市场为“中国搜索引擎服务市场”

王丹阳系根据艾瑞咨询《中国搜索引擎行业年度监测报告简版》（2012—2013年）反映的“2012年全年百度公司营收223亿元，占搜索引擎企业年度总营收的79.5%，继续占据行业领先地位，优势明显”，推定百度公司具备市场支配地位。但王丹阳没有证明该营收份额的计算方式及其是否等同于《反垄断法》规定的市场份额；百度公司提出其年度企业总营收并不仅包括搜索引擎服务营收，还有其他营收项目。因此，仅凭企业年度总营收份额不能当然认定百度公司在中国搜索引擎服务市场的市场份额超过二分之一。并且，市场份额并不是判定经营者是否具有市场支配地位的准确、可靠、唯一的指标。根据中国搜索引擎服务市场及百度公司在中国搜索引擎服务市场中的现状，百度公司在控制商品价格、数量或者其他交易条件，阻碍、影响其他经营者进入相关市场，以及对相关公众选择经营者、使用相关服务等方面，并无明显控制能力。仅依据王丹阳举示的《中国搜索引擎行业年度监测报告简版》（2012—2013年）反映的数据，不能判定百度公司在中国搜索引擎服务市场具有市场支配地位。

（二）关于百度公司被诉行为是否构成《反垄断法》规定的滥用市场支配地位

百度公司承认“soft. hao123. com”系由百度公司经营的。因此，百度公司作为百度搜索引擎及“soft. hao123. com”的经营主体，应当对提供该链接并依据该链接下载安装涉案软件的行为承担相应的法律后果。百度公司关于该下载是由百度“soft. hao123. com”下载平台所为的主张不具抗辩意义，等于承认百度公司应当对此承担相应的法律后果。

王丹阳举示的（2013）黑哈证内民字第31504号公证书及其所附的网页照片等证据一方面证明，通过百度搜索获得涉案链接，并在下载安装“飞信2013”软件的同时下载并安装了“百度杀毒”软件，但另一方面，王丹阳举示的证据亦证明，百度搜索提供的涉案链接同时设有“安装百度杀毒确保软件安全”的选择框，向相关公众明示提供了自行选择是否安装“百度杀毒”软件的功能，相关公众可以根据自己的意愿自主决定是否勾选该选择框，继而自主决定是否下载并安装“百度杀毒”软件。并且，即使下载安装了“百度杀毒”软件，也完全可以根据自己的意愿自主卸载。因此，百度公司通过搜索引擎向相关公众明示提供“飞信2013”下载链接，并不以必须下载、安装、使用“百度杀毒”软件为条件，也不必然带来下载、安装、使用“百度杀毒”软件的后果，不具有隐瞒性、欺骗性和强制性、强迫性，未侵害相关公众及王丹阳的知情权、选择权，不属于《反垄断法》规定的滥用市场支配地位的行为。王丹阳在知道并且能够自主决定是否选择下载安装“百度杀毒”软件及在下载安装后可以自主卸载的情况下，主张百度公司强制其安装“百度杀毒”软件，滥用市场支配地位，侵害了其选择权和隐私权，与事实不符，不成立；王丹阳所称损失与百度公司被诉行为之间没有法律上的因果关系。百度公司关于本案被诉行为不存在违法性和可责备性的抗辩主张成立。

哈尔滨市中级人民法院判决：驳回原告王丹阳的诉讼请求。案件受理费50元，由原告王丹阳负担。

【法官评述】

判定经营者是否构成滥用市场支配地位，首先要判定经营者是否具有市场支配地位，其次要判定经营者是否实施了滥用市场支配地位的行为。

一、“中国搜索引擎服务市场”是本案界定的相关市场

判定经营者是否具有市场支配地位的前提，必须合理地界定相关市场，包括相关商品市场和地域市场两方面。搜索引擎是指根据一定的策略、运用特定的计算机程序从互联网上搜索信息，在对信息进行组织和处理后，为用户提供检索服务，将用户检索相关的信息展示给用户的系统。垂直搜索是针对某一个行业的专业搜索引擎，是对网页库中的某类专门信息进行整合，定向分字段抽取需要的数据进行处理后再以某种形式返回给用户。普通搜索引擎和垂直搜索引擎虽然在服务策略上不同，但两者在技术上无实质差别，均是针对客户输入的搜索条件进行快速查找，对搜索到的信息进行定位、抓取，然后对相关信息进行排列后呈现给用户。从需求者替代角度出发，搜索引擎服务具有特有功能，用户使用搜索引擎实现信息查找的功能，无法被其他网络服务所替代，并且，在这一功能上垂直搜索和普通搜索引擎并无差别。垂直搜索引擎是搜索引擎的细分和延伸，是

针对某一特定领域、某一特定人群或某一特定需求提供的有一定价值的信息和相关服务，具有行业色彩，相比较普通搜索引擎的海量信息无序化，垂直搜索引擎更加专门化。因此，包括垂直搜索在内的“搜索引擎服务”可界定为独立的相关商品市场。

搜索引擎服务市场范围覆盖全球，且均为免费服务，因此，用户在选择使用搜索引擎时，更多的是选择与自身语言、文化、习惯、地域相符合或有紧密联系的，中国的网络用户绝大多数会选择中国境内的中文搜索引擎网站作为常用搜索工具，故中国境内的搜索引擎服务市场可界定为独立的相关地域市场。

二、百度公司不具有“中国搜索引擎服务市场”的支配地位，不能仅依据市场份额确定其具有市场支配地位

市场份额并不是判定经营者是否具有市场支配地位的准确、可靠、唯一的指标，依据《反垄断法》第十九条第三款的规定，即使根据市场份额可以推定经营者具有市场支配地位，但在有证据证明该经营者不具有市场支配地位的情况下，不应当认定其具有市场支配地位，可以综合多方面因素对依据市场份额的推定不予认定。正如最高人民法院在（2013）民三终字第4号民事判决中所认为：“市场份额只是判断市场支配地位的一项比较粗糙且可能具有误导性的指标。在市场进入比较容易，或者高市场份额源于经营者更高的市场效率或者提供了更优异的产品，或者市场外产品对经营者形成较强的竞争约束等情况下，高的市场份额并不能直接推断出市场支配地位的存在。特别是，互联网环境下的竞争存在高度动态的特征，相关市场的边界远不如传统领域那样清晰。在此情况下，更不能高估市场份额的指示作用，而应更多地关注市场进入、经营者的市场行为、对竞争的影响等有助于判断市场支配地位的具体事实和证据。”最高人民法院的上述判词同样适用于本案。因此，在存在较强竞争的互联网环境下的中国搜索引擎服务市场，即便百度公司具有较高的市场份额，也不能简单、当然地推定其具有市场支配地位。目前，中国搜索引擎服务市场存在着百度搜索、360搜索、搜狗搜索、好搜、必应搜索、有道搜索、中搜、中国搜索、宜搜、神马搜索、谷歌中文搜索、雅虎中文搜索等诸多搜索网站。随着互联网领域技术的快速发展以及移动端用户的出现等相关市场快速变化以及由此产生的新的需求，垂直搜索、移动搜索以及通过浏览器或导航网

站直接进行搜索等多种搜索模式不断涌现。中国搜索引擎服务市场发展迅速，竞争主体多元，竞争充分。中文搜索引擎服务主要是免费服务，竞争者之间在服务价格上没有差异，相关公众可以不受限制地在诸多中文搜索引擎服务提供者中选择、切换，不存在技术障碍，也无需增加支出。根据中国搜索引擎服务市场及百度公司在中国搜索引擎服务市场中的现状，百度公司在控制商品价格、数量或者其他交易条件，阻碍、影响其他经营者进入相关市场，以及对相关公众选择经营者、使用相关服务等方面，并无明显控制能力。仅依据《中国搜索引擎行业年度监测报告简版》（2012—2013年）反映的数据，不能判定百度公司在中国搜索引擎服务市场具有市场支配地位。

本案是黑龙江省首例反垄断民事纠纷案件，合议庭对相关市场界定、判定百度公司是否具有市场支配地位的因素进行了有益的探索。一审宣判后，双方当事人均未上诉，服判息诉。

编写人：黑龙江省哈尔滨市中级人民法院　李靖海　杨欣

华奇（中国）化工有限公司诉圣莱科特化工（上海）有限公司因恶意提起知识产权诉讼损害责任纠纷案

——阅读提示：如何认定当事人提起知识产权诉讼具有主观恶意？仅凭当事人在案件审理过程中的诉讼行为，是否足以认定其具有恶意提起知识产权诉讼的主观故意？恶意诉讼应具有哪些构成要件？

【裁判要旨】

对因恶意提起知识产权诉讼损害责任纠纷案件，应首先按一般侵权案件的构成要件进行审查。对于加害行为要件，应重点审查在先诉讼的被告是否完全胜诉。对于损害结果要件，重点审查在先诉讼的被告是否为诉讼有实际支出、有无其他损失。对行为违法性可不作审查，而在先诉讼中原告的恶意，应作为审理关键点。关于在先诉讼中原告恶意的认定，重点审查在先诉讼中原告之起诉是否具有一定的权利基础和事实基础、是否有超出诉讼的其他目的、是否存在明显不当的诉讼行为，如在先诉讼中原告实际并无权利基础或事实基础，其诉讼目的并不在于诉讼本身而有其他不正当目的，且诉讼中存在不当诉讼行为，则可以认定其起诉具有恶意。

【案号】

一审：上海知识产权法院（2015）沪知民初字第391号

二审：上海市高级人民法院（2016）沪民终501号

【案情与裁判】

原告（上诉人）：华奇（中国）化工有限公司（简称华奇公司）

被告（被上诉人）：圣莱科特化工（上海）有限公司（以简称圣莱科特公司）

起诉与答辩

2015 年 6 月 10 日，华奇公司向上海知识产权法院提起诉讼，请求判令：1. 被告圣莱科特公司赔偿原告华奇公司因恶意提起知识产权诉讼而给原告造成的经济损失 300 万元，包含原告因此花费的律师费、公证费等合理开支；2. 判令被告圣莱科特公司在《人民法院报》《橡胶工业》杂志和被告经营的网站（http：//sisl. siigroup. com）首页连续六个月就侵权行为刊登声明、消除影响。

被告圣莱科特公司辩称，其起诉原告系正当维权行为，原告诉请没有事实和法律依据，请求法院驳回原告的全部诉讼请求。

法院审理查明

2008 年 8 月，华奇公司申请了名称为“烷基酚热塑树脂生产的改进工艺”的发明专利（以下简称涉案发明专利）。2010 年 2 月，圣莱科特公司起诉华奇公司，主张涉案专利申请权归其所有。2011 年 3 月，圣莱科特公司向法院申请撤回起诉。自 2010 年 4 月起，经圣莱科特公司申请，国家知识产权局三次中止涉案专利申请程序，但涉案专利于 2013 年获得授权。2011 年 3 月 29 日，圣莱科特公司又起诉华奇公司，请求判令涉案发明专利申请权归其所有。2013 年 6 月，法院判决驳回圣莱科特公司的诉讼请求。

一审判理和结果

上海知识产权法院认为，仅凭圣莱科特公司在案件审理过程中的诉讼行为，不足以认定其具有恶意提起知识产权诉讼的主观故意。圣莱科特公司提起系争知识产权诉讼的目的在于正当维权，不构成恶意提起知识产权诉讼的侵权行为，不应承担民事责任，故判决驳回华奇公司的诉讼请求。

上诉与答辩

华奇公司上诉请求：撤销一审判决，发回重审或改判支持其一审诉讼请求。事实和理由：一、圣莱科特公司发起专利申请权诉讼没有合理依据。二、圣莱科特公司向国家知识产权局请求中止专利审查程序的理由不能成立，属利用专利申请权权属纠纷案件拖延华奇公司获得专利授权。三、圣莱科特公司的不当获取华奇公司商业秘密、杜撰公安机关不予立案理由、实施商业诋毁、诉讼中多次变更商业秘密点、多次起诉撤诉等不诚信诉讼行为，可以印证其发起专利申请权权属纠纷诉讼的恶意。

圣莱科特公司辩称：一、其发起专利申请权诉讼具备权利基础。二、其请求中止相关专利审查程序属正当行使权利，且未给华奇公司造成损失。三、其提起专利申请权权属纠纷两案并无主观恶意。

二审判理和结果

上海市高级人民法院二审认为，圣莱科特公司提起两专利申请权权属纠纷案具有一定的权利和事实基础，在案证据难以证明圣莱科特公司的起诉具有超出诉讼本身的其他目的，也难以证明圣莱科特公司存在明显不当、有违诚信的诉讼行为，且华奇公司并无除诉讼费用外受到其他损失的确凿证据，据此驳回上诉，维持原判。

【法官评述】

一、恶意诉讼的构成要件

恶意诉讼本质上属于侵权纠纷，但对于何谓恶意诉讼，法律并无明文规定，[①] 一般认为当事人为获取非法或不正当利益为目的而故意提起的在法律上或事实上无依据的诉讼，即构成恶意诉讼。[②]

侵权责任的构成，一般认为需具备加害行为、损害结果、因果关系、主观过错四要件。德国侵权法则认为责任构成由事实构成、违法性、过错组成，[③] 法国侵权法则仅需损害结果、因果关系、主观过错三要件。而对于加害行为，通说认为须行为本身具有违法性，少数说认为不需具违法性。[④] 理论一般用于解释实践，实践一般不因理论而改变。应用到恶意诉讼，采行为不需违法性的四要件说较为可行，具体如下：

---

① 2012年修正后的《民事诉讼法》第一百一十二条、第一百一十三条规定了恶意诉讼，但其情形限于当事人之间恶意串通侵害他人权益或被执行人与他人恶意串通通过诉讼逃避法律文书确定的义务，本文所论及的显非属此类情形。

② 最高人民法院民事案件案由规定课题组编著：《最高人民法院民事案件案由规定理解与适用（2011年修订版）》，人民法院出版社2011年3月版，第271页。

③ 所谓的事实构成，相当于“加害行为+损害后果+因果关系”，因此德国侵权法上的构成要件与中国侵权法并无实质区别，在案件审理中所要考察的因素是基本一致的。

④ 参见张新宝：《侵权责任法原理》，中国人民大学出版社2005年版，第48~49页。

（一）四要件说符合逻辑，更易于厘清审理思路。相对于三要件说，四要件说仍坚持加害行为这一要件。侵权法制度主要是围绕行为展开的，没有行为，即谈不上有责任。被告的行为是侵权诉讼的源头，否则即为无本之木。从逻辑出发，也是先有民事主体的行为，后对其行为进行法律评价并课以法律上的责任。在实际案件的审理中，首先需查明的事实，即是被告是否有起诉状所称的相应行为。如抛开行为要件，径直前往查明损害结果是否存在，则其果所指向何因？因果关系又如何建立？三要件说的损害结果，事实上仍必须包含行为要件，与其隐藏，不如显现，独立为一要件。在恶意诉讼纠纷中，被告必须是先前诉讼的原告，这一诉讼已经有生效裁判，且先前诉讼原告的诉讼请求已被法院驳回，应认为已满足行为要件。需要强调的是，应审查被告是否完全胜诉，所谓完全胜诉，不仅是指判决结果上驳回了原告的诉讼请求，也指判决理由上完全驳回，意味着原告的诉请完全没有任何正当理由。具体到本案，圣莱科特公司提起了两起专利申请权权属纠纷案，审理法院完全驳回其之诉讼请求。

（二）行为违法性难以认定。同为大陆法系，德国侵权法要求行为违法性要件，法国侵权法却无此要求，但并不意味着两者有什么本质上的区别。不要求违法性要件，可以有两种理解：一是存在加害行为并有损害结果时，自然包含了违法性要素；[①] 二是确定主观过错时自然也会考虑行为的违法性。但不管将违法性与过错分开考量还是一并考量，处理实际案件的结论并不会改变或不同。[②] 从这个意义上说，把违法性作为侵权构成的一个要件单独予以认定，未尝不可。但就提起民事诉讼这一行为而言，认定其本身的违法性却是一件难事，因为提起民事诉讼本是民事主体的权利，提起民事诉讼一般并不违法，当其起诉符合诉讼法的相关规定时，自当予以立案并进入审理程序，而其诉讼请求由于证据不足或没有法律依据而被驳回时，也不能一般性地认为其原先的起诉行为具有违法性。因此，如果采用违法性要件说，即要从起诉行为本身是否具有违法性的角度进行审查，这在实践中是有相当难度的，不如将该要素放入主观过错的范畴进行审查。本案中，难

---

① See Basil S. Markesinis and Hannes Unberath, *The German Law of Torts: A Comparative Treatise*, Fourth Edition, Hart Publishing, 2002, p. 79.

② See Basil S. Markesinis and Hannes Unberath, *The German Law of Torts: A Comparative Treatise*, Fourth Edition, Hart Publishing, 2002, P. 81.

以认定圣莱科特公司的起诉行为其本身具有违法性，行使诉权本身是正当行为，否则民事诉讼中的败诉原告都将面临被认定为侵权的风险。

（三）损害结果如何界定。关于损害结果的范围如何确定，也有两种不同的观点。一是在原先的诉讼中，被告为应对诉讼付出了相应的诉讼费用，如律师费，或者有情感损失、声誉损害，这也算是损失，因如原先之诉讼不提起，则无需耗费此笔诉讼支出或遭受情感、声誉损害，在恶意诉讼损害赔偿责任案件中，原诉讼的被告请求赔偿恰是依据填平损失原则。二是原诉讼被告须在诉讼支出、情感损失、声誉损害之外另有其他损失。同为普通法系国家，美国大部分法院采纳第一种观点，而英国法院则采纳第二种观点，其缘由在于英国民事诉讼中胜诉方在诉讼费用上本已得到补偿，[①] 并且，采纳第二种观点的人还认为诉讼支出乃至声誉损害等，本是诉讼的应有之义，[②] 也有利于控制诉讼的数量。[③] 在中国法语境下采第一种观点较可行，原诉讼中胜诉的被告所支出的诉讼费用特别是律师费在当前数额较高，如果诉讼过程中其个人声誉或商业信誉受到了损害，则对其日常生活或市场交易也将造成影响，相应的赔偿等救济对被告而言绝非可有可无，在作为侵权责任构成要件的损害结果方面，没有必要设定如上述第二种观点之高的标准。具体到本案，华奇公司在原诉讼中为聘请专业律师支付了数十万元的律师费，考虑到案件较为复杂、多次开庭、审理时间长达数年，此笔律师费尚属合理，应当认为是存在损害结果的，并且这种结果与圣莱科特公司的起诉存在直接的因果联系。

二、恶意之认定

如何认定恶意，是恶意起诉损害责任纠纷案件审理中的难点、关键点。下面结合案情进行论述。

（一）圣莱科特公司提起两专利申请权权属纠纷案具有一定的权利和事实基础。圣莱科特公司与华奇公司之间存在直接的市场竞争关系，且存在圣莱科特公司可能接触过涉案商业秘密的员工离职的事实，圣莱科特公

---

① John L. Diamond et al., *Understanding Torts*, Matthew Bender & Company Inc., 2013, § 20. 02. E.

② Dan Dobbs et al., *Hornbook on Torts*, West Academic Publishing, 2016, § 39. 12.

③ John L. Diamond et al., *Understanding Torts*, Matthew Bender & Company Inc., 2013, § 20. 02. E.

司怀疑其商业秘密被华奇公司申请专利，具有一定合理性。圣莱科特公司在诉讼中依据商业秘密主张专利申请权权属，并归纳了秘密点予以明确，其所主张权利的技术方案与华奇公司的涉案专利属于同一技术领域，案件审理中也涉及了复杂的技术问题。即使（2010）沪二中民五（知）初字第39号案中圣莱科特公司所主张的秘密点与涉案专利技术方案从字面上看并不相一致，但两者属于同一技术领域，对于相同或实质相同的技术方案可能存在不同的表述方式，因此权属问题只有通过案件的实质审理才可以得出准确的结论。（2011）沪二中民五（知）初字第48号案的判决结果事实上也采纳了鉴定意见，可见相关技术问题较为复杂。圣莱科特公司在起诉时均准备了相当的初步证据，而非仅基于猜测，亦非毫无事实基础，表明圣莱科特公司提起诉讼时并不认为其将必然败诉，至少圣莱科特公司在起诉时认为其具有权利和事实依据，希望通过诉讼争取获得涉案专利申请权的权属，这对于身处商业竞争环境中的公司而言实属正常举动。在民事诉讼中，不能苛求原告在起诉时即持与裁判结果一致的认识或观点，原告的诉讼主张得不到支持实属常态，其原因各异，不能仅以不利的裁判结果来反证其起诉缺乏权利和事实依据。

案件审理中要审查权利基础和事实基础，但并不意味着没有权利和事实基础的一概通过恶意诉讼制度规制，也不意味着有权利和事实基础就一定不构成恶意诉讼。对于明知其自己并无权利基础，通过伪造权利证书等文件虚构为权利人，并通过提起知识产权诉讼获得赔偿的，应认为构成刑事犯罪比如诈骗罪，作为受害人的被告，则通过退赃等方式获得救济。①因为恶意诉讼制度的根本目的，在于通过制裁起诉人、补偿受害人构建正常的诉讼秩序，使诉讼本身成为维权的途径而非侵权的工具，而对于直接危害社会秩序的行为，应通过刑罚制度予以规制。而在有的案件中，原告原本具有权利基础，如专利权，但该权利发生了变动如专利权利要求删除，明知情况下仍以不存在的权利为基础提起诉讼，一般可认为具有恶

① 可参考魏某诉谢某恶意提起知识产权诉讼损害责任纠纷案——浙江省绍兴市柯桥区人民法院（2015）绍柯知初字第65号民事判决。

意。[1] 而对于具有权利基础外观、是否明知难以确认的情况，一般应认为不具有恶意。[2] 另外，起诉人具有一定的权利和事实基础，并不意味着就可免责，恶意的认定是一种整体上的认定，行使权利超出正当范围，其起诉也可能被认定为具有恶意。

（二）在案证据难以证明圣莱科特公司的起诉具有超出诉讼本身的其他目的。要认定某诉讼行为构成恶意起诉，需证明起诉方具有超出诉讼本身的其他不正当目的。圣莱科特公司之所以提起专利申请权权属纠纷，在于其认为华奇公司将其技术方案申请了专利，需通过诉讼手段获得涉案专利权属。而通过诉讼程序争取利益，是民事主体的正当权利。就两专利申请权权属纠纷而言，圣莱科特公司在起诉时除希望获得涉案专利申请权权属外，难言有其他目的，且该两专利申请权权属纠纷中圣莱科特公司并未胜诉，不利诉讼后果由其自行承担。至于提起涉案专利申请的中止程序，这本是法律规定的当事人享有的权利，也是专利申请程序制度设计的应有之义，圣莱科特公司依法请求中止审查并不违法，且华奇公司的涉案专利最终已获得授权。圣莱科特公司的商业诋毁行为，已在另案中得到依法处理，本案无需再行处理。所谓超出诉讼本身的其他目的，是指通过案件情况可以判断出原告仅将起诉对方作为伪装或工具，实质上欲达到其他不正当目的，比如对方正在申请公开上市过程中，其诉讼可能导致上市搁浅，从而削弱其市场竞争力。

（三）在案证据难以证明圣莱科特公司存在明显不当、有违诚信的诉讼行为。不管是专利申请权权属纠纷还是商业秘密纠纷，均可能涉及复杂的技术问题，当事人只能依据其所掌握的证据材料主张权利，案件的结果由裁判者综合全案证据决定，即使判决结果不利于起诉一方，也不能据此就认为起诉方具有恶意。专利申请权权属纠纷案中，圣莱科特公司已提交

---

① 参见北京知识产权法院（2015）京知民初字第1446号民事判决——北京远东水泥制品有限公司诉北京四方如钢混凝土制品有限公司因恶意提起知识产权诉讼损害责任纠纷案。

② 参见北京明日电器设备有限责任公司诉维纳尔（北京）电气系统有限公司损害赔偿纠纷案——北京市第二中级人民法院（2007）二中民初字第15445号民事判决，该案的被告（即在先诉讼原告）将其自身已公开的设计申请了外观设计专利，但在诉讼中被宣告无效。

初步证据，并无证据表明其具有伪证等行为，且其委托了专业律师作为诉讼代理人。(2011）沪二中民五（知）初字第48号案中圣莱科特公司所主张的秘密点相较于（2010）沪二中民五（知）初字第39号案有所变化，尽管属于两个不同的案件，但此两案具有一定的关联性，所主张的技术方案属同一技术领域，作为原告在另行起诉后予以变更、细化及明确，并非具有不正当性。(2010）沪二中民五（知）初字第39号案的撤诉得到了审理法院的裁定准许，而（2011）沪二中民五（知）初字第48号案的撤诉申请并未得到准许，难言上述申请撤诉的行为具有不正当性。在先诉讼中的原告如具有明显不当的诉讼行为，可以成为判断其具有恶意的重要辅助因素。

（四）恶意提起诉讼的恶意与民事诉讼中起诉方所具有的不满情绪应当予以区分。民事诉讼中互相对抗的双方当事人，特别是提起诉讼的一方对于被诉的另一方具有一定的不满情绪，显属正常，但此并非恶意起诉之恶意，并不属于恶意诉讼制度的规制对象。前已述及，圣莱科特公司提起专利申请权权属纠纷案并无超出诉讼本身的不正当目的。另外，专利申请权权属纠纷涉及专利权的归属问题，而专利权的归属对于公司经营具有重要意义，应当保障对权属有异议的一方具有充分的诉权。圣莱科特公司提起（2010）沪二中民五（知）初字第39号案、(2011）沪二中民五（知）初字第48号案的行为，以及其中的变更秘密点、起诉后撤诉、请求中止专利审查程序等行为，尚属于依法展开的诉讼行为，且华奇公司并无除诉讼费用外受到其他损失的确凿证据，整个诉讼尚处于正常商业风险的范畴之内。民事诉讼是彰显权利、保障权利的重要途径，依法提起诉讼也可以表明权利人认真对待权利的态度，为保障诉权、保障并鼓励权利人保护其知识产权，对因恶意提起知识产权诉讼必须依法持较高的认定标准，否则将不当地阻吓权利人依法正当维护其知识产权。

编写人：上海市高级人民法院　徐卓斌

IP

2017年中国法院50件典型知识产权案例

二、知识产权行政案件

（一）专利行政案件

传感电子有限责任公司诉国家知识产权局专利复审委员会、第三人宁波讯强电子科技有限公司发明专利权无效行政纠纷案

——阅读提示：权利要求是否以说明书为依据的认定。如何确定人民法院对无效决定进行合法性审查的审查范围？能否判决部分撤销无效决定？

【裁判要旨】

“权利要求应当以说明书为依据”是维护权利人与社会公众的利益平衡，防止专利权侵蚀公有领域，为后续创新保留必要空间的重要制度保障。因而，一方面，权利人有权在说明书充分公开的具体实施方式等内容的基础上，通过合理概括的方式撰写权利要求，以获得适度的保护范围而不仅仅限于具体实施方式本身，从而给发明创造提供必要、适度的激励。另一方面，权利要求限定的保护范围应当与涉案专利的技术贡献和说明书充分公开的范围相适应，以免过宽的保护范围阻碍科学技术的进步。

人民法院可主要根据当事人提出的诉讼请求以及主张的事实和理由，对被诉决定的合法性进行审理，但并不以此为限。人民法院发现被诉决定存在违反法律规定的其他情形的，可以一并审查。

人民法院可区分不同权利要求以及不同的法律规定，对被诉决定中的相关认定分别审理并作出认定，部分撤销被诉决定中认定错误的部分。

【案号】

一审：北京市第一中级人民法院（2012）一中知行初字第2111号

二审：北京市高级人民法院（2013）高行终字第961号

再审：最高人民法院（2016）最高法行再19号

【案情与裁判】

原告（上诉人、再审申请人）：传感电子有限责任公司（简称传感电子公司）

被告（被上诉人、被申请人）：国家知识产权局专利复审委员会（简称专利复审委员会）

第三人（被申请人）：宁波讯强电子科技有限公司（简称讯强公司）

起诉与答辩

本案涉及专利号为97197519.1，名称为“具有低矫顽磁力特性的偏磁元件的磁力式电子货品监视用标识器”发明专利（简称涉案专利）。

2010年4月27日，讯强公司以全部权利要求均未能以说明书为依据，不符合《中华人民共和国专利法》（2000年修正，简称专利法）第二十六条第四款①的规定等为由，向专利复审委员会提出无效宣告请求。2012年2月29日，专利复审委员会作出第18161号无效宣告请求审查决定（简称被诉决定）。被诉决定认定，涉案专利权利要求1—4、6—7、9—12、14—18、20—26、29—30、34—35、37—42、44、46—47未能以说明书为依据，不符合专利法第二十六条第四款的规定，故宣告所述权利要求无效。讯强公司关于权利要求5、8、13、19、27—28、31—33、36、43、45未能以说明书为依据，不符合专利法第二十六条第四款规定的无效理由不能成立，故在所述权利要求的基础上维持专利权继续有效。传感电子公司不服被诉决定，向北京市第一中级人民法院提起行政诉讼，请求撤销被诉决定。

一审判理和结果

在涉案专利说明书中，以M材料（第一实施例）和V材料（第三实施

---

① 2008年修改后的《专利法》第二十六条第四款规定：“权利要求书应当以说明书为依据，清楚、简要地限定要求专利保护的范围”。

例）为偏磁元件的实施例中由于存在相互矛盾的描述，导致公开不充分，而在其仅充分公开了以 SB1 制作偏磁元件的技术方案的基础上，权利要求 1—4、6—7、9—12、14—18、20—26、29—30、34—35、37—42、44、46—47 中均覆盖了不能解决本发明所要解决的技术问题且达到预期技术效果的实施方式，故其得不到说明书的支持，不符合专利法第二十六条第四款的规定。一审法院据此维持被诉决定。

上诉与答辩

传感电子公司不服一审判决，向北京市高级人民法院提起上诉，请求撤销一审判决和被诉决定，判令专利复审委员会重新作出审查决定。传感电子公司的主要上诉理由为：涉案专利权利要求 1—47 均符合专利法第二十六条第四款的规定。一审法院和专利复审委员会对涉案专利各权利要求所要解决的技术问题或所要达到的技术效果认定错误，对说明书第一实施例和第三实施例未能充分公开本发明的认定错误，导致其错误认定涉案专利部分权利要求不符合专利法第二十六条第四款的规定。

专利复审委员会与讯强公司服从一审判决。

二审判理和结果

涉案专利是基于对三种物质材料的选择，发现了其所选择的新材料在低场稳定性、漂移梯度、矫顽磁力等方面相对于现有技术具有一定的优势，具有更适宜使用于磁力式电子货品监视系统中的标识器的特性，故在涉案专利说明书中也从这些方面限定了其选择的物质材料。即便涉案专利说明书所记载的三个实施例不存在公开不充分的问题，但在涉案专利的权利要求 1—4、6—7、9—12、14—18、20—26、29—30、34—35、37—42、44、46—47 中，仅是选择了部分参数或指标来限定所述物质材料，而其权利要求所覆盖的范围却不仅限于涉案专利说明书中所列举的三种物质材料，即涉案专利权利要求限定的范围超出了涉案专利说明书公开的范围，因而相应的权利要求得不到说明书的支持，不符合专利法第二十六条第四款的规定。二审法院据此判决：驳回上诉，维持一审判决。

申请再审理由与答辩

传感电子公司不服二审判决，向最高人民法院申请再审。其主要理由为：（一）关于涉案专利要解决的技术问题的认定。在认定创造性和判断权利要求是否以说明书为依据时，其对技术问题的认定应当一致，不能将涉案专利说明书背景技术中记载的现有技术的缺陷，等同于权利要求所要解决的技术问题。（二）关于涉案专利的技术贡献及其与权利要求是否以说明书为依据的关系。涉案专利各项权利要求对现有技术的贡献是如何根据特定的物理参数选择标准来选择磁性材料，并将该材料应用于标识器中的偏磁元件，而非新材料的选择，故涉案专利权利要求的保护范围与其技术贡献相匹配。（三）关于说明书充分公开与权利要求以说明书为依据的关系。涉案专利说明书第一实施例和第三实施例的公开是充分的，即使不考虑这两个实施例，相关权利要求也能得到说明书的支持。（四）关于本案的审理范围。对于再审审判监督程序，审理范围一般应该限于当事人申请的范围。

专利复审委员会提交意见称：二审判决认定事实清楚、适用法律正确，程序合法。就本案的审理范围，其应当限于传感电子公司再审申请的请求范围。

讯强公司提交意见称：本案的审理范围可以包括被诉决定维持有效的权利要求。

再审判理和结果

最高人民法院认为，本案争议焦点为：

一、在认定涉案专利权利要求是否以说明书为依据时，如何理解涉案专利所要解决的技术问题？

专利法第二十六条第四款规定的“以说明书为依据”涉及的主要是权利要求书与说明书的相互关系问题，通常应当以说明书本身记载的相关内容为基本依据来认定涉案专利要解决的技术问题和实现的技术效果。虽然在判断权利要求是否具有创造性时，会根据权利要求与“最接近的现有技术”的区别技术特征所重新确定“实际解决的技术问题”。但是该“实际解决的技术问题”可能并不同于涉案专利要解决的技术问题，不能直接作为认定权利要求是否以说明书为依据的基础。

综合考虑涉案专利说明书中有关背景技术、发明目的、有益效果、具体实施方式等内容，涉案专利相对于背景技术作出的改进主要在于以特定材料制作偏磁元件，以使得标识器更容易退活化，并且标识器不会因“存储、运输或装卸时所可能会出现的磁场作用”而意外退活化。故也应据此认定涉案专利所要解决的技术问题和实现的技术效果。

二、涉案专利说明书中记载的第一实施例、第三实施例是否充分公开，对认定涉案专利权利要求是否以说明书为依据有何影响？

在认定权利要求是否以说明书为依据时，应当以说明书中充分公开的技术内容为基础。对于说明书中未能充分公开的内容，由于该部分内容不能达到让本领域技术人员能够实现的程度，不宜将其作为认定权利要求是否以说明书为依据的基础。涉案专利说明书中记载的有关第一实施例、第三实施例的技术内容未能充分公开，不能作为认定权利要求1—47是否“以说明书为依据”的基础。

三、涉案专利权利要求是否以说明书为依据？

涉案专利权利要求1—4、6—7、9—12、14—18、20—26、29—30、37—42、44、46—47的保护范围明显超出了涉案专利说明书充分公开的程度和涉案专利的技术贡献程度，未能以说明书为依据。权利要求34—35限定的技术方案缺乏具体实施方式支持，不符合专利法第二十六条第四款的规定。

关于被诉决定维持有效的权利要求5、8、13、19、27、28、31、32、33、36、43和45。权利要求5、8、13、19、27、28、36、43和45的保护范围明显超出了涉案专利说明书充分公开的程度和涉案专利的技术贡献程度，未能以说明书为依据。权利要求32限定的技术方案缺乏具体实施方式支持，不符合专利法第二十六条第四款的规定。权利要求31、33能够得到说明书中充分公开的具体实施方式的支持，符合专利法第二十六条第四款的规定。

四、关于本案的审理范围和处理方式。

《中华人民共和国行政诉讼法》（简称行政诉讼法）第六条规定：“人民法院审理行政案件，对行政行为是否合法进行审查。”根据该规定，人民法院可主要根据当事人提出的诉讼请求以及主张的事实和理由，对被诉决定的合法性进行审理，但并不以此为限。人民法院发现被诉决定存在违反法律规定的其他情形的，可以一并审查。本案中，被诉决定中维持有效的权利要求中的大部分权利要求同样存在未能以说明书为依据的情形，不符合专利法第二十六条第四款的规定。为避免错误维持有效的权利要求损害第三人的合法权益和社会公共利益，在充分听取各方当事人意见的基础上，根据行政诉讼法第六条的规定对维持有效的权利要求是否符合专利法第二十六条第四款的规定一并进行审理。

行政诉讼法第七十条规定：“行政行为有下列情形之一的，人民法院判决撤销或者部分撤销，并可以判决被告重新作出行政行为：……”根据该规定，在被诉决定中的各项认定属于可以区分的情况下，人民法院可以依法判决部分撤销被诉决定中的有关认定。

综上，最高人民法院作出判决：一、部分撤销国家知识产权局专利复审委员会第18161号无效宣告请求审查决定中有关权利要求5、8、13、19、27、28、32、36、43和45符合专利法第二十六条第四款规定，维持所述权利要求有效的认定，由国家知识产权局专利复审委员会就所述权利要求是否符合专利法第二十六条第四款的规定重新作出审查决定；二、撤销北京市第一中级人民法院（2012）一中知行初字第2111号行政判决；三、撤销北京市高级人民法院（2013）高行终字第961号行政判决。

【法官评述】

本案的审理涉及权利要求是否以说明书为依据的认定以及人民法院对无效决定进行合法性审查的审查范围和处理方式。

一、权利要求书是否以说明书为依据的认定

根据专利法第一条的规定，在一定期限内授予专利权的目的在于鼓励发明创造，提高创新能力，促进科学技术进步和经济社会发展。在适用本案所涉及的专利法第二十六条第四款有关“权利要求应当以说明书为依据”的规定时，亦应当符合上述立法目的。一方面，权利人有权在说明书充分公开的具体实施方式等内容的基础上，通过合理概括的方式撰写权利要求，以获得适度的保护范围而不仅仅限于具体实施方式本身，从而给发明创造提供必要、适度的激励。另一方面，权利要求限定的保护范围应当与涉案专利的技术贡献和说明书充分公开的范围相适应，以免过宽的保护范围阻碍科学技术的进步。“权利要求应当以说明书为依据”是维护权利人与社会公众的利益平衡，防止专利权侵蚀公有领域，为后续创新保留必要空间的重要制度保障。

在这个认定过程中，至少需要考虑以下两个方面。

首先，正确认定涉案专利所要解决的技术问题和所要实现的技术效果，对于认定涉案专利权利要求是否以说明书为依据具有重要意义。根据《中华人民共和国专利法实施细则》（2001年修正，简称专利法实施细则）

第十八条第一款[①]有关专利说明书撰写作出的规定，对于涉案专利所要解决的技术问题、实现的技术效果，以及具体实施方式等，说明书中均应当予以写明。人民法院可以结合说明书中记载的背景技术及其存在的缺陷，发明内容中记载的“发明目的”“所要解决的技术问题”“有益效果”，以及具体实施方式中与“技术问题”“有益效果”相关的内容等，对涉案专利所要解决的技术问题和实现的技术效果进行认定。而就本案而言，综合考虑涉案专利说明书中有关背景技术、发明目的、有益效果、具体实施方式等内容，涉案专利相对于背景技术作出的改进主要在于以特定材料制作偏磁元件，以使得标识器更容易退活化，并且标识器不会因“存储、运输或装卸时所可能会出现的磁场作用”而意外退活化。故也应据此认定涉案专利所要解决的技术问题和实现的技术效果。

传感电子公司认为，在认定创造性和判断权利要求是否以说明书为依据时，其对技术问题的认定应当一致。故应根据权利要求与“最接近的现有技术”的区别技术特征，参照说明书中的相关内容综合确定技术问题。但专利法第二十六条第四款规定的“以说明书为依据”涉及的主要是权利要求书与说明书的相互关系问题，相应地，在适用该法律规定的过程中，应当以说明书本身记载的相关内容为基本依据来认定涉案专利要解决的技术问题和实现的技术效果。虽然在判断权利要求是否具有创造性时，会根据权利要求与“最接近的现有技术”的区别技术特征重新确定“实际解决的技术问题”。但该“实际解决的技术问题”可能并不同于涉案专利要解决的技术问题，故不能直接作为认定权利要求是否以说明书为依据的基础。具体理由如下：第一，重新确定“实际解决的技术问题”的目的是为了在判断权利要求是否具有创造性的过程中，确定“现有技术整体上是否存在某种技术启示，即现有技术中是否给出将上述区别特征应用到该最接近的现有技术以解决其存在的技术问题（即‘实际解决的技术问题’）的启示”。因此，确定“最接近的现有技术”“实际解决的技术问题”的目的与专利法第二十六条第四款的立法目的并不一致。第二，“最接近的现有技术”的认定是相对的、动态的，并与无效宣告请求人或者审查员的举证、检索情况密切相关。因此，权利要求与

① 对应2010年《专利法实施细则》第十七条第一款。

“最接近的现有技术”的区别技术特征，以及“实际解决的技术问题”都是相对的、动态的，会随着判断主体选择的“最接近的现有技术”改变而改变。“实际解决的技术问题”往往会不同于说明书中记载的专利要解决的技术问题。第三，在认定权利要求是否以说明书为依据时，并不以该权利要求具有或不具有创造性为前提。如果案件中并未同时涉及该权利要求是否具有“创造性”的争议，自然更不会涉及对“最接近的现有技术”“实际解决的技术问题”的认定。故在认定创造性和判断权利要求是否以说明书为依据时，“实际解决的技术问题”和“涉案专利要解决的技术问题”的认定并无必然关联性。

其次，准确认定说明书中充分公开的内容，是认定涉案专利权利要求是否以说明书为依据的重要基石。“权利要求应当以说明书为依据”是要求权利要求限定的保护范围应当与涉案专利的技术贡献和说明书充分公开的范围相适应，这也就要求说明书公开的内容满足能够实现该技术方案，解决其技术问题并达到预期的技术效果这一充分公开的要求，而权利要求则是在此基础上的适度概括。对于说明书中未能充分公开的内容，由于该部分内容不能达到让本领域技术人员能够实现的程度，故也不宜将其作为认定权利要求是否以说明书为依据的基础。如果说明书中记载的具体实施方式的技术内容存在明显矛盾，使得本领域技术人员对该具体实施方式的真实性、客观性产生合理怀疑，无法合理确认该具体实施方式能够解决涉案专利所要解决的技术问题，实现涉案专利所要实现的技术效果的，应当认定该具体实施方式未能充分公开。当然其也不能作为认定权利要求是否以说明书为依据的判断基础。

基于上述理由，本案裁判对各项权利要求是否符合专利法第二十六条第四款的规定，分别作出了认定。

二、人民法院对无效决定进行合法性审查的审查范围

行政诉讼法第六条规定：“人民法院审理行政案件，对行政行为是否合法进行审查。”根据该规定，人民法院可主要根据当事人提出的诉讼请求以及主张的事实和理由，对被诉决定的合法性进行审理，但并不以此为限。人民法院发现被诉决定存在违反法律规定的其他情形的，可以一并审查。本案中，专利复审委员会作出被诉决定，于权利要求5、8、13、19、27、28、31、32、33、36、43和45的基础上维持涉案专利权继续有效。

虽然讯强公司没有提起行政诉讼，传感电子公司在起诉时也没有对被诉决定中维持上述权利要求有效的认定提出异议，但在对前述宣告无效的权利要求审理过程中，发现维持有效的权利要求中的大部分权利要求同样存在未能以说明书为依据的情形，不符合专利法第二十六条第四款的规定。如果对被诉决定中有关维持有效的权利要求的错误认定部分不予纠正，则被错误维持有效的权利要求会使得专利权人仍然享有排他权，会对他人的合法权益和社会公共利益带来不应有的限制。而且，参照审查指南第四部分第三章有关无效宣告请求“一事不再理原则”的相关规定，其他人今后针对被错误维持有效的权利要求，以同样的理由再行主张其不符合专利法第二十六条第四款的规定时，专利复审委员会将基于本案被诉决定而“不予受理或者审理”。为了监督专利复审委员会依法行政，避免错误维持有效的权利要求损害第三人的合法权益和社会公共利益，在充分听取各方当事人意见的基础上，根据行政诉讼法第六条的规定对维持有效的权利要求是否符合专利法第二十六条第四款的规定可一并进行审理。

三、关于部分撤销被诉决定

行政诉讼法第七十条规定：“行政行为有下列情形之一的，人民法院判决撤销或者部分撤销，并可以判决被告重新作出行政行为：……”根据该规定，在被诉决定中的各项认定属于可以区分的情况下，人民法院可以依法判决部分撤销被诉决定中的有关认定。本案中，被诉决定对权利要求1—47是否符合专利法的有关规定分别作出认定。由于每一项权利要求是一项独立的技术方案，其单独限定保护范围，也可以单独用于主张专利权的保护，或者单独被宣告无效，故被诉决定中关于各项权利要求的合法性的认定是可以区分的。此外，被诉决定中涉及专利法第二十二条第三款，第二十六条第三款、第四款，第三十三条等不同法律规定，被诉决定就相关权利要求是否符合所述法律规定也是分别作出认定，故被诉决定中关于各个法律规定的认定亦属于可以区分的情形。综上，本案可区分不同权利要求以及不同的法律规定，对被诉决定中的相关认定分别审理并作出认定，部分撤销被诉决定中认定错误的部分。由此可以避免不加区分地一并撤销被诉决定，使得已经由被诉决定宣告无效的权利要求又回复为有效状态，对既已稳定的权利义务关系和社会公众的合理信赖造成损害。由此也可避免不必要地增加专利复审委员会重新作出审查决定时的行政成本，避免循环诉讼。

编写人：最高人民法院　杜微科　金燕

刘长寿等诉国家知识产权局专利复审委员会实用新型专利申请驳回复审行政纠纷案

——阅读提示：实用新型专利保护客体的判断

【裁判要旨】

实用新型专利保护的客体是对产品的形状、构造或者其结合所提出的技术方案。以路口、快道为主题，以人为规划的交通布局设计为主要内容的专利申请，虽然结合了交通设施、设备，具有一定的构造，但其所称的技术效果并非基于对交通设施、设备及其构造的改进，而是基于对交通规则与交通布局设计的改变，故该专利申请不属于实用新型专利保护的客体。

【案号】

一审：北京知识产权法院（2014）京知行初字第19号

二审：北京市高级人民法院（2015）高行（知）终字第1453号

申请再审：最高人民法院（2017）最高法行申5980号

【案情与裁判】

原告（上诉人、再审申请人）：刘长寿、周闻涛、刘翔

被告（被上诉人、被申请人）：国家知识产权局专利复审委员会（简称专利复审委员会）

起诉与答辩

刘长寿、周闻涛、刘翔不服专利复审委员会于2014年8月15日作出的第70738号复审请求审查决定（简称第70738号决定），于法定期限内向北京知识产权法院提起行政诉讼，诉称：第70738号决定没有事实和法律依据。

本发明可解决世界性交通难题，但是专利复审委员会对原告提交的陈述并没有阅读，坚持错误决定。原告提交的03207487.5号专利证与本发明特别相关，而该专利却没有像本发明一样被认定为“没有利用自然规律解决技术问题”，并在一年零二十八天即被授权。本发明已得到东南大学相关院士的特别重视。本发明直观浅显，属于通俗技术新发明。在全世界，道路“立交”专利很多，国家知识产权局专利局应当查询已经授权的同类专利。本发明是形状、构造相结合的技术方案并具有优势，而专利局却将“形状”视为“规则”，属于偷换概念。综上，刘长寿、周闻涛、刘翔请求人民法院撤销第70738号决定。

专利复审委员会辩称：涉案专利申请权利要求1—5的内容为交通区域的布局划分以及各个交通区域之间的位置关系，如“基本形状为路口共分四层，将车车隔离的机动车两层，自行车一层，市民一层紧扣结合；或减层变通”，这种布局划分和位置关系是一种人为的规划布置，没有利用自然规律解决技术问题，不是一种技术方案，不属于实用新型保护的客体，不符合《中国人民共和国专利法》（简称专利法）第二条第三款的规定。虽然涉案专利申请涉及道路，但其具体内容均是依托于人为限定的行车方式实现的，而这其中仅仅是规则，并未利用符合自然规律的技术手段，所获得也仅是车辆以及行人按照该规则行进，这一点也并不是技术效果。此外，对于实用新型专利，是对产品结构、形状或其结合的保护，如前所述，本申请所涉及的方案并不属于专利法中对于实用新型专利保护客体的范畴，即便方案具有一定的优势，但由于其并不符合实用新型保护客体规定的要求，也无法以专利形式得到对应的权利。第70738号决定认定事实清楚、适用法律法规正确、审理程序合法，请求人民法院依法驳回原告的诉讼请求，维持第70738号决定。

一审审理查明

本案涉及名称为“一种全畅通附带街口空地附带寄车区的路口及快道”的第201320112345.7号实用新型专利申请（简称涉案专利申请），申请人为刘长寿、周闻涛、刘翔，申请日为2013年3月12日。2013年10月22日，针对刘长寿、周闻涛、刘翔提交的权利要求书、说明书及附图、说明书摘要及摘要附图，国家知识产权局以不符合专利法第二条第三款的规定为由驳回了申请。刘长寿、周闻涛、刘翔对上述驳回决定不服，于2013年11月18日向专利复审委员会提出复审请求。2014年6月11日，专利复审委员会向刘长寿、周闻涛、刘翔发出复审通知书，指出涉案专利申请不符合专利法第二条第三款的规定。刘长寿、周闻涛、刘翔于 2014 年 7 月 10 日提交了意见陈述书，同时提交了修改后的权利要求书，并认为该方案符合专利法第二条第三款的规定。2014 年 8 月 15 日，专利复审委员会作出第 70738 号决定，认定：涉案专利申请是一种人为的规划布置，没有利用自然规律解决技术问题，不是一种技术方案，不属于实用新型保护的客体，不符合专利法第二条第三款的规定。

在审理阶段，刘长寿、周闻涛、刘翔补充提交了第 03207487.5 号“单层架空全互通立交桥”实用新型专利说明书和一张用于理解涉案专利申请的模型讲解视频光盘，专利复审委员会对上述证据的真实性予以认可。

一审判理和结果

刘长寿、周闻涛、刘翔提出的涉案专利申请涉及的内容是交通区域的布局划分以及各个交通区域之间的位置关系，虽然这项构思对改善人类社会交通状况有着积极意义，但是当把这一构思作为一项专利申请提出时，应当遵守我国专利法对发明创造作出的规定，符合对发明创造授予专利权的条件。我国专利法第二条第三款就此规定：“实用新型，是指对产品的形状、构造或者其结合所提出的适于实用的新的技术方案。”不仅如此，我国专利法保护的客体即发明创造本身必须是一种技术方案，使用它解决某一种技术问题时必须要体现出利用了自然规律，而不能是人为规则。从涉案专利申请的内容上看，它呈现给人们的是一种人为规划的交通布局设计，它属于规则范畴而不是技术方案，实现该设想的手段更没有体现出利用了自然规律。该构思追求达到的也仅是车辆以及行人遵从该规则以缓解交通拥堵，这一点不属于专利法意义上的技术效果，尤其不符合专利法对实用新型专利必须是产品结构、形状或其结合的要求。由此看，刘长寿、周闻涛、刘翔的研究贡献成果不属于专利法保护的客体，应当寻求申请专利方式以外的其他形式得到社会公认。另外，对于刘长寿、周闻涛、刘翔提交的第 03207487.5 号“单层架空全互通立交桥”实用新型专利说明书证据，与判断涉案专利申请是否符合专利法第二条第三款无关。

综上，专利复审委员会作出的第 70738 号决定认定事实清楚，适用法律正确，程序合法，应予维持。原告刘长寿、周闻涛、刘翔请求撤销该决定的理由不能成立，不予支持。北京知识产权法院判决：维持国家知识产权局专利复审委员会作出的第70738号复审请求审查决定。

二审审理查明

对一审法院查明的事实予以确认。

二审判理和结果

《专利法》第二条规定，实用新型是指对产品的形状、构造或者其结合所提出的适于实用的新的技术方案。据此，我国专利法保护的客体即发明创造本身必须是一种技术方案，使用它解决某一技术问题时必须要体现出利用了自然规律，而不能是人为设定的规则。从涉案专利申请的内容看，它呈现给人们的是一种人为规划的交通布局设计，它属于规则范畴而不是技术方案，实现该设想的手段没有利用自然规律。该构思追求的目标是车辆以及行人遵从该规则以缓解交通拥堵，这一点不属于专利法意义上的技术效果，尤其不符合专利法关于实用新型专利必须是产品结构、形状或其结合的规定。因此，刘长寿、周闻涛、刘翔的研究成果不属于专利法保护的客体。

综上所述，一审判决认定事实清楚，适用法律正确，程序合法，应予维持。北京市高级人民法院判决：驳回上诉，维持原判。

申请再审理由与答辩

刘长寿、周闻涛、刘翔向最高人民法院申请再审称：1. 二审判决遗漏了重要证据。申请人在本案二审期间提交了一份证据，即专利权人为刘长寿、申请日为2015年1月4日、授权公告日为2015年9月30日、专利号为ZL 201520001838.2. 名称为“人走平地车走上下仅本路车互让立交路口”的实用新型专利证书。由于该专利是涉案专利申请（名称为“一种全畅通附带街口空地附带寄车区的路口及快道”的第201320112345.7号实用新型专利申请，以下简称涉案专利申请）的改进型，仅仅存在长翼长度不同的区别，其他方面均一样，故该证据能够证明涉案专利申请属于专利法保护的客体，应当被授权。但是，二审判决未提及该证据，刻意回避。2. 涉案专利申请不属于“规则”的范畴，而是属于“形状、构造”的范畴。申请人根据涉案专利申请做出了模型，并在原审诉讼中提交了模型讲解视频光盘证据，能够证明涉案专利申请属于“形状、构造”的范畴。原判决认为涉案专利申请不属于专利法保护的客体，属于认定事实不清、适用法律错误。综上，刘长寿、周闻涛、刘翔请求：撤销一审、二审判决；改判支持刘长寿、周闻涛、刘翔的诉讼请求，撤销专利复审委员会作出的第70738号复审请求审查决定。

申请再审审查查明

对原审法院查明的事实予以确认。

申请再审判理和结果

根据刘长寿、周闻涛、刘翔申请再审的理由，本案再审审查的焦点问题为：涉案专利申请是否属于实用新型专利保护的客体。

专利法第二条第三款规定："实用新型，是指对产品的形状、构造或者其结合所提出的适于实用的新的技术方案。"本案中，刘长寿、周闻涛、刘翔向国家知识产权局提交的实用新型专利申请为"一种全畅通附带街口空地附带寄车区的路口及快道"，共有9项权利要求，其中，权利要求1和权利要求2为独立权利要求。权利要求1为："一种全畅通附带街口空地附带寄车区的路口，其特征是：分层隔离，包括地面层，路口共分四层，机动车使用两层，自行车一层，市民一层，人车隔离，车车隔离，各行其层，各行其道。"权利要求2为："一种连续畅通的城市快道，其特征是：一段长5公里以下的地面、或高架、或隧道的城市快道，其内有2次使用本发明全畅通附带街口空地附带寄车区的路口的全部或部分技术；一段长20公里以下的地面、或高架、或隧道的城市快道，其内有4次使用本发明全畅通附带街口空地附带寄车区的路口的全部或部分技术，环路亦作为一条道路考察其各段。"本院认为，首先，从主题来看，涉案专利申请涉及一种"路口及快道"，由于路口、快道均不属于工业产品的范畴，故涉案专利申请的主题不符合专利法第二条第三款关于实用新型适用于"产品"的规定。其次，从权利要求的内容来看，涉案专利申请主要体现了一种人为规划的交通布局设计，尽管该设计结合了交通设施、设备，具有一定的构造，但是，涉案专利申请所称的技术效果并非基于对交通设施、设备及其构造的改进，而是基于对交通规则与交通布局设计的改变，本质上与"为了交通安全、畅通，车辆均靠右行驶"这样的人为交通规则设计并无实质性差别。因此，涉案专利申请不符合专利法第二条第三款关于实用新型是"对产品的形状、构造或者其结合提出的新的技术方案"的规定。综上，涉案专利申请不属于实用新型专利保护的客体，申请人该项申请再审理由不能成立。

申请人还称，其已获得名称为“人走平地车走上下仅本路车互让立交路口”、专利号为ZL 201520001838.2的实用新型专利授权，该专利与涉案专利申请类似，因而涉案专利申请应当获得授权。对此，本院认为，根据《专利法》第四十条的规定，我国专利行政部门对实用新型专利申请仅进行初步审查，不进行实质审查，因此，无论申请人所称专利是否与涉案专利申请类似或具有其他关联性，均不能成为涉案专利申请应当获得授权的基础，申请人该项申请再审理由不能成立。

综上，最高人民法院裁定：驳回刘长寿、周闻涛、刘翔的再审申请。

【法官评述】

本案涉及实用新型专利保护客体的判断，可从两个层面进行审查认定：首先，该客体是否符合授予专利权的一般条件；其次，该客体是否符合授予实用新型专利权的特定条件。

从一般意义来看，一项客体要成为专利权保护的对象，需要符合《专利法》第二十二条、第二十三条规定的积极条件，同时，还需要符合《专利法》第五条、第二十五条规定的消极条件。在上述积极条件与消极条件当中，本案专利申请的审查主要涉及申请案是否具有实用性的判断。根据《专利法》的规定，实用性是指“该发明或者实用新型能够制造或者使用，并且能够产生积极效果”。通常认为，《专利法》中的实用性条件意味着获得专利的发明创造不能是一种纯理论的方案，它必须能够在实际中得到应用。这包括两方面内容：一是该项发明创造必须具有可付诸实施的具体方案，不能仅仅是一个构思；二是该项发明创造可以在产业上重复实施，即只要按照申请人提出的方案去做，就可以再现所称的效果，并且可以重复任意次。举例来说，武汉长江大桥横跨于万里长江之上、龟蛇两山之间，这种利用了独一无二的自然地理条件的方案是难以重复实施的，故不具备专利法上的实用性。[①] 正是基于这一点，我国专利授权审查实践当中，专利局曾于1989年12月21日发布第27号公告，规定固定建筑物不能申请实用新型专利，像道路、桥梁、建筑物等都不属于实用新型专利的客体。

---

① 参见刘春田主编：《知识产权法》，高等教育出版社、北京大学出版社2010年版，第199～200页。

第27号公告后于2001年7月1日废止。废止后一段时间，专利局是直接通过“实用性”来处理这个问题，指出道路、桥梁等建筑物不具有专利法上的实用性，因为道路、桥梁等建筑物的设计与周边的特定环境、交通要求是相匹配的，个体化因素突出，不具有可重复性。现在，专利局对待这个问题的处理方法是根据《专利法》第二条第三款关于实用新型的定义直接进行判断，如果申请案的落脚点是交通规则，则以申请案不符合专利法关于“实用新型是对产品的改进”的规定予以驳回；如果申请案的落脚点是道路、桥梁的特定构造，则进行进一步的新颖性、创造性判断。

从实用新型专利授权的特定条件来看，《专利法》第二条第三款规定：“实用新型，是指对产品的形状、构造或者其结合所提出的适于实用的新的技术方案。”本案中，申请案的主题为“路口”“快道”，很难将其归于“产品”的范畴，故从主题来看，申请案就不符合《专利法》第二条第三款关于实用新型适用于“产品”的规定。并且，从申请案的权利要求内容来看，申请案的落脚点恰恰是一种人为规划的交通布局设计，尽管该设计结合了交通设施、设备，具有一定的构造，但是，申请案所称的技术效果并非基于对交通设施、设备及其构造的改进，而是基于对交通规则与交通布局设计的改变，本质上与“为了交通安全，车辆靠右行驶”这样的人为交通规则设计并无差别。因此，本案中的申请案不符合《专利法》第二条第三款关于“实用新型是对产品的形状、构造或者其结合所提出的适于实用的新的技术方案”的规定。

编写人：最高人民法院　何鹏

江阴澄华投资发展有限公司
诉无锡市知识产权局、第三人无锡市红光
标牌有限公司专利侵权纠纷行政处理决定案

——阅读提示：如何判定专利无效宣告决定对行政处理决定的影响

【裁判要旨】

专利行政执法机关基于有效专利权作出行政处理决定，在之后的行政诉讼过程中，该专利被宣告无效，且专利权人已就无效决定提起行政诉讼的，审理法院经综合考量专利权人及行政相对人的利益平衡，可以参照专利侵权民事诉讼“先行裁驳、另行起诉”的精神，先行撤销行政处理决定。如果涉案专利权最终被确认有效，专利权人仍可以依法主张权利，寻求相应的行政救济或司法救济。

【案号】

一审：江苏省无锡市中级人民法院（2016）苏 02 行初 113 号

二审：江苏省高级人民法院（2017）苏行终 610 号

【案情与裁判】

原告（被上诉人）：江阴澄华投资发展有限公司（简称澄华公司）

被告（上诉人）：无锡市知识产权局（简称无锡知产局）

第三人：无锡市红光标牌有限公司（简称红光公司）

起诉与答辩

澄华公司不服无锡知产局于 2016 年 7 月 29 日作出的锡知（2016）纠字 12 号专利侵权纠纷处理决定，于 2016 年 8 月 10 日提起行政诉讼。诉称：其提交的两份专利文献中公开了涉案专利权利要求 1 的全部技术特征，澄华公

司生产的被控侵权模具技术属于现有技术，并不侵犯涉案专利权。红光公司以与涉案专利相同的技术方案申请发明专利，在申请过程中因未回复审查意见而自动撤回申请。据此请求撤销无锡知产局锡知（2016）纠字12号专利侵权纠纷处理决定。

无锡知产局一审辩称：1. 对澄华公司作出的决定证据充分，适用法律正确；2. 对澄华公司作出决定的行政行为程序合法；3. 澄华公司提供的证据不能证明其实施技术属于现有技术。请求依法驳回澄华公司的诉讼请求。

红光公司一审述称：无锡知产局所作的决定证据充分，法律适用正确，程序合法，同无锡知产局的答辩意见。

法院审理查明

2014年9月4日，红光公司向国家知识产权局提出了一项名为“滚筒洗衣机平衡块模具”实用新型专利权申请，于2015年1月7日获得授权，专利号为ZL201420510142.8。2016年4月，红光公司向无锡知产局提交专利侵权纠纷处理请求，认为澄华公司未经同意，擅自制造侵犯涉案专利的模具用于制造产品，并进行规模生产，生产了大量平衡块产品，给其造成经济损失500万元，请求：1. 责令澄华公司立即停止侵权行为，停止使用侵权产品；2. 责令澄华公司销毁所有侵权产品；3. 对因侵权而给红光公司造成的经济损失给予赔偿调处，请求赔偿金额为500万元。无锡知产局受理后，向澄华公司送达了答辩通知书、请求书副本、合议组组成人员通知书等相关法律文书，对澄华公司进行了调查取证，并于2016年6月16日进行口头审查，双方均委托相关人员参加了口头审查。口头审理后，红光公司撤回了第2、3项请求。2016年7月29日，无锡知产局作出锡知（2016）纠字12号专利侵权纠纷处理决定，认定被控侵权模具落入涉案专利的保护范围，澄华公司使用被控侵权模具的行为侵犯了红光公司的涉案专利权，据此决定责令澄华公司立即停止侵权行为，停止使用侵权产品。澄华公司不服诉至一审法院，请求撤销涉案行政处理决定。一审诉讼中，澄华公司向专利复审委提出涉案专利无效宣告请求。2016年12月27日，专利复审委作出第30975号无效宣告请求审查决定书，宣告涉案专利全部无效。

一审判理和结果

首先，无锡知产局作出本案行政决定时，涉案专利权尚处于有效状态，本案行政决定在作出时具有事实及法律依据，但涉案专利权在本案审理过程中被宣告无效。《中华人民共和国专利法》第四十七第一款规定，宣告无效的专利权视为自始即不存在。根据上述法律规定，涉案专利权虽在本案诉讼中被宣告无效，但该项权利在无锡知产局作出本案行政决定时即不存在。

其次，根据《中华人民共和国专利法》第四十七第二款的规定，宣告专利权无效的决定，对在宣告专利权无效前人民法院作出并已执行的专利侵权的判决、调解书，已经履行或者强制执行的专利侵权纠纷处理决定，以及已经履行的专利实施许可合同和专利权转让合同，不具有追溯力。从上述法律条文可以看出，对于专利侵权纠纷处理决定而言，无效宣告决定仅对已履行或者强制执行的相关处理决定不具有追溯力，对于未履行或强制执行的则具有追溯力。本案行政决定作出后，澄华公司在决定书规定的期限内提出行政诉讼，该行政决定并未生效，遑论履行或强制执行事宜，故涉案专利无效宣告决定对于本案行政行为具有追溯力。

最后，虽然红光公司仍可对涉案无效宣告决定在法律规定的期限内向北京知识产权法院提起行政诉讼，要求撤销该决定，但鉴于其目前已不能主张涉案专利权，而本案行政决定系在涉案专利权合法有效及红光公司据此提出请求的基础上而作出的，因此，涉案无效宣告决定必然影响到本案行政决定的有效性。

综上，无锡知产局在作出本案行政决定时虽有一定的事实和法律依据，但鉴于涉案专利权已被宣告无效，该情形对于本案行政决定具有追溯力，故澄华公司请求撤销本案行政决定的请求成立，予以支持。一审法院判决：撤销无锡知产局作出的锡知（2016）纠字12号专利侵权纠纷处理决定。

上诉与答辩

无锡知产局不服一审判决，提起上诉，请求依法撤销一审判决，依法改判，维持涉案行政处理决定，由澄华公司承担全部诉讼费用。主要理由：1. 其在作出涉案行政处理决定的过程中，澄华公司未告知其向专利复审委提起涉案专利无效宣告程序并提出中止处理的请求，且涉案专利处于有效的法律状态，上诉人依据合法有效的涉案专利进行行政裁决。整个行政处理过程证据确实充分，于法有据。一审法院依据《行政诉讼法》第七十条第一项“主要证据不足”进行裁判与事实不符，属于法律适用错误。2. 尽管专利复审委作出了宣告涉案专利权无效的决定，但红光公司已向北京知识产权法院提起行政诉讼，要求撤销该决定。目前，北京知识产权法院已经正式受理，该无效宣告决定并未生效，涉案专利权在法律上还处于有效状态。故一审法院关于涉案专利权已被宣告无效，该情形对涉案行政处理决定具有追溯力的判定是错误的。

红光公司答辩称，同意无锡知产局的意见，涉案行政处理决定适用法律正确、程序合法，一审判决认定涉案专利权已被宣告无效不是事实，该无效宣告决定正处于行政诉讼之中。

二审审理查明

二审中，无锡知产局提供了北京知识产权法院行政案件受理通知书［（2017）京73行初257号］，证明涉案专利并未最终无效，目前还处于有效状态。红光公司对该证据的真实性、合法性、关联性均无异议。

二审判理和结果

专利权本质上是一种私权，与当事人的利益密切相关。当出现涉及专利权争议时，专利权人依法可选择行政救济或司法救济。行政救济与司法救济虽然在救济机关、程序、手段等方面有所不同，但行政执法与司法裁判两者所体现的价值取向是相同的，即都是在保护专利权的同时，兼顾专利权人与社会公众的利益平衡。本案中，无锡知产局进行行政处理的过程中，涉案专利权处于有效状态。无锡知产局基于当时合法有效的涉案专利权作出的涉案行政处理决定，事实清楚，适用法律正确，程序合法，并无不当。

但本案的特殊性在于，在一审诉讼过程中，专利复审委于2016年12月27日作出第30975号无效宣告请求审查决定书，宣告涉案专利全部无效。虽然红光公司对于该无效宣告决定已经提起行政诉讼，行政诉讼的结果有可能维持该无效宣告决定，当然也可能撤销该无效宣告决定，责令专利复审委重新作出，但涉案专利目前处于不稳定状态是客观事实。因此，在涉案专利处于不稳定的状态下，如果维持涉案行政处理决定有效，即责令澄华公司停止侵权行为等，对行政相对人澄华公司的利益影响重大，一旦涉案专利最终被确认无效，可能造成难以弥补的损失。如果选择中止诉讼，鉴于专利确权程序行政诉讼周期漫长，随之带来较长的等待时间仍有可能不当加重涉案行政处理决定对澄华公司的影响。

综合考虑专利权人及行政相对人的利益平衡，本案参照专利侵权民事诉讼中“先行裁驳、另行起诉”的精神，撤销涉案行政处理决定更为妥当与适宜。专利侵权民事诉讼之所以作出“先行裁驳、另行起诉”的规定，是由于我国专利法规定了“民行二元分立”的诉讼架构，即权利人主张被告侵犯其专利权，被告往往向专利复审委另行提起宣告专利权无效的请求，而审理专利侵权纠纷的法院无权审查专利权的效力，通常中止诉讼，等待专利复审委的审查结果；对于专利复审委的审查结果，当事人又可以进行行政诉讼，这就导致专利侵权民事纠纷案件循环诉讼情况突出，审理周期较长。为了平衡双方当事人的利益关系，提高专利侵权诉讼的审理效率，尽可能缓解专利诉讼审理周期较长对当事人的不利影响，专利侵权民事诉讼设立了“先行裁驳、另行起诉”制度，即在专利复审委作出宣告专利权无效的决定之后，审理专利侵权纠纷的法院可以从程序上裁定驳回起诉，无需等待行政诉讼的最终结果，并通过“另行起诉”给权利人以司法救济途径。本案中，涉案专利权已处于不稳定的状态，在此情形下为避免行政诉讼的过分拖延和平衡各方当事人的利益，应参照民事诉讼中“先行裁驳、另行起诉”的精神，撤销涉案行政处理决定。如果经过司法审查程序涉案专利权最终被确认有效，红光公司仍可以依法主张权利，寻求相应的救济包括行政救济、司法救济，或与澄华公司协商解决争议。

行政机关在进行行政处理或行政处罚的过程中，应当保持行政执法的谦抑与平衡，遵循过罚相当原则，避免不当损害行政相对人的合法权益。本案在涉案行政处理决定作出之后，涉案专利被专利复审委宣告无效，该无效宣告决定目前尚处于行政诉讼阶段，如何解决该无效宣告决定对涉案行政处理决定的影响，即本案究竟是选择维持还是撤销涉案行政处理决定，抑或中止诉讼，应当考虑行政执法和行政诉讼的基本原则和基本价值取向。同时需要指出的是，一审判决撤销涉案行政处理决定，体现了兼顾专利权人与行政相对人利益平衡的考量，但鉴于专利复审委的无效宣告决定正处于司法审查之中，尚未最终发生法律效力，而《中华人民共和国专利法》第四十七条适用于已经生效的无效宣告决定，故一审判决适用该条文，属于适用法律错误，予以纠正。

最终，二审法院经审查认定，一审判决部分适用法律错误，但裁判结果并无不当，应予维持，遂依法作出驳回上诉、维持原判的判决。

【法官评述】

行政机关在进行行政处理或行政处罚的过程中，应当保持行政执法的谦抑与平衡，遵循过罚相当原则，避免不当损害行政相对人的合法权益。江苏省高级人民法院曾经审理过苏州鼎盛食品有限公司诉江苏省苏州工商行政管理局行政处罚案、瓦尔特（无锡）有限公司诉江苏省常州工商行政管理局工商行政处理决定案、江苏祥和泰纤维科技有限公司诉江苏省工商行政管理局工商行政处罚纠纷案以及苏州赛尔德斯塑胶有限公司诉江苏省知识产权局专利侵权纠纷处理决定案，结合个案事实，对商标、专利侵权行政处罚或行政处理决定的司法审查标准进行了探讨，强调行政执法以达到行政执法目的和目标为限，并尽可能使相对人的权益遭受最小的损害。

本案的特殊性在于，无锡知产局对被控专利侵权行为进行行政处理时，涉案专利权处于有效状态，而在一审行政诉讼中，涉案专利被国家知识产权局专利复审委（以下简称专利复审委）宣告全部无效，红光公司已经对该无效宣告决定提起行政诉讼。在此情形下，如何解决该无效宣告决定对涉案行政处理决定的影响成为本案审理的关键。对此，存在三种处理方式：一是维持涉案行政处理决定有效；二是中止诉讼，等待无效宣告决定行政诉讼的最终结果；三是参照专利侵权民事诉讼中“先行裁驳、另行起诉”的精神，撤销涉案行政处理决定。在涉案专利处于不稳定的状态下，如果选择第一种处理方式即维持涉案行政处理决定有效，对行政相对人澄华公司的利益影响重大，一旦涉案专利最终被确认无效，可能造成其难以弥补的损失。如果选择第二种处理方式即中止诉讼，鉴于专利确权程序行政诉讼周期漫长，随之带来较长的等待时间，仍有可能不当加重涉案行政处理决定对澄华公司的影响。经过综合考量专利权人及行政相对人的利益平衡，该案最终选择了第三种处理方式即参照专利侵权民事诉讼中“先行裁驳、另行起诉”的精神，撤销涉案行政处理决定。该案系江苏省高级人民法院在“三合一”框架下审理的又一新类型知识产权行政诉讼案件，该案对于进一步明确行政执法的原则和标准，促进知识产权行政执法水平的提升具有重要意义。

编写人：江苏省高级人民法院　史乃兴

（二）商标行政案件

迈克尔·杰弗里·乔丹诉国家工商行政管理总局商标评审委员会、第三人乔丹体育股份有限公司（图形）商标争议行政纠纷案

——阅读提示：涉案商标的注册是否损害了迈克尔·杰弗里·乔丹的肖像权？

【裁判要旨】

肖像权所保护的“肖像”应当具有可识别性，其中应当包含足以使社会公众识别其所对应的权利主体，即特定自然人的个人特征，从而能够明确指代该特定的权利主体。

如果当事人主张肖像权保护的标识并不具有足以识别的面部特征，则应当提供充分的证据，证明该标识包含了其他足以反映其所对应的自然人的个人特征，具有可识别性，使得社会公众能够认识到该标识能够明确指代该自然人。

【案号】

一审：北京市第一中级人民法院（2014）一中行（知）初字第9178号

二审：北京市高级人民法院（2015）高行（知）终字第965号

申请再审：最高人民法院（2015）知行字第332号

【案情与裁判】

原告（上诉人、再审申请人）：迈克尔·杰弗里·乔丹

被告（被上诉人、被申请人）：国家工商行政管理总局商标评审委员会

一审第三人：乔丹体育股份有限公司

法院审理查明

2014年4月14日，商标评审委员会作出商评字〔2014〕第52052号《关于第6020570号图形商标争议裁定书》（以下简称被诉裁定），裁定争议商标“ ”予以维持。再审申请人向北京市第一中级人民法院（以下简称一审法院）提起行政诉讼，请求撤销被诉裁定。

一、二审法院审理查明的事实主要包括：1. 再审申请人作为篮球运动明星被《当代体育》《体育博览》《新体育》《篮球》《体育世界》《中国新闻周刊》《中学生百科》《中国广告》《经营与管理》等众多我国媒体所报道。2. 第6020570号图形商标“ ”于2007年4月26日由乔丹体育股份有限公司（以下简称乔丹公司）向商标局申请，经核准，核定使用在国际分类第28类的游戏机、木偶、玩具等商品上。2000年1月1日至2004年5月18日，乔丹公司支出广告费用、赞助体育及公益事业的费用支出总计为人民币5317万元。3. 乔丹公司提交了其在全国5700余家经销商的具体地址、联系人姓名及联系电话。

一审判理和结果

一审法院认为：（一）涉案商标的注册是否违反《商标法》第三十一条[①]的规定。根据《商标法》第三十一条的规定，申请商标注册不得损害他人现有的在先权利。本案中，再审申请人主张涉案商标的注册损害了其在先肖像权。本案中，再审申请人称争议商标的图形部分的人体形象与其一次比赛照片的形象完全相同，从而侵犯了再审申请人的肖像权。对此一审法院认为，再审申请人所称涉案商标的图形部分的人体形象为阴影设计，是人打篮球的形象。尽管该形象与再审申请人的一张照片的形象高度近似，但在案证据尚不足以证明相关公众会将涉案商标中的形象对应认知为再审申请人。因此，再审申请人称涉案商标损害其肖像权证据不足。因此，涉案商标的注册未违反商标法第三十一条关于“不得损害他人现有的在先权利”的规定。（二）涉

① 对应2019年《商标法》第三十二条。

案商标的注册未违反《商标法》第十条第一款第八项的规定。（三）涉案商标的注册未违反商标法第四十一条①第一款的规定。综上，一审法院判决：维持被诉裁定。案件受理费100元，由再审申请人负担。

上诉与答辩

再审申请人不服一审判决，向北京市高级人民法院（以下简称二审法院）提起上诉。

二审判理和结果

二审法院认为，（一）公民的肖像权作为在先权利受《商标法》的保护。肖像权是自然人基于其肖像而享有的人格权益，肖像应清楚反映人物的主要容貌特征，至少应清楚到社会公众能够普遍将该肖像识别为肖像权人。本案中，涉案商标图形部分的人体形象为阴影设计，未能清楚反映人物的容貌特征，相关公众难以将涉案商标中的形象认定为迈克尔·乔丹。因此，再审申请人有关涉案商标的注册损害了其肖像权，违反《商标法》第三十一条关于“不得损害他人现有的在先权利”的规定的上诉理由依据不足，不予支持。（二）再审申请人关于商标法第十条第一款第八项和第四十一条第一款的上诉主张不能成立。二审法院判决：驳回上诉，维持原判。

申请再审理由与答辩

再审申请人不服二审判决，向最高人民法院申请再审，其主要理由为：（一）《中华人民共和国民法通则》（简称民法通则）第一百条对肖像权有明确规定，故肖像权可以构成2001年修正的《中华人民共和国商标法》（简称商标法）第三十一条规定的“在先权利”。（二）乔丹公司第6020570号“”图形商标（简称涉案商标）的注册损害了再审申请人的在先肖像权，不符合商标法第三十一条的规定。1.《美国职篮画刊（中文国际版）》中刊登了再审申请人的运动形象照片，该运动形象获得了广泛的传播和关注，再审申请人对其享有肖像权。2. 涉案商标标识“”使用了再审申

① 对应2019年《商标法》第四十四条。

请人的运动形象，容易导致相关公众联想到再审申请人并产生误认，侵犯了再审申请人的肖像权。3. 再审申请人提供了《Michael Jordan（迈克尔·乔丹）与乔丹体育商标认知调查报告（上海）》（简称调查报告1），以及《Michael Jordan（迈克尔·乔丹）与乔丹体育商标认知调查报告（全国）》（简称调查报告2），两份调查报告足以证明带有标识“ ”的商品容易使相关公众误以为乔丹公司与再审申请人之间存在代言、授权、许可、合作等特定关系，容易导致相关公众对商品来源产生混淆误认。可以证明在社会公众的认知中，标识“ ”已经与再审申请人建立了对应关系，而且这一对应关系明显强于该标识与乔丹公司之间的对应关系。4. 肖像权保护不应以再审申请人对其运动形象的主动使用为前提。5. 标识“ ”是否体现再审申请人的面部特征，并不是认定侵犯肖像权的必要条件。（三）一、二审判决对乔丹公司恶意注册涉案商标的事实未予认定错误。

商标评审委员会辩称：被诉裁定认定事实清楚，适用法律正确，作出程序合法，请求驳回再审申请。

乔丹公司述称：（一）再审申请人就标识“ ”不享有肖像权。1. 该标识与再审申请人的运动形象的身体轮廓并不完全相同，该图形对应的动作是篮球运动中的常见动作，没有表现出再审申请人的个人特征，与再审申请人无关。2. 肖像应当清楚反映人物的容貌特征，使得社会公众能够将该肖像识别为肖像权人。标识“ ”不具有容貌特征，与再审申请人不能对应，不具有可识别性，不能获得肖像权的保护。（二）再审申请人提交的调查报告1、2不能证明其主张。1. 两份调查报告系由再审申请人单方委托案外人北京零点市场调查与分析公司（简称零点公司）完成，且由再审申请人支付相关费用，不具有中立性，不能作为认定案件事实的依据。2. 两份调查报告的调查对象样本不合格，所调查的问题具有提示性、诱导性，不具有客观性、科学性和合理性，不足以证明标识“ ”与再审申请人之间具有稳定的对应关系，不足以证明社会公众能够将该标识识别为再审申请人。（三）再审申请人主张的运动形象不具有知名度。乔丹公司对标识“ ”进行了大量的宣传和使用，具有较高的知名度，该标识与乔丹公司的对应关系明显强于与再审申请人的对应关系。（四）再审申请人提供的新证据与本案没有关联性。

申请再审审查查明

最高人民法院再审查明了以下事实：（一）关于再审申请人的本名；（二）与再审申请人在本案中主张的运动形象有关的事实。《美国职篮画刊（中文国际版）》第26期（1998.1.15—2.15）刊登了一张再审申请人持球运动形象照片，该照片中再审申请人右手水平持球，左手向左下方伸展，双脚腾空离地，其运动形象的身体轮廓与涉案商标标识“ ”基本一致，但二者呈左右对称的镜像关系。（三）与调查报告1、2有关的事实。再审申请人委托案外人零点公司，于2012年6月作出调查报告1、2。两份调查报告所附的问题B1为“给您看一张图片（出示‘乔丹人形LOGO’的卡片），您觉得这个图片上的人是谁”。两份调查报告的结论为：展示乔丹体育品牌的人形LOGO时，在不提示选项的情况下，分别有81%、60.8%的受访者认为是美国篮球运动员迈克尔·杰弗里·乔丹。两份调查报告中所涉人形LOGO与涉案商标标识“ ”基本一致。

申请再审判理和结果

最高人民法院认为，肖像权所保护的“肖像”是对特定自然人体貌特征的视觉反映，社会公众通过“肖像”识别、指代其所对应的自然人，并能够据此将该自然人与他人相区分。根据肖像权以及肖像的性质，肖像权所保护的“肖像”应当具有可识别性，其中应当包含足以使社会公众识别其所对应的权利主体，即特定自然人的个人特征，从而能够明确指代其所对应的权利主体。如果请求肖像权保护的标识不具有可识别性，不能明确指代特定自然人，则难以在该标识上形成依法应予保护，且归属于特定自然人的人格尊严或人格利益。从社会公众的认知习惯和特点来看，自然人的面部特征是其体貌特征中最为主要的个人特征，一般情况下，社会公众通过特定自然人的面部特征就足以对其进行识别和区分。如果当事人主张肖像权保护的标识并不具有足以识别的面部特征，则应当提供充分的证据，证明该标识包含了其他足以反映其所对应的自然人的个人特征，具有可识别性，使得社会公众能够认识到该标识能明确指代该自然人。关于再审申请人在本案中主张的肖像权。照片中的迈克尔·杰弗里·乔丹运动形象清晰反映了其面部特征、身体形态、球衣号码等个人特征，社会公众据此能够清楚无误地识别该照片中的自然人为迈克尔·杰弗里·乔丹，故再审申请人就照片中的运动形象享有肖像权。关于涉案商标标识“”，虽然该标识与照片中再审申请人运动形象的身体轮廓的镜像基本一致，但该标识仅仅是黑色人形剪影，除身体轮廓外，其中并未包含任何与迈克尔·杰弗里·乔丹有关的个人特征。并且，迈克尔·杰弗里·乔丹就该标识所对应的动作本身并不享有其他合法权利，其他自然人也可以作出相同或者类似的动作，该标识并不具有可识别性，不能明确指代迈克尔·杰弗里·乔丹。因此，迈克尔·杰弗里·乔丹不能就该标识享有肖像权，其有关涉案商标的注册损害其肖像权的主张不能成立。综上，裁定驳回迈克尔·杰弗里·乔丹的再审申请。

【法官评述】

迈克尔·杰弗里·乔丹与国家工商行政管理总局商标评审委员会、乔丹体育公司之间的商标争议行政纠纷系列案件备受社会关注，本案主要涉及对在先肖像权的保护问题。

关于肖像权的保护，我国《民法通则》《民法总则》《侵权责任法》仅作出原则性规定，具体法律适用标准并不明确。尤其是在本案中涉及的自然人能否就其个人形象的剪影享有肖像权的问题，并无相应的法律、司法解释规定或指导性案例作为依据。最高人民法院在审理过程中，根据民法基本原理，对案件争议焦点进行了详细、严密的分析和说理。

一、关于再审申请人在本案中主张的肖像权是否可以构成《商标法》第三十二条规定的“在先权利”

现行《商标法》第三十二条规定：“申请商标注册不得损害他人现有的在先权利，也不得以不正当手段抢先注册他人已经使用并有一定影响的商标。”对于商标法已有特别规定的在先权利，应当根据商标法的特别规定予以保护。对于商标法虽无特别规定，但根据《民法通则》以及《中华人民共和国侵权责任法》（简称侵权责任法）和其他法律的规定应予保护，并且在涉案商标申请日之前已由民事主体依法享有的民事权利或者民事权益，应当根据该概括性规定给予保护。对此，2017 年 3 月 1 日起施行的

《最高人民法院关于审理商标授权确权行政案件若干问题的规定》第十八条亦规定:“……在先权利,包括当事人在诉争商标申请日之前享有的民事权利或者其他应予保护的合法权益……”

因本案被诉侵害在先肖像权的行为发生在《民法总则》2017年10月1日施行前,故本案仍然适用《民法通则》第一百条和《侵权责任法》第二条第二款的规定。关于再审申请人在本案中主张的肖像权,《民法通则》第一百条规定:“公民享有肖像权,未经本人同意,不得以营利为目的使用公民的肖像。”《侵权责任法》第二条第二款规定:“本法所称民事权益,包括生命权、健康权、姓名权、名誉权、荣誉权、肖像权……等人身、财产权益。”根据上述规定,再审申请人在本案中主张的肖像权可以构成《商标法》第三十二条规定的“在先权利”。

二、涉案商标的注册是否损害再审申请人在本案中主张的肖像权

首先,虽然目前我国法律没有对肖像的概念作出明确的规定,但根据民法通则以及侵权责任法的相关规定,肖像权是自然人享有的重要人身权利。保护自然人的肖像权,对于维护其人格尊严,保护其人格利益,均具有重要意义。肖像权所保护的“肖像”是对特定自然人体貌特征的视觉反映,社会公众通过“肖像”识别、指代其所对应的自然人,并能够据此将该自然人与他人相区分。根据肖像权以及肖像的性质,肖像权所保护的“肖像”应当具有可识别性,其中应当包含足以使社会公众识别其所对应的权利主体,即特定自然人的个人特征,从而能够明确指代其所对应的权利主体。如果请求肖像权保护的标识不具有可识别性,不能明确指代特定自然人,则难以在该标识上形成依法应予保护,且归属于特定自然人的人格尊严或人格利益。

其次,从社会公众的认知习惯和特点来看,自然人的面部特征是其体貌特征中最为主要的个人特征,一般情况下,社会公众通过特定自然人的面部特征就足以对其进行识别和区分。如果当事人主张肖像权保护的标识并不具有足以识别的面部特征,则应当提供充分的证据,证明该标识包含了其他足以反映其所对应的自然人的个人特征,具有可识别性,使得社会公众能够认识到该标识能明确指代该自然人。

再次,关于再审申请人在本案中主张的肖像权。照片中的再审申请人运动形象清晰反映了其面部特征、身体形态、球衣号码等个人特征,社会

公众据此能够清楚无误地识别该照片中的自然人为再审申请人，故再审申请人就照片中的运动形象享有肖像权。而关于涉案商标标识“”，虽然该标识与照片中再审申请人运动形象的身体轮廓的镜像基本一致，但该标识仅仅是黑色人形剪影，除身体轮廓外，其中并未包含任何与再审申请人有关的个人特征。并且，再审申请人就该标识所对应的动作本身并不享有其他合法权利，其他自然人也可以作出相同或者类似的动作，该标识并不具有可识别性，不能明确指代再审申请人。如若要将某一人物剪影与某人的肖像相联系，该人物剪影必须具有自己显著的特点，且与其肖像相一致，具有可识别性。因此，再审申请人不能就该标识享有肖像权，再审申请人有关涉案商标的注册损害其肖像权的主张不能成立。

本案裁定依法确定了自然人在商标行政纠纷案件中主张在先肖像权保护的条件，明确了相关法律适用标准，合理平衡了各方当事人利益。

编写人：最高人民法院　杜微科

四川省宜宾五粮液集团有限公司诉国家工商行政管理总局商标评审委员会、第三人甘肃滨河食品工业（集团）有限责任公司商标异议复审行政纠纷案

——阅读提示：如何判断商标是否构成相同或近似？如何判断商标是否容易导致相关公众混淆误认？

【裁判要旨】

商标是否构成相同或近似，需要考虑商标的构成要素、使用状况及知名度等情况，综合判断商标同时使用在相同或类似商品上是否会导致相关公众混淆误认。

【案号】

一审：北京市第一中级人民法院（2013）一中知行初字第1112号

二审：北京市高级人民法院（2013）高行终字第1718号

申请再审：最高人民法院（2014）知行字第37号

【案情与裁判】

原告（被上诉人、再审申请人）：四川省宜宾五粮液集团有限公司（简称五粮液公司）

被告（上诉人、被申请人）：国家工商行政管理总局商标评审委员会（简称商标评审委员会）

第三人（上诉人、被申请人）：甘肃滨河食品工业（集团）有限责任公司（简称滨河公司）

起诉与答辩

商标评审委员会2012年7月30日作出关于“滨河九粮液”商标异议复

审裁定（简称异议裁定），裁定“滨河九粮液”商标予以核准注册。

五粮液公司不服上述异议裁定，起诉请求撤销该异议裁定，理由为：1. 滨河公司存在恶意注册行为，其在国内围绕五粮液公司的众多知名品牌商标进行了大量摹仿性注册；2. 滨河公司在产品瓶体及外包装上故意突出“九粮液”“九粮春”“九粮醇”“九粮王”等字样的行为进一步印证了其“傍名牌”的主观恶意，极易导致消费者对商品来源的混淆或误认，使消费者误认为其产品为五粮液公司提供，或者误认为其产品与五粮液公司具有关联性；3. “滨河九粮液”商标与具有极高知名度的“五粮液”驰名商标及正在受让中的“九粮”商标构成相同或者类似商品上的近似商标，二者存在混淆的可能性，即使不发生直接的混淆，也容易淡化五粮液公司的“五粮液”驰名商标。

商标评审委员会答辩称：异议裁定认定事实清楚，适用法律正确，程序合法，请求法院维持该裁定。

滨河公司陈述称：1. “滨河九粮液”商标与“五粮液及图”商标不相同或近似。“滨河九粮液”商标整体具有极强的显著性，能够与“五粮液及图”商标显著区别。“滨河九粮液”商标与“五粮液及图”商标通过“音、形、义”三方面综合比对，不存在相同或近似的情况；2. “滨河九粮液”酒商品具有很高的知名度和产品个性特征，不会造成相关公众的混淆或误认；3. 滨河公司注册“滨河九粮液”商标无恶意。请求法院维持异议裁定。

一审审理查明

“滨河九粮液”商标由滨河公司于2005年5月9日申请注册，指定使用商品为第33类：酒（饮料）、烧酒、含酒精果子饮料、苹果酒、葡萄酒、含酒精液体等。“五粮液及图”商标由五粮液公司于1981年5月18日申请，于1983年3月1日被核准注册，核定使用商品为第33类：酒。

商标评审委员会于2012年7月30日作出异议裁定认定：“滨河九粮液”商标与“五粮液及图”商标在文字构成、呼叫及含义等方面均存在较大差异，即使考虑到“五粮液及图”商标在“滨河九粮液”商标申请日前在酒类商品上已具有一定知名度，二者在相同或类似商品上并存，消费者亦可区分，不易造成混淆或误认，故两商标未构成《商标法》第二十八条①所指的

① 对应2019年《商标法》第三十条，本案下同。

使用在相同或类似商品上的近似商标。

一审诉讼阶段，五粮液公司提交了证据用于证明“五粮液及图”商标在“滨河九粮液”商标申请日之前已经具有较高的知名度；滨河公司亦提交了证据证明“滨河九粮液”商标的知名度。各当事人均对“滨河九粮液”商标指定使用商品与“五粮液及图”商标核定使用商品构成相同或类似商品不持异议。

一审判理与结果

一审法院认为，人民法院在判断两商标是否近似时，既要考虑商标标志构成要素及其整体的近似程度，也要考虑相关商标的显著性和知名度、所使用商品的关联程度等因素，以是否容易导致混淆作为判断标准。

本案中，在“滨河九粮液”商标申请日之前，“五粮液及图”商标已经获得了诸多荣誉，在相关公众中获得了较高的知名度。“滨河九粮液”商标由文字“滨河九粮液”组成，其中“滨河”易被理解为“九粮液”的修饰，而“滨河”也并非有显著性的词语。“五粮液及图”商标由文字“五粮液”及图构成，其中文字部分“五粮液”为其主要识别部分。将两商标相比对，“九粮液”与“五粮液”仅一字不同，且该区别的文字“九”与“五”均为表示数字的文字，在此情况下，相关公众看到指定使用在相同或类似商品上的两商标，容易误认为两商标的商品提供者之间存在某种关联，从而对商品的来源产生误认。因此，“滨河九粮液”商标与“五粮液及图”商标应当被认定构成近似商标。同时，在案证据亦不能证明“滨河九粮液”商标在使用过程中取得了足以区别于“五粮液及图”商标的事实。

综上，“滨河九粮液”商标与“五粮液及图”商标已构成《商标法》第二十八条所指的使用在同一种或者类似商品上的近似商标，商标评审委员会作出的异议裁定主要证据不足。一审法院据此判决撤销异议裁定，判令商标评审委员会重新作出裁定。

上诉与答辩

商标评审委员会、滨河公司均提起上诉，请求撤销一审判决，维持异议裁定。

商标评审委员会的主要理由是：“滨河九粮液”商标与“五粮液及图”商标在文字构成、呼叫及含义等方面均存在较大差别，即使考虑到“五粮液”商标在“滨河九粮液”商标申请日前在酒类商品上已经具有一定知名度，二者在相同或者类似商品上并存，消费者也可以区分，不易造成混淆或误认，故两商标未构成《商标法》第二十八条所指的使用在相同或者类似商品上的近似商标。

滨河公司的主要理由是：滨河公司的“滨河”商标为驰名商标，直接表示了商品的来源，“滨河九粮液”商标不能拆开与“五粮液”进行对比，两者整体上均具有各自的显著性，不构成近似商标，不会引起消费者的混淆误认。

五粮液公司服从一审判决。

二审审理查明

二审法院确认一审查明事实，另查明：滨河公司在一审诉讼中和二审诉讼中新提交了多份证据，其中包括“滨河”商标所获荣誉的证据、“九粮”的来源以及用于证明“滨河九粮液”商标知名度的证据。

二审判理和结果

二审法院认为，对于尚未大量投入使用的诉争商标，在审查判断商标近似条件时，应充分考虑消费者和同业经营者的利益，注重对于他人具有较高知名度和较强显著性的在先商标的保护，尽可能消除商业标志混淆的可能性；对于使用时间较长、已建立较高市场声誉和形成相关公众群体的诉争商标，应当尊重相关公众已在客观上将相关商业标志区别开来的市场实际，注重维护已经形成和稳定的市场秩序。由于“滨河九粮液”商标和“五粮液及图”商标都指定使用在酒类商品上，属于相同商品，因此主要比较两商标是否近似。认定是否构成近似商标，要根据案件的具体情况。

通常情况下，相关商标构成要素整体上不近似，但主张权利的商标的知名度远高于被诉侵权商标的，可以采取比较主要部分决定其近似与否。相关商标均具有较高知名度，或者相关商标的共存是特殊条件下形成时，认定商标近似还应根据两者的实际使用状况、使用历史、相关公众的认知状态、使用者的主观状态等因素综合判定，注意尊重已经客观形成的市场格局，防止简单地把商标构成要素近似等同于商标近似，实现经营者之间的包容性发展。通常情况下，对尚未获准注册的商标，不应考虑其商标的使用及其所获得的知名度情况，但是在特殊情况下可以对其实际使用、所获得的知名度以及不会导致消费者混淆的事实予以考虑。

“五粮液及图”商标在白酒类商品上长期使用具有较高知名度，该商标标志的核心是“五粮液”文字。“滨河九粮液”与“五粮液”文字有一定的区别。滨河公司在白酒类商品上的“滨河”商标具有较高知名度，使用在“滨河九粮液”商标中并非仅有修饰作用，而且滨河公司在“滨河九粮液”商标申请日前的1996年就开始使用“滨河九粮液”商标，并获得过一定的荣誉，使用“滨河九粮液”商标或者与其近似的商标过程中也没有证据显示消费者存在与“五粮液及图”商标混淆误认的情形，近年来滨河公司使用“滨河九粮液”商标的商品在全国性的糖酒博览会、交易会上展览和交易，其使用地域也不限于甘肃省境内。综合考虑“五粮液及图”商标的知名度和“滨河九粮液”商标的使用及知名度等因素，可以认定两商标共同使用在相同商品上不会导致消费者的混淆误认，不构成近似商标。判决如下：撤销一审判决，改判维持异议裁定。

申请再审理由与答辩

五粮液公司申请再审称：“滨河九粮液”商标中的“滨河”易被理解为“九粮液”的修饰。“五粮液”文字是“五粮液及图”商标主要识别部分，“九粮液”与“五粮液”仅一字不同，且该不同文字为表示数量的文字，使用在相同或类似商品上，相关公众容易误认为两商标的商品提供者之间存在某种关联，从而对商品的来源产生误认。因此，两个商标应当被认定构成近似商标，根据《商标法》第二十八条及第十三条的规定，请求撤销二审判决，改判撤销异议裁定，重新作出裁定。

商标评审委员会答辩称：坚持在异议裁定中的意见及在原两审程序中发表的意见。请求驳回五粮液公司的再审申请，维持二审判决。

滨河公司答辩称：1. “滨河九粮液”商标在市场上经过了长达近二十年的长期使用，已经产生了较高的知名度，滨河公司在原审程序中提交了大量证据证明其使用“九粮”文字及“九粮液”商标并获得大量荣誉的事实。在使用过程中，与五粮液公司的产品并没有发生实际混淆，五粮液公司也没有提交存在实际混淆的证据；2. 滨河公司对“九粮”文字有在先权利，也有合理使用的依据。“滨河九粮液”属于滨河系列商标中的一种，同时也源于滨河公司自主研发的“九粮九轮”白酒酿造工艺，“九粮”还源自“九粮香型”，这种香型是滨河公司首创，并发展成为白酒的一种特定香型，滨河公司为了向市场推出“九粮液”产品，还向主管部门申报备案了“九粮香型”白酒生产的企业标准。此外，“九粮”文字也是对酿制白酒的九种粮食原料的客观描述。“九”体现了滨河公司的独特文化，除了“九粮”系列产品以外，滨河公司还开发了“九轮”“九天”“九坛”等系列品牌，“液”“醇”“春”等文字是白酒商品的惯常用字，与“九粮”文字一起使用并不能说明滨河公司存在主观恶意。综上，请求驳回五粮液公司的再审申请，维持二审判决。

申请再审判理和结果

最高人民法院经审查认为，本案的争议焦点为：“滨河九粮液”商标的注册是否违反《商标法》第二十八条的规定。

《商标法》第二十八条规定：“申请注册的商标，凡不符合本法有关规定或者同他人在同一种商品或者类似商品上已经注册的或者初步审定的商标相同或者近似的，由商标局驳回申请，不予公告。”

本案中，“滨河九粮液”商标指定使用的商品与“五粮液及图”商标核定使用的商品均为第 33 类白酒等，构成相同商品，因此本案主要争议在于“滨河九粮液”商标与“五粮液及图”商标是否构成相同或近似，二者同时使用在白酒商品上是否容易导致相关公众混淆误认。

本案的“五粮液及图”商标与“滨河九粮液”商标文字相比对，标志本身存在一定程度的区别，虽然考虑到“五粮液”商标的知名度较高，相关公众容易将“五粮液”视作“五粮液及图”商标的主要识别部分，但是，根据二审法院查明的事实，滨河公司于 1987 年 7 月 21 日就申请注册了“滨河及图”商标，并于 1988 年 2 月 20 日被核准注册，该商标经过使用已经具有较高知名度，“滨河”作为该商标的主要识别部分，已经在相关公众中与滨河公司形成对应联系。在这种情况下，“滨河九粮液”商标在整体上与“五粮液及图”商标形成较大差异，白酒类相关公众施以一般注意力可以将二者进行区分，不会造成混淆误认。

此外，滨河公司主张其在“滨河九粮液”商标中使用“九粮”二字，源于其自主研发的“九粮九轮酿制工艺”，滨河公司已经将该酿制工艺向主管部门申报备案了“九粮香型白酒”生产企业标准；而且，根据现有证据，在“滨河九粮液”商标申请日前，滨河公司就于 1996 年将“滨河九粮液”项目在“第八届中国新技术新产品博览会”上展出，并获得该博览会颁发的金牌。综合考虑“五粮液及图”商标和“滨河九粮液”商标的构成要素、“滨河九粮液”商标的使用状况及知名度等情况，两商标共同使用在相同商品上不会导致相关公众混淆误认，不构成《商标法》第二十八条规定的相同或类似商品上的相同或近似商标。二审判决认定事实和适用法律并无不当，应当予以维持。

综上，最高人民法院裁定驳回了五粮液公司的再审申请。

【法官评述】

本案中，请求保护的在先引证商标是注册在酒类商品上的“五粮液及图”商标，被异议商标是申请注册在酒类商品上的“滨河九粮液”商标，争议焦点是被异议商标的申请注册是否构成2001年《商标法》第二十八条规定的情形，即与引证商标是否构成近似商标。本案中，在判断商标是否近似时综合考虑了如下因素：一是“五粮液及图”商标与“滨河九粮液”文字商标二者在文字的读音、含义、图形构图本身存在一定差别；二是滨河公司于1987年7月21日就申请注册了“滨河及图”商标，并于1988年2月20日被核准注册，该商标经过使用、宣传，已经获得了一定荣誉和较高知名度，相关公众已经将其与滨河公司建立起对应联系；三是虽然被异议商标于2005年申请，但滨河公司主张“滨河九粮液”中的“九粮”二字，源于其自主研发的“九粮九轮酿制工艺”，而且，早在1996年，滨河公司就将“滨河九粮液”商品在“第八届中国新技术新产品博览会”上展出，并获得该博览会颁发的金牌。在综合考虑商标构成要素、商标使用状况和知名度等因素的基础上，认定被异议商标使用在酒类商品上，已经能与引证商标相区分，与引证商标不构成近似商标。

编写人：最高人民法院　夏君丽　曹佳音

达马股份有限公司诉国家工商行政管理总局商标评审委员会、第三人温州市伊久亮光学有限公司商标权无效宣告请求行政纠纷案

——阅读提示：商标授权确权行政纠纷案件中，商标注册证能否证明商标权人构成有权主张在先著作权的适格主体？

【裁判要旨】

商标授权确权行政纠纷案件中可主张在先著作权的适格主体包括著作权人和著作权利害关系人。诉争商标申请日之后的注册商标登记证书不能单独作为著作权权属证明的初步证据。诉争商标申请日之前的商标注册证可以作为确定商标申请人为有权主张商标标志著作权的利害关系人的初步证据。

【案号】

一审：北京知识产权法院（2016）京73行初143号

二审：北京市高级人民法院（2016）京行终4949号

申请再审：最高人民法院（2017）最高法行申7174号

【案情与裁判】

原告（上诉人、被申请人）：达马股份有限公司（简称达马公司）

被告（被上诉人）：国家工商行政管理总局商标评审委员会（简称商标评审委员会）。

一审第三人（被上诉人、再审申请人）：温州市伊久亮光学有限公司（简称伊久亮公司）

一审审理查明

本案诉争商标系第1316126号图形商标（见下图），于1998年5月4日

申请注册，于2008年3月26日被核准注册，注册人为伊久亮公司，核定使用的商品为第9类眼镜。

诉争商标

引证商标为第250160号“PAUL&SHARK YACHTING及图”商标（见下图），于1985年7月27日申请注册，1986年5月15日被核准注册，注册人为达马公司，核定使用的商品为第25类服装，经续展，其专用期限至2016年5月14日。

引证商标

达马公司于2013年2月27日针对诉争商标向商标评审委员会提出撤销注册申请，主张引证商标早在1985年就已经在意大利共和国注册，并且在墨西哥公共版权注册处进行了登记，诉争商标的注册侵害了达马公司的在先著作权，依据2001年10月27日修正的《中华人民共和国商标法》（简称2001年《商标法》）第三十一条前半段之规定，诉争商标应予宣告无效。为证明其主张，达马公司提交了引证商标注册证、“鲨鱼图形”作为商标在意大利注册的注册证、续展证及其在墨西哥公共版权注册处进行登记的证明书等证据。此外，达马公司还主张诉争商标的注册违反了2001年《商标法》第二十八条、第三十一条后半段及第四十一条第一款之规定。

2015年9月24日，商标评审委员会作出商评字〔2015〕第66491号《关于第1316126号图形商标无效宣告请求裁定书》（简称被诉裁定），认为：诉争商标的申请注册未构成损害达马公司在先著作权的情形。由于我国著作权登记制度遵循自愿原则，著作权登记证书中的内容系登记机构根据当事人的自述填写，登记机关并不进行实质审查，因此，登记时间晚于诉争商标申请注册日时，仅凭著作权登记证书不足以证明权利主张人享有的在先著作权，尚需提交其他证据，如在先创作完成该作品的证据材料、在先公开发表该作品的证据材料等对作品的创作时间予以佐证。首先，本案中达马公司提交的经过公证的作品登记证书中载明的登记日期为2015年1月4日，明显晚于诉争商标的申请注册日1998年5月4日，达马公司在案并未提交有效证据证明在诉争商标申请注册前，其已创作完成或公开发表该美术作品；达马公司在其他国家注册的商标注册证只能证明商标权利的归属，不能作为作品创作的证明。其次，对达马公司提交的经过公证和认证的墨西哥公共版权注册处出具的证明书的真实性予以认可，但如前所述，证明书中登记时间为2011年6月29日，明显晚于诉争商标的申请注册日1998年5月4日，在没有其他证据相佐证的情况下，该证据不足以证明达马公司对鲨鱼图形作品享有著作权。此外，诉争商标亦不构成2001年《商标法》第二十八条、第三十一条、第四十一条第一款所指的情形。综上，商标评审委员会依照2013年8月30日修正后的《中华人民共和国商标法》（简称2013年《商标法》）第四十五条第二款和第四十六条的规定，裁定诉争商标予以维持。

达马公司不服被诉裁定，向北京知识产权法院提起行政诉讼，请求撤销被诉裁定，判令商标评审委员会重新作出裁定。其主要理由与向商标评审委员会提出的申请理由基本相同。

一审判理和结果

北京知识产权法院一审经审理认为，诉争商标申请注册日为1998年5月4日，达马公司主张其对涉案美术作品享有在先著作权，应当证明其在1998年5月4日前已经创作完成涉案美术作品并对涉案美术作品拥有著作权。在达马公司提交的证据中，商标注册信息的时间均在1998年5月4日之后。将作品上的署名视为著作权人本身就是一种推定，在存在有效相反证据的情况下，这种推定就不能成立。在没有在先署名的情况下，仅凭在后作品上的署名及在先商标的申请注册，尚不具备推定其为在先著作权人的前提条件，更不能以此推定其为在先著作权人，故达马公司主张诉争商标的注册损害了其在先著作权依据不足。此外，诉争商标亦不构成2001年《商标法》第二十八条、第三十一条、第四十一条第一款所指的情形。综上，一审法院判决：驳回达马公司的诉讼请求。

上诉与答辩

达马公司不服一审判决，向北京市高级人民法院提起上诉，请求撤销一审判决，依法改判撤销商标评审委员会被诉裁定。其主要上诉理由与其向商标评审委员会提出的申请理由及一审起诉理由基本相同。

商标评审委员会和伊久亮公司服从原审判决。

二审审理查明

北京市高级人民法院二审经审理查明，引证商标中的“鲨鱼”图形于 2015 年 1 月 4 日在中国进行著作权登记，登记的首次发表时间是 1985 年 4 月 23 日。达马公司提交的经公证认证的意大利共和国商标注册证记载，其最早申请包含该“鲨鱼”图形的商标的时间即 1985 年 4 月 23 日。

二审判理和结果

北京市高级人民法院二审经审理认为，达马公司属于意大利共和国法人，意大利共和国与中华人民共和国均是《伯尔尼公约》成员国，故达马公司的著作权受我国著作权法保护。达马公司已经在我国获得“鲨鱼”图形的著作权登记，在无相反证据的情况下，可以依据该登记证书推定“鲨鱼”图形的著作权归达马公司享有。虽然该登记的时间晚于诉争商标申请日，且该登记证书上载明的作品创作完成时间系当事人自行填写，未经登记机关审查，但达马公司提交的经公证认证的意大利共和国商标注册证能够证明该“鲨鱼”图形在著作权登记证书载明的日期已经在意大利共和国申请注册商标，故上述证据相互印证足以证明该“鲨鱼”图形的创作完成时间系著作权登记证书上载明的 1985 年 4 月 23 日，该时间早于诉争商标申请日。同时，由于达马公司早在诉争商标申请前的 1985 年 7 月 27 日即在中国大陆申请注册了引证商标，且引证商标中包含该“鲨鱼”图形，故可以据此认定伊久亮公司具有接触该“鲨鱼”图形的可能。同时，诉争商标的“鲨鱼”图形与达马公司主张著作权的“鲨鱼”图形完全相同。因此，综合考虑在案证据应认定伊久亮公司申请注册诉争商标侵害了达马公司对该“鲨鱼”图形享有的在先著作权。商标评审委员会和一审法院就此所作认定有误，依法应予纠正。综上，二审法院判决：一、撤销一审判决；二、撤销被诉裁定；三、商标评审委员会就达马公司针对诉争商标提出的无效宣告请求重新作出裁定。

申请再审理由与答辩

伊久亮公司不服二审判决，向最高人民法院申请再审称，请求撤销二审判决，依法改判，判令商标评审委员会就达马股份有限公司针对诉争商标提出的无效宣告请求重新作出裁定。其主要理由是：（一）达马公司并非涉案“鲨鱼”图形的著作权人，其无权主张该图形著作权，且诉争商标的注册并未侵害涉案“鲨鱼”图形的著作权。1. 二审法院在达马公司未提供设计底稿、原件、取得权利的合同等证据的情况下，仅凭在先的商标注册证书和在后的著作权登记证书，认定达马公司享有涉案“鲨鱼”图形的著作权，缺乏依据，且与此前的判例不符。2. 达马公司并未提交诉争商标注册申请日之前引证商标及涉案“鲨鱼”图形的使用证据，伊久亮公司不存在接触涉案“鲨鱼”图形的可能性。二审法院仅仅以引证商标的注册申请日早于诉争商标的注册申请日为由，推定伊久亮公司具有接触涉案“鲨鱼”图形的可能性，没有事实和法律依据。（二）诉争商标自申请至今已有近二十年的时间，已经形成了特定的消费群体和稳固的市场秩序，相关公众不会发生混淆误认。综上，请求撤销二审判决，依法改判，判令商标评审委员会就达马股份有限公司针对诉争商标提出的无效宣告请求重新作出裁定。

申请再审判理和结果

最高人民法院经审查认为，（一）关于达马公司是否有权主张涉案“鲨鱼”图形著作权的问题。根据《最高人民法院关于审理商标授权确权行政案件若干问题的规定》（以下简称《商标授权确权司法解释》）第三十一条之规定，人民法院依据 2001 年《商标法》审理的商标授权确权行政案件可参照适用该规定。参照《商标授权确权司法解释》第十九条第二款、第三款之规定，商标标志构成受著作权法保护的作品的，当事人提供的涉及商标标志的设计底稿、原件、取得权利的合同、诉争商标申请日之前的著作权登记证书等，均可以作为证明著作权归属的初步证据。商标公告、商标注册证等可以作为确定商标申请人为有权主张商标标志著作权的利害关系人的初步证据。本案中，诉争商标申请日为 1998 年 5 月 4 日。达马公司为证明其系涉案“鲨鱼”图形的著作权人提交了登记时间为 2015 年 1 月 4 日的“鲨鱼”图形著作权登记证书，以及申请日为 1984 年 12 月 19 日的意大利商标注册证和申请日为 1985 年 7 月 27 日的引证商标注册证，该意大利商标和引证商标中均含有涉案“鲨鱼”图形。因我国实行作品自愿登记制度，著作权登记机关在制作、颁发著作权登记证书时不对所登记内容进行实质审查，故当著作权登记时间晚于诉争商标申请日时，仅凭著作权登记证书尚不足以认定登记的著作权人在诉争商标申请日之前即享有著作权。但除诉争商标申请日之后的著作权登记证书外，达马公司还提交了诉争商标申请日之前的意大利商标注册证和引证商标注册证，参照《商标授权确权司法解释》第十九条第三款之规定，商标注册证可以作为确定商标申请人为有权主张商标标志著作权的利害关系人的初步证据。本案中，鉴于伊久亮公司、商标评审委员会均未提交相反证据，故应认定达马公司有权主张涉案“鲨鱼”图形的著作权。伊久亮公司关于达马公司无权主张该图形著作权的主张，缺乏依据，不能成立。

（二）关于诉争商标的注册是否侵害了涉案“鲨鱼”图形著作权的问题。达马公司含有涉案“鲨鱼”图形的引证商标申请于1985年7月27日，并于1986年5月15日核准注册。基于商标申请注册流程的公开性，应当认定伊久亮公司具有接触涉案“鲨鱼”图形的可能性。二审法院综合考虑上述接触可能性，以及诉争商标的涉案“鲨鱼”图形与达马公司主张著作权的涉案“鲨鱼”图形完全相同的事实，认定诉争商标侵害了涉案“鲨鱼”图形的著作权，并无不当。伊久亮公司关于诉争商标的注册未侵害涉案“鲨鱼”图形著作权的主张，缺乏依据，不能成立。

此外，鉴于诉争商标的注册已因违反2001年《商标法》第三十一条之规定而应予宣告无效，故对其是否已经通过使用形成了特定的消费群体和稳固的市场秩序，进而是否会导致相关公众的混淆误认的问题，无需再予评述。

综上，最高人民法院裁定驳回了伊久亮公司的再审申请。

【法官评述】

一、在先商标注册证在涉及在先著作权保护的商标授权确权案件中的证明作用

（一）在先商标注册证能否证明商标权人系在先著作权人

根据《最高人民法院关于审理著作权民事纠纷案件适用法律若干问题的解释》（以下简称《著作权法司法解释》）第七条之规定，著作权人的身份既可以通过提交作品底稿、作品原件、著作权转让合同等来证明，也可通过署名来推定。在先商标注册证显然不构成作品底稿等可以直接证明

著作权人身份的证据，因此，需要讨论的仅是：能否将商标注册证上的商标权人登记视为著作权法意义上的署名，从而推定商标权人构成在先著作权人?

答案显然是否定的。将在先商标注册证上的商标权人登记视为著作权法意义上的署名，推定商标权人构成在先著作权人，缺乏法律基础。商标注册并不产生著作权法意义上的法律效力，且商标注册行为并未蕴含商标权人彰显其标识作品作者身份的意图，其并不符合著作权法中关于署名应“表明作者身份”的要求，不构成著作权法意义上的署名。

（二）在先商标注册证能否证明商标权人系在先著作权利害关系人

商标注册证是注册商标专用权的合法性证明。基于注册商标专用权的合法性可以推断，商标权人使用特定标识注册商标的合法性。商标权人将某一构成著作权法意义上作品的标识用于商标注册，而不侵害他人著作权的情形无非两种：一是商标权人为著作权人，其或为因创作而享有著作权的原始权利人，或为因受让取得著作权的继受权利人。二是商标权人为著作权被许可人，其或为基于明示许可的被许可人，即商标权人与著作权人就以标识作品申请商标签订了许可使用合同；或为基于默示许可的被许可人，即商标权人委托他人为注册商标而创作标识，但在委托创作合同中并未约定著作权归属，此时根据《著作权法司法解释》第十二条之规定，商标权人亦在商标注册这一范围内享有使用标识作品的权利。故基于合法有效的注册商标专用权，虽然不能确定地证明著作权的权属情况，但至少可以初步证明商标权人使用标识的合法性；虽不能确定地证明商标权人系著作权人，但至少能够证明商标权人系著作权的权利人或被许可人。

根据《商标法》第三十三条以及第四十五条第一款规定，能够主张在先权利者，除权利人外，还包括利害关系人。尽管《商标授权确权司法解释》中未对利害关系人的概念予以明确，但《最高人民法院关于审理商标民事纠纷案件适用法律若干问题的解释》第四条清楚地规定了有权主张商标侵权的利害关系人指“注册商标使用许可合同的被许可人、注册商标财产权利的合法继承人等”。因对同一法律中的同类概念应予相同解释，故有权主张在先著作权侵权的利害关系人的范围也可参照这一规定划定为“在先著作权许可合同的被许可人、著作财产权的合法继承人等”。因此，在没有反证的情况下，商标注册证可以初步证明商标权人或为著作权人，或为被许可人，进而可以证明商标权人至少构成有权主张在先著作权的利害关系人。

二、商标授权确权行政案件中权属认定标准的特殊性

涉及在先著作权的商标授权确权案件中出现了这样一种著作权归属认定思路：根据一份在后的著作权登记证书，认定商标权人的著作权人身份，然后再以著作权登记证书上所载的首次发表时间与在先商标注册证上的申请时间相符为由，认定首次发表时间的记载属实。

这一思路在形式逻辑上似乎很顺畅：一方面，著作权法所规定的权属证据门槛的确不高，著作权登记证书也确实常在民事案件中被作为认定著作权归属的重要证据；另一方面，著作权登记证书也确实与在先商标注册证相呼应，形成了证据链。但问题在于，著作权登记并不进行实质审查，任何人都可以在任何时间，就任何作品，进行记载任何首次发表时间的著作权登记。因此，一旦著作权登记时间在诉争商标申请日之后，其证明力极弱。这也正是《商标授权确权司法解释》第十九条第二款规定诉争商标申请日之前所做的著作权登记证书方可采信的原因。将在后著作权登记证书与在先商标注册证相结合，认定商标权人构成在先著作权人的逻辑，不仅会使得《商标授权确权司法解释》第十九条的第二款的规定落空，亦使该条第三款关于商标注册证仅为利害关系人初步证据的规定落空。试想，如果“在后著作权登记证书＋在先商标注册证⇒在先著作权”的认定范式成立，那么当事人就大可不必再苦心寻觅创作证据或者权利受让证据，而只需在欲主张在先著作权时，临时做一个首次发表时间与在先商标注册证所载申请日吻合的著作权登记即可。为商标注册证附加一个随时唾手可得的著作权登记证书即可证明著作权权属，无疑是将商标注册证作为了实质上的著作权权属证据。正因如此，本案再审审查行政裁定中，一方面，重申了在后著作权登记证书不能单独构成在先著作权权属的初步证据；另一方面，将命题重新确定为利害关系人的证明，明确了在先商标注册证构成证明其所载商标权人为有权主张在先著作权的利害关系人的初步证据。

深究“在后著作权登记证书＋在先商标注册证⇒在先著作权”认定范式产生的根源，在于对民事侵权案件审判理念的坚持。民事侵权案件之所以要求必须有确切证据证明权利人或者利害关系人的身份，是因为民事侵权案件的目的在于停止侵权，赔偿损失。涉及在先权益保护的商标授权确

权行政案件中，虽然也能通过不予注册或宣告无效来提供某种意义上的禁令救济，但毕竟没有赔偿损失的判项。因此，尽管提供在先商标注册证不能确凿证明商标权人的著作权人身份或被许可人的身份，因为商标授权确权行政案件的目的不在于赔偿，故不存在错赔他人之风险，故亦不存在深究权利人是谁之必要。且即便细究之，如果商标权人恰是著作权人或者被许可人，自然并无任何问题；如果商标权人并非被许可人，而仅系普通被许可人，则其主张在先著作权的行为，也既不会违反真正著作权人的意志，也不会损害其权益：如果真正著作权人已向诉争商标授权，诉争商标的权利人或者申请人自然能够在诉讼中提交相关证据；如果真正著作权人未向诉争商标授权，那么诉争商标不予注册或宣告无效也符合真正著作权人的利益。

编写人：最高人民法院　张志弘　廖继博

祁门县祁门红茶协会诉国家工商行政管理总局商标评审委员会、第三人安徽国润茶业有限公司商标权无效宣告请求行政上诉纠纷案

——阅读提示：使用地理标志证明商标的商品产地应当如何确定？地理标志商标注册申请人负有何种义务？如商标注册申请虽未提供虚假证据，但却未尽到积极的说明义务，消极等待商标注册主管机关核准商标注册，能否据此对已核准的地理标志商标予以无效宣告？

【裁判要旨】

对于地域范围限定不准确的地理标志证明商标，依法不应予以注册。地理标志商标注册申请人在提交商标注册申请文件方面，应当负有较之于普通的商品商标、服务商标注册申请人更多的诚实信用义务，违反该义务，则将使其商标注册申请行为丧失正当性基础，属于“以欺骗手段”取得注册或者“其他不正当手段取得注册的”的情形。

【案号】

一审：北京知识产权法院（2015）京知行初字第6629号

二审：北京市高级人民法院（2017）京行终3288号

【案情与审判】

原告（被上诉人）：祁门县祁门红茶协会（简称祁门红茶协会）。

被告（原审被告）：国家工商行政管理总局商标评审委员会（简称商标评审委员会）。

第三人（上诉人）：安徽国润茶业有限公司（简称国润公司）

起诉与答辩

祁门红茶协会不服商标评审委员会作出的商评字〔2015〕第84747号《关于第4292071号“祁门红茶”商标无效宣告请求裁定书》（简称被诉裁定），提起行政诉讼，请求法院判决撤销被诉裁定。主要理由为：一、祁门红茶协会在申请争议商标的过程中既未虚构事实，又未隐瞒任何事实真相，主观上没有任何蒙骗审查机关的故意，客观上也没有隐瞒事实真相或伪造签章、文件的行为。商标评审委员会认定祁门红茶协会采用了“欺骗手段”系事实认定错误。二、商标评审委员会认定将祁门红茶产区限定在祁门县违背了客观历史，属于事实认定错误。三、商标评审委员会作出被诉裁定的程序严重违法。四、争议商标已大量使用，具备了很高的知名度、美誉度和影响力，并形成了巨大数量的相关公众群体，被诉裁定违反了信赖保护原则。

商标评审委员会辩称：坚持被诉裁定中的意见。该裁定认定事实清楚，适用法律正确，作出程序合法。祁门红茶协会的诉讼请求和理由不能成立，请求法院依法予以驳回。

国润公司请求法院驳回祁门红茶协会的诉讼请求，主要理由为：一、争议商标构成“以欺骗手段取得注册”之情形。祁门红茶的产区范围不仅限于祁门县，还包括了与之毗邻的东至、石台、黟县、贵池等地。二、商标评审委员会作出被诉裁定的程序合法。

法院审理查明

2004年9月28日，祁门红茶协会向国家工商行政管理总局商标局（简称商标局）提出第4292071号“祁门红茶及图”（指定颜色）地理标志证明商标（简称争议商标，见下图）的注册申请，并将争议商标的地域范围限定在祁门县所辖行政区划内。商标局经审查决定对争议商标予以核准，核定使用在第30类“茶、茶叶代用品”等商品上，专用权期限自2008年11月7日至2018年11月6日。

争议商标

2011年12月27日，国润公司针对争议商标向商标评审委员会提出争议申请，请求：一、将“祁门红茶”产区的覆盖范围由祁门县所辖行政区划内调整为贵池、东至、祁门、石台、黟县境内；二、依照2001年修改的《中华人民共和国商标法》（简称2001年商标法）第四十一条第一款和第三款的规定，撤销争议商标注册。

2015年10月19日，商标评审委员会作出商评字〔2015〕第84747号《关于第4292071号“祁门红茶”商标无效宣告请求裁定书》（简称被诉裁定）。该决定认为：祁门红茶协会以“祁门红茶”地理标志作为证明商标向商标行政机关申请注册时，将该地理标志所标示地区仅限定在祁门县所辖行政区划的做法违背了客观历史，违反了申请商标注册应当遵守的诚实信用原则，因此构成2001年商标法第四十一条第一款所指以欺骗手段取得注册之情形。综上，依照2001年商标法第四十一条第一款、2013年修改后的《中华人民共和国商标法》（简称2013年商标法）第四十四条第一款、第三款和第四十六条的规定，商标评审委员会裁定：争议商标予以无效宣告。

经查，“祁门红茶”产区范围存在不同认识，即存在大、小“祁门红茶”产区的不同认识。其中，小祁门红茶产区，仅指祁门县境内产茶区；大祁门红茶产区，除祁门县外，还包括周边的黟县、石台、东至、贵池以及江西省的浮梁县等地。

2004年7月1日，安徽省农业委员会《关于祁门红茶协会申请办理“祁门红茶”证明商标的证明》所附《关于“祁门红茶”生产地域的有关说明》载明：“将‘祁门红茶’的产地划定在祁门县境内是比较妥切的。”祁门红茶协会向商标局提交该份证明用以限定争议商标的地域范围。

2006年1月9日，安徽省农业委员会《关于申报“祁门红茶”证明商标涵盖茶区请示的答复》载明：“关于‘祁门红茶’产区范围历来有两种看法，即大、小祁门红茶产区之说。小祁门红茶产区，不言而喻，仅指祁门县境内除安凌区外的所有产茶区，所产红茶叫‘祁门红茶’无可争议；大祁门红茶产区，除祁门县外，还包括周边的黟县（渔亭以北）、石台、东至、贵池以及江西省的浮梁县等地，所产红茶除祁门县所产外，长期以来叫过‘祁红’，也叫过‘池红’、‘浮红’等名称，有争议的就在于此。”

2007年9月19日，安徽省农业委员会出具《关于调整祁门红茶生产地域范围的说明》，明确“祁门红茶”的生产地域限定在祁门、石台、贵池、东至、黟县境内。

2009年6月10日，安徽省工商行政管理局组织包括祁门红茶协会和国润公司参与的“祁门红茶”地理标志商标注册协调会，并达成如下共识：祁门红茶协会向商标局递交变更“祁门红茶”地理标志使用范围的申请，将争议商标限定的地域范围扩大至祁门、石台、贵池、东至、黟县境内；国润公司撤回对争议商标提出的异议。根据该会议纪要，国润公司向商标局撤回了其针对本案争议商标提出的异议，争议商标获准注册；但祁门红茶协会未向商标局提交地域范围变更申请。

一审判理和结果

根据本案在案证据，并无证据显示祁门红茶协会在申请该证明商标时实施了伪造申请材料等欺骗行为，且商标评审委员会亦未举证证明祁门红茶协会申请注册争议商标时所标示地区违背了客观历史的行为系出于欺瞒商标行政机关之故意。因此，争议商标的申请不构成2001年商标法第四十一条第一款规定中所指的“以欺骗手段或者其他不正当手段取得注册的”情形，被诉裁定中相关认定属于适用法律错误。

一审法院依照《中华人民共和国行政诉讼法》第七十条第二项之规定，判决：一、撤销被诉决定；二、商标评审委员会重新作出裁定。

上诉与答辩

国润公司不服原审判决，向北京市高级人民法院提起上诉，请求撤销原审判决、维持被诉裁定。商标评审委员会和祁门红茶协会服从原审判决。

二审判理和结果

北京市高级人民法院经审理认为，虽然祁门红茶协会在提出争议商标注册申请时，并不存在提交虚假文件骗取商标注册的行为，其申请注册争议商标也不属于无实际使用意图而抢注商标的情形，但是，有关“祁门红茶”产区地域范围的不同认识是客观存在的。祁门红茶协会在明知存在上述争议的情况下，仍以不作为的方式等待商标注册主管机关核准争议商标的注册，这种行为明显违反了地理标志商标注册申请人所负有的诚实信用义务，构成了2001年商标法第四十一条第一款规定的以“其他不正当手段取得注册的”情形，争议商标依法应予无效宣告。据此，二审法院终审判决：一、撤销原审判决；二、驳回祁门红茶协会的诉讼请求。

【法官评述】

一、地理标志与地理标志商标

（一）地理标志

“地理标志”（Geographical Indications，缩写为“GI”）一词，最早出现在1975年世界知识产权组织起草的一份叫“地理标志保护条约”的草案中。[①] 而现在被普遍接受的是《与贸易有关的知识产权协议》（TRIPS）第22条的定义，世界知识产权组织在其出版的中文版《地理标志：概述》一书中，将该条第1款中有关地理标志的定义翻译为：“辨别某商品来源于（世界贸易组织）某成员境内或该境内的某地区或某地方的标记，而该

---

① See WIPO, Symposium on the International Protection of Geographical Indications (1989), Geneva, 1990, WIPO Publication No. 676 (E), p. 23; WIPO International Bureau, The Need for a New Treaty and its Possible Contents, Memorandum prepared by the International Bureau, GEO/CE/I/2, April 9, 1990, p. 4.

商品的特定质量、声誉或其他特性主要归因于其地理来源。”① 我国的商标法在2001年修订时，基本上体现了上述条约规定的精神实质，其第十六条规定：“商标中有商品的地理标志，而该商品并非来源于该标志所标示的地区，误导公众的，不予注册并禁止使用；但是，已经善意取得注册的继续有效。前款所称地理标志，是指标示某商品来源于某地区，该商品的特定质量、信誉或者其他特征，主要由该地区的自然因素或者人文因素所决定的标志。”2013年商标法修改时，该条款未作任何修改。比较我国《商标法》的规定和《与贸易有关的知识产权协议》（TRIPS）第22条的规定可见，我国有关地理标志的规定强调以下三个方面：（1）表明某种产品的真实来源；（2）产品具有非常独特的品质、声誉或者其他特点；（3）该特点归因于该地区的人文因素或自然因素。②

地理标志通常是以“地理名称＋商品名称”的形式体现的。此外，非地理名称，如“青酒（vinho verde）”“卡瓦酒（Cava）”“阿甘油（Argan Oil）”，或者通常与某地形成关联的符号也可以构成地理标志。③ 基于上述共识，《集体商标、证明商标注册和管理办法》第八条第一款规定：“作为集体商标、证明商标申请注册的地理标志，可以是该地理标志标示地区的名称，也可以是能够标示某商品来源于该地区的其他可视性标志。”因此，对于地理标志的认定大多不存在困难。

（二）地理标志商标

“由于某种客体可能得到一种以上知识财产的保护，所以尽管TRIPS协议第2部分各节均规定了一种不同的知识财产，有时候他们却引用了另一种知识财产。”④ 如同受著作权保护的美术作品可以作为商标标志申请商标注册一样，地理标志同样可以作为商标申请注册。地理标志经核准作为

---

① 世界知识产权组织：《地理标志：概述》（世界知识产权组织出版物编号：952C），2017年，第8页，http：//www.wipo.int/edocs/pubdocs/zh/wipo_ pub_ 952.pdf，最后访问时间：2018年3月16日。

② 张欣欣：《地理标志经济效益——基于TRIPS框架下的研究》，中央编译出版社2012年版，第12页。

③ 世界知识产权组织：《地理标志：概述》（世界知识产权组织出版物编号：952C），2017年，第9页，http：//www.wipo.int/edocs/pubdocs/zh/wipo_ pub_ 952.pdf，最后访问时间：2018年3月16日。

④ The Report of the Panel（WT/DS174/R）of March 15，2005，paragraph 7.599.

商标注册后，在地理标志这一客体就同时具备了两种知识财产的属性，或者说同时享有了两种知识产权，此时的地理标志也就同时成为了地理标志商标。

实践中常见的一个认识误区，就是认为某些已经获准注册的地理标志商标中的图文组合标志即为地理标志。[①] 实际上，这种图文组合标志是由地理标志与地理标志以外的图形、文字组合而成的一种组合性标志，不应将地理标志以外的其他图文构成要素混同为地理标志本身。就地理标志商标而言，商标法中的合理使用所适用的对象通常也仅指该标志中的地理标志部分，而不包括商标权人自行设计的地理标志以外的其他图文部分。

（三）地理标志保护范围的确定

从现有法律的规定以及地理标志的本质看，地理标志是指标示某商品来源于某地区，该商品的特定质量、信誉或者其他特征，主要由该地区的自然因素或者人文因素所决定的标志。如果申请注册的地理标志证明商标所确定的使用该商标的商品的产地与该地理标志的实际地域范围不符，无论是不适当地扩大了其地域范围，还是不适当地缩小了其地域范围，都将误导公众并难以起到证明使用该商标的商品来自特定产区、具有特定品质的证明作用。因此，对于这种地域范围限定不准确的地理标志证明商标，依法不应予以注册。

本案中涉及的地理标志“祁门红茶”，由于历史的原因，在产区地域范围上的确存在不同的认识。在此种情况下，如果在利害关系人并未充分协商的情况下，就按照其中一个比较小的地域范围核准该地理标志证明商标的注册，无疑会损害客观上已经存在了的其他经营者的合法权益。因此，一方面，从尊重客观事实的角度出发，应当使地理标志商标的注册充分体现相关公众的认知状况，避免误认；另一方面，从保护利害关系人的合法权益出发，也应当避免因地理标志商标的注册损害他人的合法权益。所以，就本案的情况看，争议商标在其所确定的地域范围并不准确且有可能损害他人合法权益的情况下，应当予以无效宣告。

---

① 亓蕾：《商标行政案件中地理标志司法保护的新动向——兼评〈关于审理商标授权确权行政案件若干问题的规定〉第17条》，载《法律适用》2017年第17期。

二、地理标志商标注册人的诚信义务

2001年商标法第四十一条第一款规定："已经注册的商标，违反本法第十条、第十一条、第十二条规定的，或者是以欺骗手段或者其他不正当手段取得注册的，由商标局撤销该注册商标；其他单位或者个人可以请求商标评审委员会裁定撤销该注册商标。"2013年修改后的商标法第四十四条第一款作出了同样的规定。

商标注册是建立在申请人的申请基础之上的。对于地理标志商标而言，无论是地理标志证明商标，还是地理标志集体商标，由于其所涉及的地理标志地域范围的确定具有较强的专业性，商标注册主管机关自身难以予以核实，因此，在地理标志商标的审查过程中，商标注册主管机关通常只能进行形式上的审查。相应地，地理标志商标注册申请人在提交商标注册申请文件方面，就应当负有较之于普通的商品商标、服务商标注册申请人更多的诚实信用义务。

地理标志商标注册申请人所负有的诚实信用义务，不仅仅限于消极方面，即不仅不能提供虚假的商标注册申请文件的消极不作为义务；而且应当包括向商标注册主管机关全面准确说明客观情况的积极作为义务。违反上述诚实信用义务，无论是违反消极不作为义务，还是没有尽到积极作为义务，都将使其商标注册申请行为丧失正当性基础。提交虚假文件或者以其他方式弄虚作假而取得商标注册的，即属于"以欺骗手段"取得注册的情形；而未尽到积极作为义务，未向商标注册主管机关全面准确报告客观情况而取得商标注册的，即属于以"其他不正当手段取得注册的"的情形。

本案中，虽然祁门红茶协会在提出争议商标注册申请时，并不存在提交虚假文件骗取商标注册的行为，其申请注册争议商标也不属于无实际使用意图而抢注商标的情形，但是，有关"祁门红茶"产区地域范围的不同认识是客观存在的，国润公司在争议商标尚未核准注册前已提出异议，安徽省工商行政管理局就此还召集包含祁门红茶协会、国润公司在内的相关单位进行了协调并形成了会议纪要，即使祁门红茶协会事后不同意该会议纪要的内容，但其对"祁门红茶"产区地域范围存在争议这一事实是明确知悉的。而且根据祁门红茶协会、国润公司在商标评审阶段提交的证据材料，"祁门红茶"产区范围历来存在不同认识，即存在大、小"祁门红茶"

产区的不同认识。争议商标仅仅将该地理标志证明商标的地域范围划定在安徽省祁门县行政区域内，虽然符合小“祁门红茶”产区的地域范围，且有2004年安徽省农业委员会《关于祁门红茶协会申请办理“祁门红茶”证明商标的证明》等文件予以佐证，但是，却明显与社会上普遍存在的大“祁门红茶”产区地域范围不一致。因此，在缺乏充分证据和论证的情况下，如果仅仅按照存在争议的两种观点中的一种观点来确定使用“祁门红茶”地理标志证明商标的商品的产区范围，则是人为地改变历史上已经客观形成了的“祁门红茶”存在产区范围不同认识的市场实际，是缺乏合理性的。祁门红茶协会在明知存在上述争议的情况下，未全面准确地向商标注册主管机关报告该商标注册过程中存在的争议，尤其是在国润公司按照安徽省工商行政管理局会议纪要的要求撤回商标异议申请的情况下，其仍以不作为的方式等待商标注册主管机关核准争议商标的注册，这种行为明显违反了地理标志商标注册申请人所负有的诚实信用义务，构成了2001年商标法第四十一条第一款规定的以“其他不正当手段取得注册的”情形，争议商标依法应予无效宣告。

编写人：北京市高级人民法院　周波

（三）其他行政案件

捷豹路虎（中国）投资有限公司诉
上海市浦东新区市场监督管理局行政处罚决定及
上海市浦东新区人民政府行政复议决定案

——阅读提示：经营者使用非通用术语宣传时，如何认定宣传内容构成虚假宣传？若经营者在宣传册上作了免责提示，该宣传册中可能引人误解的其他内容是否仍构成虚假宣传？

【裁判要旨】

虚假宣传不正当竞争的本质在于宣传内容“引人误解”。当专业领域的经营者使用非通用术语宣传时，虽该术语无公认的含义，但若结合该术语的相关专业背景及经营者对该术语的使用历史，相关公众对该术语的认知会导致对商品配置、性能等产生误解，则该宣传内容构成虚假宣传。在宣传内容已容易导致社会公众产生误解的情况下，仅凭宣传册尾部内容较为概括的免责提示不能消除上述误解。

【案号】

一审：上海市浦东新区人民法院（2017）沪0115行初291号

【案情与裁判】

原告：捷豹路虎（中国）投资有限公司（简称捷豹路虎公司）

被告：上海市浦东新区市场监督管理局（简称浦东市场监管局）

被告：上海市浦东新区人民政府（简称浦东区政府）

起诉与答辩

原告捷豹路虎公司于2017年3月20日向本院提起行政诉讼。原告诉称，被告浦东市场监管局于2016年11月11日作出《行政处罚决定书》，认定原告在其2014年款路虎DISCOVERY4系列越野乘用车（以下简称2014年款车辆）的宣传册中，关于全地形反馈适应系统、中央电子差速锁及驾驶员座椅侧向支撑调节功能的宣传与车辆实际配置不符，构成引人误解的虚假宣传。故对其作出责令停止违法行为，消除影响，并处罚款人民币9万元的行政处罚。原告不服，向被告浦东区政府申请行政复议，浦东区政府作出维持上述《行政处罚决定书》的《行政复议决定书》。原告认为，其并未宣传大岩石模式为标准配置。宣传册中图文介绍的目的是为了介绍车辆可实现的最好功能，这是行业通行做法。涉案车辆具有差速器，也具有中央电子差速锁锁止功能，标注为中央电子差速锁并无不当。宣传册中的侧向支撑调节功能是印刷错误。消费者可以通过观察车辆外观辨识车辆是否具备涉案配置或功能，不会产生误解。为避免宣传册内容引起误解，原告在宣传册中进行了提示，尽到了提示义务。故原告起诉要求撤销上述《行政处罚决定书》和《行政复议决定书》。

被告浦东市场监管局辩称：1. 大岩石模式需选配双速分动箱后才能实现，但原告对此并未作出提示。2. 中央电子差速锁与中央电子差速锁锁止功能是两个不同概念，原告的2013年款车辆与2014年款涉案车辆实现该功能的部件、越野性能及仪表盘显示不同，但均作相同宣传且未作任何说明。3. 涉案专业配置问题并非通过简单观察车辆外观就能辨识，这显然加重了消费者的注意义务。4. 仅凭宣传册尾部的提示内容并不能避免上述宣传造成的误解。综上，请求驳回原告的诉请。

被告浦东区政府辩称，其具有作出行政复议的法定职权，所作复议决定事实清楚、程序合法、适用法律正确，请求驳回原告诉请。

法院审理查明

原告捷豹路虎公司系“路虎”品牌车辆在中国的总经销商，其涉案的2014年车辆共四种车型，在宣传材料中，车辆配置表显示全地形反馈适应系统、中央电子差速锁、驾驶员座椅侧向支撑调节为标准装备，还介绍全地形反馈适应系统包括大岩石/圆石慢行模式（以下简称大岩石模式）等五种模式。宣传材料尾部有“……该手册既不应视为目前路虎汽车技术规格的可靠指导，也不能当成对任何一辆路虎汽车的销售报价”等声明。

2014 年车辆仅一种车型标配的座椅能实现驾驶员座椅侧向支撑调节功能，大岩石模式需加装双速分动箱后才能实现，但四种车型均标配的是单速分动箱，其中配有 T-3 型托森式中央差速器。原告的 2013 年款路虎 DISCOVERY4（简称 2013 年款车辆）标配的双速分动箱中配有摩擦片式自锁式中央差速器，亦在配置表中标注中央电子差速锁为标准装备。

2015 年 3 月 20 日开始，陆续有消费者举报涉案车辆虚假宣传。被告浦东市场监管局依法立案、调查并举行了听证。根据原告提交的鉴定报告及专家意见：“中央电子差速锁”非汽车行业的专业用语，亦无标准定义；T-3 型托森式中央差速器是一种机械式差速器，其与车辆的电子差速系统配合，能实现中央电子差速锁锁止功能；其不能在仪表盘中显示工作状态；在正常公路行驶中表现突出。摩擦片式自锁式中央差速器是一种电子控制式的防滑差速器，具备中央电子差速锁锁止功能；能在仪表盘中显示工作状态；具备更好的极限越野能力。

原告在调查过程中两次出具公开说明，称宣传册中关于中央电子差速锁和座椅侧向调节的标准配置系印刷错误，漏印了大岩石模式无法在不配有双速分动箱的情况下实现的脚注。原告先后对上述宣传内容进行了修改。

2016 年 11 月 11 日，浦东市场监管局作出《行政处罚决定书》，认定原告关于全地形反馈适应系统、中央电子差速锁及驾驶员座椅侧向支撑调节功能的宣传与车辆实际配置不符，构成引人误解的虚假宣传。故对其作出责令停止违法行为，消除影响，并处罚款人民币 9 万元的行政处罚。捷豹路虎公司不服，向被告浦东区政府申请行政复议，浦东区政府于 2017 年 2 月 27 日作出行政复议决定，维持上述《行政处罚决定书》。

一审判理和结果

法院经审理认为，虚假宣传不正当竞争行为的本质在于宣传内容使相关公众对商品的质量、性能等容易产生误解，应根据日常生活经验、相关公众一般注意力、发生误解的事实和被宣传对象的实际情况等因素进行认定。原告宣传全地形反馈适应系统、中央电子差速锁及驾驶员座椅侧向支撑调节功能系涉案车辆的标准装备，但涉案车辆四种车型中仅一种车型标准配置有驾驶员座椅侧向支撑调节功能，显然构成引人误解的虚假宣传。就全地形反馈适应系统而言，宣传册中详细介绍其有五种模式，但并未提示消费者大岩石模式需选装双速分动箱后才可实现。消费者在阅看该宣传册后，会对涉案车辆的上述配置及性能产生误解。就中央电子差速锁而言，原告的2013年款车辆通过标配的“摩擦片式自锁式中央差速器”实现其所谓的中央电子差速锁锁止功能，并宣传标配有中央电子差速锁。涉案的2014年款车辆通过标配的“T－3型托森中央差速器”配合电子差速系统共同实现该功能。虽然均可实现该功能，但所据以实现该功能的装备不同，越野性能不同，在仪表盘上的显示状态亦不同。原告更改装备后，仍在配置表中对标准装备作相同表述，对相关公众而言，极易产生涉案车辆装备了“摩擦片式自锁式中央差速器”这一具有更优越野性能的差速器的误解。因此，原告的上述行为构成引人误解的虚假宣传。在此情况下，原告仅通过在宣传册尾部做概括性的免责提示，并不能消除相关公众因整本宣传册中极为翔实和明确的宣传所产生的误解。据此，法院依照《中华人民共和国行政诉讼法》第六十九条之规定，判决：驳回原告捷豹路虎公司的诉讼请求。

判决后，原、被告双方均未上诉，判决已发生法律效力。

【法官评述】

一、虚假宣传不正当竞争的本质在于“引人误解”

根据《反不正当竞争法》（1993年）第九条第一款的规定，经营者不得利用广告或者其他方法，对商品的质量、制作成分、性能、用途、生产者、有效期限、产地等作引人误解的虚假宣传。从文义上看，“引人误解”和“虚假”是“宣传”的并列性限定词，宣传内容“虚假”及造成“引人误解”的后果是构成“引人误解的虚假宣传”所需满足的必要条件。因此，按照字面解释，引人误解的真实宣传及不引人误解的虚假宣传，均不能纳入本条的调整范围。但无论在理论界还是实务界，对该条均有不同解读，倾向性观点认为，上述文义解释的观点使得本条适用的范围过窄，应扩大解释，使其包括“引人误解的宣传”和“虚假宣传”两种情况。在《最高人民法院关于审理不正当竞争民事案件应用法律若干问题的解释》（以下简称《不正当竞争解释》）的起草过程中，也曾欲对“引人误解的虚假宣传”作扩大解释，将其界定为“对商品作虚假的或其他引人误解的宣传”，但因该解释与法律规定的字面意思不符而未通过①。不过，在司法实践中，事实上已经采取扩大解释的方式，将虚假宣传不正当竞争行为的本质界定为“引人误解”而并不严格要求“虚假”。该观点又被2017年修订后的《反不正当竞争法》所采纳，该法第八条第一款规定，经营者不得对其商品的性能、功能、质量、销售状况、用户评价、曾获荣誉等作虚假或者引人误解的商业宣传，欺骗、误导消费者。② 因此，认定是否构成虚假宣传不正当竞争的关键在于宣传行为是否足以产生引人误解的后果。

关于“引人误解”的具体认定，往往具有较大的自由裁量性。为统一裁判尺度，《不正当竞争解释》第八条第三款从主体、主观、客观后果及判断依据等方面规定了一般性的考量因素，即人民法院应当根据日常生活经验、相关公众一般注意力、发生误解的事实和被宣传对象的实际情况等因素，对引人误解的虚假宣传行为进行认定。本案所涉宣传内容系汽车领域关于车辆配置及性能的宣传，在认定是否容易引人误解时，从主体方面来看，不应根据汽车行业专家等专业人员，或与涉案车辆毫无接触可能性的其他普通公众的认知标准来评判，而应基于涉案汽车的消费者或潜在消费群体、汽车产业链的相应经营人员等相关公众的认知标准进行评判。从主观方面来看，不应要求相关公众对涉案车辆的配置、性能等做极为深入、全面的研究与了解，而应以相关公众施以普通注意力的情况下所作判断进行认定。从判断依据方面来看，应以相关公众的日常生活经验为基础，但还应参考汽车行业的相关背景知识，并结合被诉宣传行为的具体情形等，作出综合认定。从客观后果方面来看，被诉宣传行为应足以使相关公众对涉案车辆的配置、性能等产生错误认识，从而影响其购买选择。

涉案虚假宣传行为主要表现为对涉案车辆三项配置的宣传，即全地形反馈适应系统中的大岩石模式、中央电子差速锁及驾驶员座椅侧向支撑调节。其中，大岩石模式及驾驶员座椅侧向支撑调节功能确非涉案车辆的标配功能，而需加装相应的选装配置后才可实现，且有的车型无法通过选配实现驾驶员座椅侧向支撑调节功能。根据相关公众的日常生活经验，上述

① 孔祥俊：《商标与不正当竞争法原理和判例》，法律出版社2009年版，第810页。

② 《中华人民共和国反不正当竞争法》于2019年又经历了修改，本条未作改动。

两项宣传内容不仅虚假，且显然容易引人误解，在认定上难度不大。双方存在较大争议的是关于中央电子差速锁的宣传内容是否构成虚假宣传。

二、使用非通用术语宣传“引人误解”的认定

原告在其推出的“路虎”第四代发现系列车辆中，2013年款车辆标配有双速分动箱，其中装备了“摩擦片式自锁式中央差速器”，在宣传册上标注“中央电子差速锁”为标准装备。后因经营调整，将2014年款车辆也即涉案车辆的标配改为单速分动箱，其中装备的是“T－3型托森中央差速器”，宣传册上亦标注“中央电子差速锁”为标准装备。原告称其标注的“中央电子差速锁”是指“中央电子差速锁锁止功能”，摩擦片式自锁式中央差速器能单独实现该功能，T－3型托森中央差速器能与车辆的EDS互相配合而实现该功能，故认为其标注并无不当。鉴于原告在宣传册中使用的是“中央电子差速锁”，其关于该标注是指“中央电子差速锁锁止功能”的辩解缺乏依据。就“中央电子差速锁”而言，其并非汽车行业国家标准或行业标准中所规定的术语，亦非该行业人员所普遍接受和使用的通用术语。因此，原告在其宣传册上使用该术语进行宣传，很难谓其实施了“虚假”的商业宣传行为。该行为是否构成“引人误解”的商业宣传，应结合汽车领域与“中央电子差速锁”相关的专业术语的含义，判断相关公众对于“中央电子差速锁”的一般理解，从而对相关公众是否会对该宣传内容产生误解进行认定。

在汽车行业，与“中央电子差速锁”相关的汽车行业专业术语包括差速器、差速锁、电子差速系统（也称电子差速锁）等。其中，差速器是指能够使左右或前后驱动轮以不同转速转动的装置，包括前驱动桥轮间差速器（调整前轮轮速差）、后驱动桥轮间差速器（调整后轮轮速差）及中央差速器（调整前后轮轮速差）。差速锁是差速器上的锁止结构，其作用在于提高汽车在坏路面（如冰雪、泥泞等）上的通过能力，即当汽车的一个驱动桥空转时锁死差速器，将大部分扭矩甚至全部扭矩传给不滑转的驱动桥，充分利用它的附着力而产生足够牵引力，从而使汽车能够继续行驶。不同差速器采用的锁止方式不同，本案所涉“T－3型托森中央差速器”及“摩擦片式自锁式中央差速器”是现在市场上比较主流的带有锁止功能的中央差速器。电子差速系统（即EDS，亦称电子差速锁）系ABS的一种扩展功能，当电子控制单元根据轮速信号判断出某一侧驱动轮打滑时，

EDS 就自动开始工作，通过液压控制单元对该车轮进行适当强度的制动，从而提高另一侧驱动轮的附着利用率，以此提高车辆的通过能力。

前述“摩擦片式自锁式中央差速器”与“T－3 型托森式中央差速器”存在以下区别：(1) 控制方式不同。前者的接通条件和扭矩分配比例由电子系统控制，无需手动控制。后者是一种机械式差速器，通过相互啮合互锁及力矩单向地从蜗杆传递到涡轮的构造实现其锁止功能，且能与车辆的EDS 相互配合共同实现锁止功能。(2) 越野性能不同。装配前者的车辆的低速档能提供 2.93 倍驱动力矩，使得车辆在极端越野地形下脱困能力增加，具备更好的极限越野能力。装配后者的车辆在正常公路行驶中表现突出，能够很好地平衡公路驾驶和越野驾驶。(3) 工作中的屏幕显示状态不同。前者与 CAN 总线有通信，能够在仪表盘中显示出其工作状态。后者与总线无通信，不能在仪表盘中显示其工作状态。

对相应消费者而言，原告在连续两年所推出的同一品牌、同一型号车辆（即 2013 年款和 2014 年款路虎第四代发现车辆）的宣传册上所列明的相同名称的标准装备（即“中央电子差速锁”），其含义应前后一致。鉴于“中央电子差速锁”并非该行业的通用术语，消费者在看到配置表中的该项宣传后，按照日常生活经验并结合与该名称相关的汽车行业的其他专业术语，可能将其理解为一种电子控制式的带有锁止功能的中央差速器，而这正好是原告 2013 年款车辆中标配的摩擦片式自锁式中央差速器的基本特征。虽然涉案车辆标配的 T－3 型托森中央差速器亦系带有锁止功能的中央差速器，且能与电子差速系统兼容，但二者的越野性能并不相同，而越野性能的高低是影响消费者选择越野车的重要考虑因素。原告在 2014 年款车辆更改装备且越野性能有所降低的情况下，仍在配置表中对该部分内容作与 2013 年款车辆相同的宣传，容易使相关公众产生涉案车辆标配的装备及其性能与 2013 年款车辆相同的误解，事实上也确有相关消费者产生此种误解。因此，原告的该项宣传内容构成引人误解的虚假宣传。

三、免责声明对“引人误解”的影响

经营者在对其产品或服务进行宣传时，有时会同时在宣传册中或宣传内容附近附免责声明，如“图片仅供参考”“价格仅供参考”等。此类声明能否阻却虚假宣传的认定，主要取决于其声明内容是否足以使相关公众消除其产生的误解，应结合声明的方位、内容等进行综合判断。例如，以生活中常见的方便面（红烧牛肉面）为例，其作为宣传内容的配图中含有大块牛肉，显然与实际产品并不相符。但由于经营者在该配图旁显著标注“图片仅供参考”，并在配料表中详细注明其配料，再结合普通消费者对于方便面的一般认知，其在看到该宣传图后并不会对商品成分产生误解。故而，在此种情况下，看似“虚假”的宣传内容可因其合理的免责声明而不构成《反不正当竞争法》规定的引人误解的虚假宣传。

本案中，涉案宣传册上免责声明的内容为“……该手册既不应视为目前路虎汽车技术规格的可靠指导……”从方位上看，该声明系在宣传册尾部，而非存在于需要澄清的宣传内容处。从内容上看，其仅为一句概括性的陈述，并未针对任何具体宣传内容。在涉案宣传内容已使得相关公众产生误解的情况下，仅凭宣传册尾部的一句概括性免责声明，并不能消除相关公众因整本宣传册中极为翔实和明确的宣传所产生的误解。

编写人：上海市浦东新区人民法院知识产权庭　叶菊芬

IP

2017年中国法院50件典型知识产权案例

三、知识产权刑事案件

合肥市国耀电子有限公司、钟传某销售假冒注册商标的商品罪案

——阅读提示：通过商标国际注册程序在我国获准领土延伸保护的商标，在我国境内受刑事保护

【裁判要旨】

本案中，案涉商标系依据《商标国际注册马德里协定》和《商标国际注册马德里协定有关议定书》进行商标国际注册，并经我国商标行政管理机关核准，获准在我国进行领土延伸保护的商标，与在我国境内直接提出申请并获准注册的注册商标具有同等的法律效力。在符合商标权犯罪构成要件的情况下，对侵犯案涉注册商标的行为，应予刑事处罚。

【案号】

一审：合肥高新技术产业开发区人民法院（2017）皖0191刑初56号

【案情与裁判】

公诉机关：合肥高新技术产业开发区人民检察院

被告单位：合肥市国耀电子有限公司（简称国耀公司）

被告人：钟传某

指控与辩护

公诉机关指控：2012年7月份，湖南湘源建设工程有限公司（简称湘源公司）通过投标取得合肥市新站区合郢花园三标段工程，同年8月10日，湘源公司副总经理周乃某和被告单位合肥市国耀电子有限公司法人钟传某洽谈购买西门子远景系列开关、插座等事项，2012年8月15日，湘源公司和国耀公司签订了工矿产品购销合同。之后钟传某和长期给其供货的温州天麦

电气科技有限公司的肖某某（另案处理）联系购买提供假冒的西门子远景系列开关、插座。最终以1.8至3.5元/个的价格，从肖某某处购买西门子远景系列开关、插座共47824个，购买总价格约为13.5万元，陆续供应给湘源公司用于合肥市新站区合郢花园三标段工程。湘源公司以2.7至7.8元/个的价格从国耀公司采购西门子远景系列开关、插座共47824个（合同数量）。2015年12月7日，合肥市新站区市场局接新站区重点局函，对湖南湘源建设工程有限公司承建的合郢花园三标段拆迁恢复楼进行检查发现，三标段工程共9栋楼内安装使用的西门子牌开关、插座是假冒的，合肥市工商行政管理局扣押42920个西门子开关、插座。经西门子（中国）有限公司鉴定，国耀公司销售给湘源公司的“西门子”远景系列开关、插座全是假冒西门子注册商标的产品。国耀公司以明显低于市场价格从温州天麦电气科技有限公司的肖某某处购买假冒的西门子牌远景系列开关、插座，转手卖给湘源公司，在合郢花园三标段查获的假冒西门子牌开关插座共计42920个，总价值为172118.1元。

公诉机关认为，被告单位合肥市国耀电子有限公司销售假冒注册商标的商品，数额较大，被告人钟传某作为公司法人代表，负有直接的主管责任，被告单位和被告人的行为触犯《中华人民共和国刑法》第二百一十四条之规定，犯罪事实清楚，证据确实充分，应当以销售假冒注册商标的商品罪追究其刑事责任。提请依法惩处。

被告单位国耀公司、被告人钟传某对公诉机关指控的犯罪事实均不持异议，庭审中均自愿认罪。

辩护人对公诉机关指控的罪名及定性没有异议，但认为被告人系主动投案，认罪悔罪态度好，揭发了同案肖某某的犯罪事实；销售金额不大，与湘源公司之间尚有款项未进行结算，该部分款项不可能继续支付，相应的该部分交易应属未遂；涉案开关等均已被拆除查扣，未在市场广泛流传也没有实际投入用户使用，社会危害性小；本案系单位犯罪，钟传某仅为谋求单位利益而从事犯罪行为，案发前后均无违法犯罪行为，其人身危险性和再犯可能性均极低，被告人家庭负担重，其已认识到自身的错误。综上，建议对被告人从轻处罚并适用缓刑。

法院审理查明

马德里体系是一种商标国际注册体系，受《商标国际注册马德里协定》

和《商标国际注册马德里协定有关议定书》约束，适用于规定、规范国际商标注册的国际条约，中国系协定缔约方之一。西门子股份公司（SIEMENS Aktiengesellschaft）通过马德里国际注册方式，将涉案注册号为G 683480“西门子”及注册号为G637074“SIEMENS”商标在多个类别与行业中进行注册保护，并沿用至今。西门子（中国）有限公司经授权对西门子品牌产品真伪进行鉴别。

被告人钟传某系被告单位国耀公司法定代表人，2012年7月份，湘源公司通过投标取得合肥市新站区合郢花园三标段工程，同年8月10日，湘源公司副总经理周乃某和被告人钟传某洽谈购买西门子远景系列开关、插座等事项，2012年8月15日，湘源公司和国耀公司签订了工矿产品购销合同。之后钟传某和长期给其供货的温州天麦电气科技有限公司的肖某某（另案处理）联系购买提供假冒的西门子远景系列开关、插座。最终以1.8至3.5元/个的价格，从肖某某处购买西门子远景系列开关、插座共47824个，购买总价格约为13.5万元，陆续供应给湘源公司用于合肥市新站区合郢花园三标段工程。湘源公司以2.7至7.8元/个的价格从国耀公司采购西门子远景系列开关、插座共47824个（合同数量）。2015年12月7日，合肥市新站区市场局接新站区重点局函，对湖南湘源建设工程有限公司承建的合郢花园三标段拆迁恢复楼进行检查发现，三标段工程共9栋楼内安装使用的西门子牌开关、插座是假冒的，合肥市工商行政管理局扣押42920个西门子开关、插座。经西门子（中国）有限公司鉴定，国耀公司销售给湘源公司的“西门子”远景系列开关、插座全是假冒西门子注册商标的产品。国耀公司以明显低于市场价格从温州天麦电气科技有限公司的肖某某处购买假冒的西门子牌远景系列开关、插座，转手卖给湘源公司，在合郢花园三标段查获的假冒西门子牌开关插座共计42920个，总价值为172118.1元。

庭审中，钟传某陈述工商部门查扣的物品属被告单位所有；钟传某陈述案涉合同是以公司名义签订的，涉案款项亦是以公司名义收取的，实际收取20万元。

诉讼过程中，被告单位国耀公司退赃172118.1元。

判理和结果

法院认为：被告单位合肥市国耀电子有限公司销售假冒注册商标的商品，数额较大，被告人钟传某作为公司法人代表，负有直接的主管责任，被告单位和被告人的行为均构成销售假冒注册商标的商品罪，依法应当追究刑事责任。公诉机关指控罪名成立。

就辩护人认为被告人行为社会危害性小、未造成严重后果的辩护意见，本院认为，销售假冒他人注册商标的商品首先是对注册商标所有人的商标专用权的侵害，同时亦破坏了国家保护商标专用权所形成的法律关系即商标管理制度，危害了商品生产者、经营者、消费者的合法利益和正常市场经济秩序的发展，故对该项辩护意见不予采纳。

就辩护人认为与湘源公司之间尚有款项未进行结算，该部分款项未继续支付，对应的该部分交易应属未遂的辩护意见，本院认为，被告单位及被告人未经许可销售假冒他人注册商标的商品，其行为已构成犯罪，依法应承担相应的刑罚，双方之间是否结算货款不影响犯罪既遂，故辩护人该项辩护意见于法无据，本院不予采纳。

就辩护人认为被告人钟传某揭发了同案肖某某的犯罪事实的辩护意见，本院认为，被告人钟传某对于同案其他当事人的行为所作的陈述属于其如实供述的组成部分，该行为并非法定的从轻、减轻处罚的情节。

被告单位合肥市国耀电子有限公司主动退赃，依法可对其从轻处罚。被告人钟传某犯罪以后主动投案，在归案后能够如实供述其销售假冒注册商标商品的犯罪事实，其行为构成自首，依法可以对其从轻处罚。

被告人钟传某悔罪态度较好，没有再犯罪的危险，可以对其适用缓刑。综上，为严肃国家法制，规范市场经济秩序，保护知识产权不受侵犯，依照《中华人民共和国刑法》第二百一十四条、第三十一条、第二百二十条、第五十二条、第五十三条、第六十七条、第七十二条、第七十三条第二款、第三款、第六十四条、第六十一条，《最高人民法院、最高人民检察院关于办理侵犯知识产权刑事案件具体应用法律若干问题的解释》第二条、第十二条、《最高人民法院、最高人民检察院关于办理侵犯知识产权刑事案件具体应用法律若干问题的解释（二）》第四条、第六条，《最高人民法院关于适用〈中华人民共和国刑事诉讼法〉的解释》第三百六十五条的规定，判决如下：一、被告单位合肥市国耀电子有限公司犯销售假冒注册商标的商品罪，判处罚金九万元。（罚金于判决生效后十日内交纳。）二、被告人钟传某犯销售假冒注册商标的商品罪，判处有期徒刑一年，宣告缓刑一年，并处罚金八万元。（缓刑考验期从判决确定之日起计算，罚金于判决生效后十日内交纳。）三、被告单位合肥市国耀电子有限公司退赃款172118.1元及移交本院的计算机硬盘1个，依法予以没收。扣押的假冒注册商标的开关、插座等予以没收，上缴国库，上述财物未移送至本院，由侦查机关合肥市公安局新站分局负责处理。

宣判后，被告单位及被告人均未提出上诉，公诉机关也未提出抗诉，判决已经发生法律效力。

【法官评述】

马德里协定及其议定书制定的主要目的是通过建立国际合作机制，确立和完善商标国际注册程序，减少和简化注册手续，便利申请人以最低成本在所需国家获得商标保护。我国是马德里国际商标注册成员国，受马德里协定及其议定书约束，需履行缔约义务。通过国际商标注册程序获准在我国境内受到领土延伸保护的商标，与在我国境内直接申请注册的商标具有同等的法律效力。我国《刑法》第二百一十三条、第二百一十四条中规定的“注册商标”既包括在我国境内直接申请获得注册的注册商标，也包括通过商标国际注册程序获准领土延伸保护的商标。对未经商标权人许可，在同一种商品上使用与其通过领土延伸获准注册的商标相同的商业标识，情节严重的行为，或者销售明知是假冒通过领土延伸获准注册的商标的商品，销售金额数额较大的行为，应依据刑法的相关规定予以刑事处罚。本案中，人民法院正确理解和适用相关规定，通过刑事司法保护手段，平等保护中外知识产权权利人的权利，坚决打击侵犯商标权的犯罪行为，严格和充分履行了缔约义务。

编写人：合肥高新技术产业开发区人民法院　李楠

陈某等侵犯商业秘密罪案

——阅读提示：权利人实际投入可作为认定损失数额的依据

【裁判要旨】

案件的争议焦点及认定难点，包括涉案源代码的非公知性和实用性认定、密点数量认定及涉案商业秘密的范围认定、损失数额认定、公开时间节点认定等。控辩双方均提交了多份鉴定意见及评估报告等证据以证明己方观点，争议很大，交锋激烈，尤其在损失数额的认定上更是针锋相对。因相关法律及司法解释并未对权利人损失数额的认定标准和计算方法作出明确规定，合议庭综合全案案情及在案证据，最终以权利人在研发过程中形成的各项研发经费数额为依据，认定本案权利人损失数额。

【案号】

一审：广东省深圳市龙岗区人民法院（2016）粤0307刑初2539号

二审：广东省深圳市中级人民法院（2017）粤03刑终653号

【案情与裁判】

公诉机关（抗诉人）：深圳市龙岗区人民检察院

被告人（被抗诉人）：陈某、张某、韩某、吴某

指控与辩护

深圳市龙岗区人民检察院以深龙检刑诉〔2016〕2456号起诉书指控被告人陈某、张某、韩某、吴某犯侵犯商业秘密罪，于2016年6月30日向深圳市龙岗区人民法院提起公诉。

公诉机关指控，被告人陈某、韩某、张某、吴某2012年时均为本案权利人的员工。其中，被告人张某是涉案源代码项目的创新中心的负责人，被告人吴某为该中心的一名员工，被告人陈某为被告人张某的上司。2012年年

初，被告人陈某计划自主创业，先后成立多家公司。2012 年 11 月，被告人陈某与被告人张某、韩某商议以权利人涉案源代码为基础研发自己的产品。在明知是违反权利人员工规定和关于保守商业秘密的协议的情况下，被告人张某按照上述商议计划，于 11 月安排被告人吴某利用自己的工作权限进入权利人存放涉案源代码的服务器，并通过测试端口拷贝权利人的涉案源代码，后交给被告人韩某，再由其于 2012 年 11 月至 2013 年 5 月间进行修改、测试，在此基础上形成了系列软件并上传至公开网站。经鉴定，权利人涉案项目研发成本评估价值超人民币 650000 元。公诉机关认为，四被告人的行为已触犯《中华人民共和国刑法》第二百一十九条之规定，均构成侵犯商业秘密罪，诉请本院依法判处。同时建议对四被告人判处三年以上五年以下有期徒刑，并处罚金。

四被告人及辩护人的辩解和辩护意见要点如下：1. 本案应按单位犯罪论处；2. 本案商业秘密的范围应是经鉴定的 21 个技术点，其中 11 个技术点并不具有非公知性，应予剔除并将成本评估范围界定在剩余的 10 个技术点之内；3. 涉案项目仅处于演示阶段，没有商业用途，不具有实用性，并不存在实际具体的损害结果事实，公诉机关指控的损失数额明显过高；4. 被告人具有自首情节，诉请法庭减轻处罚。

法院审理查明

被告人陈某、张某、韩某及吴某均系深圳某知名企业（本案权利人）员工，其中陈某为产品线总裁，张某为研发管理部长。2012 年年初，陈某、张某、韩某等人意图离职创业，并提前成立了公司。同年 11 月，陈、张二人密谋指使下属吴某盗取权利人的涉案项目源代码，拟以此为基础研发自己公司的软件及配套产品。吴某接受授意后，通过技术手段窃得该源代码，并将其交给了已离职的韩某。韩某据陈某的指示，组织人员对上述源代码进行修改、测试和开发。2013 年 5 月，韩某等人将开发完成的软件上传至公开网络，配套计步器产品也于同期推出上市。

经鉴定，涉案项目软件源代码具有非公知性，被告人公开上传的软件与其具有同一性。经核算，权利人在涉案项目中投入的研发成本超人民币 170 万元。

法院判理和结果

法院认为，被告人陈某、张某等虽系创业公司投资人，但其密谋窃取权利人项目源代码体现的仍是个人意志，其后用于创业公司相关产品也是为了实现个人利益，且创业公司在侵权软件以后也仅以运营相关配套产品为其主要业务。因此，本案应以自然人犯罪论处。

涉案项目源代码通过编译后能够形成软件产品中的相应功能模块，具有潜在的商业价值，能为权利人带来竞争优势，属于具有实用性的技术信息，又经鉴定机构鉴定具有非公知性，在2014年4月24日以前不为公众所知悉，且权利人也采取了合理的保密措施。因此，涉案项目源代码符合商业秘密的法定特征，属于商业秘密。相关鉴定意见已足以证明被告人上传至公开网络的软件与涉案源代码具有同一性。同时，涉案项目源代码是一个整体，各组源代码及其所对应的技术点均是这一整体的组成部分。这一项目之所以具有潜在的商业价值、能为权利人带来竞争优势，正是因为其包含的检测终端、终端应用、网关及平台各个部分之间能够在技术上互相联系、互相支持，使其以一套完整的技术方案呈现。本案中经鉴定具有非公知性和同一性的源代码及其技术点是该项目整体的必要组成部分，将整体中的该部分抽取鉴定已足以证明其具有商业秘密的法定特征。在计算权利人因此所受损失之时，当然应当将该项目整体的全部研发成本计入其中。因此，被告人及其辩护人将涉案商业秘密的范围及其价值计算限定在鉴定范围之内的辩解、辩护意见是与客观科学相悖的，既不合常理，也依法无据，故不予采纳。事实上，被告人所窃得的也是该项目的整体，即全部软件源代码，其中部分使用、披露已使该项目继续使用价值丧失，至于是否实际全部使用则不在考虑之列。其次，在核算该项目软件源代码的开发成本时，应将权利人在研发时间段内的全部人员投入和相关开支费用计算在内。对于被告人窃取涉案项目软件源代码行为发生后权利人对涉案项目的投入应否计入研发成本的问题，因权利人开始并不知道商业秘密被窃取，而为了项目的后续完善仍有适当费用投入，当然应当计入本案损失范围。而被告人上线发布侵权软件之日即为该商业秘密公开之日，其后发生的费用则不应计入。

在四被告人的共同犯罪中，被告人陈某、张某提起犯意，并授意、指挥他人完成犯罪行为，在共同犯罪中起主要作用，是本案的主犯，应当按照其所参与的全部犯罪处罚；被告人韩某负责修改被窃取的软件源代码并在此基础上测试、研发侵权软件，被告人吴某接受授意直接实施了窃取软件源代码的行为，二被告人在犯罪的整个过程中所起的作用较小，均属于起次要作用的从犯，依法应当比照主犯从轻处罚。被告人张某在案发前即前往公安机关如实交代司法机关尚未掌握的犯罪事实，依法构成自首，可以从轻处罚。在本案审理过程中，经过控辩双方在法庭上的多番较量，四名被告人最终均表示认罪并真诚悔过。被告人陈某在庭后主动申请赔偿权利人损失，并与被告人张某、韩某一同获得了权利人的谅解。因被告人陈某、张某、韩某悔罪态度诚恳，没有再犯罪的危险，宣告缓刑对所居住社区没有重大不良影响，对三被告人依法可适用缓刑。

综上，经合议庭评议，依照《中华人民共和国刑法》第二百一十九条第一款第一项、第二项、第二十五条第一款、第二十六条第一款、第四款、第二十七条第一款、第三款、第六十七条、第五十二条、第五十三条第一款、第六十九条、第七十条、第七十二条第一款、第三款、第七十三条第二款、第三款，《最高人民法院、最高人民检察院关于办理侵犯知识产权刑事案件具体应用法律若干问题的解释》第七条第一款之规定，判决如下：一、被告人陈某犯侵犯商业秘密罪，判处有期徒刑一年六个月，缓刑二年，并处罚金人民币五万元。二、被告人张某犯侵犯商业秘密罪，判处有期徒刑一年四个月，并处罚金四万元；撤销其犯侵犯著作权罪的缓刑执行部分；数罪并罚，总和刑期二年十个月，并处罚金人民币六万元，决定执行有期徒刑二年六个月，缓刑二年六个月，并处罚金人民币六万元。三、被告人韩某犯侵犯商业秘密罪，判处有期徒刑一年三个月，缓刑一年六个月，并处罚金人民币二万元。四、被告人吴某犯侵犯商业秘密罪，判处有期徒刑一年二个月，并处罚金人民币二万元。

宣判后，四被告人均未提出上诉，公诉机关曾经以量刑不当为由提起抗诉，后又经二审裁定同意其撤回，判决已经发生法律效力。

【法官评述】

商业秘密作为一种重要的知识产权，能够给权利人带来巨大的经济利益和竞争优势。随着市场经济的高速发展和市场竞争的日趋激烈，侵犯商业秘密的犯罪越来越多，扰乱了市场秩序。本案中，因权利人在研发涉案商业秘密后并未投放市场获益，即侵权人的行为与权利人研发投入归于消灭具有因果联系，故权利人的损失表现为其已投入的研发成本，因此，宜以权利人的研发成本计算权利人损失。但公诉机关提供的权利人损失评估报告存在瑕疵，所以合议庭决定不予采用。本案在案证据亦无法证明被告人的侵权获利数额，在此情况下，合议庭通过厘清涉案商业秘密的范围、公开时间节点等焦点问题，充分利用权利人提供的相关员工基本工资及各类保险账目、外包发票、硬件费用等证据，核算权利人投入的研发成本，作为认定本案损失数额的依据。

编写人：广东省深圳市龙岗区人民法院　曾友林

图书在版编目（CIP）数据

中国知识产权指导案例评注：中国法院知识产权司法保护10大案件和50件典型案例全文及评述．第10辑／最高人民法院知识产权审判庭编．—北京：中国法制出版社，2020.4

ISBN 978－7－5216－0980－6

Ⅰ．①中…　Ⅱ．①最…　Ⅲ．①知识产权—案例—中国　Ⅳ．①D923.405

中国版本图书馆CIP数据核字（2020）第052398号

策划编辑　李小草（lixiaocao2008@sina.cn）

责任编辑　王　熹

封面设计　蒋　怡

中国知识产权指导案例评注（第10辑）

ZHONGGUO ZHISHI CHANQUAN ZHIDAO ANLI PINGZHU（DI-SHI JI）

编者/最高人民法院知识产权审判庭

经销/新华书店

印刷/三河市紫恒印装有限公司

开本/730毫米×1030毫米　16开

印张/32.75　字数/427千字

版次/2020年4月第1版

2020年4月第1次印刷

中国法制出版社出版

书号 ISBN 978－7－5216－0980－6

定价：158.00元

北京西单横二条2号

邮政编码100031

传真：010－66031119

网址：http：//www.zgfzs.com

编辑部电话：010－66010493

市场营销部电话：010－66033393

邮购部电话：010－66033288

（如有印装质量问题，请与本社印务部联系调换。电话：010－66032926）